언/약/신/학/에/서/본

복음과 율법

|이한수 지음|

생명의말씀사

언/약/신/학/에/서/본

복음과 율법

ⓒ 생명의말씀사 2003

2003년 10월 15일 1판 1쇄 발행
2012년 3월 25일 10쇄 발행

펴 낸 이   김창영
펴 낸 곳   생명의말씀사
등   록   1962. 1. 10. No.300-1962-1
주   소   110-101 서울 종로구 송월동 32-43
전   화   (02)738-6555(본사), (02)3159-7979(영업부)
팩   스   (02)739-3824(본사), 080-022-8585(영업부)

지 은 이   이한수

기획편집   윤나영, 이은정
디 자 인   신미향, 임수경
인   쇄   영진문원
제   본   정문바인텍

ISBN 89-04-03076-5 (03230)

저작권자의 허락없이 이 책의 일부 또는 전체를
무단 복제, 전재, 발췌하면 저작권법에 의해 처벌을 받습니다.

언 / 약 / 신 / 학 / 에 / 서 / 본

추천사

김 의 원
총신대학교 총장

한국 교회의 보수적인 입장에서는 유교적인 전통을 좇아 형식에 치우쳐 율법을 중시함으로 행위를 강조하였다. 이에 대한 반동으로 나온 복음만을 지나치게 강조하는 은혜지상주의는 사회에 대한, 개인에 대한 윤리를 간과하여 사회적인 문제가 야기되기도 하였다.

"그리스도는 모든 믿는 자에게 의를 이루기 위하여 율법의 마침이 되시니라"(롬 10:4).

복음과 율법의 관계를 올바로 깨달을수록 믿음으로 살아가는 데 균형을 잡을 수 있다. "행위로 구원받을 수 있는가? 오직 은혜로만 구원받을 수 있는가? 오직 은혜로 구원받은 자들이 율법을 지켜야 하는가?" 하는 문제는 인생을 진지하게 믿음으로 살고자 하는 자들에게 아직도 상당한 고민거리이다.

저자는 이 책에서 율법은 돌판에 새겨진 "글자"로서, 율법으로는 하나님 백성으로 살아갈 능력을 주지 못하지만, 율법의 내용은 거듭난 자들이 새 언약 공동체를 통해서 실현해야 할 내용임을 밝히고 있다. 새 언약 백성이 성령으로 순종의 삶을 통하여 율법의 내용을 실현할 수 있다는 사실은 한국교회의 나갈 길을 제시하고 있다. 율법주의의 행위에 매여 굳어진 빛을 잃은 신앙이나, 율법을 아랑곳하지 않고 은혜를 강조하여 소금의 역할을 잃은 한국교회가 귀 기울여야 할 부분이다.

저자가 신학교 강단에서 오랫동안 가르친 진리가 교회의 강단에서 거듭 선포되고 성도들의 삶에서 실현되어 한국교회가 성장하는 데 큰 힘을 더하였다. 이제 그 말씀이 책으로 엮어져 더 많은 사람들 가까이 다가서게 되니 참으로 반갑다. 읽히고 또 읽혀 날로날로 영향력이 나타나기를 기대한다.

박 성 민
한국대학생선교회 〈C.C.C.〉 대표

이한수 교수님의 귀한 책이 나온 것을 축하드립니다.
복음과 율법에 관한 올바른 이해가 어느 때보다도 중요한 시대를 살아가고 있기에 이 교수님의 저서는 시의 적절할 뿐 아니라 중요한 의미를 지니고 있다고 생각합니다.
이 책은 바울 신학을 전공한 학자에 걸맞게 바울 신학의 최근 동향 및 흐름을 정리, 수렴하였을 뿐 아니라 적절한 평가에 곁들여 자신의 견해를 잘 정리한 것이 돋보이는 저서입니다.
특별히 한국인 학자들인 김세윤 교수와 최흥식 교수의 연구를 공정하게 평가함과 동시에 부족한 부분을 지적하고자 한 저자의 성공적인 노력은, 바울 신학 분야에서 이한수 교수님이 분명한 자리 매김을 하는 데 일조할 것이라고 여겨집니다.
이 새로운 책을 통해 사도 바울의 신학을 더욱 깊이 이해할 수 있으며, 언약신학이라는 틀 속에서 복음과 율법을 향한 올바른 견해를 갖는 데 귀중한 역할을 할 것임을 조금도 의심치 않습니다.
진지하게 신학을 탐구하는 모든 이들에게 이 책을 기쁨으로 추천합니다.

최 갑 종
천안대, 신약학교수

수십 년 동안 총신대에서 바울의 삶과 서신과 신학을 가르치고 연구해 오신 이한수 교수님이 금번에 언약신학에서 본 복음과 율법이란 책을 출판하게 된 것은 국내의 바울 연구가들과 신학도들에게 커다란 기쁨이 아닐 수 없습니다. 이 책이 취급하는 "복음과 율법"의 문제는 멀리는 종교 개혁가들 사이에, 가까이는 최근의 바울 연구가들 사이에 가장 열띤 논쟁의 주제이기도 합니다.

종교개혁자 루터(M. Luther)는 자기 당대 로마 가톨릭 신학을 대항하는 이신칭의의 관점 때문에 복음과 율법의 반위관계를 강조한 반면에, 종교개혁자 칼빈(J. Calvin)은 구약과 신약의 연속선을 강조하는 그의 언약신학적 관점 때문에 복음과 율법의 상호 연관관계를 강조하였습니다.

루터 이후 수많은 개신교 신학자들은 바울이 유대교를 떠난 근본 이유는 그가 다메섹 사건을 통하여 율법이 아닌 하나님의 은혜에 의해 예수 그리스도를 믿음으로 의/구원을 얻는 "은혜주의적 종교"를 발견했으며, 반면에 자기 당대의 유대교는 율법의 행위를 통하여 의/구원을 추구하는 "율법주의적 종교"였기 때문이라고 생각해 왔습니다.

하지만 1980년대 이후 E. P. Sanders, James D. G. Dunn, N. T. Wright 등은 "바울 당대의 유대교는 결코 의와 구원을 얻기 위해 율법을 지키는 율법주의적 종교가 아니며, 오히려 자신들이 하나님의 은혜로운 선택으로 말미암아 하나님 백성이 되었기 때문에 그 하나님의 선택과 언약에 머무르기 위해 율법을 지키려고 하는 '언약적 율법주의'(Covenantal Nomism)였다"고 보고, "바울 당대의 유대교가 율법주의라는 전제 아래 바울을 해석해 온 모든 전통적인 바울 연구는 역사적으로 타당성을 결여하고 있기 때문에 근본적으로 재검토되어야 한다"는 소위 새 관점의 바울 연구를 주창해 오고 있습니다.

오늘날 바울 연구가들은 전통적인 입장을 고수하려는 자들과 새 관점을 따르려는 자들로 양분되어 연일 열띤 논쟁을 계속하고 있습니다.

이런 논쟁의 와중에 이한수 교수님이 모든 논쟁의 중심에 서 있는 복음과 율법, 기독교와 유대교와의 상관관계를 취급하는 중요한 책을 썼습니다. 바라기는 이 책이 단순히 최근의 논쟁을 소개하는 정도가 아니라, 오히려 논쟁을 유발시키는 근원적인 문제들, 이를테면 바울 당대의 유대교의 정체성, 바울이 유대교를 비판한 근본 이유, 율법과 복음, 옛 언약과 새 언약, 율법과 성령과의 상관관계에 대한 보다 명쾌한 답변을 제공하여 줄 것을 바라마지 않습니다. 바울에 관심이 있는 사람들이라면 진지하게 일독할 것을 권합니다.

장해경
아신대, 신약학 교수

샌더스 이후 지금까지 바울과 율법 및 유대교와의 관계는 세계 신학계에서 가장 치열한 논쟁점들 가운데 하나이다. 이미 국내 학계에서 괄목할 만한 기여를 해온 이한수 교수가 이 주요 테마에 관하여 지난 십여 년 동안 끊임없이 연구했던 내용들을 집대성하여 발표함으로써 한국에서도 독자적인 목소리를 발하게 된 것은 매우 반갑고 기쁜 일이다. 종래의 대립된 견해들을 비판하면서 자신의 새로운 언약신학적 해석을 제시하는 이 연구서에서도 우리는 그의 최근 저서인 로마서 주석 I에 나타난 깊이와 정확성을 재확인하게 되리라고 기대한다.

머리말

이 한 수
총신대, 신약학 교수

율법과 복음의 관계에 대한 바울 사도의 진술들은 오랫동안 바울을 연구하는 학자들을 혼란스럽게 만들어 왔다. 어떤 때는 그가 율법과 복음을 날카롭게 분리시켜 루터파적 인식에 접근하는 것처럼 보이다가도, 또 어떤 때는 율법의 근본정신이 복음과 다른 것이 아니라고 봄으로써 그것들을 서로 통합시켜 칼빈주의적 인식에 접근하기도 하는 것처럼 보이기 때문이다. 한때는 율법이 폐기되었다고 말하기도 하다가 다른 때는 자신의 이신칭의 복음이 결코 율법을 폐기하지 않는다고 말하는 것처럼 보이기도 한다. 이러한 진술들은 서구적 형식 논리에 길들여져 있는 학자들에게 혼란과 당혹감을 제공해 왔다는 것은 부인할 수 없는 사실이다. 하지만 과연 바울 사도가 논리적인 모순에 빠졌다고 말할 수 있는가?

필자는 20여 년 동안 바울을 연구한 학도로서 바울 사도는 매우 치밀한 논리를 가진 성경 저자라는 사실을 발견하게 되었다. 무엇보다도 본서의 제목이 함축하는 대로 바울의 다양한 진술들을 꿰뚫는 사상적 연결 끈은 "언약신학"에 있다고 본다. 구약에서는 다양한 언약들이 언급되기는 하지만 바울서신에서는 주로 아브라함 언약, 시내산 언약, 새 언약 등이 중심적으로 언급되고 있고, 바울 사도는 언약사가 지향하는 하나님의 신적인 목적이 언약의 정점인 그리스도의 인격과 사건 안에서 성취되고 있다고 확신한다. 따라서 필자는 복음과 율법에 관한 바울의 다양한 진술들이 그가 채택하고 있는 언약신학의 전망 아래서 읽혀질 때에만 제대로 파악될 수 있다고 본다.

본서의 글들은 총신 신대원에 봉직한 이후로 본인의 주요 연구 어젠다를 형성해 왔던 율법에 관한 글들을 수집하고 다듬어 놓은 것들이다. 서로 다른 별도의 주제로 글을 썼던 것들이기 때문에 일목요연한 연관성이 결여되어 있고 때로는 중복되는 내용들이 있어서 약점으로 느껴지기는 하지만, 본서의 글들은 그 동안 필자가 씨름해온 이슈들을, 최근 신약계의 논쟁들을 가능한 한 수렴하되 필자 자신의 언약신학의 전망에서 제시한 것으로서 나름대로 장점도 있으리라고 확신한다.

본서의 출판을 도와준 생명의말씀사에 심심한 감사를 표하며, 또한 훌륭한 추천사를 써주신 여러분들께도 고마움을 표하고 싶다.

아무쪼록 본서가 율법과 복음에 관한 최근 학자들의 논쟁들과 바울의 율법 신학에 대한 참된 이해의 폭을 넓히는 데 적으나마 도움이 되기를 바라마지 않는다.

율법이 육신으로 말미암아

연약하여 할 수 없는 그것을

하나님은 하시나니 곧 **죄**를 인하여

자기 아들을 죄 있는 **육신**의 모양으로 보내어

육신에 죄를 정하사 육신을 좇지 않고

그 **영**을 좇아 행하는 우리에게 율법의 **요구**를

이루어지게 하려 하심이니라

(롬 8:3-4)

목차
Contents

■ 추천사

김의원 총신대학교 총장 ·················· 5
박성민 한국대학생선교회(C.C.C.) 대표 ···· 7
최갑종 천안대 신약학 교수 ·················· 8
장해경 아신대 신약학 교수 ·················· 10

■ 머리말

이한수, 총신대 신약학 교수 ················· 11

■ 서론 ··· 17

제1부 율법 종교로서의 유대교

제 1 장 로마서에 나타난 바울의 유대교 비평 : 실천적 유추에서 본 전망 ··· 39

제 2 장 유대교와 바울의 이방선교 : 최근 유대교 해석 패턴들에 대한 평가 ··· 88

제2부   언약신학에서 본 율법과 복음

제3장   율법과 그리스도 : 반제들의 기원과 그 의의 … 133

제4장   약속과 율법 : 율법과 복음의 상관성에 대한 연구 … 192

제5장   바울에 의해서 재해석된 아브라함 이야기 … 254

제6장   바울의 율법신학 : 율법에 대한 삼중적 접근 … 267

제7장   율법과 생명 : 구약, 복음서, 바울 서신에 나타난 율법 이해들의 비교 … 301

제8장   율법과 성령 : 구원사적 대조 속에 나타난 그 실천적 의의들 … 361

제3부   교의신학에서 본 시각

제9장   박형룡 신학의 재조명 : 구원론 체계 속에서 본 신약 윤리 … 443

서 론

 율법과 복음과의 관계는 성경신학자들이 오랫동안 씨름해 오던 난제들 가운데 하나이다. 필자는 이 문제를 단순히 전통적인 방식대로 다루지 않고 "언약신학"의 전망에서 접근하고자 한다.

 최근의 신약학자들은 "언약"의 개념이 바울 신학을 이해하는 데 있어서 그리 중요하지 않다고 보는 경향이 있다(I. H. Marshall). 사실 언약 개념이 히브리서에서는 아주 중요한 개념으로 등장하는 반면에, 바울 서신에서는 상대적으로 덜 빈번하게 나타난다. 하지만 술어의 사용 빈도보다 더 중요한 것은 바울의 논지의 배경을 이루고 있는 언약적 사고에 있다. 바울 사도는 언약이란 개념을 그렇게 빈번하게 사용하지는 않지만, 유대주의적 논적들의 주장들을 논박하고 복음 메시지를 대안으로 제시할 때 언약적 배경에서 나온 주요 개념들을 끌어다 쓴다.

 바울의 언약적 사상의 세계를 들여다보면 회심 전과 회심 이후에 급진적으로 바뀌었다는 사실을 확인할 수 있다. 이런 변화의 결정적인 전환점은 아무래도 그의 다메섹 회심 사건에서 찾을 수밖에 없다. 그리고 자신이 부활한 그리스도로부터 이방인 사도로 부르심을 받았다는 자의식은 그의 신학 사상 전개 전체에 결정적인 영향을 미쳤을 것이 분명하다.[1]

회심 이전에 바울은 바리새 유대교 신학에 열렬하게 헌신한 사람이었지만, 다메섹 소명 사건은(롬 1:5, 15:16; 갈 1:15-16)[2] 하나님 앞에서 유대인과 이방인의 동등성을 논증하는 결정적인 전환점을 제공하였다. 물론 이방인을 위한 자신의 사도직과 복음은 부활하신 그리스도에게서 "계시"로 받은 것으로 주장되지만(갈 1:11-12), 바울은 그것을 예수의 공관복음 전승과 초대교회의 전승으로부터 재확인하는 과정을 거쳤을 것이 분명하며 이 과정에서 구약을 새롭게 이해할 수 있게 되었을 것이다.

그의 언약신학적 재해석의 과정을 지배하는 중심 질문은 이방 기독교인들의 합법적인 신분과 관련이 있다: 그들은 과연 어떻게 하나님의 백성의 중심에 합류할 수 있게 되었을까? 이 질문에 답변할 때 바울은 이방인의 사도라는 분명한 자의식 속에서 논지를 전개하고 있음이 분명하다. 그가 유대인들의 편협한 민족주의적 언약신학을 거부하고 언약에 대한 새로운 이해를 제시하는 것도 그의 이러한 정체성 의식과 맞물려 있다.

그러면서도 동시에 분명한 것은 바울의 중심 주장들이 단순히 이러한 자의식에서 나온 주관적인 산물이 아니라, 예수 그리스도의 계시에 기초한다는 사실이다: 이방인을 위한 바울의 사도직과 복음은 어떤 인간적인

---

1) D. J-S Choi, *Paul as Apostle to the Gentiles: His Apostolic Self-Awareness and its Influence on the Soteriological Argument in Romans* (PBTM Series: Paternoster Press, 1997), 13-17.
2) 바울은 다메섹 사건을 단순한 회심 사건으로 이해하지 않고 이방인의 사도로 부르심을 받은 소명(calling) 사건으로 이해한다. 이방인의 사도로 바울이 가졌던 이런 소명 의식은 그의 신학 메시지 전개에 지대한 영향을 미쳤을 것이 분명하다.

교육 과정이나 전승 형태로 넘겨받은 것이 아니라 "예수 그리스도의 계시로" 받은 것이다(갈 1:11-12). 이러한 계시적 인식은 자연히 자신이 과거에 몸담고 있었던 유대교의 종교적 전통과 신학에 대한 비판 형식을 띨 수밖에 없다. 바울의 이러한 논의 전개 과정은 본서의 중심 부분에서 상세하게 다룰 것이므로, 여기서는 단지 본서의 핵심 논제들의 주요 개념들을 서론적으로 다루는 데 만족하고자 한다.

1. 언약(言約)

"언약"이란 술어는 바울 서신에서는 빈번하게 등장하지 않지만(cf. 롬 9:4; 갈 3:15, 17, 4:24; 고후 3:6, 14; 엡 2:12 등), 히브리서에서는 중심 개념을 이루고 있다.[3]

로마서 9:4에서 복수 명사인 "언약들"은 육신적인 이스라엘이 지닌 여러 언약적 특권들 가운데 하나로 언급하고 "율법을 세우신 일"과는 구분하여 언급된다.

갈라디아서 3:15, 17에서는 하나님께서 아브라함과 그의 자손에게 하신 "약속들"과 아브라함 언약을 동일시하고 동시에 그것을 "사백삼십 년 후에 생긴 율법"과는 구분한다.

근접문맥에서 율법과 약속은 반립적인 대조 관계에 놓여 있다. 율법도 하나님께서 세우신 중요한 언약들 가운데 하나일텐데도 근접문맥은 그것을 아브라함 언약 또는 그것이 포함한 약속과 대조하는 데만 관심을 집중

---

[3] "언약"이란 술어가 중심적으로 등장하는 곳은 히브리서 7-10장이다. 여기서 언약은 율법의 제사와 그것을 갱신한 새 언약의 제사를 대조하는 중심 개념으로 등장한다.

한다(3:16-21).

이와는 달리 "사라/하갈의 알레고리"(4:21-31)는 아브라함의 두 여인들을 아브라함 언약과 시내산 언약에 빗대어 비유한다. 이것은 갈라디아 교회에 침투한 유대주의적 논적들의 율법 중심적이고 혈통주의적인 언약신학을 논박하는 문맥에서 등장한다.

세 번째 구절(고후 3:6, 14)은 "옛 언약"(14절)과 "새 언약"(6절)을 대조한다. 바울은 여기서 전자의 중심 내용을 "모세의 글"(=율법)로, 후자의 중심 내용을 바울 복음으로 동일시한다. 근접문맥에서 바울의 일차적인 관심은 율법과 복음 사이의 직접적인 대조에 있다기보다는 모세의 직분과 바울의 직분 사이의 대조에 있다: 전자는 옛 언약의 질적 규정인 "의문"(letter)의 직분이며 후자는 새 언약의 질적 규정인 "영"(spirit)의 직분이다. 갈라디아서 3-4장과는 달리 상기 구절은 바울 복음의 정당성을 새 언약 시대의 도래를 예고한 후기 선지서의 예언적 본문에서 확립하고자 한다.

마지막 구절(엡 2:11-16)은 율법과 할례 등을 옛 언약 아래서 유대인과 이방인을 가로막는 장애물로 간주하고, 십자가 사건이 어떻게 그것을 허물고 그들 모두를 그리스도 안에서 "한 새 인류"로 창조하게 되었는지를 설명한다. 흥미로운 사실은 율법의 전망에서 볼 때 에베소 이방인들을 가리켜 "약속의 언약들에 대하여 외인(外人)"(2:12)으로 간주한다는 사실이다. 이것은 옛 언약의 전망에서는 유대인들이 언약 안에 있는 "내인"(內人)인 반면에, 이방인들은 언약 밖에 있는 "외인"으로 간주된다는 점을 시사해 준다. 주목할 점은 에베소서의 구절은 갈라디아서와는 달리 논쟁적인 문맥에서 등장하지 않는다는 점이다. 이것은 단지 옛 언약이 지닌 사회적 "이분성"(duality)을 부각시킨다. 유대교는 옛 언약이 지닌 이런 성격에 기초한 종교인 것이 분명하다.

구원사를 바라보는 바울과 유대주의자들의 관점 차이를 파악하려면 우선 언약신학 자체의 본질적 구조를 알아야 한다. 언약신학은 '신론'에서 출발한다. 구약의 하나님은 "오직 한 분"(출 20:3; 신 5:6-7, 6:4) 하나님이시다. 유대교 역시 이러한 구약의 유일신론 전통을 따른다. 이것은 기본적으로 창조론적이며, 언약적이며, 섭리적이며, 배타적이며, 종말론적인 성격을 갖는다: 오직 한 분 하나님께서 세상과 그 안에 있는 만물을 창조하셨고(창조론적), 그가 아브라함과 그의 후손을 선택하시고(배타적), 그들과 언약을 맺으셔서 자기 백성으로 삼으셨으며(언약적), 그들을 돌보고 계시고(섭리적), 이전 언약들 가운데서 약속하신 것을 언젠가 역사 속에서 성취하실 것이다(종말론적).

언약의 궁극적인 목적은 하나님께서 자기 백성을 형성하는 것이다: "나는 그들의 하나님이 되고 그들은 내 백성이 될 것이라"(렘 31:33; 겔 36:28). 이것은 언약의 신적인 근거인 선택의 전망에서 달리 해설될 수도 있다: "내가 그(아브라함)로 그 자식과 권속에게 명하여 여호와의 도를 지켜 의와 공도를 행하게 하려고 그를 택하였나니 이는 나 여호와가 아브라함에게 대하여 말한 일을 이루려 함이니라"(창 18:19). 이것은 선택과 언약의 궁극적인 목적이 하나님의 뜻을 순종할 줄 아는 백성을 형성하는 데 있음을 시사해 준다.[4]

---

[4] 유대교의 역사 속에서 이해된 이스라엘의 선택은 다음과 같은 특징들을 갖는다. 1) "은혜적이다"(graceful): 하나님께서 이스라엘을 만민 중에서 택하신 것은 그들이 열방 중에서 수효가 많았기 때문이 아니라 다만 하나님께서 그들을 사랑하심을 인하여 이루어진 은혜의 사건이었다(신 7:7-8). 2) "혈통적이다"(physical): 하나님께서 아브라함과 그의 후손을 자기 백성으로 택하셨는데 여기서 "후손"의 개념은 자연히 혈통적인 의미로 해석되었다(창 12:7, 13:15-16). 3) "민족적이다"(national): 이스라엘의 선택은 한 민족국가에 대한 선택의 의미로 해석된다(신 10:15; 사 44:1, 8-9). 4) "합목적이다"(purposeful): 하나님께서 이스

때문에 하나님과 이스라엘의 언약 관계는 필연적으로 언약적인 의무로서 율법에 대한 순종을 내포하고 있으며 또한 그것을 요청한다. 율법에 대한 순종의 요청은 언약을 성립하는 데 기여하지 못하고 단지 언약 관계 안에 머무는 방식일 뿐이다. 언약 제도 안에 이미 회개와 희생제사와 같은 속죄 수단들이 제시되어 있는 점을 고려할 때, 완벽한 율법 순종을 언약 안에 들어가기 위한 전제조건으로 생각하는 관점은 구약에서 발견되지 않는다. 도리어 율법에 대한 순종은 언약 백성으로서 하나님을 사랑하고 신뢰하는 삶의 표현이다(신 30:16, 27; 요 14:15; 요일 5:3).

율법에 대한 순종은 하나님과의 사랑과 신뢰의 관계를 전제한다. 언약 관계에 충실하여 율법을 순종하는 사람들은 "생명"과 "복"을 누리게 될 것이고(레 18:5; 신 30:15-20), 하나님께서 약속하신 "땅"을 유업으로 얻게 될 것이다(신 5:33, 8:1, 16:20 등). 이와는 반대로 어떤 사람이 속죄제사가 있음에도 불구하고 회개하지 않고 율법을 계속해서 어겼다면, 그는 율법의 "저주" 아래 있게 되고 죽게 될 것이며 심판을 당하게 될 것이다(cf. 신 27:27, 30:18; 갈 3:10).

언약신학이란 본래 "은혜성"(*Gabe*)과 "요구성"(*Aufgabe*) 사이의 균형을 생명으로 하는 신학 체계이다. 그리고 전자는 후자를 요청하며 후자는 전자의 빛 아래서만 참 의미를 발견한다. 하지만 이스라엘의 과거 역사 속에서 이러한 균형성은 한쪽을 강조하기 위해 다른 쪽을 희생시키거나 평가절하시키는 방향으로 깨어져 왔다.

언약의 "은혜성"을 배타적으로 강조하게 되면, 선택과 언약은 이스라엘

라엘을 선택하신 것은 그들로 거룩한 하나님 백성으로 살게 하려 하심이었다(신 7:11-12; 사 5:1-5).

의 순종과는 관계없이 그들의 "국가적이고" "민족적인" 소유가 된다.[5] 만일 하나님께서 이스라엘과 맺으신 언약이 "무조건적"이며 "범할 수 없으며", "영구적이며", "변개 불가능하고", "궁극적이며", "국가적인" 것이라면, 은혜 언약 아래 있는 아브라함의 육신적 후손인 이스라엘 민족 전체가 다 예외 없이 하나님의 택하신 백성이며 구원에 동참하게 된다.[6]

이와는 대조적으로 또 다른 극단은 언약신학의 "요구성" 측면을 일방적으로 강조하는 견해이다. 이 경우에 언약은 이스라엘에게 요구되는 의무들이나 요구들을 실행하는 것에 조건지어진 개념이 된다. 고대의 계약 관습들에 따르면, 종주권자가 언약 당사자들에게 규정들을 준수하고 지킬 것을 요청한다. 이러한 규정들을 지키는 데 실패하게 되면 언약은 자동적으로 무효화된다. 따라서 언약의 법률적인 측면들이 강조된다. 언약 준수 여부는 개인들이 결정해야 할 문제이기 때문에, 이런 식의 언약 개념은 자연히 "개인주의적인" 성격을 띤다. 하지만 개인들이 그러한 조건을 과연 지킬 것인가가 불확실하기 때문에, 언약을 갱신하는 수단들이나 또는 실패한 언약을 대체하여 다른 언약을 제정할 가능성이 제기된다. 이런 식의 언약 개념은 "역동적인" 성격을 띠게 되고 역사 속에서 변경되고 개선될 여지를 안게 된다. 즉, 이는 첫 번째 개념과는 달리 "개인적이며", "조건적"이고, "법률적이며", "역동적이며", "갱신 가능하다."

바울 당대의 유대교는 사실 하나의 종교적 신념 체계를 가진 단일 집단이 아닌 것이 분명하다. 대중적인 인식의 수준에서는 전자의 "국가적이

---

5) Cf. B. W. Longenecker, "Ethnocentric Covenantalism," in: *Eschatology and the Covenant: A Comparison of 4 Ezra and Romans 1 –11* (JSNT(SS) 57: Sheffield: JSOT, 1991), 174ff.
6) 이런 국가적이고 집합적인 언약신학을 추종하는 학자로는 E. P. Sanders를 들 수 있는데, 그는 *b. Sanhedrin* 10:1에 호소한다: "All Israel has a place in the world to come."

고" "혈통적인" 언약신학의 측면이 엿보이는 반면에(cf. 요 8:37-39), 남은 자 그룹들 가운데서는 후자의 "개인적인" 언약신학의 측면이 엿보인다. 이것은 하나님 백성의 참 성격에 대해서 유대교의 분파 운동들 가운데 내부 논쟁이 있었다는 사실을 시사해 준다.[7]

중간사 시대의 유대교에서 분파 운동들의 남은 자 신학의 핵심에는 이스라엘 중 많은 사람들, 또는 대다수가 언약을 버렸기 때문에 하나님의 심판의 대상이 되었다는 생각이 깔려 있다. 따라서 이스라엘의 배교에 직면하여 그들 가운데 의로운 자와 불의한 자를 구분하는 "구원론적 이원론"(soteriological dualism)이 분파 운동들 가운데서 발전하게 된다(cf. *1 Enoch* 10:16; *Pss. Sol.* 12:6; *2 Apoc. Bar.* 48:33; CD 1:4 -5; *1 Enoch* 5:6-9; *Jub.* 15:34 등). 그러면서도 중간사 시대의 문헌들을 보면 이스라엘에게 주신 하나님의 약속들을 소중하게 여기고 있고, 하나님께서 이스라엘을 회복하실 것이라는 소망도 피력한다(cf. *1 Enoch* 90:30-36; *Jub.* 23:27-32; CD 2:11-12 등). 이스라엘을 회복하는 과정에는 흔히 이방인들이 내포되어지기는 하지만(cf. *1 Enoch* 10:17, 21-22, 90:33), 이러한 회복의 중심에는 남은 자들만이 포함되어 있다. 이스라엘 민족은 남은 자에게 가담하지 않는 한 회복되지 않는다(cf. *1 Enoch* 90:30 등).

따라서 남은 자 신학은 이스라엘 내부 논쟁을 형성하고 있다는 것을 보여 준다. 일반 이스라엘 백성은 자신들이 민족적으로나 국가적으로 하나님의 택하신 백성이라는 자기 이해를 가진 것이 사실이지만, 실제로 범죄한 이스라엘 역사의 도전 앞에서 분파 운동을 하는 남은 자 그룹들은 이스

---

7) Cf. M. A. Elliot, *The Survivors of Israel. A Reconstruction of the Theology of Pre-Christian Judaism* (Eerdmans: Grand Rapids, Michigan, 2000). 그는 유대교 내에 구원론적 이원론이 존재했었다는 사실을 잘 논증하고 있다.

라엘 중에서 율법에 충성하는 자신들만이 남은 자이며 참 이스라엘이라는 생각을 가진 것이 분명해 보인다.

결과적으로, 유대교의 언약신학은 단일화된 것이 아니며 대중들과 남은 자 그룹들 사이에 그것을 이해하는 인식의 차이가 있었다는 사실을 알 수 있다. 바울의 유대교 비평은 바로 이러한 배경하에서 해석될 필요가 있다.

2. 유대교

바울 당대의 유대교의 본질을 규명하는 일은 중간사 시대의 방대한 유대교 문헌들을 분석하는 난해한 작업이 될 것이다. 최근의 학자들은 유대교를 이해하는 일에 있어서 한 가지 중요한 자료를 소홀히 한 것으로 보인다. 그것은 바울 서신 자체이다. "유대교"(Judaism)란 술어는 바울 서신에 드물게 등장하며(cf. 갈 1:13-14), "유대인"이란 말은 전자보다 상대적으로 자주 쓰이는 편이다(cf. 롬 1:16, 2:17, 28-29, 3:1, 9, 29; 갈 2:13 등). 바울은 유대인이란 명칭보다는 때로는 "이스라엘"로 부를 때도 있고(cf. 롬 9:4-6, 10:1, 21, 11:1-2, 11, 25-30; 갈 6:16; 엡 2:12 등), 그들을 할례와 율법 등과 같은 사회적 신분 표지들을 가지고 묘사할 때도 많다(cf. 롬 3:29-30, 4:14, 16, 갈 2:12, 5:6, 6:15 등). 유대교는 공식적으로 유대인들이 신봉하는 종교를 가리키고, 율법의 관점에서 볼 때 토라의 종교이기도 하다(롬 9:4). 마찬가지로 유대인들은 토라의 백성으로서 "율법에 속한 자들"(롬 4:14, 16)이다. 율법은 유대교와 유대인들의 정체성을 떠받들고 있는 존재와 신분과 삶의 기초를 형성한다(롬 2:17, 23). 따라서 유대교 비평은 자연히 유대인들의 율법 이해에 대한 비평을 의미할 수밖에 없다.

바울은 갈라디아서 3-4장과 로마서 2, 4, 9장 등에서 유대교를 비평하는데, 유대교는 도대체 어디에 잘못이 있는가? 바울의 유대교 비평의 성격을 파악하는 일은 최근까지 제대로 진행된 것 같지 않다. 주로 율법과 복음을 대조하는 본문들은 유대주의자들과 논쟁하는 문맥에서 자주 등장하는데, 자신의 언약신학의 전망을 새롭게 조망하는 바울의 다양한 논의들 가운데 중심을 차지하는 것은 하나님 백성의 정체성을 재정의하는 것이다. 물론 바울은 모세 언약을 아브라함 언약과 새 언약으로 분리시키는 형식을 취하고 있는데 반해서, 유대주의적 논적들은 이들 언약의 혈통적이며 내면적인 통일성과 연대성에 초점을 두었던 것이 분명하다(갈 3:15-21, 4:21-31; 롬 4:13-16). 여기서 언약신학의 이해에 있어서 바울 사도와 유대주의적 논적들 사이에 본질적인 입장 차이가 있었던 것으로 보인다.

최근의 학자들은 바울의 유대교 비평의 본질을 파악하는 데 있어서 서로 현저한 견해 차이들을 나타내고 있다. 전통적인 학자들은 그것이 행위의의 종교인 유대교와 관련이 있다고 보기도 하고(Cranfield, Moo, Schreiner 등), 다른 학자들은 그것이 언약적 신율주의의 종교인 유대교와 관련이 있다고 보기도 한다(Sanders, Dunn 등). 최근 어떤 학자들은 상반되는 이 두 견해를 조화시켜 유대교를 가리켜 행위의의 요소를 지닌 언약적 신율주의 종교라고 보고 바울은 그러한 종교 인식에 도전했다고 주장한다(Laato, Seyoon Kim 등).

필자는 첫 번째와 세 번째 견해가 바울의 본문들을 제대로 보지 못한 견해라고 확신하고 있으며, 두 번째 견해도 바울의 유대교 비평의 본질을 제대로 드러내지 못하고 있다고 생각한다. 본서의 제1부에 실린 두 논문들이 이것을 밝히는 데 초점을 두고 있다. 유대교의 언약신학은 혈통적 연대성

원리에 근거하여 아브라함, 모세, 다윗, 새 언약 사이의 내면적 통일성을 주장하는 것으로 보인다(갈 4:14, 16): 바울이 이것을 비평하는 이유는 유대인들의 언약 이해의 "피상성"(superficialty)에 있는 것이 분명하다. 필자는 칭의론을 가지고 아브라함의 가족의 참 성격을 규정하는 일이 바울의 유대교 비평을 둘러싼 최근의 다양한 해석 패러다임들과 조화될 수 있는지를 밝히려고 시도할 것이다.

3. 율법

바울 시대에 널리 알려진 유대교의 한 특징은 유대인들의 삶의 방식을 성문화된 율법뿐만 아니라 구전 율법을 통해서도 규정하였다는 사실이다. 이 두 형태의 율법은 흔히 "토라"(the Torah)로 지칭되는데, 하나님께서 모세에게 전하셨고 시내산에서 이스라엘과 맺은 "언약"의 기초를 형성한다. 바울 당대의 유대인들은 성문화된 모세의 율법을 권위 있는 신적 계시의 말씀으로 존중했지만, 후대의 랍비들에 의해서 해석되고 전수된 "구전" 율법도 전자와 마찬가지로 모세의 권위를 지닌다고 생각했다. 때로는 랍비들이나 장로들의 "구전"이 실생활에서 적용될 때에는 모세 오경의 권위를 상대화시키는 방식으로 존중되다보니, 예수께서도 유대인들이 사람들의 "유전"(cf. 갈 1:13-14)을 가지고 모세의 율법을 폐하려 한다고 비평까지 하시게 되었다(마 15:2-4; 막 7:5-13).

바울 서신에서 "율법"은 일차적으로 "모세의 글"(오경)을 지칭하는 의미로 사용되는데(cf. 고후 3:15), 이 구절에서 "옛 언약"을 읽는 것은 모세의 글로서 "율법"을 읽는 것과 동의어적인 의미로 사용된다(14-15절 참조). 율법은 시간적으로 아브라함 언약보다 430년 뒤에나 주어진 역사적 실재이며(갈 3:17), 하나님께서 천사들을 통해서 중보자 모세의 손을 빌려 베푼 언약책이다(갈 3:19). 율법의 전수 과정을 "천사들"과 연결시키는 것은 구약에 분명하게 명기되어 있지 않지만 중간사 시대의 유대교 문헌에서는 자주 언급되고 사도행전에서는 스데반의 입을 통해 한 번 언급된다(행 7:53).

우리는 구약에서 율법이 아브라함의 후손인 이스라엘에게 주어진 언약책이란 사실에 주목할 필요가 있다. "율법 아래서"(갈 4:4) 난다는 것은 유대인으로 태어나는 것을 의미하며, 역으로 유대인으로 태어났다는 것은 시내산 언약의 구성원이 된다는 것을 의미한다. 때문에 유대인들은 흔히 "율법에 속한 자들"(롬 4:14, 16)로 지칭되며, 또한 율법을 소유한 것은 자연히 하나님의 백성이란 신분을 나타내는 사회적 표지 역할을 하였다(롬 2:17-23 참조).

이와 관련된 유사한 표현들이 로마서 2장에서 등장한다: 유대인들은 "율법이 있는 자들"인 반면에 이방인들은 "율법이 없는 자들"이다(롬 2:12). 이것은 율법의 소유 여부가 유대인과 이방인의 신분을 가늠하는 중요한 사회적 표지 역할을 했다는 사실을 말해준다.[8] 율법의 이러한 사회적 기능 때문에 다른 곳에서는 유대인과 이방인을 가로막는 "중간에 막

---

8) 율법의 이러한 사회적 분리 기능에 대해서는, 이한수, 로마서 I (도서출판 이레서원, 2002), 210을 참조하라; cf. J. Neusner, *Judaism: The Evidence of the Mishnah* (University of Chicago, 1981), 72-75; W. A. Meeks, *The First Urban Christianity: The Social World of the Apostle Paul* (Yale University, 1983), 97; J. D. G. Dunn, "Works of the Law and the Curse of the Law (Galatians 3:10-14)," *NTS* 31 (1985), 524-27.

힌 담" 또는 "원수 된 것"으로 지칭되기도 한다. 이것은 율법이 그들 사이를 구별하는 사회적 분리 기능을 가졌다는 것을 시사해 준다(엡 2:11-16 참조). 유대교에서 그것은, 언약백성인 유대인을 이방인과 구별하고 섞이지 못하게 하는 "울타리"(fence)로 간주되었던 전통과 일치한다.

바울 사도는 놀랍게도 로마서 3:19에서 율법이란 술어를 "토라"를 뛰어넘어 "구약" 전체를 지시하는 의미로 사용하기도 한다: "무릇 율법이 말하는 바는 율법 아래 있는 자들에게 말하는 것이니 이는 모든 입을 막고 온 *세상*으로 하나님의 심판 아래 있게 하려 함이니라."

여기서 "율법"(νόμος)은 전후 문맥에서 무엇을 가리키는가? 바울은 율법이란 술어를 획일적으로 사용하지 않기 때문에, 학자들간에 그 의미에 관해서 논쟁을 불러일으키곤 했다. 바울 서신에서 "율법"은 전적으로 단수 형태로만 등장한다. 이것은 율법이 여러 개의 복합적인 계명들이라기보다는 통일된 단일체로 간주되고 있음을 시사해 준다.[9] 정관사가 있거나 없거나 상관없이 율법의 지시 의미에는 별 차이가 없다.[10]

바울은 "율법"을 오경과 같은 모세의 글을 지칭하여 사용하는 경우가

---

9) Adrea van Dülmen, *Die Theologie des Gesetzes bei Paulus* (SBM 5; Stuttgart: Katholisches Bibelwerk, 1968), 130; D. J. Moo, "'Law,' 'Works of the Law,' and Legalism," *WTJ* 45 (1983), 75. 칠십인경에서 440회의 용례 가운데 38회 정도가 율법을 복수 형태로 사용하고 있는데, 이것은 바울의 용법과 대조를 이룬다.

10) Against Sanday and Headlam, *Romans*, 58. 그는 정관사 유무에 따라 율법의 의미를 세 가지의 기본 의미로 구분한다: "*ho nomos*"는 모세 율법을 가리키는 반면에, "*nomos*"는 일반적인 율법을 가리킬 수도 있고, 또는 율법으로서의 그 성격에 강조점을 지닌 모세 율법을 가리킬 수도 있다. 이런 식의 이해는 오늘날 대부분의 학자들에 의해서 거부되고 있다: cf. E. Grafe, *Die Paulinische Lehre vom Gesetz nach den vier Hauptbriefen* (Freiburg and Tübingen: J. C. B. Mohr <Siebeck>, 1884), 5-8; R. N. Longenecker, *Paul: Apostle of Liberty*, 118-119; G. E. Howard, "Christ the End of the Law: The Meaning of Romans 10:4ff," *JBL* 88 (1969), 331 n. 2; van Dülmen, *Die Theologie des Gesetz*, 131-32.

많으나, 때로는 일반적으로 구약 전체를 지시하는 뜻으로 사용할 때도 있다. 대표적인 예가 바로 로마서 3:19이다. 선행하는 문맥에서 바울은 시편(5:9, 10:7, 14:1-3, 36:1, 53:2-3, 140:3)과 이사야서(59:7-8)의 본문들을 인용함으로써 인간의 죄악성을 논증하는 데 관심을 집중한다. 때문에 대다수의 학자들은 여기서 "율법"이 시편과 이사야서를 포함한 구약 전체를 지칭하여 사용되고 있다고 본다.[11] 구약 전체를 "토라"로 지칭하는 경우는 랍비들의 문헌 가운데 아주 흔하게 등장한다.[12]

앞에서 인용한 로마서 본문에서 "율법 아래 있는 자들"이란 표현은 하나님의 심판 아래 있는 "온 세상"이란 표현과 연결되어 있다. 어떤 학자들은 "온 세상"이 이방 세계만을 지칭한다고 보기도 하고,[13] 어떤 학자들은 유대인만을 지칭한다고 보기도 한다. 11-18절에 인용된 구약 구절들은 인류의 보편적인 죄악상을 뒷받침하기 위해 확대 해석되고 있는 것으로 보이기 때문에,[14] 여기서 바울은 "율법 아래 있는 자들" 가운데 유대인뿐만 아니라 이방인까지 포함시키고 있다고 결론 지을 수 있다.

율법을 소유한 사람들은 유대인이며, 이것이 유대인들과 이방인들을 구분하는 사회적 분리 표지 역할을 하는 것은 분명하다. 하지만 바울은 여기서 율법의 요구를 전 인류에게 보편화시켜 적용하는 경향을 보인다(cf.

---

11) Cf. D. J. Moo, "'Law,' 'Works of the Law,' and Legalism in Paul," 79; W. Gutbrod, 'Nomos,' TDNT 4, 1047; Strack-Billerbeck, Kommentar III, 159; Cranfield, Romans 1, 195; G. N. Davies, Faith and Obedience, 136, 140; Fitzmyer, Romans, 336.
12) 예를 들면, Strack-Billerbeck, Kommentar II, 542; III, 159를 참조하라.
13) J. C. Beker, Paul and the Apostle: The Triumph of God in Life and Thought (Philadelphia: Fortress, 1980), 80; cf. E. Käsemann, Romans, 85; J. Ziesler, Romans, 104.
14) N. Elliott, The Rhetoric of Romans: Argumentative Constraint and Strategy and Paul's Dialogue with Judaism (Sheffield: JSOT Press, 1990), 144.

롬 7:7-13).[15] 이방인은 율법이 없는 사람들이지만 그들의 양심의 기능이 그들에게 "율법"이 된다. 이방인들은 성문화된 율법을 소유하지 못한 자들임에도 불구하고 양심의 활동을 통해서 그들 마음에 새겨진 "율법의 행위"를 나타내기 때문이다(롬 2:14-15). 이런 현상 때문에 바울의 율법 신학을 단순한 패턴으로 체계화시키는 일이 어려워 보인다. 더욱이, 최근의 학자들은 율법에 대한 바울의 이해들이 아주 다양하게 등장한다는 사실에 당혹감까지 느끼고 있다. 우리는 율법에 대한 다양한 진술들이 내면적인 불일치나 긴장의 요소를 내포하고 있다는 최근 신약학자들의 판단에 대해서도 밝힐 필요가 있다.

4. 복음

"복음"은 유대주의자들과 논쟁하는 문맥에서 자주 바울이 "이방 가운데서 전파하는 복음"(갈 2:2)과 동일시된다. 그것은 갈라디아서 3:8에서 "하나님이 이방을 믿음으로 말미암아 의로 정하실 것"을 말한 창세기의 예언과 동일시되기도 한다. 여기서 복음은 이방인들을 믿음에 기초해서 의롭다 하신다는 칭의론을 구체적으로 지시하고 있고, 바울은 그것이 아브라함에게 먼저 전파되었다고 주장한다. 복음은 신약에 와서 비로소 전파된 것이 아니라 신구약 전체를 걸쳐 관통하는 근본 내용이며, 또한 아브

---

15) 여기서 바울은 아담 타락을 묘사하는 창세기 이야기를 암시함으로써(예를 들면, 탐심, 계명, 속임, 죽음 등의 주제들), 아담이 율법을 받은 원형적 수납자로 지칭되고 있는 것으로 보인다. 이것은 로마서 7:7-13의 적용 대상을 온 인류에게 확대하는 효과를 지닌다; cf. 이한수, 로마서 I (도서출판 이레서원, 2002), 562-581.

라함에게 먼저 전파된 복음은 현재 바울이 이방 세계에 전파하는 복음 메시지를 예시한 것이다.

근접문맥에서 아브라함에게 전파된 복음은 하나님께서 그와 맺은 "언약"(갈 3:15-17) 또는 아브라함과 그 자손에게 주신 "약속들"(갈 3:16, 18)과 깊은 관계가 있다. 왜냐하면 아브라함 언약에서 "약속" 형태로 주어진 것이 현재 이방인들 가운데서 전파하는 바울의 복음에서 "성취"된 것이기 때문이다. 더욱이, 바울 복음은 아브라함 언약(롬 4:1-25; 갈 3:6-14, 4:21-31)과 새 언약(고후 3:6-4:6)에 뿌리를 두고 있는 반면에, 논쟁적 문맥에서 등장하는 이들 구절은 바울 복음이 시내산 율법과는 날카로운 대조 관계에 놓여 있음을 보여 준다.

하지만 이것이 바울의 언약신학의 전부가 아니다. 바울 서신 가운데는 옛 언약의 중심 내용인 율법과 새 언약의 중심 내용인 그리스도를 다시 긍정적으로 연결시키는 현상이 나타나기도 한다. 이런 현상은 주로 그리스도를 언약사의 "정점"(climax)으로 제시하는 종말론적인 성취의 문맥에서 나타난다. 그러므로 복음과 율법의 관계는 아브라함, 모세, 새 언약으로 이어지는 언약사의 전체 흐름 속에서 균형 있게 파악할 필요가 있다.

바울 복음의 구체적인 내용은 무엇인가? 로마서 2:16에서 "내 복음"이란 술어가 등장하는데, 여기서 심판과 복음을 연관시킨 것은 주목할 만하다. 혹자는 구원의 기쁜 소식을 담고 있는 복음이 어떻게 죄인들을 정죄하는 심판과 조화를 이룰 수 있는가 하고 이상하게 생각할 수도 있다. 하지만 복음의 핵심 내용이 심판 사상을 내포한다는 것은 이상한 일이 아니다. 복음은 사실 심판을 요청한다. 심판의 실재가 없다면 죄인들을 향하여 구원을 받으라는 복음의 요청이 불필요하게 되고 또한 죄인들에게 기쁜 소식도 될 수 없을 것이다. 바울이 그것을 "내 복음"이라 부른 것은 자신이 그것을 고안해 냈다거나 자기만의 독특한 소유로 생각했다는 것을 뜻하지는 않는다.

복음은 일차적으로 "하나님이 선지자들로 말미암아 그의 아들에 관하여 성경에 미리 약속하신 것"(롬 1:2)이다. 로마서의 이 구절은 복음의 네 가지 특징을 해설해 준다.

첫째는, 예언적인 특징이다. 복음은 최근에 어떤 사람이나 인간적인 필요에 의해서 고안된 것이 아니라 구약성경의 예언들을 통해서 증거된 것이다.

둘째는, 기독론적인 특징이다. 복음의 중심 내용은 하나님의 아들 예수 그리스도에 관한 것이다. 하나님의 아들 예수 그리스도께서 다윗의 육신적 혈통으로 나셨지만 성령으로 죽은 자 가운데서 부활하셔서 능력 있는 하나님의 아들로 확증되셨다. 이것을 전파하는 것이 복음의 핵심이다.

셋째는, 구원론적인 성격이다. 복음은 그것을 믿는 자들을 하나님의 거룩한 백성으로 변화시키는 구원의 능력이다(6, 16절).

넷째는, 보편적인 성격이다. 구약의 율법은 아브라함의 육신적 후손에게 전해진 특수성을 가졌지만, 바울의 복음은 유대인과 이방인 모두에게 전파되는 개방성을 갖는다. 더욱이 하나님은 "한 분뿐"이라는 유일신론 사상이 복음의 이러한 보편성을 요청한다.

결국 복음은 바울의 여러 편지들 가운데서 다양하게 묘사된다: 그것은 이방인 가운데 하나님의 아들을 전파하는 기독론적인 메시지이며(갈 1:16; 롬 1:2-3), 믿음으로 이방인들을 의롭다 하신다는 칭의 구원론의 메시지이며(갈 3:8), 십자가에 못박힌 예수가 하나님의 지혜와 능력이 된다는 메시지이며(고전 1:17-18), 십자가에 죽으시고 장사 지낸 바 되었다가 사흘 만에 부활하셨다는 구원사건의 메시지이며(고전 15:1-4), 이방인들이 그리스도 안에서 함께 후사가 되고 함께 약속에 참여한 자가 된다는 메시지이며(엡 3:6), 또한 신자들이 믿음의 터 위에 굳게 서서 견고하게 붙들어야 할 "소망"의 메시지이기도 하다(골 1:23).

갈라디아서에서 바울은 자신의 복음이 예수 그리스도의 계시로 받은 것이라고 주장한다(갈 1:11-16). 근접문맥에서 그의 복음의 핵심 내용은 예수께서 "하나님의 아들"이시며 "그리스도"가 되신다는 사실을 이방인들에게 전하는 것을 포함한다(1:16). 어떤 학자들은 자신의 복음의 계시적 기원을 주장하는 이러한 주장이 그것을 "전승"으로 받았다고 말하는 고린도전서 15:3의 주장과 모순된다고 생각하기도 한다.[16] 이 문제에 대한 다양한 견해들 가운데 최선의 것으로 보이는 것은, 갈라디아서 1:12은 복음의 본질을 지칭하고, 고린도전서 15:3 이하는 복음의 전승형식을 지칭한다고 보는 것이다.[17] 바울은 다메섹 계시 사건을 통해 십자가에 못박힌 예수가 부활하고 승천한 주와 하나님의 아들이라는 사실을 깨닫게 된 반면(갈 1:12, 16), 고린도전서 15:3 이하의 전승은 복음의 이러한 본질을 형식적으로 표현한 것이다. 따라서 갈라디아서와 고린도전서의 진술들 사이에 본질적인 모순이 있는 것으로 보이지 않는다.

마지막으로 우리는 복음과 율법의 관계가 기독교인들의 삶에 대해 갖

---

16) Cf. J. T. Sanders, "Paul's Autobiographical Statements in Galatians 1-2," *JBL* 85 (1966), 337.

17) S. Kim, *The Origin of Paul's Gospel*, 69; H. Schlier, *Galater*, 48; K. Wegenast, *Das Verständnis der Tradition bei Paulus und in den Deuteropaulinen* (WMANT 8; Neukirchen, 1962), 68f.

는 의의에 대해서 언급할 필요가 있다. 옛 언약은 이스라엘의 불순종 문제를 치유할 수도 없었고(롬 8:3), 그들의 완악한 마음을 덮고 있는 수건을 벗겨내고 새로운 계시적 인식을 줄 수 없었으며(고후 3:11-18), 또한 아브라함 언약의 축복을 육신적 이스라엘에게 제한시킴으로 유대인과 이방인을 두 분열된 백성으로 만든(엡 2:11-16) 구원사적 한계들을 내포하고 있었다.

반면에 새 언약은 그리스도 안에서 옛 언약의 이러한 구원사적 한계들을 극복하는 성취의 때를 도래시켰다(갈 4:4). 그리스도는 이전 언약들의 '정점'에 계신다. 그는 이들 언약의 비전과 의도를 성취하는 분으로 오셨다. 그리스도의 속죄적 죽음은 옛 언약의 제사가 온전하게 만들 수 없었던 죄인들을 새로운 인식, 새로운 순종의 존재로 변화시킬 것이다. 그들은 "회복된 이스라엘"(갈 6:16)이며 "새로운 피조물"(갈 6:15)이다. 바울은 이들이야말로 아브라함의 참 아들을 구성한다고 주장한다. 바울은 그들을 한편에서는 "믿음으로 말미암은 자들"(갈 3:7, 9)로, 다른 한편에서는 "성령을 따라 난 자들"(갈 4:29)로 묘사한다. 그들의 신분 정체성을 규정하는 "믿음"과 "성령"은 이제 아브라함의 아들로서 살아가야 할 그들의 삶의 정체성을 규정하는 요소가 된다(갈 2:20-21, 5:16-18).

복음의 이러한 윤리적 지향성을 언약신학 구조 안에서 밝히는 것이 본서의 주된 목적들 가운데 하나이다. 언약신학에서 "삶"과 "행위"는 하나님의 백성의 성격을 규정하는 중심 요소인 것이 분명하다. 하지만 최근 전통적인 학자들은 구약과 유대교 언약신학에서 그것이 지니는 기능과 의의에 대해서 큰 혼란을 겪고 있는 것으로 보인다. 그것은 의를 확보하는 전제조건이나 수단인가, 아니면 언약 안에 머무는 수단인가? 하나님의 언약적 성실성은 그의 백성의 순종 여부에 조건지어진 개념인가, 아니면 그의 백성된 신분을 논증하고 나타내주는 표지인가? 우리는 본서에서 이런 질문들에 대한 해답을 찾으려고 시도할 것이다.

필자는 바울 복음의 진정한 성격을 파악하는 일이 아브라함, 모세, 새 언약으로 이어지는 언약들에 대한 올바른 이해가 전제되지 않으면 불가능하다고 생각한다.

바울 서신에서는 구약에 등장하는 아담 언약, 노아 언약, 또는 다윗 언약과 같은 언약들은 언급되지 않으며, 또한 교의신학자들이 말하는 구속언약이란 술어도 분명하게 등장하지 않는다. 바울은 이방인을 위한 자신의 사도직과 복음의 정당성을 확보하기 위해서 주로 아브라함, 모세, 새 언약에 호소하곤 한다. 이들 언약이 구약 본문에 함축되어 있는 혈통적 연대성의 원리에 기초한 것으로 보이는데도 바울은 그것을 상대화시킨다. 그리고 그는 그것들 사이에 존재하는 내면적 통일성 개념을 좀 복잡한 방식으로 강조한다. 그가 왜 이러한 논지 전개 방식을 취하는가는 이방인의 사도로 부르심을 받은 자신의 정체성 의식과 관계가 있다.

필자는 본서를 통해서, 다메섹 회심 사건을 계기로 바울 사도가 자신이 몸담고 있었던 유대교의 언약신학을 무슨 이유로, 어떻게 비판하였으며, 또한 그에 대한 대안으로 자신의 이방인 복음과 사도직을 이전 언약들과의 관계 속에서 어떻게 확립하는지 밝히려고 시도할 것이다.

제1부

율법 종교로서의 유대교

제 **1** 장

로마서에 나타난 바울의 유대교 비평 :
실천적 유추에서 본 전망

I. 문제 제기

　바울의 유대교 비평과 관련된 진술들을 평가하는 일은 결코 쉬운 일이 아니다. 유대교 비평을 반영하는 것으로 보이는 그의 진술들은 주로 논쟁적인 문맥에서 등장하기 때문에 그것들이 바울 당대의 유대교의 실상을 반영하는 비평인지 아니면 바울 자신의 계시적 통찰력에서 기인한 비평인지 구분하는 일이 용이하지 않다. 비록 바울 당대의 유대교 실상을 반영하는 비판이라 할지라도, 그의 비평의 준거들이 유대교 내부 논쟁의 형식을 띤 것인지 아니면 회심한 이후에 기독교적 관점에서 제기한 비평인지를 밝힐 필요가 있다. 만일 기독교적 관점에서 가해진 비평이라면 그것이 초대교회 공동체로부터 물려받은 공유된 관점인지 아니면 다메섹 회심 사건 이후에 그가 얻은 계시적 인식에 기초한 관점인지를 확인하는 일도 불가피한 작업이다. 최근의 학자들이 바울의 유대교 비평과 관련하여 다양한 입장 차이들을 노정하고 있는 이유는 상기 질문들이 함축하고 있는 차원들을 의식적으로 구분하지 못하고 혼동하기 때문이 아닌가 여겨진다.

최근 유대교가 어떤 종류의 종교인지를 확인하려는 다양한 시도들이 제기되어 왔다. 아직도 상당수의 학자들은 중간사 시대의 문헌들로부터 '행위의' (works-righteousness)를 시사하는 것처럼 보이는 문헌 증거들을 끌어다대면서 유대교를 '행위의의 종교' 또는 '행위 구원의 종교'로 간주하려 하고,[1] 샌더스나 던과 같은 학자들은 이러한 유대교 문헌들을 전혀 새로운 시각에서 접근함으로써 유대교를 '언약적 신율주의' (covenantal nomism)로 파악하고자 한다.[2] 최근에는 이들 두 상반된 입장들을 조화시켜 보려는 새로운 중도적 입장들이 생겨나서 유대교를 언약적 신율주의 내에서 행위의의 요소를 지닌 종교로 간주하려는 시도까지 생겨났다.[3] 필자는 다른 논문에서 이러한 유대교 이해들에 대해서 논평한 글을 쓴 바 있기 때문에,[4] 본 논문에서는 기본 논지들을 다시 반복하지 않겠다.

---

1) Cf. T. R. Schreiner, "'Works of Law' in Paul," *NovT* 33 (1991), 217-244; "Israel's Failure to Attain Righteousness in Romans 9:30-10:3," *TriJ* 12 (1991), 209-220; S. Westerholm, *Israel's Law and the Church's Faith. Paul and His Recent Interpreters* (Grand Rapids: Eerdmans, 1988); D. J. Moo, "'Law,' 'Works of the Law,' and Legalism in Paul," *WTJ* 45 (1983), 73-100, etc.

2) E. P. Sanders, *Paul and Palestinian Judaism* (London: SCM; Philadelphia: Fortress, 1977); *Paul, the Law, and the Jewish People* (Philadelphia: Fortress, 1983); J. D. G. Dunn, "The New Perspective on Paul," *BJRL* 65 (1983), 95-122; *Jesus, Paul and the Law* (London: SPCK, 1990), etc.

3) 김세윤, 바울신학과 새 관점 (두란노, 2002); cf. T. Laato, *Paul and Judaism: An Anthropological Approach* (Atlanta: Scholars Press, 1995); D. A. Hagner, "Paul and Judaism. The Jewish Matrix of Early Christianity: Issues in the Current Debate," *BBR* 3 (1993), 122, etc.

4) 이한수, "이방 선교의 전망에서 본 율법 문제", 신학지남 272 (2002년 가을호), 84-120.

아마도 바울 당대의 유대교의 실상을 제대로 정확하게 파악할 수 있는 지름길은 1세기에 전형적인 바리새 랍비로 살았던 바울 자신의 글들을 분석하는 일일 것이다. 어떤 학자들은 바울이 유대교를 제대로 파악하지 못하고 왜곡했다는 주장을 펴기도 하지만 그들이 내세우기 좋아하는 유대교의 여러 문헌 증거들은 바울보다 훨씬 이후 시대의 것들이다. 때문에 1세기를 살았던 바울 자신의 글들만큼 신뢰성을 둘 수 있는 일차적 문헌 증거들이라고 보기 어렵다. 필자는 연구의 범위를 좁히기 위해 로마서에 나타난 바울의 유대교 비평 진술들에 주목하고자 한다: 이들 구절에서 바울은 왜 자신이 전에 몸담고 있었던 유대교를 비평하지 않을 수 없었을까?[5] 이러한 논의 과정에서 앞에서 이미 제기한 여러 논의 측면들을 가능한 한 간략하게 토론함으로써 결론을 지으려고 한다.

본 논문의 중심 논제로서 한 가지 중요한 점을 지적할 필요가 있다. 그것은 로마서에 나타난 바울의 유대교 비평을 '실천적 유추' (*practicus syllogismus*)[6]라는 새로운 전망 속에서 파악하는 일이다. 이러한 과제를

---

[5] 바울 사도는 '유대교' (Judaism)란 술어를 갈라디아서 1:13-14에서 두 번 언급하고 있고, 로마서 1:17에서는 '유대인' (Jews)이란 술어를 사용한다. 전자의 구절에서 그것은 바울 자신이 몸담고 있었던 바리새 유대교만을 지칭하는 편협한 의미뿐만 아니라 자신의 동년배들이 옹호했던 '조상의 유전', 다시 말해서 율법에 관한 구두 전승들에 나타난 종교적 전통들로 대변되는 광의의 종교 패턴을 가리키는 말로 사용한다. 따라서 유대교란 유대인들의 종교를 가리키기 때문에 유대교에 대한 비평은 유대인들의 종교적 신앙과 신념에 대한 비평을 가리킬 수밖에 없다.

[6] '실천적 유추'라는 술어는 본래 교의신학자들이 먼저 사용하던 구원론적 술어였다. 구약과 신약의 종교는 유일신 하나님의 절대적 주권의 빛 속에서 인간의 삶과 책임의 실재를 파악하고자 했던 것이 분명하다. 어떤 신자가 참 믿음의 생활을 영위했을 때 그것을 인간론적 전망에서 조건주의적으로 접근하는 것이 아니라 하나님 자신의 선택이라는 주권적 행위의 결과로 이해하려는 해석 방식이다. 이러한 실천적 유추의 방식은 요한 칼빈이나 종교개혁자들의 글 속에서 자주 등장한다.

풀어가기 위해서 필자는 우선 로마서 2장에 나타난 바울의 유대교 비평의 핵심을 확인한 뒤 9-11장의 전망을 통해 역으로 2장의 의미를 파악하고, 둘째는 그것이 유대교 내부 논쟁의 형태를 띤 토론이 아닌지, 그리고 그것이 얼마나 다메섹 회심 사건 이후에 생긴 계시적 인식에 기초하고 있는지를 살펴보고자 한다.

2. 로마서에 나타난 바울의 유대교 비평

이 부분의 목적은 로마서 2장에 나타난 바울의 유대교 비평을 분석하고 그것을 로마서 9-11장에 나타난 논의들에 비추어 전자의 의미를 심층적으로 밝히는 데 있다. 따라서 로마서 다른 곳에 있는 유대교 비평에 관련된 구절들을 전반적으로 다루지는 않고 우리의 논제와 관련하여 제한적으로 참조하고자 한다.

2.1 2장에 나타난 바울의 유대교 비평

로마서 2장은 구조적으로 크게 네 부분으로 되어 있다: 첫 번째 부분은 대화체(diatribe) 방식을 사용하여 도덕적 우월감을 가지고 다른 사람을 판단하는 자를 향하여 하나님의 공평무사한 심판의 원리를 천명하고(1-11절), 두 번째 부분은 율법을 소유했다는 사실이 결코 심판을 면제시키는 안전책이 되지 못한다는 것을 상기시키며(12-16절), 세 번째 부분은 유대인들의 특권적 신분도 그들의 안전책이 되지 못한다는 것을 지적하며(17-24절), 네 번째 부분은 할례도 그들의 안전책이 되지 못함을 지적하면서 참 유대인의 정체성을 재정의한다(25-29절).

로마서 2장의 특징은 17절 이후의 후반부에서 바울의 비평 대상을 '유대인'으로 명기하는 반면에, 1-16절의 전반부에서는 단수 이인칭대명사 '너'(you)를 가상의 대화 상대자로 언명하지만 그가 누구인지 확인해주지 않는다는 사실이다. 여기서 '너'로 불리는 사람이 누구인지를 확인하는 것은 로마서 2장 전체를 해석하는 중요한 실마리가 된다.[7]

전통적으로 '너'의 지시 대상을 해석할 때 학자들의 견해가 엇갈려 왔는데 이들 견해 중에 대표적인 것 몇 가지만 제시하면 다음과 같다.

첫째로, 바울은 유대인이나 이방인 중 하나를 염두에 둔 것이 아니라 '도덕적 통찰력과 이상을 지닌 사람들'을 일반적으로 지칭하고 있다.[8] 이 해석을 취하게 되면 바울은 재판자의 자리에 앉아서 다른 사람들을 판단하는 이들의 도덕적 우월감을 비판하는 셈이 된다.

둘째로, 보다 보편적으로 받아들여지는 견해는 바울이 유대인들을 특별히 염두에 두고 있다고 보는 해석이다.[9] 솔로몬의 지혜서와의 주목할 만한 연관성(Wis. Sol. 11-15), 4절에 함축된 언약적 색채의 언어와 유대인의 특권들, 이방인들에 대한 유대인들의 도덕적 우월의식 등은 바울이 유대인을 특별히 염두에 두고 있음을 시사해 준다. 니그렌은 하나님 앞에서 도덕적 우월감과 특권 의식을 가졌던 유대인들의 특정 태도가 1절 배후

---

7) Lietzmann, *Römer*, 38-39; Nygren, *Romans*, 114. Lietzmann은 2:1의 해석을 "the key to the second chapter of Romans"로 간주하면서 여기에 지칭된 '너'는 "der selbstgerechte Jude"를 가리킨다고 해석하였다.
8) Morris는 이 견해를 추종하는 사람들로 Calvin, Luther, Foreman, Barrett, Leenhardt, Lenski, Harrisville 등을 언급한다.
9) 이 견해를 추종하는 학자들로는 Nygren, Lietzmann, Käsemann, Barclay, Cranfield, Dodd, Lagrange, Fitzmyer 등을 들 수 있다.

에 놓여 있다고 보고 그 문헌 증거로서 솔로몬의 지혜서와 관련된 구절들을 인용한다.

지혜서 저자는 유대인들도 역시 죄를 범한다고 고백하지만 하나님께서 유대인과 이방인을 달리 심판하실 것을 기대한다: "비록 죄를 범할지라도 우리는 당신의 소유이며 당신의 능력을 아나이다"(Wis. Sol. 15.2). 지혜서 저자는 또한 이스라엘 백성이 범죄함에도 불구하고 그들과 맺은 언약을 지키시는 하나님의 성실성에 대해서 말한다.[10] 예를 들면 "하나님을 아는 것이 온전한 의이며 그의 능력을 인정하는 것이 영생의 근원이라"(15.3)는 진술은 이스라엘이 하나님의 율법에 대한 지식을 즐거워했음을 시사한다. 이러한 즐거움은 그들이 하나님과 맺은 관계에 기초한다. 하지만 이스라엘 백성이 하나님 앞에서 이방인들과 다른 대우를 받을 것으로 기대하게 된 것은 바로 하나님의 언약적 성실성에 대한 그들의 과신 때문이다. 지혜서 저자는 하나님께서 이스라엘을 징계하실 때도 아버지처럼 자비와 긍휼로 다루고 훈계하시지만, 이방인들에 대해서는 엄한 왕처럼 신문하시고 진노하심으로 정죄하신다고 주장한다(11.9-11). 심지어 그는 "우리를(이스라엘) 징계하실 때도 우리의 원수들을 만 번이나 더 징벌하신다"(12.22)고까지 말한다. 이것은 지혜서 저자가 유대인과 이방인에 대해서 이중적인 표준을 갖고 있었다는 것을 시사해 준다.

바울도 역시 4절에서 지혜서 저자의 기본 전제처럼 하나님의 '인자하심'과 '용납하심'과 '길이 참으심의 풍성하심'을 회개와 연결하여 언급하고 있는데, 이것은 유대인들이 섬기던 언약의 하나님의 전형적 성품을 지시하는 것이 분명하다.[11]

---

10) Elliott, *The Rhetoric of Romans*, 178ff, 189.

그렇다면 범죄하는 유대인들에 대한 바울의 태도가 지혜서 저자와 다른 점은 무엇일까? 지혜서 저자는 범죄하는 이스라엘에 대한 하나님의 심판에 대해서 말하기는 하지만 여전히 그는 이스라엘에 대한 하나님의 언약적 성실성을 굳게 믿은 데 반하여, 바울은 하나님의 언약적 성실성에 기대어 심판자의 자리에 앉아 다른 사람들을 정죄하고도 스스로 "같은 일을 행하는"(1절하) 유대인들 역시 하나님의 심판을 피할 수 없다고 주장한다(3절).

만일 가상적 대화 상대자인 '너'가 유대인을 지칭하는 것이 분명하다면, 우리는 1-16절에서 유대인들의 실상에 대한 바울편의 이해를 다음 몇 가지로 요약할 수 있다.

1. 유대인은 하나님의 언약적 성실성을 믿고 있었다(4절).
2. 유대인은 하나님의 언약 백성으로서 그의 심판을 피할 줄로 생각하였다(3절하).
3. 유대인은 심판의 자리에 앉아 다른 사람들(이방인들)의 악행을 정죄하면서도 그들 스스로 동일한 일들을 행하였고(1절하, 3절상) 회개치 않았다(4-5절).

이에 대한 바울의 신학적 답변은 분명하다.

1. 유대인들이 신앙했던 하나님의 언약적 성실성을 부정하지 않고 그것

---

11) Cf. Cranfield, *Romans 1*, 138; Dunn, *Romans 1-8*, 81f; Fitzmyer, *Romans*, 301; Käsemann, *Romans*, 54; Michel, *Römer*, 114. 이들 학자들은 하나님의 속성을 묘사하는 술어들이 가끔 헬레니즘 시대의 문헌에 나오기는 하지만 바울이 여기서 유대 전승에 깊이 뿌리박은 언약적 술어들을 끌어다 쓰고 있다고 주장한다.

을 자신의 신학적 전제로 삼고 있다(4절).
2. 다른 사람의 악행을 심판하고도 같은 일을 행하는 유대인은 결코 하나님의 심판을 피할 수 없다(3절).
3. 유대인들이 하나님의 심판을 당하게 된 근거는 그들도 이방인들과 동일한 죄들을 범했기 때문이다: 하나님께서는 각 사람에게 그 행한 대로 심판하신다(1-3, 6-10절).
4. 하나님의 심판에 있어서 유대인과 이방인은 동등하다(9-10절).

여기서 우리는 바울의 유대교 비평에 있어서 아주 중요하고도 쉽게 해결되지 않는 긴장의 문제를 대하게 된다. 바울은 전형적인 유대인으로서 자기 백성에 대해서 언약적으로 성실하신 하나님을 믿었으며, 당대 유대인들이 가졌던 이러한 언약적 성격의 신론을 결코 부정하거나 비평하지 않는다(4절 참조). 문제는 하나님의 언약적 성실성을 바라보는 데 있어서 바울과 유대인들이 서로 다른 관점을 가진 것처럼 보인다는 사실이다. 유대인들은 하나님이 자기 백성에 대해서 언약적으로 성실하시기 때문에 비록 그들이 범죄한다 할지라도 결코 하나님의 정죄의 심판에 빠질 수 없다고 생각하는 반면, 바울 사도는 하나님의 언약적 성실성에도 불구하고 그들의 범죄 실상을 지적하면서 그들도 하나님의 정죄의 심판을 피할 길이 없다고 본다는 점이다. 바울의 유대교 비평의 핵심 근저에는 그들의 "현실적인 악행들"의 실재가 놓여 있다.

1절하: "판단하는 네가 같은 일을 행함이니라"
2절: "이런 일을 행하는 자에게 하나님의 판단이 진리대로 되는 줄 우리가 아노라"
3절: "이런 일을 행하는 자를 판단하고도 같은 일을 행하는 사람아 네가 하나님의 판단을 피할 줄로 생각하느냐"
6절: "하나님께서 각 사람에게 그 행한 대로 보응하시되"
7절: "참고 선을 행하여 영광과 존귀와 썩지 아니함을 구하는 자에게는 영생으로 하시고"
9절: "악을 행하는 각 사람의 영에게 환난과 곤고가 있으리니 첫째는 유대인에게요 또한 헬라인에게며"
10절: "선을 행하는 각 사람에게는 영광과 존귀와 평강이 있으리니 첫째는 유대인에게요 또한 헬라인에게라"
13절: "하나님 앞에서는 율법을 듣는 자가 의인이 아니요 오직 율법을 행하는 자라야 의롭다 하심을 얻으리니"

상기 구절들의 요점을 해설하면 유대인이라고 해서 각 사람을 "행한 대로" 심판하시는 하나님의 보편적 심판을 피해갈 수 없으며, 영생과 진노의 경험은 "참고 선을 행하는가"(7절) 아니면 "악을 행하는가"(9절)에 걸려 있다. 어떻게 보면 바울은 여기서 그의 주요 서신들 가운데서 천명한 "오직 믿음만으로 의롭다 하심을 얻는다"는 이신칭의 원리에서 크게 벗어난 진술을 하는 것처럼 보이기까지 한다. 어떤 학자들은 그래서 바울의 이신칭의 원리가 본절의 행위 심판의 원리와 논리적으로 충돌한다고 생각하거나,[12] 또는 그가 유대교로부터 가지고 들어온 유대교 신학의 잔재라고 생

---

12) W. Joest, *Gesetz und Freiheit. Das Problem des tertius usus legis bei Luther und die neutestamentliche Paränese* (Göttingen: Vandenhoeck & Ruprecht, 1951), 169-76; H. Braun, *Gerichtsgedanke und Rechtfertigungslehre bei Paulus* (Leipzig: J. C. Hinrichs' sche Buchhandlung, 1930), 96-8; H. Räisänen, *Paul and the Law*, 101-7; E. P. Sanders, *Paul, the Law, and the Jewish People*, 123-36. 샌더스는 로마서 1:18-2:29이 대개 디아스포라 유대교에서 넘겨받은 권면 자료이며, 여기에 실린 논의들을 보면 과장되어 있고 바울이 다른 곳에서 말하는 것과 들어맞지 않는다고 주장하였다. 따라서 샌더스가 로마서 2장을 부록에서 다루는 것은 그리 놀라운 일이 아니다.

각하여 왔다.[13] 또 어떤 학자들은 바울이 여기서 단지 '가설적 상황' (hypothetical situation)을 제시할 뿐이라고 본다.[14] 가설적 상황이란 율법을 온전히 지키기만 하면 영생을 보상받을 수 있는 상황이 이론적으로는 가능하겠지만 사실 그렇게 영생을 경험한 사람이 현실 속에서는 전혀 있을 수 없다고 상정하는 것이다. 이 견해들은 모두 본절의 내용이 바울 서신의 다른 구절들에서 개진된 이신칭의 원리와 조화되기 어렵다는 공통된 인식에 기초해서 나온 것들이다.

하지만 이것들은 모두 본문의 의도를 깊이 이해하지 못한 견해들일 뿐이다. 신자들도 '행위'에 기초해서 심판을 받는다는 것은(롬 14:12; 고후 5:10) 결코 바울의 이신칭의 원리와 모순되는 유대교 신학의 잔재가 아니다. 신자들은 오직 믿음으로 의롭다 하심을 얻지만 그들을 구원하는 믿음은 선한 행실로 논증되고 표현되는 실재이다. 바울은 심지어 선한 행위들을 구원이나 영생과 연관짓기까지 한다(롬 8:13; 갈 6:8-9). 바울은 전형적인 유대인으로서 하나님의 백성이 율법을 지키고 순종하는 일에 대해 부정적으로 평가하지 않는다. 그는 유대인들이 참 하나님의 백성이라면 율법에 대한 순종의 삶으로 그들의 정체성을 나타내고 논증할 것을 역설하는 것이 분명하다(2:27-29).

---

13) O. Pfleiderer, *Der Paulismus. Ein Beitrag zur Geschichte der urchristlichen Theologie* (2 Aufl.: Leipzig: O. R. Reisland, 1890), 281.
14) Lietzmann, *Römer*, 13; J. Knox, *Romans*, 409; M. Kahler, "Auslegung von Kap. 2.14-16 in Römerbrief," *TSK* XLVII (1874), 274, 277; G. Bornkamm, "Gesetz und Natur (Röm 2. 14-16)," *Studien zu Antike und Urchristentum* II (München: Chr. Kaiser Verlag, 1970), 110; S. Kim, *The Origin of Paul's Gospel*, 281: "It is because man-Jew or Gentile-does not keep the law perfectly that he cannot be justified by works of the law. This presupposition-a thoroughly Jewish doctrine of justification-finds its echo occasionally in Paul (Röm 2.7-13; 10:5; Gal 3.12)."

로마서 2장의 후반부에서도 바울은 거의 동일한 논조를 유지한다. 하지만 단수 2인칭 대명사를 사용하여 익명의 대화 상대자를 놓고 자신의 논지를 끌고 가던 형식을 떠나서 이제 보다 직접적으로 '유대인'을 논쟁 대상자로 명기한다.[15] 27절에 여전히 '판단'이란 술어가 등장하는 것으로 보아서 바울은 2:1-3에서 묘사했던 사람, 즉 다른 사람을 심판하는 자리에 서서 그 악행을 판단하고 정죄하면서도 스스로 동일한 일들을 행하는 사람을 염두에 두고 있는 것이 분명하다.

바울은 17절 이하에서 유대적 색채가 강한 술어들을 끌어다 쓰면서 어떻게 보면 "유대교 내부의 논쟁" 형식을 취하여 유대인들의 그릇된 특권의식을 비평하고자 한다. 후반부에 등장하는 비평자는 "우리 유대인들은 온갖 특권들을 다 소유하고 있기 때문에 이방인들과 같은 기준으로 심판을 받을 수 없다"고 주장한다. 바울은 유대인 비평자가 제기하는 얼마간의 특권들, 예를 들면 율법 소유나 육신적 할례 같은 특권들을 해설하고 그것들이 결코 하나님의 공평한 심판을 면하게 할 수 있는 안전책이 되지 못한다는 것을 지적한다.

로마서 2장 후반부에서 묘사된 유대인은 하나님의 언약 백성으로서 '율법을 의지하는' 자이다(17절상). 율법 때문에 그들은 이방 죄인들에 대해서 신분적 우월성과 자긍심을 가질 수 있었다. 유대인은 또한 율법이 계시한 '하나님을 자랑하는' 자이다(17절하). 하나님은 유대인에게 배타적으로 소유된 민족주의적 유일신이었다(3:29 참조). 그들은 창조자 하나님을 그들만의 편협한 민족주의적 신으로 만들어버렸다. 유대인은 또한 율법의 교훈을 받아 하나님의 지극히 선한 뜻을 분별하고 인식할 수 있는

---

15) 2장 초반부에서 익명의 대화 상대자를 사용한 것은 유대인들을 무장 해제시켜 자신의 논쟁을 보다 효과적으로 만들려고 하는 수사적 기술이 아닌가 생각된다.

특권을 지닌 자이다(18절). 따라서 그들은 소경을 인도하는 자요 어두움에 있는 자의 빛이요 어리석은 자의 훈도요 어린아이의 선생이라는 자기 확신을 가진 자였다(19-20절). 이런 표현들은 이방인들에 대해서 우월의식을 가지고 바라보는 유대인들의 전형적 시각을 나타내 준다. 그들은 또한 할례를 받고 율법을 소유한 사실에 기대어 하나님의 언약 백성으로서 자기 정체성을 삼으려고 했던 자들이었으며, 이런 신분적 특권들을 가지고 심판을 피할 수 있는 안전책으로 삼고자 한 자들이었다(25-26, 28절). 하지만 바울은 유대인들이 이러한 신분적 특권 의식을 가지고 있었다는 것을 부정하지는 않지만 그런 것에 의지해서 하나님의 심판을 면할 수 있다고 생각했던 유대인들의 전제를 결코 받아들이지 않는다.

대다수의 유대인들이 하나님의 심판을 면할 수 없는 이유는 2장 전반부에서처럼 율법을 범하는 그들의 '행위'에서 찾는다.

> 21절하: "도적질 말라 반포하는 네가 도적질하느냐"
> 22절: "간음하지 말라 말하는 네가 간음하느냐 우상을 가증히 여기는 네가 신사 물건을 도적질하느냐"
> 23절: "율법을 자랑하는 네가 율법을 범함으로 하나님을 욕되게 하느냐"
> 25절: "네가 율법을 행한즉 할례가 유익하나 만일 율법을 범한즉 네 할례가 무할례가 되었느니라"
> 27절: "본래 무할례자가 율법을 온전히 지키면……율법을 범하는 너를 판단치 아니하겠느냐"

이처럼 유대인들이 하나님의 심판을 면할 수 없는 근본 이유를 바울 사도는 율법을 의지하고 자랑하면서도 그것을 지키지 않고 범하는 행위에서 찾는다. 바울은 여전히 전형적인 유대인으로서 자기 백성에 대한 하나님의 언약적 성실성을 의심하지 않는다. 로마서에서 하나님은 언약적으로 불성실하신 분일 수 없다(9:14, 11:22). 하지만 바울과 유대인 사이에 하나님의 언약적 성실성을 이해하는 방식에 있어서 차이가 존재하는 것이 사실이다.

유대인들은 할례와 율법 소유와 같은 외면적 신분 특권들을 의지해서 그들의 범죄 현실에도 불구하고 자신들을 하나님의 백성으로 간주하고 하나님의 언약적 성실성이 그들을 붙들고 있다고 보는 데 반하여, 바울은 율법을 범하는 유대인들의 범죄 현실을 살필 때 그들 역시 하나님의 심판을 피할 길이 없으며 따라서 그들은 하나님의 언약적 성실성을 주장할 권한이 없다는 것이다. 그렇다면 바울의 유대교 비평의 궁극적 원리와 기준은 어디서 온 것인가? 이 질문에 대해서 로마서 2장에 나타난 바울의 유대교 비평의 본질을 다음 세 가지 방향에서 해석할 수 있다.

1. 유대교는 율법을 지켜 스스로 구원을 얻어보려고 시도했던 행위의의 종교였다. 로마서 2장 후반부에 빈번하게 등장하는 율법준수에 대한 강조는 바울 당대의 유대교가 율법에 대한 온전한 순종을 통해 스스로 의롭다 함을 얻어보려고 한 그릇된 시도를 함축하며, "오직 율법을 행하는 자라야 의롭다 하심을 얻으리라"(2:13)는 진술은 유대인들의 그러한 그릇된 태도를 시사해 준다. 하지만 이러한 해석은 유대인들이 내세운 특권의식의 존재를 설명해 줄 수 없다. 그들은 어떻게 해서 자신들을 하나님의 심판에서 면제받은 자로 생각하고 이방 죄인들을 심판하는 자리에 서려고 했는가?

2. 유대교는 하나님의 언약적 성실성을 믿었지만, 그것을 인간의 율법 순종의 책임에 조건지어진 개념으로 생각하였다. 아무리 이스라엘이 하나님의 언약 백성으로서 온갖 언약적 특권을 누린다 해도, 그들이 율법

에 제시된 언약적 의무를 성실하게 준행하는 데 실패한다면 언약 백성으로서 그들의 신분과 특권은 언제라도 상실될 수 있다. 이런 견해가 최근의 바울 해석자들 가운데 많이 발견되는 것은 사실이지만, 로마서 2장에서 바울이 말하려는 핵심은 유대인들이 처음에는 하나님의 언약 백성이었는데 율법을 순종하는 데 실패하였기 때문에 처음 신분을 상실했다는 것이 아닌 것으로 보인다. 이것은 로마서 9-11장에 나타난 바울의 논지를 보면 금방 드러난다(cf. 11:1-2).

3. 유대교는 하나님의 언약적 성실성을 피상적으로 이해하고 곡해하여 자신들의 삶의 책임의 실재는 하나님 백성으로서 그들의 소명과 선택에 내재한 필수적 요소라는 것을 깨닫는 데 실패하였다. 유대인들은 육신적 혈통, 육신의 할례, 율법의 소유와 같은 언약의 외피적인 요소들을 붙들면서, 그것들이 지향하는 언약사의 심층적 흐름의 요구, 다시 말해서 마음의 근본적인 변화가 가져오는 삶의 변화에 대한 하나님의 요구를 이해하는 데 실패한 자들이었다. 바울의 유대교 비평에 함축된 그의 인식의 혁명적 변화는 기본적으로 다메섹 사건에 기인하지만 그 이후에 얻게 된 새로운 계시적 인식과 관찰에서 온 것들도 있다. 바울은 하나님의 언약적 성실성과 하나님의 백성을 형성하는 데 작용하는 그의 주권을 희생하지 않으면서 인간의 책임의 실재를 그 빛 속에서 파악한다.

필자는 세 번째 해석이 로마서에 나타난 바울의 유대인 비평의 본질을 제대로 반영한 것이라고 확신한다. 특별히 로마서 2장에서 바울이 율법을 어긴 유대인들의 범죄 '행위'를 자주 부각시키는 것은 유대인들이 행위구원의 종교를 믿었기 때문이라거나 아니면 하나님의 백성일지라도 율법을 지속적으로 어기면 그들의 본래 신분을 상실할 수도 있다는 점을 시사하기 위한 것이 아니다.

2:28-29에서 '표면적 유대인'과 '이면적 유대인'을 대조한 것은 율법을 '의문' 수준에서 붙들고 있고 할례도 '육신적' 차원의 의식으로만 준수하면서 사실은 성령을 통해 마음의 근본적 변화를 경험하지 못하여 기쁨으로 율법을 준수하는 데 실패한 껍데기 유대인들이 실제는 참 유대인, 참 하나님의 백성이 아니었다는 사실을 역으로 논증해줄 뿐이다.

따라서 유대인들이 하나님의 심판을 피할 수 없는 궁극적인 이유는, 그들이 하나님의 참 백성이었는데도 율법을 온전히 준수하는 데 실패하여 정죄의 심판에 떨어졌기 때문이 아니라, 아브라함의 육신적 후손임을 자랑하면서(4:1) 육신의 할례나 내세우고(2:25-26, 3:30) 율법도 의문의 수준에서 붙들면서 실제로는 범하는(2:23) 소위 "표면적인" 껍데기 유대인들이 사실 처음부터 "이면적 유대인", 다시 말해서, 참 하나님의 백성이 아니었기 때문이다.

28-29절의 언어는 새 언약 시대를 예언한 예레미야 31:31-34의 언어를 함축해 준다(cf. 겔 36:25-28). 새 언약 시대가 도래하면 하나님께서 이스라엘의 마음에 근본적 변화를 이루어 그들 마음속에 율법을 직접 새겨넣을 것이며 그들 모두는 하나님에 대한 친밀한 지식을 갖게 될 것이며 (34절) 자발적으로 하나님의 율례와 법도를 지켜 행하게 될 것이다(겔 36:27-28). 29절의 '마음'과 '영'이 '의문'과 '육신'과 대조된다는 사실은 바울이 새 언약의 비전이 성취되게 될 신약 시대 그리스도인들의 삶의 상황을 염두에 두고 있음을 시사해 준다.[16] 어떤 관점에서 보면 로마서 2장의 앞선 부분에서 자주 등장하는 율법 순종에 대한 긍정적 진술들은 성

---

16) 이한수, 로마서 I (서울: 이레서원, 2002), 259-263; cf. Fitzmyer, *Romans*, 323.

령의 감화로 마음의 근본적 변화를 경험하여 하나님의 뜻을 자발적으로 순종하게 될 신약의 그리스도인들의 모습을 미리 지시한 것이라고 볼 수도 있다.[17]

2.2 9-11장에 나타난 바울의 유대교 비평

바울 사도는 이 중요한 부분에서 이스라엘의 불순종이라는 현실과 자기 백성에 대한 하나님의 언약적 성실성 사이에 놓인 역사적 딜레마를 다룬다. 현실적으로 이스라엘은 복음을 불순종한 상태에 놓여 있어서 역사적으로는 하나님께서 그들을 버리신 것처럼 보이는 반면에, 바울은 하나님께서 자기 백성을 버리실 수 없다는 신학적 진리를 결코 포기하고자 하지 않는다. 역사적 현실과 신학적 진리 사이에 놓인 긴장 관계를 바울은 어떻게 해결하는가? 로마서 9-11장에 나타난 바울의 논지 전개는 다음 순서를 따른다.

1. 하나님께서는 여전히 언약적으로 성실하신 분이시며(9:14), 하나님의 말씀도 결코 폐하여진 바가 없다(9:6). 여기서 우리는 로마서 2장에서 바울과 유대인 사이에 공유되고 있는 신론의 요소를 다시 한번 발견하게 된다. 바울 역시 기독교 사도가 된 이후에도 유대교에서 옹호되는 하나님의 언약적 성실성 개념을 그대로 넘겨받고 있다.

2. 하나님은 결코 자기 백성을 버리시는 일이 없으며(11:1-2) 그는 자기 백성에 대해서 여전히 성실하시다(9:14).

---

17) Cranfield, *Romans 1*, 176; Dunn, *Romans 1-8*, 127f.

3. 아브라함의 육신적 후손인 이스라엘은 지금 대다수가 불순종의 상태에 놓여 있으며 복음을 순종하지 않고 있다(10:1-3, 11:28). 하지만 "이스라엘에게서 난 그들이 다 이스라엘이 아니요 또한 아브라함의 씨가 다 그 자녀가 아니라……곧 육신의 자녀가 하나님의 자녀가 아니라"(9:6하-8상).

만일 바울이 자기 백성에 대한 하나님의 언약적 성실성을 포기하려들지 않는다면, 그가 역사적 딜레마에서 빠져나갈 수 있는 길은 *하나님의 백성의 진정한 정체성에 대해 전격적으로 재정의를 내리는 수밖에 없다.*

아브라함의 후손으로서 육신적 이스라엘은 여러 가지 언약적 특권들을 소유하고 있는 것도 사실이며(9:3-5), 넓은 의미에서 "택하심으로 하면 조상들을 인하여 사랑을 입은 자"(11:28) 들이다.[18] 그들은 광의의 인종적 선택을 받은 언약 백성이요 언약의 구성원들이다. 로마서 전반부의 논의들을 고려할 때 유대인들은 아브라함의 육신적 혈통을 내세우고(4:1; 갈 4:22-24), 언약 백성 된 외적 표지로서 육신의 할례를 내세우며(3:28-29), '율법에 속한 자들' 된 자신들의 신분을 자랑하던 사람들이었다(2:17, 23, 4:14). 아브라함에게 계시된 언약의 하나님은 곧 그의 후손들인 유대인들의 민족적인 하나님으로 간주되었다(3:28-29). 유대인들의 이런 인식들은 언약사의 표층적 흐름 속에 내재한 가시적 요소들에 기초한 것으로서 그 자체가 모두 잘못된 것은 아니다. 하지만 그들의 오류는 언

---

18) 여기서 선택의 개념이 "민족적 선택"과 "구원론적 선택"으로 이원화되는 것을 알 수 있다(롬 11:4-7, 11:28). 이러한 선택 개념의 이원화에 대해서는 J. Murray, "elect, election," *ZPEP* II, 270-74를 보라. J. Calvin 역시 그의 기독교 강요(생명의말씀사 역간)에서 "the general election of a people"과 "the particular election of the saved"를 구분한다; cf. 이한수, "박형룡 신학의 재조명", 신학지남 270호 (2002년 봄), 176.

약의 표층적 흐름 속에 놓여 있는 이런 외피적 요소들이 참 하나님의 백성의 정체성을 규정하는 본질적 요소가 되지 못한다는 사실을 깨닫지 못한 데 있다.

"표면적 유대인"은 육신의 할례나 혈통, 그리고 의문으로서의 율법을 붙드는 자들인 반면에, "이면적 유대인"은 마음의 할례를 지향하며 의문이 아니라 영을 지향하는 자들이다. 예레미야가 예언한 새 언약 시대의 비전처럼 율법을 돌비가 아니라 마음에 새겨서 변화된 마음으로 하나님을 친밀하게 알고 그의 뜻을 자발적으로 순종할 수 있는 자들이 바로 "이면적 유대인"이며 참 하나님의 백성이다.

에스겔 선지자에 따르면 참 하나님 백성의 형성은 새 언약의 영인 성령의 선물을 부어주심으로 가능해진다(겔 36:26-28). 바울에 따르면 참 하나님의 백성은 '믿음'으로 특징화되는 사람들이며(갈 3:7-9) '성령을 따라 난'(갈 4:22-29) 자들이다.

참 하나님 백성의 존재 기원은 역사적 지평에서 발견되는 어떤 인간적 행위나 성취에 있지 않고 오직 하나님의 주권적인 '부르심'(9:7, 11, 24-26)과 '선택'(11:5)에 놓여 있다.[19] 하나님께서는 과거 이스라엘의 역사 속에서 자신의 자유롭고 주권적인 부르심과 선택의 원리에 기초해 자기 백성을 창조하고 형성해오셨다. 하나님께서는 아브라함과 그의 후손과 언약을 맺으시고 그들을 자기 백성으로 삼겠다고 약속하셨다. 따라서 하나

---

19) J. D. G. Dunn, *The Theology of Paul the Apostle* (Eerdmans: Grand Rapids, 1998), 510: "The basic point being made in this section, then, is that the identity of 'Israel' is determined by God's call. 'Israel' is defined by promise (9.8) and election (9.11). Israel is the people called by God. It is important to realize that Paul is not denying Israel's election here; he is defining it."

님의 참 백성은 인간적인 행위나 성취에 뿌리를 둔 것이 아니라 '약속'에 의해 형성된 백성, 즉 '약속의 자녀'이다(9:8). 약속의 자녀는 하나님의 자유로운 부르심과 택하심에 그 존재 뿌리를 둔 백성이라는 점에서 혈통이나 육신적 할례, 율법의 소유와 같은 언약의 표층적 요소에 의해서만 규정될 수 없다.

그렇다면 하나님께서 이방인들 중에서도 자기 백성을 '부르신다' 한들 아무런 문제가 있을 수 없다(9:24-26). 하나님은 아브라함 언약의 보편적 비전에 따라 유대인들 중에서뿐만 아니라 이방인 중에서도 자기 백성을 부르고 계신다. 아브라함은 무할례시에 믿음으로 의롭다 하심을 얻었기 때문에 어떤 의미에서는 믿음으로 의롭다 하심을 경험한 최초의 이방인이었다고 말할 수 있다(4:11-14).[20]

따라서 아브라함에게 약속된 언약의 축복들은 혈통이나 할례, 율법과 같은 요소들을 통해 매개되는 것이 아니라, 아브라함이 무할례자(=이방인) 신분에 있었을 때 믿음에 의해서만 경험했기 때문에 그와 마찬가지로 믿음의 발자취를 좇는 모든 사람들에게 열려져 있는 개방된 축복인 것이 분명하다(4:14-15; cf. 갈 3:8-9).

유대인들은 아브라함에게 약속된 언약의 축복들이 이렇게 모든 이방인들에게 개방된 보편적인 축복이며(4:12-14; 갈 3:6-9), 혈통이나 할례, 율법과 같은 유대 민족주의적 요소들에 기초한 것이 아니라 오직 '믿음'이라는 초문화적이고 초인종적인 요소에 기초하여 경험된다는 것을 알지 못했다. 또한 유대인들은 언약과 선택의 개념을 편협한 민족주의적 개념

---

20) 무할례시에 아브라함이 믿음으로 의롭다 하심을 얻은 경험은 그가 이방인 신분에 처해 있을 때 경험한 것이기 때문에, 이신칭의 원리에 있어서 보다 규범적인 형태는 유대인 신분이 아니라 이방인 신분이라고 할 수도 있다.

으로 축소시켰지만, 사실은 선택의 개념이 하나님의 자유로운 부르심에 있다면 하나님께서 자기 백성을 유대인과 이방인 중에서 자유롭게 부르신다는 사실을 깨닫지 못하였다(9:24-26).

이를 증명하기 위해 바울은 아브라함의 육신적 후손 가운데서 어떻게 자신의 참 백성을 부르셨는지를 해설한다: 하나님은 이스마엘을 '버리시고' 이삭을 '택하셨으며', 비록 같은 어머니에게서 같은 시기에 태어난 후손일지라도 하나님은 에서를 '버리시고' 야곱을 '택하셨다'(9:9-13). 후자의 경우 하나님은 "그 자식들이 아직 나지도 아니하고 무슨 선이나 악을 행하지 아니한 때에 택하심을 따라 되는 하나님의 뜻이 행위로 말미암지 않고 오직 부르시는 이에게로 말미암아 서게 하려"(9:11) 하셨다.

바울은 이 사실을 현대인이 보기에는 불가해하고 신비한 방식으로 모세와 바로의 대조를 통해 설명한다. 하나님께서는 이스라엘에게 구원의 능력을 보이시고 긍휼을 나타내기 위해 바로를 '강퍅케' 하셨다. 하지만 아이러니컬하게도 이스라엘은 지금 바로처럼 '완악한' 상태에서 복음을 불순종하고 있으며(11:7), 그들의 완악함으로 인해 하나님은 전에 진노의 그릇이었던 이방인들에게 구원의 능력을 보이시고 긍휼을 나타내고 계신다. 진노의 그릇과 긍휼의 그릇은 이런 의미에서 영원 전에 미리 정해진 닫혀진 숫자(*numeri clausi*)가 아닌 것으로 보인다.[21]

이스라엘은 과거에 긍휼의 그릇이었고 바로는 진노의 그릇이었지만, 근접문맥에서 바로는 현재 불신앙하는 완악한 이스라엘을 예표하는 존재로 활용되고 있음이 분명하다. 따라서 이스라엘이 지금 바로처럼 강퍅해진 진노의 그릇 역할을 하게 된 것은 구원의 축복이 이방인들에게 넘어가

---

21) Cf. Cranfield, *Romans 2*, 495f; Leenhardt, *Romans*, 258.

게 하려는 하나님의 심오한 섭리의 역사였다. 하나님의 이러한 섭리 방식은 진노의 과정에서 모든 사람들에게 긍휼을 베푸시려는 목적을 갖는다 (11:32).

로마서 9-11장에서 바울의 관심은 진노의 그릇과 긍휼의 그릇을 이분화하고 진노와 긍휼을 두 대립적인 신의지(神意志)로 간주하려는 것이 아니라, 진노의 과정에서도 하나님의 긍휼의 궁극적인 승리를 확신시키려는 데 있다. 이렇게 함으로써 하나님은 *자신의 자유로운 부르심과 택하심에 의해서만 자기 백성을 부르시며 이제 유대인과 이방인 신자들을 자기 백성의 반열에 포함시키셨다.* 하나님은 결코 "자기 백성", 단순히 아브라함의 육신적 후손이 아니라 그의 자유로운 부르심과 선택에 의해서 형성된 "그 미리 아신 백성"(11:1-2)에 대해서 그의 언약적 성실성을 포기하시는 법이 없으며 따라서 그들을 버리시는 일이 없다. 그들은 성령의 역사로 마음의 할례를 받아 하나님을 친밀하게 알고 그의 뜻을 자발적으로 순종할 수 있게 된 사람들이다. 하나님 편에서 그들의 존재의 뿌리는 그의 자유로운 부르심과 택하심에 놓여 있고 역사적 현실 속에서 그들의 참된 신분은 언제나 책임 있는 순종의 삶으로 나타날 뿐이다.

결론적으로, 9-11장에 나타난 선택적 전망에서 볼 때 바울은 로마서 2장에서 '실천적 유추'의 접근 방식을 취하고 있다고 결론 지을 수 있다: 바울이 율법을 범한 유대인들의 역사적 범죄 행위들을 들어 그들도 하나님의 심판을 피할 수 없다고 말한 것은 자기 백성에 대한 하나님의 언약적 성실성을 포기했거나 후자를 조건적으로 이해했기 때문이 아니라 그들이 결국은 '표면적 유대인', 다시 말해서 참 하나님의 백성이 처음부터 아니었다는 것을 논증해줄 뿐이다.

2.3 유대교 내부 논쟁

우리는 앞에서 실천적 유추의 전망에서 로마서에 나타난 바울의 유대교 비평의 본질을 파악하려고 시도하였다. 그렇다면 2장에 나타난 바울의 유대교 비평은 유대교 외부자의 비평인가, 유대교 내부자의 비평인가? 학자들은 로마서 2장에는 전형적인 바울적 신학 개념들이나 술어들이 결여되어 있고 바울 복음의 핵심과 모순되는 것처럼 보이는 구절들이 등장하는 현상에 대해서 당황스럽게 생각해 왔다(2.1 참조).[22]

사실 로마서 2장에서 유대인들을 비평할 때 바울이 활용하는 신학 준거들은 일차적으로 "유대교 내부 논쟁"(Jewish inner debate)의 형식을 취하는 것으로 보인다. 사용되는 개념들이나 술어들이 유대적인 색채가 강할 뿐만 아니라, 접근 방식 역시 유대교 내부자의 시각에서 유대인들의 그릇되거나 편향된 시각을 비판하는 형식을 취하고 있다. 2장 초반부에서 (1-16절) 바울은 익명의 대화 상대자를 상정하여 대화와 토론의 방식을 취한다. 이것은 유대인들을 무장 해제시켜 자신의 논쟁을 보다 효과적으로 만들려고 하는 수사적 의도에서 나온 것이라고 사료된다.[23] 바울이 2장에서 유대교 내부 비평자의 시각을 나타내고 있다는 것은 다음 몇 가지 사

---

22) 바울의 진술들을 심층적으로 파악하면 사실은 그의 복음적 진술들과 크게 다르지 않다. 율법 준수에 대한 그의 긍정적 진술들은 오히려 구원사의 심층적 흐름이 지향하는 목표, 다시 말해서 그리스도의 구속이 지향하는 목표와 맞물려 있다. 그래서 많은 학자들은 율법을 행하는 사람을 '그리스도인'과 동일시하고자 한다. 이 면에 대해서는 이미 앞서 충분히 설명한 바 있다.

23) Cf. Lietzmann, *Romer*, 38-39; Nygren, *Romans*, 114. 다른 학자들은 바울이 여기서 일차적으로 유대인들을 염두에 두되 그의 논의를 좀더 일반화하려는 것으로 해석하기도 한다 (Morris, *Romans*, 108, citing Bruce, Murray, Parry, Knox). 이 견해에 대한 반론으로는 Elliott, *Rhetoric*, 173-190을 보라.

실들을 관찰할 때 자명해진다.

첫째로, 2.1에서 이미 지적한 대로 만일 2:4이 언약의 하나님의 전형적 성품을 지시하는 것이 사실이라면, 바울이 여기서 유대인들이 옹호했던 하나님의 언약적 성실성 개념을 비판하기보다는 전제하고 있음이 분명하다.[24] 다만 바울이 익명의 대화 상대자와 의견을 달리하는 것은 하나님의 언약적 성실성을 이해하는 방식에 있다.

둘째로, 2:1에 등장하는 문구, 즉 "우리가 아노라"(we know)는 진술은 바울이 유대인들 가운데서 공인된 일반적 지식에 호소하여 그들의 그릇된 전제를 깨뜨리고자 한다는 것을 시사해 준다. 악을 행하는 자들에게 하나님의 심판이 '진리대로' 된다는 명제는 사실은 유대교 문헌에서 널리 증언되는 명제이다(cf. 1QS 4.19-20; CD 20.30; 4 *Ezra* 7.34; 2 *Apoc. Bar.* 85.9). 바울은 유대교와 심지어 기독교에서조차 발견되는 이 근본적인 심판의 원리에 기초해서 유대인들의 그릇된 가정을 논박하고자 한다.

셋째로, 2:11에 나오는 공평무사한 하나님의 성품에 대한 묘사는 구약뿐만 아니라 유대교 문헌에서 공인된 명제이다(신 10:17; 대하 19:7; *Jub* 5.16; *Pss. Sol.* 2.18). 이 점에서 바울은 익명의 대화 상대자와 동일한 신론적 명제를 전제하면서 그것을 민족주의적 시각에서 인식하려는 유대인들의 편협한 인식을 비판하고자 한다.

앞에서 관찰한 대로 바울이 로마서 2장에서 유대교 내부 논쟁의 형식을

---

24) Cf. Cranfield, *Romans 1*, 138; Dunn, *Romans 1-8*, 81f; Fitzmyer, *Romans*, 301; Käsemann, *Romans*, 54; Michel, *Römer*, 114. 이들 학자들은 신의 속성을 묘사하는 술어들이 가끔 헬레니즘 시대의 문헌에 나오기는 하지만 바울이 여기서 유대 전승에 깊이 뿌리박은 언약적 술어들을 끌어다 쓰고 있다는 점에 있어서는 모두 동의한다.

취하여 유대인들을 비평하고 있다면, 어떤 점이 바울과 유대인 사이에 공유된 전망이고, 어떤 점이 그들 사이에 차별화된 전망인가? 바울이 자신을 유대교 내부자로 간주한다면 어떤 점에서 그는 동료 유대인들을 비판하고 있는가? 앞에서 이미 살핀 대로 바울이나 익명의 대화 상대자가 하나님의 언약적 성실성을 상호간의 공유된 신학적 명제로 삼고 있다는 것은 분명하다: 바울도 다른 유대인들처럼 하나님이 자기 백성을 버리시지 않는다는 것을 확신한다(11:1-2).

이와 반대로 그들간의 의견 차이는 하나님 백성의 정체성을 이해하는 방식에 있다: 하나님께서 자기 백성에게 성실하시며 그들을 버리시는 법이 없다면, 과연 하나님의 참 백성은 누구인가?

익명의 대화 상대자가 대변하는 유대인이 바울 당대의 전형적인 유대인들의 의식을 대변하고 있다면 바울은 그들의 이러한 의식을 비판하는 유대교 내부 비평자임이 분명하다. 그들은 아브라함의 육신적 혈통(4:1), 육신의 할례(2:25-29, 3:28-29, 4:9-12), 율법의 소유(2:17, 23, 4:14) 등과 같은 언약의 외적 표지들을 내세워 하나님 앞에서 언약적 특권을 주장하고 우월의식을 나타내었지만, 바울은 그들 대다수가 기껏해야 '표면적 유대인'에 불과하며(2:28-29), 언약의 울타리 안에 속해 있어도(9:4-5) 그들이 다 아브라함의 참 후손이 아니라는 확신을 가지고 있다(9:6-8).

육신적 이스라엘 가운데 소수 그룹만이 아브라함의 참 후손이라는 사고방식은 구약 후기 예언서와 중간사 시대의 유대교 문헌 가운데서 등장하는 '남은 자'(remnant) 신학과 깊이 맞물려 있다. 바울은 로마서 9-11장에서 아브라함의 육신적 자녀라고 해서 다 그의 참 자녀가 아니라고 천명한 후에, 이사야 10:22을 인용하여 "이스라엘 뭇자손의 수가 비록 바다의 모래 같을지라도 남은 자만 구원을 얻으리니"(9:27)라고 주장한다. '남은 자'의 존재는 29절에서 이스라엘에게 남겨둔 '씨'와 동일시된다 (렘 50:40). 범죄와 타락에 직면해 있는 대다수의 이스라엘 백성 가운데 서 남겨진 '씨'가 존재한다는 것은 하나님께서 그의 말씀을 성취하시는 신실하고 주권적인 사역에 기인한다.

하나님께서 언약적으로 성실하시다는 명제는 바울과 전형적인 유대인 사이에 공유되는 기본 전제이다. 하지만 그들은 하나님의 언약적 성실성 을 이해하는 방식에 있어서 갈라선다. 바울은 하나님의 언약적 성실성이 육신적 이스라엘 모두에게 해당되는 사항이 아니라 그들 가운데 소수의 남은 자 그룹에게만 해당된다고 이해한다. 반면에 익명의 대화 상대자로 대변되는 전형적인 유대인들은 하나님의 언약적 성실성이 육신적 이스라 엘 모두에게 국가적으로 해당된다고 생각한다. 바울은 유대인들의 이러한 집합적인 언약신학적 사고에 도전한다.

바울 시대에 육신적 이스라엘 대다수는 지금 출애굽 사건 때 강퍅해진 바로의 위치를 자처하고 있고(9:17, 11:7-10), 엘리야 시대에 바알을 섬 기는 일에 참여하여 배교의 길을 간 이스라엘 백성의 길을 좇고 있다 (11:3-4). 그들은 비록 언약의 구성원이었을지라도(9:4; 엡 2:11-12) 불순종으로 인해 꺾여진 가지였다(11:20). 이와 반대로 참 하나님의 백성 은 언약사적으로 언제나 순종과 믿음의 삶으로 특징 지어진 소수 그룹의 '남은 자'로 존재해 왔으며(11:4-5), 그들의 존재 근거는 언제나 하나님 의 은혜로운 부르심과 선택에 있다. 하나님의 언약의 말씀이 폐하여질 수 없는 이유는 하나님의 약속과 축복이 대다수 육적 이스라엘 백성을 통해 서가 아니라, 소수의 신실한 남은 자들을 통해 적용되어져 왔기 때문이다.

최근 샌더스가 제시한 '언약적 신율주의'는 유대교를 이해하는 새로운 해석 패러다임을 제공한 것으로 평가받고 있기는 하지만, 집단적이고 국가적인 그의 언약관은 이 점에서 반쪽 진리만을 담고 있을 뿐이다.

유대교 학자들 가운데는 하나님께서 이스라엘과 맺은 언약은 자신의 주권적인 은혜에 기초한 영원하고 불변하는 선택 행위에 기초하기 때문에 이스라엘의 범죄까지도 하나님과 이스라엘의 관계를 파괴할 수 없다고 생각하는 사람들까지 생겨났다(Schechter). 이들에게 있어서 하나님은 이스라엘의 하나님이며, 율법은 이스라엘의 특권적 소유이다. 선택은 영원한 의미를 가지기 때문에, 그들은 *Sifra on Num* 5:3과 같은 구절에 호소하여 이스라엘의 국가적 선택의 불변성과 영원성을 확증하는 증거로 인용하기도 한다.

샌더스는 아마도 이러한 유대교 학자들의 해석에 깊은 영향을 받은 것으로 보인다. 국가적인 선택 개념을 부각시킴으로써 샌더스는 결국 온 이스라엘의 구원 또는 종말론적인 회복을 주장하기에 이르렀다: "온 이스라엘은 오는 세상에 다 참여하게 될 것이다"(*b. Sanhedrin* 10.1).[25] 그는 이렇게 유대인의 보편적 구원을 믿었기 때문에 유대교 내의 분파 운동에서 일어난 '남은 자' 신학의 존재를 부정하고 말았다.

샌더스의 이러한 보편 구원론에 결정적인 제동을 건 학자는 엘리옷(M. A. Elliot)이다. 이스라엘은 포로기 이후에 점차 도덕적으로나 종교적으로 타락하여 하나님 백성으로서의 정체성이 많이 희석되기 시작하였고, 도처에서 배교가 심각한 문제로 부각되기 시작하였다. 포로기 때 이스라엘 내

---

25) Cf. M.A. Elliot, *The Survivors of Israel. A Reconstruction of the Theology of Pre-Christian Judaism* (Eerdmans: Grand Rapids, Michigan, 2000), 53에서 인용.

에서는 분열과 갈등의 조짐이 나타나기 시작하였고, 제2 성전 시대에 와서는 대중적인 배교 현상에 직면하여 경건주의자들의 반발이 두드러져서 남은 자 운동이 태동하였다.

이 시대의 분파 운동 사상은 이스라엘이 심판을 받을 위험에 처해 있음을 경고하고 소수의 선택자만이 구원의 긍휼을 경험하게 될 것이라는 생각을 나타내기 시작하였다. 분파 운동의 맨탈리티는 이스라엘 속에서 율법에 충성하는 자신들만이 남은 자이며 참 하나님의 백성이라고 생각하는 것이다. 그들은 한편에서는 하나님의 언약적 성실성과 그의 주권적 선택 사상을 강조하면서도 자신들의 신분 정체성을 계명 준수에 묶어둠으로써 언약을 '개인주의적'으로 해석하는 경향을 보였다. 하나님은 언약 때문에 죄를 간과하시는 일이 없으며, 공평한 재판관으로 이스라엘을 심판하실 것이다. 심판은 개인의 삶의 합당성에 의존하며 따라서 언약은 '조건적인'(conditional) 것으로 간주되었다.

흥미롭게도 엘리옷은 유대교 분파 운동만이 아니라 신명기의 언약 사상 자체도 매우 "개인적이며 조건적인"[26] 성격을 갖는다고 주장한다. 따라서 유대교 내에서 의인과 불의자의 구분이 명백해지고, 율법을 준수하는 삶으로 특징 지어지는 전자만이 하나님의 택하신 자로서 그의 구원의 은혜를 경험하게 될 것이다.

결론적으로 엘리옷은 샌더스를 비롯하여 그의 많은 추종자들이 유대교의 언약신학을 일방적이고 불변적이며, 국가적인 성향을 지닌 것으로 주장한 반면, 자신이 발견한 중간사 시대의 문헌 증거들은 정반대의 사실을 시사한다고 주장한다. 분파 운동을 하는 남은 자 그룹들은 조건적이고, 개인

---

26) Elliot, *The Survivors of Israel*, 263.

적이며, 역동적이고, 이원론적인 언약 개념으로 기울었다는 것이다(307).

엘리옷의 관찰은 샌더스가 주장하듯이 유대교가 그렇게 획일적인 단체가 아니며 그 안에서 '남은 자' 그룹과 같은 분파 운동이 왕성하게 일어나고 있었다는 것을 잘 밝혀주었다. 물론 그의 논지는 분파 운동의 남은 자 신학에 초점을 맞추다보니 유대 사회의 대중적 인식 속에 널리 자리잡고 있는 배타적인 선민의식을 드러내지 못한 약점이 있다. 왜냐하면 그는 일반 대중들의 국가적인 언약신학과 분파 운동들의 남은 자 신학 패턴을 구분하지 못하고 후자의 것만을 강조하는 경향이 있기 때문이다.

사실 엘리옷이 관찰한 분파 운동의 남은 자 그룹의 사고 패러다임은 바울과 같은 신약 저자들의 신학을 이해할 때 중요한 시사점을 던져준다. 왜냐하면 사고 패턴에 있어서 두 진영은 서로 유사한 점이 많기 때문이다. 물론 그들 사이의 다른 점들에 대해 눈감아버려서는 안 된다. 필자가 판단하기에 이들의 남은 자 신학 패턴은 기독론적 기초에 있어서 다르고 이방인을 포괄하는 보편적 언약신학의 전망에서 다른 반면, 하나님 백성의 정체성을 율법에 대한 순종 또는 하나님의 뜻에 대한 순종의 삶의 관점에서 추론하는 '실천적 유추'의 사고 패턴이 존재한다는 점에서 비슷하다: 순종하는 삶의 실재는 참 하나님 백성 된 신분을 나타내준다.

로마서 2:28-29은 후기 예언서들에 나오는 새 언약 사상이 함축되어 있는 것이 확실하다(렘 31:31-34; 겔 36:25-28). 이것은 바울이 참 하나님의 백성 또는 '이면적 유대인'의 정체성을 성령을 통한 마음의 근본적 변화에 연결시키고 있다는 것을 시사해 준다. 이렇게 성령을 통해 마음의 근본적 변화를 경험한 자들만이 하나님의 뜻의 계시로서 율법을 기꺼이 순종할 수 있는 자들이다. 로마서 2장에서 율법에 대한 순종을 긍정적으로 평가하는 구절들은 아마도 그리스도 사건을 통해 형성된 신약의 그리스도인들의 삶의 실재를 미리 암시적으로 지시하고 있는 것으로 사료된다.

결론적으로 바울은 로마서 2장에서 유대교 안에 있는 내부 비판자로 자임하여 하나님의 언약적 성실성을 순종의 삶의 요구와 분리시켜 이해하던 당대 유대인들의 국가적인 언약신학에 도전하고 있다. 그가 당대 유대인들을 비평하는 준거들은 후기 예언서들 가운데 발견되는 남은 자 신학과 새 언약신학에서 끌어온다.

2.4 새로운 계시적 인식

지금까지 우리는 로마서에 나타난 바울의 유대교 비평이 유대교 내부자의 시각에서 한 비평이라는 사실을 살펴보았다. 이 점을 인정한다 할지라도 여전히 제기해야 할 질문들이 있다: 바울이 유대교를 비평할 때 사용한 준거들이 유대교 내부 논쟁의 형태만을 취하고 있는가, 아니면 그것을 초월하여 기독교적 전망에서 채용한 것들인가? 기독교적 전망과 관계가 있다면 바울은 그의 비평의 준거들을 초대교회로부터 넘겨받은 것인가, 아니면 다메섹 사건 이후에 부활하신 그리스도에게서 얻은 계시적 인식에서 얻은 것들인가? 이런 질문들을 제대로 답변하는 일은 또 다른 큰 논문을 써야 할 만큼 복잡한 것들이다. 필자는 가능한 한 간단하게 이런 질문들에 답할 수 있는 방식을 제시하고자 한다.

첫째로, 우리는 로마서 2장의 유대교 비평이 유대교 내부 논쟁의 형식을 취하고 있음을 2.3에서 이미 관찰한 바 있다: 바울은 익명의 대화 상대자를 내세워 당대의 전형적인 유대인들의 그릇된 인식을 내부 비평자의 시각에서 도전한다. 이 때 바울은 중간사 시대에서 흔히 발견되는 남은 자 그룹의 신학 패턴을 기본적으로 따르되(9:6-8, 27-29, 11:4-6) 후기 예언서에서 등장하는 새 언약 사상을 접목시키고자 한다. 그의 이러한 인식은 결코 유대교에서 낯설지 않고 신약의 저자들에게도 널리 증거된다(고후 3:6-11; 히 8:8-13, 9:14, 10:16-25; 약 1:21-22). 바울이 로마서 2장에서 유대인들에게 용인될 수 있는 정도의 비평 준거들을 사용한 것은 내부 비평자로 자임한 그의 위치에서 볼 때 자연스러운 일이다. 만일 그렇지 않고 처음부터 유대교에서 전혀 용인될 수 없는 비평의 준거들을 사용했더라면 익명의 대화상대자와는 처음부터 전혀 대화와 토론을 전개하기 어려웠을 수 있다.

둘째로, 바울이 유대교를 비평할 때 사용하는 어떤 비평 준거들은 유대교의 실상을 반영한 수준을 넘어서서 계시적 인식에 기초한 새로운 측면을 포함하는 것이 분명하다. 필자가 판단하기에는 유대교 내부 논쟁의 형식을 취한 비평들도 바울의 이러한 계시적 인식에 깊은 영향을 받고 있는 것으로 보인다. 최근의 학자들은 유대교나 율법에 대해 바울의 비평적 진술들을 다룰 때 그것들이 바울 자신의 계시적 통찰력에 기초한 비평인지 아니면 당대 유대교 현실을 반영한 비평인지 분간하지 못하고 혼동하는 것 같다. 이 두 차원을 어떻게 구분하는가에 따라서 바울의 유대교 비평, 심지어 그의 율법에 대한 평가를 바라보는 지평이 달라질 수 있다.

김세윤 교수는 최근에 출판한 바울신학과 새 관점이란 책에서 상기 두 차원을 혼동하는 것으로 보인다. 그는 유대교를 순전히 행위구원의 종교로 파악하려고 했던 전통적인 입장과 유대교를 언약적 신율주의로 파악하려는 새 관점주의적 입장 사이를 조화시켜 유대교에 상기 두 요소가 다 존재하고 있었다고 보려는 새로운 시도를 하였다: "우리는 유대교를 순전한 행위의의 종교로 보는 전통적인 견해도, 유대교 안에 있는 모든 행위의의 요소를 부인하는 새 관점주의자들도 옳지 않으며, 유대교는 행위의의 요소를 지닌 언약적 신율주의였다는 것을 알게 될 것이다."[27]

그가 샌더스의 입장을 받아들여 유대교의 큰 틀을 언약적 신율주의[28]로 평가한 것은 진전이 아닐 수 없다. 하지만 그는 유대교의 이 큰 틀을 평가절하시켜 버리고 곧바로 전통적인 입장을 회귀하는 방향을 고정시킨다. 그는 자신의 입장을 뒷받침하기 위해 라토 교수의 입장을 인용한다.[29] 라토의 관찰에 따르면, 유대교는 역사의 흐름 속에서 신적 은총의 측면을 평가절하시키고 언약의 울타리 안에 머물러야 하는 인간의 자율적 책임 측면만을 강조함으로써 언약신학이 본래 가지고 있었던 '은혜성'(gift)과 '요구성'(demand) 사이의 균형이 한쪽 방면으로 깨어졌다는 것이다. 따라서 유대인들은 자신들이 하나님의 택하신 백성이라는 은총의 신분을 소홀히 하고 율법을 온전히 *지키지 않으면 언약 밖으로 떨어져나갈 수도 있다는 생각으로* 가능한 한 철저하게 율법을 준수하려고 함으로써 행위의의 종교를 받아들이게 되었다.

김세윤 교수는 이 점을 논증하려고 갈라디아서 3:10과 같은 바울의 본문들에 호소한다. 그는 이 본문에 인용된 신명기 구절(27:26)의 내용이 바울 당대의 유대교의 성격을 반영하는 것으로 해석한다: "전통적인 해석

---

27) 김세윤, 바울신학과 새 관점(두란노, 2002), 141.
28) 김세윤 교수는 일단 유대교의 성격을 '언약적 신율주의'(covenantal nomism)로 규정하기는 했지만, 샌더스가 사용했던 술어보다는 '신인협력적 신율주의'(synergistic nomism)란 술어가 바울 당대의 유대교의 본질을 좀더 정확하게 묘사한다고 주장한다.
29) T. Laato, *Paul and Judaism: An Anthropological Approach* (Atlanta: Scholars Press, 1995); cf. also D. A. Hagner, "Paul and Judaism. The Jewish Matrix of Early Christianity: Issues in the Current Debate," *BBR* 3 (1993), 122.

이 갈라디아서 3:10에 대해 전제하고 있는 유대교는 바로 이와 같은 종류의 유대교인 것 같다."[30] 바울은 이 구절에서 율법을 지켜 스스로 의를 확보하려는 유대교 신학을 전제하고 있고 신명기의 구절을 인용하여 그것을 비판하고 있다고 본다. 하지만 김 교수의 유대교 비평이 우리를 혼란스럽게 만드는 것은, 그가 구약의 종교에 대해 비평하고 있는지 아니면 유대교 종교에 대한 비평을 하고 있는지 둘 사이를 혼동하고 있다는 것이다.

신명기 저자는 랍비 유대교 이상으로 생명과 죽음, 복과 저주의 경험이 율법을 준수하고 순종하는 일에 걸려 있는 것처럼 진술한다(신 30:16-20). 더욱이 구약에서 생명과 언약의 축복은 율법을 '행하는' 일에 조건지어져 있는 것처럼 진술하는 다수의 구절을 담고 있고(레 19:18; 신 5:33, 8:1, 16:20, 18:9, 22:7), 바울과 같은 신약의 저자들은 구약의 이러한 구절들을 인용하기도 한다(갈 3:10; 롬 10:5).

구약에서 '의'의 개념은 이스라엘 백성이 하나님을 사랑하는 마음으로 율례와 법도와 계명을 준수하고 지키는 삶과 밀접한 연관이 있다: "내 율례를 좇으며 내 규례를 지켜 진실히 행할진대 그는 의인이니 정녕 살리라"(겔 18:9). 구약의 종교는 일반적으로 하나님의 말씀인 율법을 지키는 행위를 부정적으로 평가하지 않으며, 하나님의 백성으로서 마땅히 살아야 할 규범이며 자신의 생명을 유지하는 길이라고 본다. 특히 신명기 저자는 7장에서 이스라엘을 택하신 하나님의 사랑에 대해 언급하다가(6-8절) 곧 이어 그들의 생명과 복이 하나님의 명령과 법도를 지켜 행하는 삶에 달려 있는 것으로 말한다(8:1, 30:16-20).

바울이 로마서 2장에서 율법준수를 긍정적으로 평가하는 것은 구약 종

---

30) 김세윤, 바울신학과 새 관점, 247f.

교의 바로 이러한 사상적 맥락하에서 이해될 필요가 있다. 바울 역시 신명기에서 자주 발견되는 '생명'과 '사망'의 날카로운 대조를 로마 기독교 신자들을 위한 권면 방식에 끌어다 쓰기도 한다: "너희가 육신대로 살면 반드시 죽을 것이로되 영으로써 몸의 행실을 죽이면 살리니"(8:13). 죽음과 생명을 빌려 경고하는 형식은 신명기 30:15-20에서 발견되는데, 바울은 아마도 신명기의 이 평행구를 염두에 두었을 가능성이 많다. 왜냐하면 각 경우마다 중심 사상은 유업을 얻는 일에 연계되기 때문이다(신 11:29, 31, 30:16; 롬 8:17).[31] 이렇게 생명과 사망이 율법/하나님의 뜻을 순종하는 일에 연계되어 있다고 해서 신명기 저자의 사상이 행위 구원론적 패턴을 좇고 있다든가, 신명기의 구절이 로마서 8:13에 함축되는 한에서 바울의 사상조차도 행위 구원론적 패턴을 좇고 있다고 평가하는 일은 아주 피상적인 해석이 될 것이다.

구약에서 생명과 유업을 얻는 일이 율법에 순종하는 삶에 의존해 있는 것으로 묘사되어 있는 것이 사실이라면, 김세윤 교수는 랍비 유대교를 비판하던 동일한 준거를 가지고 구약도, 심지어 비슷한 사상을 가지고 있는 신약까지도 행위의의 종교라고 비평해야 하지 않을까? 그는 "랍비적 구원론은 선택과 보상이라는 두 가지 정반대 되는 원리에 기초하고 있다."[32]고 비판한 것처럼 구약 종교도 같은 관점에서 비판해야 하지 않겠는가?

사실 선택과 보상의 원리는 구약뿐만 아니라 신약에서도 발견되는 원

---

31) Dunn, *Romans 1-8*, 448; cf. Strack-Billerbeck, *Kommentar III*, 241-42.
32) 김세윤, 바울신학과 새 관점, 240; cf. Avemarie, "Erwählung und Vergeltung: Zur Optionalen Struktur Rabbinischer Soteriologie," *NTS* 45 (1999), 108-126; K. R. Snodgrass, "Justification by Grace-To the Doers: An Analysis of the Place of Romans 2 in the Theology of Paul," *NTS* 32 (1986), 78.

리로서 서로 상반된 모순처럼 간주해서는 안 된다. 물론 어느 쪽을 더 강조하는가는 시대마다 다를 수 있을지 모른다. 하지만 바울도 은총의 선택을 말하면서 성령을 좇아 살지 않고 육체를 따라 행하는 신자들에게 "반드시 죽을 것이라"(롬 8:13), 혹은 "하나님 나라를 유업으로 얻지 못한다"(갈 5:16-21; 고전 6:9-11; 엡 5:5; cf. 마 7:22)고 경고하지 않는가? 예수나 신약의 저자들조차 미래 구원과 영생을 그들의 현재적 삶과 행위 여부와 긴밀하게 연관시키고 있는데, 김 교수는 이러한 구절들마저 행위의의 요소라고 치부해야 하는가?

그는 "불행하게도 이스라엘은 믿음이라는 쉬운 방법이 아니라 율법의 행위라는 어려운 방법으로 의를 추구했다."(250)고 말하면서 "그리스도인이 된 바울에게는 레위기 18:5의 약속이 도달할 수 없는 것처럼 보이기 시작했으며, 따라서 율법 아래 있는 자들에 대한 신명기 27:26의 위협이 실제적인 것으로 보이기 시작했다."(251)고 관찰하였다.

김세윤 교수의 논지 중에서 한 가지 아주 흥미로운 현상을 만나게 된다. 그는 처음에는 선택 사상을 버리고 율법준수를 통한 의를 확보하는 길을 선택한 유대교 자체의 오류를 비판하다가 나중에는 인간의 완악한 마음의 상태를 극복할 수 없는 "율법의 구조적 약점"[33]을 비평하는 데로 나아간다. 유대인들이 율법준수를 통해 스스로 의를 확보하려고 했다면 그들은 적어도 온전한 율법준수의 가능성에 대해서는 확신했다는 말이 된다. 처음부터 불가능한 길이라고 생각했으면서도 자신의 노력으로 성취하고자 노력했다면 말이 성립되지 않기 때문이다. 하지만 이와는 반대로 바울은

---

[33] 김세윤, 바울신학과 새 관점, 263f. 물론 김 교수가 말하는 '구조적 약점'이란 율법 자체의 내용적 문제나 결함이 있다는 말이 아니라 돌비에 새겨진 문자언약으로서 인간의 고질적인 죄 문제를 치유할 수 없다는 기능적 한계를 지적한 것이라 보여진다.

"율법의 구조적 약점"을 간파했기 때문에 율법준수를 통해 의를 확보하는 길이 처음부터 불가능했다는 것을 깨달았다는 말이 된다. 상기 두 차원의 진술을 종합하면, 유대인들은 율법을 온전히 지켜 스스로 구원을 확보할 수 있다고 확신했지만 바울은 다메섹 회심 사건 이후에 율법의 구조적 한계를 깨닫고 그러한 길이 비현실적이고 불가능하다는 것을 인식하면서 유대인들의 그릇된 인식을 비평하기 시작하였다는 말이 된다. 환언하면 바울이 율법의 구조적 한계를 지적하는 진술을 할 때마다 사실은 배후에 유대인들이 옹호하는 행위의의 종교 패턴의 실재를 비판하는 셈이 된다. 하지만 김세윤 교수의 이러한 논지 전개는 몇 가지 심각한 문제점을 지니고 있다.

첫째로, 우리는 2.1에서 하나님의 언약적 성실성을 과신하면서 자신들을 하나님의 진노의 심판에서 면제받은 자로 간주했던 유대인들의 선민적 특권의식과 우월의식을 관찰한 바 있다. 하나님께서 자기 백성을 버리실 수 없다는 생각은 바울과 일반 유대인들 사이에 공유된 신앙임이 분명하다면(2:4, 11:1-2), 유대인들이 온전한 율법준수를 통해 스스로 구원을 확보하려고 시도했다는 '강성 율법주의'(hard legalism) 종교가 들어설 자리가 없다. 하나님을 자신들만의 언약의 하나님으로 자랑하고(2:17, 3:29), 육신적인 혈통을 내세우고(4:1), 율법을 의지하고 자랑하며(2:17, 23), 육신의 할례를 통해 언약 백성된 특권의식을 내세우고(2:24-25, 3:30, 4:9-11) 이방인들에 대해 선민적 우월의식을 나타내면서(2:19-20) 자신들을 하나님의 진노의 심판에서 면제받은 자로 간주한 사람들이 유대인들이라면, 그들이 완전한 율법준수를 통해 스스로 의를 확보하고 다가올 진노의 심판에서 벗어나고자 분투한 자들이라는 유대교 해석은 어설프기까지 하다.

둘째로, 바울은 이신칭의를 논하는 자리에서 율법을 부정적으로 평가하기는 하지만 그렇다고 그의 이신칭의 복음의 원리가 율법에 나타난 하나님의 뜻을 '행하는' 일을 전적으로 거부한다고 판단해서는 안 된다. 바울은 구약 저자들뿐만 아니라 다른 신약 저자들과 마찬가지로 율법의 본질적 정신을 순종의 삶을 통해 성취하는 일에 대해서 결코 부정적으로 평가하지 않는다(시 1편; 겔 18:9; 마 7:22; 롬 6:22; 요일 2:7, 3:13; 약 2:8-12 등). 율법준수를 하나님의 백성 된 신분을 얻는 전제 조건으로 삼으려는 시도에 대해서는 단호하게 부정하면서도 칭의 구원 경험은 율법을 폐하기보다는 도리어 율법을 굳게 세운다고 주장한다(3:31). 십자가 구속은 성령을 좇아 행하는 신자들의 삶 속에서 율법의 의로운 요구가 성취될 수 있는 길을 열어 놓았다(8:3-4).

한 걸음 더 나아가 바울 사도는 신자들의 순종의 삶을 영생에 이르는 길로 파악한다: "이제는 너희가 죄에게서 해방되고 하나님께 종이 되어 *거룩함에 이르는 열매를 얻었으니 이 마지막은 영생이라*"(롬 6:22).[34] 여기

---

[34] 신자들의 순종의 삶을 미래 영생과 적극적인 의미에서 연관시키는 시도들은 종교개혁자들에게서 널리 발견된다: cf. J. Calvin, *Institutes of the Christian Religion*, Vol. II (The Westminster Press: Philadelphia), III.14.20-21, 787: "자신의 긍휼로 영생을 유업으로 얻도록 작정하신 사람들을 주께서는 그의 평상적인 섭리 방식을 따라 선행을 수단으로(by means of good works) 해서 영생을 얻도록 하셨다."; 박형룡, 박형룡박사저작전집 VII: 종말론, 338: "성도들의 선행은 그들의 그리스도를 믿는 신앙의 과실이기 때문에 그리스도의 공로의 전가를 받아 그들의 구원과 상을 위한 근거로 된다."; Chul Won Suh, *The Creation-Mediatorship of Jesus Christ. A Study in the Relation of the Incarnation and the Creation* (Ph.D. Dissertation, Amsterdam, 1982), 93; A. A. Hodge, 웨스트민스터 신앙고백 해설 (김종흡 역: 크리스챤 다이제스트, 1998), 290: "선행은 구원을 얻기 위해서 필요하다. 선행이 의롭다 하심을 받기 위한 전제 조건이 된다거나, 신자가 전진하는 도중에 하나님의 호의를 받을 공로가 된다는 뜻이 아니라, 선행은 구원의 본질적인 요소이기 때문이다."

서 바울은 '거룩함에 이르는 열매'라는 표현을 사용함으로 순종을 통한 점진적인 성화 과정을 구원의 열매로 파악하고 있을 뿐만 아니라, 영생과 연결시킴으로써 영생에 이르는 길로서 성화를 적극적으로 파악한다. 신자들의 선행은 구원의 본질적 요소요 목적으로서(엡 2:10; 딛 2:14) 칭의를 경험한 신자가 영생의 길에 서 있음을 논증하는 역할을 한다. 바울이 때로 범죄하는 역사적 그리스도인들을 향해 "반드시 죽을 것이라"든가 "하나님 나라를 유업으로 얻지 못할 것이라"고 경고하는 것은 칭의를 경험한 신자가 이미 얻은 구원을 다시 상실할 수도 있다는 의미에서 한 경고가 아니라, 구원을 얻은 자신의 참 정체성을 순종하는 삶으로 논증하라는 의미로 해석될 필요가 있다.

바울 서신에서 이런 경고성 진술들이 등장한다고 해서 그에게 행위의의 요소가 있다고 판단해서는 안 되는 것처럼, 구약이나 유대교에서 율법준수를 생명을 얻는 조건인 것처럼 말하는 진술들도 그런 방식으로 해석되어서는 안 된다. 그것들은 선택이라는 보다 큰 언약신학의 틀 속에서 파악할 필요가 있다. 결과적으로 로마서 2장에서 바울이 율법에 대한 유대인들의 불순종을 들어 그들도 심판에서 벗어날 수 없다고 비판한 것은, 그들이 율법준수를 통해 스스로 의를 확보하려고 시도했기 때문이 아니라, 불순종하는 삶의 현실에 비추어볼 때 그들이 결국은 표면적인 껍데기 유대인에 불과했기 때문이다.

그렇다면 율법에 대한 바울의 부정적 진술들은 행위의를 추구했던 그들의 종교 패턴을 전제하고 비판한 진술들이 아닌 것이 분명하다. 이 점에서 김세윤 교수가 "율법의 구조적 약점"에 대해서 언급한 것은 매우 적절하다. 사실 율법이 돌비에 새겨진 문자 언약으로서 죄의 지배 세력을 극복할 수 없는 구원사적 한계가 있었다는 것은 정당하다. 인간의 죄는 그의 내면을 지배하는 폭군적 세력인 반면에, 율법은 돌비에 새겨진 외적인 법조항에 불과하였다. '의문'에 불과한 율법은 이 점에서 죄의 지배 세력을 치유할 능력은 없고 타락의 딜레마에 빠진 그들을 정죄하고 죽이는 역할밖에 하지 못하였다.

"율법은 진노를 이룬다"(4:15), "율법이 가입한 것은 범죄를 더하게 하려 함이다"(5:20), "우리가 육신에 있을 때에는 율법으로 말미암는 죄의 정욕이 우리 지체 중에 역사하여 우리로 사망을 위하여 열매를 맺게 하였다"(7:5), "율법의 행위로서는 의롭다 함을 얻을 육체가 없다"(갈 2:16 하) —이런 진술들은 그렇다면 유대인들이 실제로 율법을 통해 스스로 구원을 얻어보려고 했기 때문에 한 진술이 아니라, 다메섹 사건으로 인해 과거 이스라엘의 역사를 율법 아래서 행해진 반역의 역사로 이해하게 된 계시적 인식 때문에 한 진술이라고 할 수 있다.

로마서 7장에서 바울은 율법이 선한 신적 계시라는 사실을 인정하면서도(7:12-13) 그것이 죄의 지배를 공고히 하는 환경을 제공했음 또한 인정한다. 사실 랍비 유대교 전승을 들여다 보면 아무리 철저한 유대인이라 할지라도 율법을 완전하게 지킬 수 있는 가능성을 의심할 수 있으며 따라서 율법의 온전한 성취는 오는 세대에 이루어질 것이라고 생각할 수 있었음을 보여 준다.[35] 하지만 경건한 유대인이라면 누구도 율법을 '죄를 부추기는 어떤 것'(spur to sin)으로 여겨 그것을 경멸적으로 보지 않았을 것

---

35) W. Bousset and H. Gressmann(ed.), *Die Religion des Judentums im Späthellenistischen Zeitalter* (Mohr: Paul Siebeck, Tübingen, 1966), 388-392, 402ff; G. H. Box, "4 Ezra," *The Apocrypha and Pseudepigrapha of the OT* (ed. R. H. Charles), 555ff; W. D. Davies, *Paul and Rabbinic Judaism*, 11ff; R. N. Longenecker, *Paul Apostle of Liberty*, 115ff. 등을 참조하라.

은 자명하다. 그러면 바울은 어떠한가? 그는 유대인으로서 율법에 대한 존경심을 가지고 있었음이 분명하면서도 죄의 정욕이 율법을 통해서 사람들의 지체 속에 역사하여 결국 그들로 하여금 사망을 위하여 열매를 맺게 했다는 파격적인 진술을 한다(7:5).

율법을 부정적으로 평가하는 진술들이 유대교의 평상적인 율법관을 반영하지 않는 것이 분명하다면, 다메섹 회심 사건 이후에 얻게 된 그의 계시적 인식과 연관된 것이 아닐까? 유대인들이 비록 율법을 완벽하게 지킬 수 있는 가능성에 대해 의심할 수 있음을 인정한다 할지라도, 김세윤 교수는 여전히 유대인들이 온전한 율법준수를 통해 스스로 의를 확보하려 했다는 행위의의 종교 패턴을 옹호하고 있기 때문에 그들이 온전한 율법준수를 통한 의의 확보 가능성을 인정했다고 말했어야 한다. 하지만 김 교수는 로마서 7장에 관한 글에서 이와는 정반대의 진술을 하기도 한다. 그는 7장의 '나'를, 바리새인 시절 바울의 율법경험을 원자료로 사용하여 율법 아래서 절망하는 아담적 인류의 상황을 묘사한다고 주장하면서 다음과 같은 진술을 한다.

> 바울은 선을 행하려는 경험을 전혀 갖고 있지 않았다거나, 율법을 지킬 수 있는 자신의 능력에 대해 전혀 의심하지 않고 그것에 대해 어떤 고민도 하지 않았다고 생각하는 것은 거의 있을 수 없는 일이다. 너무나 인간적인 경험들을 거부하는 것은 그를 이중적으로 신격화하는 것이다.[36]

유대인들이 율법을 온전히 지켜 스스로 의를 확보할 수 있다고 생각했다는 그의 전통적인 입장과, 바리새인 시절 바울은 율법을 온전히 지킬 수

---

36) S. Kim, *The Origin of Paul's Gospel*, 53.

있는 자신의 능력에 대해 의심했으며 그러한 시각에서 로마서 7장의 절망적인 절규를 이해해야 한다는 그의 주석적 입장은 과연 어떻게 조화가 될 수 있을까? 로마서 7장의 절규가 바리새인 시절 바울의 율법경험을 어느 정도 반영했는지는 몰라도 불신자들이 일반적으로 할 수 있는 전형적인 절규가 아닌 것은 분명하다. 따라서 많은 학자들은 7장의 절규를, 바울이 다메섹 회심 이후에 계시의 빛에 비추어 율법 아래 있는 불신 아담적 인류의 절망적인 상황을 조명한 것으로 이해한다.[37]

갈라디아서 1:14, 빌립보서 3:4-6에 묘사된 바울의 회심 전 바리새인 삶에 대한 묘사는 유대인으로서 도덕적 갈등과 좌절을 의식하였다기보다는 자신의 도덕적 정직과 성취를 자랑하고 있었음을 보여 준다. 물론 그렇다고 해서 바리새인 시절에 바울이 전혀 도덕적 갈등과 좌절을 겪지 않았다고 말하는 것은 아니다. 7장의 절망적 절규, 즉 율법이 죄의 지배와 통치를 도와 죄의 정욕이 더 왕성하게 역사하게 하는 계기를 제공했다는 파격적인 진술은 율법의 의로는 '흠이 없었다'고 고백하던 경건한 바리새 유대인이 할 수 없는 진술이라는 것이다. 이런 진술들이 유대교에서 온 것이 아닌 것이 분명하다고 볼 때 그것은 다메섹 회심 이후에 그가 얻게 된 새로운 계시적 인식과 맞물려 있는 것이 분명하다.

최근의 학자들은 유대인들의 이러한 특권의식과 선민적 우월의식에 대

---

[37] Cf. G. Kummel, *Romer und das Bild des Menschen im Neuen Testament* (UNT 17) (Leipzig: J. C. Hinrich'sche Buchhandlung, 1929), 154ff; E. Kasemann, *Romans*, 196f; G. Bornkamm, "Sin, Law and Death. An Exegetical Study of Romans," *Early Christian Experience* (SCM, 1969), 93ff; U. Luz, *Das Geschichtsverstandnis des Paulus* (1968), 166f; G. Theissen, *Psychological Aspects of Pauline Theology* (Edinburgh: T.&T. Clark, 1987), 202ff.

한 바울의 비평과, "율법의 구원사적 한계"에 대한 바울의 계시적 비판 사이를 구분하지 못하고 혼동하고 있는 것이 분명하다.

이 점에서 바울이 율법에 대해 부정적인 평가를 할 때마다 행위의의 종교로서 유대교를 염두에 둔 비판이라고 전제하는 김세윤 교수의 주장은 정당성을 잃어버린다. 사실 바울 서신의 여러 구절에서 유대교 비판을 염두에 두지 않고 율법 자체의 구원사적 한계를 비판하는 구절들이 많다. 율법이 유대인과 이방인을 하나되지 못하게 가로막는 중간에 막힌 적대의 담 역할을 하였으나 십자가 사건은 "원수된 것 곧 의문에 속한 계명의 율법"을 폐하심으로 그들을 그리스도 안에서 한 새 사람으로 창조한 화목의 사건이었다(엡 2:11-18).

바울에 따르면 옛 언약의 구조와 그것을 떠받들고 있는 율법이 바로 이러한 민족주의적 한계를 지니고 있었다. 유대교는 바로 이런 민족주의적인 국가적 언약신학에 기초한 종교이며 그 중심에는 언제나 율법이 놓여 있다.

다메섹 회심 사건 이후에 얻은 계시적 인식으로 인해서 바울은 친밀한 하나님 지식을 갖게 할 수 없는 율법의 인식론적 한계(고후 3:11-16), 죄의 세력을 극복할 수 없는 율법의 무능성의 한계(롬 8:3-4), 그리고 아브라함의 언약적 축복을 그의 육신적 후손에 제한시켜버린 율법의 민족주의적 한계(엡 2:11-18)[38]를 깨닫게 되어, 아직도 그 한계를 뛰어넘지 못하고 옛 언약의 외피적 요소들을 붙들고 있는 유대인들을 비판할 수밖에 없었다. 유대교와 율법에 대한 바울의 전격적인 평가는 다메섹 회심 사건을 전환점으로 해서 새로운 계시적 인식에 기초하여 얻어진 것일 뿐만 아니

---

38) 이에 대한 보다 상세한 논의를 보려면, 이한수, 신약은 성령을 어떻게 말하는가 (도서출판 이레, 2001), 75-90를 보라.

라, 그러한 계시적 인식은 불가피하게 율법의 구원사적 한계들과 그것에 기초한 유대교의 중심 주장들을 비평하는 형식을 취할 수밖에 없었을 것이다.

결론적으로 유대교의 오류는 율법을 온전하게 지켜 스스로 의를 확보하려는 데 있는 것이 아니다: 그것은 혈통, 할례, 율법소유와 같은 언약의 외피적 요소들을 내세우면서 언약 백성으로서 특권의식과 우월감을 주장하면서도 실상은 언약사의 심층적 흐름의 요구를 제대로 인식하지 못한 데 있다.

환언하면, 성령의 능력을 통해 마음의 할례를 받아 하나님을 친밀하게 알고 그의 뜻을 기쁨으로 순종할 수 있는 변화된 실존이 되지 못하고, 언약의 외피적인 요소들을 붙잡고 선민적 우월의식을 나타내면서도 율법 백성답게 사는 데 실패한 것이 유대인들의 오류의 핵심이다.

바울은 결코 다른 전형적인 유대인들처럼 자기 백성에 대한 하나님의 언약적 성실성을 포기하려들지 않는다. 바울이 유대인들과 다른 것은 하나님의 뜻에 대한 순종을 하나님의 언약적 성실성을 이해하는 본질적 요소로 파악하고 있다는 사실이다: 하나님의 언약적 성실성은 마음의 할례를 받아 그를 사랑하고 그의 뜻을 순종할 줄 아는 변화된 실존, 참 하나님 백성, 참 아브라함의 후손을 형성하는 일을 지향한다. 하나님께서는 결코 이들에 대한 성실성을 버리신 적이 없다. 이런 점에서 보면 범죄에 빠져 타락한 역사적인 이스라엘 대다수는 '표면적인 유대인'에 불과하며 내면적으로는 이방인 신분과 다를 바가 없는 존재들이다. 사도 바울과 요한은 불신 유대인을 이미 세상의 일부로 파악한다(cf. 요 1:9-13, 8:31-47; 롬 3:9, 19).

3. 결론적 관찰들

3.1 결론적 요약

지금까지 필자는 로마서에 나타난 바울의 유대교 비평의 본질을 확인하는 일을 해왔다. 이제 지금까지 관찰한 결과들을 중심으로 우리의 결론을 내릴 때가 되었다.

첫째로, 유대교는 아직 얻지 못한 구원을 확보하려고 율법을 완벽하게 지켜 스스로 의롭다 함을 얻으려고 노력한 '강성 율법주의'가 아닌 것은 분명하다. 유대교가 유일신론과 선택론을 붙들고 있는 한 강성 율법주의로 넘어가는 일은 불가능하다. 다만 이미 언약 안에 들어간 상태에서 하나님 백성답게 살려고 가능하면 철저하게 율법을 지키려 한 '연성 율법주의'의 경향은 있을 수 있다고 본다.

둘째로, 유대교는 대중적 인식의 차원에서 이스라엘이 국가적으로 하나님의 택하심을 받은 백성이라고 생각한 '언약적 신율주의'의 종교로 간주될 수 있다. 하지만 유대교는 샌더스가 파악한 것처럼 그렇게 단일한 집단이 아니다. 유대교 내에는 이스라엘의 배교 역사에 직면하여 자신들만을 "남은 자"로 간주하는 분파 운동들이 있었고, 그들은 율법에 대한 충성과 순종의 삶을 통해 자신들을 다른 사람들과 구분하려는 분파적 의식을 가졌다. 이 두 차원을 혼동하여 유대교를 획일화시키는 것은 잘못된 것이다.

셋째로, 바울의 유대교 비평은 대중적 자의식 차원과 관련이 있는 반면,

그가 기독교 복음의 대안을 제시한 때는 남은 자 그룹의 신학 패턴을 따른다. 유대인들은 아브라함의 육신적 후손으로서 그에게 약속된 언약적 축복을 상속할 자들로 생각하였다(cf. 요 8장; 롬 4:13-14). 하지만 바울에 따르면 믿음과 성령으로 특징화되는 구약의 이스라엘과 신약 기독교인들만이 종말의 때에 하나님께서 은혜로 택하신 '남은 자'이다(롬 9:25-27, 11:1-5).

넷째로, 남은 자들의 존재 기원은 하나님의 은총의 선택에 놓여 있지만 그들의 신분은 율법에 대한 순종 또는 하나님의 뜻을 행하는 삶으로 특징화된다(살전 1:3-4; 롬 11:4-5). 유대교를 비롯하여 심지어 구약과 신약에서도 구원이 사람의 순종 여부에 달려있는 것처럼 진술하는 구절들이 있다(cf. 마 7:22-23; 갈 5:21-22; 롬 8:12-13 등). 하지만 김세윤 교수가 주장하듯이, 이런 구절들은 '행위의의 요소'로 치부되어서는 안 되고 선택의 전망이란 보다 큰 틀 속에서 파악되어야 한다. "그 열매로 그 나무를 알리라"는 예수님의 말씀에 함축된 '실천적 유추'가 여기에 적용되어야 한다.

다섯째로, 바울의 유대교 비평에는 언제나 율법 문제가 놓여 있다. 여기서 우리는 두 가지 다른 차원의 논지들을 구분해야 한다. 우선 율법은 유대교에서 언약 백성으로서 유대인들의 정체성을 규정하는 근본 요소이며 이러한 전망에서 그들은 '율법 백성'(롬 4:14)으로 불린다. 율법은 던이 말한 대로 언약 백성으로서 유대인들을 '이방 죄인'(갈 2:15)과 구분하는 사회적 경계선 표지 기능이 있다: 그것은 그들에게 선민적 우월의식과 특권의식을 갖게 만드는 발판이었다. 율법을 강조하면 할수록 그것은 유대교 중심성을 나타낼 수밖에 없으며, 바울이 율법을 유대인과 이방인을 가로막는 중간의 막힌 담으로, 이방 선교를 가로막는 장애물로 생각하는 것은 바로 이 때문이다(엡 2:11-16). 또 다른 차원은 유대인들이 몰각한 '율법의 구원사적 한계' 또는 김세윤 교수가 말한 '율법의 구조적 약점'과 관련이 있다. 바울은 율법으로 의롭다 함을 얻을 육체가 없다고 주장한다(갈 2:16). 바울의 이 주장은 유대인들이 실제로 율법을 통해 스스로 구원을 얻어보려고 했기 때문이 아니라, 다메섹 계시 사건으로 인해 과거 이스라엘 역사를 율법 아래서 행해진 반역의 역사로 이해하게 된 계시적 인식 때문에 나온 것이다.

여섯째로, 유대교의 오류는 그렇다면 언약을 국가적 선택론에 기초하여 혈통주의적으로 이해하고 언약 외피적인 요소들을 내세우면서 사실은 마음의 할례를 받아 율법에 계시된 하나님의 뜻을 순종하는 데 실패하고 범죄에 빠진 데 있다. 로마서 2장에 나타난 바울의 유대교 비평은 그들이 언약 안에 들어온 참 하나님의 백성인데도 율법을 범함으로 언약 밖으로 쫓겨나 구원을 상실했다는 것이 아니다. 이것은 구원을 인간 행위에 조건 지으려는 인간론적 접근 방식이다. 바울이 로마서 2장에서 "표면적 유대인"과 "이면적 유대인"을 구분하고(28-29절), 9장에서 "이스라엘에게서 난 그들이 다 이스라엘이 아니요 또한 아브라함의 씨가 다 그 자녀가 아니라……곧 육신의 자녀가 하나님의 자녀가 아니라"(6-8절상)고 했을 때, 바울의 추론 방식은 '실천적 유추'에 가깝다: "그 열매로 그 나무를 알리라"(마 7:22). 하나님 백성의 참 정체성은 순종의 삶을 통해 드러나고 논증될 뿐이다. 순종의 삶의 결여는 결국 참 하나님의 백성이 아닐 수 있다는 것을 드러낼 뿐이다. 그렇다면 로마서 2장과 9장에 나타난 바울의 논지는 행위의 조건에 기초해서 구원의 실재를 결정짓는 방향이 아니라 행위의

실재를 통해서 신분 정체성을 추론하는 방향을 취하고 있다. 바울은 로마서 2장에서 육신적 유대인들이 율법을 어긴 범죄 상황을 지적하고 육신의 할례나 내세우고 율법을 문자 수준에서 소유하고 있는 육신적 유대인이 결국은 "표면적 유대인" 또는 껍데기 유대인에 불과하였다는 것을 드러내고 논증하고자 한다. 이 경우에 그들이 의지하고 자랑하는 율법은 그들의 죄악성과 반역성을 드러내어 정죄하는 수단이 될 뿐이다. 참 하나님의 백성은 구약에서도 속죄제사를 통한 죄용서를 경험하였으며 변화된 자세로 율법을 순종하는 자들이었다(시 1편, 119편). 이러한 하나님의 백성은 구약 시대부터 존재해 왔으며 신약의 성도들에게로 이어져 오고 있다(롬 11:1-5).

일곱째로, 바울은 유대교를 비평할 때 대중적 자의식 속에 자리잡은 국가적 언약신학을 거부하고 선택론을 새롭게 정의한다. 그는 하나님 백성의 기원을 그의 주권적인 '선택적 부르심'(롬 9:7, 11, 24-26)에 둠으로써 이방인들이 하나님 백성의 구성원에 들어올 수 있는 길을 터놓았다. 하나님 백성의 기원이 그들의 삶의 조건이나 성취에 있지 않고 하나님의 '부르심'(calling)에 있다면 하나님은 이방인도 자유롭게 부르실 수 있는 권한이 있다.

뿐만 아니라 하나님은 아브라함과 언약을 맺고 그와 그의 후손을 자기 백성으로 삼겠다고 약속하셨을 때 처음부터 이방인들도 그의 후손 가운데 포함시키기로 결정하셨다(창 12:3; 갈 3:8). 이런 의미에서 바울은 유대인들의 편협한 민족주의적 선택론을 거부하고 이방인들을 하나님 백성에 끌어들이는 방식으로 확대 해석한다. 뿐만 아니라 유대인들의 민족주의적인 아브라함 언약 해석을 거부하고 그것을 새롭게 해석함으로써 이방인들이 언약 백성의 합법적인 구성원이 될 수 있는 길을 열어놓았다. 이런 의미에서 이신칭의 복음은 최종상 교수가 잘 논증하였듯이 유대인과 이방인의 동등성을 논증하는 훌륭한 수단이다. 따라서 그것은 유대인과 이방인 사이에 놓인 장벽을 허물고 그들을 한 하나님의 백성으로 삼게 하는 사회 변혁적 성격을 지닌다.

이와 관련하여 우리는 유대인들의 기독교 비판의 본질을 확인할 수 있다: 그들이 기독교인들을 핍박한 것은 기독교의 이신칭의 복음과 그것에 기초한 이방 선교 사역이 유대교의 우월한 중심성에 도전한다고 여겼기 때문이지, 자신들도 율법준수를 통해 얻을 수 있을지 확신할 수 없는 구원을 이방 기독교인들이 너무도 손쉽게 얻을 수 있다고 떠들었기 때문에 시기심에서 핍박한 것이 아니다. 바울은 다메섹 회심 사건을 통해 그에게 계시된 그리스도를 하나님의 형상으로, 둘째 아담으로 파악함으로써 인류를 구속하는 보편적 전망을 갖게 되었고(롬 5:12-20), 이러한 시각 속에서 아브라함 언약에 대한 해석도 유대인과 이방인 전체를 포괄하는 방식으로 제시함으로 이방 선교의 정당성을 확보하게 된 것이다.

기독론과 성령론은 율법의 참 정신과 의의가 올바로 이해되고 성취될 수 있게 만드는 마스터 키와 같은 결정적 요인이다. 그리스도 밖에서 율법은 유대인과 이방인을 가로막는 중간의 막힌 담 역할을 할 뿐이며 표면적 유대인들이 참 하나님 백성이 아님을 폭로하고 그들을 정죄하는 심판의 잣대가 될 뿐이지만, 그리스도의 십자가 사건은 율법의 이러한 부정적 기능들을 폐지시키고 그 근본 정신인 '사랑'(롬 13:8-10)을 유대인과 이방 기독교인 모두의 삶에서 성취시킬 수 있는 구원사적 전환점을 가져온 결정적 요소가 되었다.

그것은 율법의 구원사적 한계들을 극복하게 하여 그 의로운 요구가 성령을 좇아 행하는 신자들의 삶 속에서 성취될 수 있도록 만든 구원 사건이었다(롬 8:3-4).

3.2 연구를 위한 제언

본 논문을 마치면서 한 가지 더 탐구해야 할 영역을 언급하지 않을 수 없다. 이스라엘이 육신적인 아브라함의 후손이며 그에게 약속된 언약의 축복들이 혈통적 계승의 원리와 전혀 무관하다고 말할 수 없다면, 그들 역시 넓은 의미에서 언약의 울타리 안에 있는 사람들이라고 할 수도 있다. 바울도 이 점을 인정한다: "저희(유대인들)는 이스라엘 사람이라 저희에게는 양자 됨과 영광과 언약들과 율법을 세우신 것과 예배와 약속들이 있고 조상들도 저희 것이요 육신으로 하면 그리스도가 저희에게서 나셨으니"(롬 9:4-5). 에베소서에서 바울은 옛 언약의 틀 속에서 볼 때 이방인들을 가리켜 "약속의 언약들에 대하여 외인이라"(엡 2:12)고 한다. 이를 역으로 볼 때 옛 언약은 이스라엘 사람들을 약속의 언약들에 대하여 '내인'으로, 다시 말해서 언약의 울타리 안에 있는 사람들로 간주했다는 것을 시사한다.

하지만 중요한 것은 이스라엘이 언약의 울타리 안에 속해 있는 사람들임에도 바울이 그들 대다수를 참 아브라함의 후손으로, 약속의 자녀로 간주하기를 거부한다는 사실이다(롬 9:6-8; cf. 갈 4:22-29). 이것은 아주 중요한 의미를 함축하고 있다. 전통적인 교의신학에서는 아브라함 언약을 은혜 언약으로 간주하고 은혜 언약에 속해 있는 모든 사람들을 다 예외 없이 참 하나님의 백성, 구원의 은혜를 경험한 하나님의 자녀들로 간주하는 경향이 있는데 반하여, 바울은 소위 은혜 언약 안에 속해 있는 사람들 가운데서도 구원의 선물을 경험하는 사람들과 그렇지 못한 자들이 함께 섞여 있는 것으로 보는 것이 분명하다.

칼빈의 언약신학은 바울의 이러한 교훈과 일치하는 것으로 보인다. 그는 하나님께서 선택된 자와만 언약을 맺으셨다는 부처(Bucer)의 견해를 거부한다. 그는 언약에 참여한 구성원들을 참 선택자들의 그룹과 동일시하기를 꺼린다(Institutes III, 21.5-7). 하나님께서는 아브라함의 육신적 후손 전체, 다시 말해서 이삭과 야곱은 물론 이스마엘과 에서와도 언약을 맺으셨음을 주목해야 한다고 말하면서 언약을 주목할 만한 방식으로 정의한다: 언약은 "인류가 버림을 당하는 것과 극소수의 경건한 자들이 선택되는 것 사이의 *중간길*(*medium quiddam*)"[39]이다.

언약 자손들 가운데 선택되지 못한 자들이 있다는 칼빈의 관찰은 육신적 혈통, 육신적 할례, 율법 소유와 같은 언약 외피적 요소들만 붙들면서 변화된 실존이 되지 못하고 율법을 범하는 대다수 육적 유대인이 사실은 표면적 유대인에 불과하다는 바울의 주장과 정확하게 일치한다. 칼빈은 바울과 마찬가지로 언약을 이렇게 역동적으로 해석함으로써 한편에서 하나님의 절대 주권을 강하게 붙들면서도 동시에 다른 한편으로 인간의 책임을 강조할 수 있었다. 필자는 이 부분에 대해서 상세하게 토론하지 못하고 결론적 제언으로만 남겨두었는데 이 방면에 대한 더 심층적인 연구가 이루어졌으면 한다.

---

39) J. Calvin, *Institutes of the Christian Religion* III, 21.7.

제 2 장

유대교와 바울의 이방선교 :

최근 유대교 해석 패턴들에 대한 평가

    회심하기 이전 바울은 전형적인 유대인으로서 분명한 자기 정체성 의식을 가지고 있었다. 조상으로부터 물려받은 유대교의 종교적이며 정신적인 유산에 대해 자랑스럽게 생각했으며 오직 유대인만이 아브라함 언약의 축복을 이어받을 합법적인 하나님 백성이라는 선민적인 특권의식을 가지고 있었던 사람이었다. 그도 유일신론을 믿었던 사람으로서 하나님께서 온 세상을 창조하시고 그 안에서 살아가는 모든 인류를 창조하셨다는 생각을 했을테지만, 오직 유대인만이 하나님의 배타적인 호의를 받아온 민족이라고 생각했을 것이 분명하다. 바울은 또한 유대인으로서 율법을 자신과 유대민족의 정체성과 삶을 지탱하는 근본 규범으로 간주했을 것이 분명하며 이런 의미에서 다른 전형적인 유대인들처럼 율법을 자랑스럽게 생각하였다(cf. 롬 2:17, 23).

    이러한 바울의 민족주의적 의식이 혁명적으로 바뀌게 된 것은 모든 학자들이 인정하듯이 부활하신 예수 그리스도를 만나 이방인의 사도로 부르심을 받게 된 다메섹 도상의 회심 사건 때문이었다. 바울은 다메섹의 그리스도 현현 사건을 단순히 회심 사건으로 여기지 않고 이방인의 사도로 부르심을 받은 소명 사건으로 간주한다(롬 1:5, 15:15-18; 갈 1:16).

이 사건으로 인해서 예전에 유대인만이 하나님 백성이라고 믿었던 배타적인 선민 의식에 혁명적인 변화가 생기게 되었다: 그는 부활하신 예수 그리스도를 통해 이방인 중에서 하나님의 백성을 부르는 사도로 부르심을 받게 되었고, 이러한 부르심은 자신이 과거에 열심을 가졌던 율법과 또한 그것이 함축하는 의미들에 대해서 커다란 사고의 전환을 야기하게 되었다. 최종상 교수는 그의 학위 논문에서 이방인의 사도로 부르심을 받은 바울 자신의 소명 의식이 후속되는 그의 신학 전개에 결정적인 영향을 미쳤다는 것을 설득력이 있게 논증한 바 있다.[1]

만일 이것이 사실이라면 바울의 율법 비평 또는 더 나아가 율법 중심적인 종교인 유대에 대한 그의 비평도 필연적으로 이방인의 사도로 부르심을 받은 소명 의식과 깊은 연관성을 가지고 있을 것이 분명하다. 최 교수의 논문은 분명히 이런 의미에서 율법과 이방인 선교 사이에 존재하는 논리적 관계에 대해 질문을 던지게 만든다.

바울 시대는 분명히 복음이 유대인 중심 사회의 한계를 뛰어넘어 이방 세계로 확장되어가던 혁명적 변화의 시대였다. 물론 복음 메시지는 어느 날 하늘에서 번개처럼 뚝 떨어진 것이 아니라, 그 신학적 뿌리가 구약에 있음이 분명하다.

---

1) Daniel Jong-Sang Choi, *Paul as Apostle to the Gentiles. His Apostolic Self-Awareness and its Influence on the Soteriological Argument in Romans* (Paternoster Biblical and Theological Monographs: Paternoster Press, 1977).

그럼에도 불구하고 복음 시대 초기부터 유대인들과 기독교인들은 그 뿌리에 대한 해석에 있어서 결정적인 이견들을 나타내기 시작하였고, 이로 인해 그들 사이에 돌이킬 수 없는 방향으로 갈등과 균열이 발생하기 시작하였다. 초기에는 기독교도 유대교의 울타리 안에 있는 하나의 분파 운동으로 생각되어 로마인들과 같은 외부자들은 그들간의 논쟁을 '유대교 내부의 논쟁'으로 생각했을 것이 분명하다.

하지만 시간이 지나면서 기독교는 더 이상 유대교 내부에 있는 한 분파로 간주되지 않았기 때문에 유대인 사회는 기독교와 그 추종자들을 유대교 밖으로 쫓아내기 시작하였고 그들 사이의 결별 작업은 주후 90년대에 이르러 돌이킬 수 없는 방향으로 확정되기 시작하였다.

바울은 왜 유대인들과 그들의 종교를 비판하였을까? 바울의 유대교 비평의 핵심 속에는 반드시 율법 문제가 자리하고 있다. 또한 이방인의 사도로 부르심을 받은 바울의 자의식과도 깊은 연관성을 갖고 있었던 것이 분명하다. 바울은 무슨 이유 때문에 이방인의 사도로 부르심을 받은 자신의 소명을 성취하는 과정에서 율법 중심적인 유대교를 비평하였을까? 율법 문제는 오늘날까지 바울 신학의 중심을 파악하는 일에 있어서, 특히 바울의 선교 신학을 평가하는 일에 있어서 핵심적인 위치를 차지하고 있음에도 불구하고 그의 이방 선교 신학과 관련하여 율법의 올바른 역할과 기능을 파악하는 일에 혼선을 겪어 왔다. 이렇게 된 데에는 특히 율법과 관련한 그의 증언들이 부정적인 측면과 긍정적인 측면을 동시에 가지고 있어서 더욱 그러하였다.

필자는 율법 또는 그것을 중심으로 하는 유대교에 대한 바울의 비평의 본질이 그의 이방 선교 신학과 어떤 관련이 있는지를 비록 짧은 논고이기는 하지만 본 논문을 통해서 살펴보고 해당 문제에 대한 나름대로의 결론을 제시하고자 한다.

I. '행위 구원의 종교'로서의 유대교 전망에서 본 관점

유대교를 행위 구원의 종교로 파악하는 것은 종교개혁 시대 이후로부터 대륙과 영미 계통의 신학자들의 생각을 주도해 온 가장 전통적인 견해이며, 최근에는 여러 학자들에 의해서 세련된 형태로 다시 재해석되어 제시되고 있다. 이들은 기본적으로 유대교를 '행위 구원의 종교' 또는 '자기의(自己義)의 종교'로 파악한다.[2] 중간사 시대의 유대인들은 선택과 같은 언약 중심적인 신학을 점차 버리고 율법을 완전하게 지켜 스스로의 힘으로 의와 구원을 확보하려는 타락된 종교 의식을 가지기 시작했다는 것이다.

이 시기의 사람들은 언약신학의 양대 축인 '은혜성'과 '요구성' 사이의 균형을 깨뜨리고 점차 후자 쪽을 일방적으로 강조함으로써 하나님 앞에서 자신들의 신분을 인간 자율(自律)이라는 관점에서만 파악하기 시작했으며, 의와 구원 등과 같이 과거에 신의 은총의 선물로 간주되던 것들은 자연히 인간이 스스로 확보할 수 있는 어떤 것으로 파악되면서 자연히 공적이나 상급과 같은 개념들이 중심을 차지하게 되었다.

---

[2] Cf. T. R. Schreiner, "'Works of Law' in Paul," *NovT* 33 (1991), 217–244; "Israel's Failure to Attain Righteousness in Romans 9:30–10:3," *TriJ* 12 (1991), 209–220; S. Westerholm, *Israel's Law and the Church's Faith. Paul and His Recent Interpreters* (Grand Rapids: Eerdmans, 1988); D. J. Moo, "'Law,' 'Works of the Law,' and Legalism in Paul," *WTJ* 45 (1983), 73–100, etc.

바울이 그의 논쟁적 서신들 가운데서 "율법의 행위로서는 의롭다 함을 얻을 육체가 없느니라"(갈 2:16하)고 했을 때, 그는 율법을 지켜 스스로 구원을 얻어보려고 했던 유대교의 공적주의적 태도를 비평하고 있다고 해석되었다.

'율법의 행위'(works of the Law)란 술어 역시 의와 구원을 스스로 확보해보려는 유대인들의 인간 중심적 시도들을 가리킨다고 보았다. 이와는 대조적으로 바울은 다메섹에서 자신을 이방인의 사도로 부르신 예수 그리스도의 은혜의 부르심을 경험한 뒤로, 하나님 앞에서 인간의 신분은 자신의 행위의 지평에서 주어지는 것이 아니라 온전히 하나님의 은혜를 통해서 주어질 뿐이며, 인간은 '믿음'이라는 신뢰의 행위를 통해서 그것을 값없이 받아들일 뿐이라는 계시적 인식을 갖게 되었다(갈 5:16; 롬 3:24-25).

이러한 전통적인 유대교 이해는 몇 가지 점에서 극복할 수 없는 난점을 지니고 있다. 무엇보다도 율법에 대한 유대인들의 태도를 언급하는 바울 서신의 대부분의 구절들은 율법준수를 통해 스스로 구원을 확보해 보려는 유대인들의 공적주의적 태도를 나타내 보이지 않는다. 전통적인 입장을 옹호했던 김세윤 교수도 최근에 와서 율법, 안식일, 음식법, 할례 등과 같은 것들이 유대인 신분을 나타내는 사회적 신분 표지 역할을 한다는 것을 시인하기에 이르렀다.

사실 바울 서신의 여러 본문들은 율법 백성으로서 유대인들이 가졌던 민족적 자긍심 내지 우월한 특권의식을 나타내 보인다. 로마서에서 유대인들의 전형적인 의식을 언급하는 구절들을 보면, 유대인들은 "율법을 의지하며 하나님을 자랑하며"(2:17) 또한 "율법을 자랑하는"(2:23) 자들이었다. 그들은 "율법의 교훈을 받아 하나님의 뜻을 안다"고 자부했으며 이러한 특권의식 속에서 이방인들을 '소경', '어둠에 있는 자', '어리석은 자', '어린아이' 등으로 간주했고 그들에 대한 민족적 우월의식을 나타내었다.

로마서 2장에서 바울은 할례나 율법과 같은 것들을 의지해서 자신을 심판에서 면제받은 자로 치부하고 이방인들에 대해 우월한 특권의식을 뽐내면서도 스스로 율법을 범하여 하나님의 이름을 욕되게 만드는 유대인들의 자기 모순성을 폭로한다. 말하자면, 그는 우월한 선민의식을 뽐내면서도 율법 백성답게 사는 데 실패한 유대인들의 자기 모순을 공격한다.

바울은 또한 로마서 3:29-4:15에서 아브라함의 육신적 후손이라는 혈통적 정체성에 의지하여 자신들을 하나님의 백성으로 간주하는 편협한 혈통주의적 언약관을 비평한다. 하나님께서 아브라함과 '그의 후손에게' 언약을 맺으셨는데(롬 4:13), 유대인들은 아브라함의 후손이 자연히 그의 육신적 혈통을 이어받은 유대인들을 가리킨다고 생각했으며 그들만이 아브라함에게 약속된 언약의 축복을 상속한 합법적인 후손이라고 주장하였다. 그리고 아브라함에게 계시된 언약의 하나님은 그의 육신적 후손의 하나님, 곧 유대인의 하나님이라고 주장하였다.

이런 의미에서 "하나님은 홀로 유대인의 하나님뿐이시뇨 또 이방인의 하나님은 아니시뇨"(롬 3:29상)라는 바울의 수사적 질문은 유대인들의 편협한 민족주의적 유일신론을 비평하는 의미로 해석되어야 한다.[3]

따라서 로마서 4장의 아브라함 이야기는 전반적으로 유대인들의 이러한 편협한 민족주의적인 언약신학의 전망에서 파악되어야 한다.

---

3) J. D. G. Dunn, *The Theology of St Paul the Apostle* (Eerdmans: Grand Rapids, 1998), 43ff.

바울은 에베소서 2장에서 유대인들이 한때 가졌던 이러한 편협한 민족주의적 언약신학의 단면을 잘 보여 준다. 옛 언약의 전망에서 유대인들은 '할례자'로, 이방인은 '무할례자'로 간주되었다. 말하자면, 언약 백성 된 신분이 할례를 경계선으로 구분된 것이다(엡 2:11-12). 이 전망에서 볼 때 에베소의 이방 기독교인들은 자연히 "이스라엘 나라 밖의 사람"이었으며 "약속의 언약들에 대하여 외인"이었고 "세상에서 소망이 없고 하나님도 없는 자"(12절)였다.

하지만 예수 그리스도의 십자가 사건은 옛 언약에 내재하여 있던 이런 인종적이며 민족적이며 종교적인 울타리와 경계선을 허물어 버렸다: 예수 그리스도는 그들 모두의 화평이시다. 그는 유대인과 이방인을 가로막고 있었던 적대의 담을 십자가의 피로 허물어 버리셨다. 십자가 사건은 유대인과 이방인이 하나되지 못하게 막고 있었던 "원수 된 것 곧 의문에 속한 계명의 율법을 자기 육체로 폐하신" 화목의 사건이었다(15절).

이 진술에 따르면 바울의 이방 선교 사역을 가로막는 가장 결정적인 장애물은 유대인과 이방인을 서로 원수 되게 만드는 것, 다시 말해서 "의문에 속한 계명의 율법"이라고 규정된다.

십자가 사건의 의의는 개별 사람들의 죄를 속죄하는 대속적 죽음이라는 의미를 넘어 여기서는 이방인과 유대인을 그리스도 안에서 "한 새 사람"(one new humanity)으로 창조하는 화목의 사건이라는 것이다.

이렇게 유대인과 이방인을 한 하나님의 백성으로 창조하는 화목의 사건은 옛 언약신학의 전망에서는 불가능했던 일이었다. 이것은 율법에 열심이었던 유대인들이 바울의 이방 선교와 또한 이방인을 위한 그의 이신칭의 복음을 열렬하게 핍박하던 사도행전의 보도를 통해서 극명하게 잘 드러난다.

구원의 축복, 다시 말해서 하나님의 백성이 되는 언약의 축복이 오직 유대인들에게만 속해 있다고 여겼던 유대인들에게, '오직 믿음으로'(*sola fidei*) 하나님의 백성이 될 수 있다는 바울의 복음 원리와 그것에 근거한 이방 선교는 유대인들의 민족주의적 우월의식을 여지없이 허물어 버리는 도전적 행위로 여겨졌을 것이 분명하다. 바울이 하나님의 교회를 핍박하던 것도, 그리고 유대인들이 기독교회를 핍박하던 것도 율법에 근거한 유대인들의 우월의식에 도전하는 복음의 성격 때문이다.

에베소서 2장은 유대교를 행위 구원의 종교로 파악하고자 했던 전통적인 시각에서 볼 때 난해한 구절이다. 한때 전통적인 유대교관을 가졌던 김세윤 교수마저 최근에 와서 유대교를 순수한 의미에서 행위 구원의 공적주의적 종교로만 보려는 것은 "옳지 않다"고 시인하기에 이르렀다.[4] 김세윤 교수는 그의 박사학위 논문을 출판한 바울복음의 기원이란 책에서 한때 유대교를 행위 구원의 종교로 파악하던 전통적인 입장을 취한 적이 있다. 여기서 그는 율법준수가 누구에게도 확실한 소망을 건네주지 못함에도 불구하고[5] 유대주의자들이 이방인들에게 율법의 멍에를 짊어지게 하려고 했다고 보고, 이러한 그들의 무모한 시도가 갈라디아 교회와 같은 이방 교회에 위기를 초래하게 만들었다고 본다.[6]

---

4) 김세윤, 바울신학과 새 관점(도서출판 두란노, 2002), 141. 물론 그는 유대교가 언약적 신율주의(covenantal nomism)의 요소를 가지고 있으면서도 그 가운데 행위 구원의 요소를 가지고 있다는 어정쩡한 입장을 피력하기는 하지만, 왜 그런지, 왜 두 모순되는 요소들이 함께 병존할 수 있는지 구체적인 논증이나 설명을 하지 않는다.

5) S. Kim, *The Origin of Paul's Gospel*, 310: "unlike the Jewish doctrine of salvation which did not hold out much hope for the Gentiles, sometimes not even for the proselytes who became Jews by taking upon themselves circumcision and the yoke of the law……."

6) Seyoon Kim, *The Origin of Paul's Gospel* (WUNT 2/4. Tubingen: Mohr-Siebeck, 1981)

만일 유대인들이 율법준수가 자신들에게도 미래 구원에 대한 확실한 소망을 주지 못한다고 생각하였다면, 어떻게 이방인들에게 율법의 멍에를 씌우려고 시도했을까? 자신들도 율법을 통해 구원을 얻게 될 소망이 없으면서 이방인들이 율법을 지키지 않으면 구원을 얻지 못할 것이라고 강변하게 된 이유가 무엇인가? 전통적인 시각에서 볼 때 바울의 본문들 속에 함축된 유대인들의 특권의식과 우월 의식의 존재를 설명하기도 어렵고 또한 유대인들이 왜 바울의 이방 선교를 그토록 집요하게 핍박하였는지도 설명하기가 어렵다.

바울의 본문을 살펴보면 유대주의자들은 율법을 완벽하게 지킨 후 할례를 받으라고 강요한 것이 아니라, 일단 할례를 받고 유대교로 개종한 후에 율법의 멍에를 짊어지게 하려고 시도한 것이 분명하다(갈 5:3). 물론 할례 의식 준수가 행위 구원을 확보하려는 징표는 아니다. 할례는 언제나 율법준수보다 선행하는 개념이기 때문이다. 바울 당대에 있어서도 할례는 언약 백성의 신분을 얻는 입문의식이었던 것이 분명하고, 일단 유대교로 개종하여 유대인 된 신분을 얻으면 율법 백성의 신분을 얻게 되기 때문에 마땅히 율법을 지켜야 할 의무가 주어진다는 것이 상기 본문에 함축되어 있다.

만일 유대인들이 율법을 완벽하게 지켜야 구원을 확보할 수 있다는, 순전한 의미에서 행위 구원의 종교를 옹호하였다면 이것은 그들 스스로도 아직 구원을 얻지 못한 상태에 있다는 것을 시사하는 것이 아니고 무엇이 겠는가? 아직 구원을 받지 못한 상태에서 율법을 준수하여 스스로 구원을 확보해야 한다고 생각했다면 구원이라는 것은 언제나 그들에게 불확실한 미래의 조건이 아닐 수 없다. 따라서 유대교는 완전히 인간의 자율적 행위에 의존하는 인간적 종교에 불과하고 이런 의미에서 신적 은총의 측면을 완전히 결여한 종교라고 해야 마땅하다.

구원이 이렇게 온전한 율법 순종에 달려 있는 불확실한 미래의 조건이라면, 아마도 유대인 자신들조차도 스스로의 힘으로 구원을 얻을 수 없다고 생각하였을 것이 분명하다. 왜냐하면 그들도 매일같이 율법을 범하는 죄인들이라는 것을 잘 알고 있었을 것이기 때문이다. 유대인들의 속죄제사 풍습은 그들 자신도 매일 율법을 범하는 존재들이라는 전형적인 유대교 의식을 전제하기 때문에 더욱 그렇다. 만일 유대인들 스스로가 이렇게 일상생활에서 율법을 범하는 죄인들이라는 것을 알고 있었다면, 그들은 아직 하나님의 백성도 아니며 또한 구원을 얻을지조차도 확신할 수 없는, 어떻게 보면 이방인의 신분과 방불한 존재로 생각하였을 것이 분명하다.

하지만 과연 그런가? 바울 서신에 나타난 유대인들은 스스로 심판을 면제받은 특권의식을 나타내고 있고 이러한 특권의식 속에서 율법을 의지하고 자랑하였다. 그들의 자랑은 불트만(R. Bultmann)이 말한 대로 율법준수를 자신의 공적으로 내세우려는 자랑이 아니라 율법 백성이라는 유대인들의 자의식에 기초한 자랑이라고 보아야 한다. 그들은 하나님을 자랑하고 율법을 의지하고 그것을 자랑했던 사람들이었다. 그렇다면 "우리는 본래 유대인이요 이방 죄인이 아니로되"(갈 2:15)라는 바울의 진술은 유대인이 이방 죄인들과 다르며 그들보다 우월하다는 바울 당대 유대인들의 전형적인 자의식을 보여 주는 것이 분명하다.

이러한 진술은 유대인들조차도 아무런 확실한 보장도 없이 불안한 상태에서 구원을 얻기 위해 스스로 노력했다는 전통적인 행위 구원론의 시각과 조화되기 어렵다.

무엇보다도 무슨 동기로 자신들도 확신할 수 없는 구원을 위해 이방인들에게까지 율법의 멍에를 짊어지게 만들려 했겠는가? 또한 율법을 온전히 지킬 때만 구원을 얻을 수 있다고 생각했으면서도 자신들이 과연 율법을 온전히 준수할 수 있을지 확신하지 못했던 유대인들이, 유대인이나 이방인 모두 믿음만으로 구원을 얻을 수 있다는 바울의 복음을 왜 핍박하게 되었는가? 자신들도 어렵게 생각하는 것을 이방인들이 너무도 쉽게 하나님의 백성이 된다고 생각했기 때문에 시기심에서 그렇게 핍박했는가? 도리어 유대인들의 배타적인 선민적 우월 의식에 도전하고 그러한 우월 의식에 근거를 제공해 주던 율법과 상관없이 이방인도 믿기만 하면 하나님의 백성이 될 수 있다는, 다시 말해서 유대교의 중심적 우월성을 허무는 바울의 메시지 때문에 핍박하지 않았을까?

어쨌든 유대교를 행위 구원의 종교로만 파악하는 전통적인 시각은 기독교회를 핍박했던 유대인들의 동기도, 바울이 유대교를 비평하고 이방 선교를 대담하게 시도하게 된 동기도, 유대인들이 이방인들에 대해서 가졌던 우월 의식과 특권의식도 제대로 설명할 수 없게 만든다. 따라서 우리는 새 관점 학파의 견해에 눈을 돌릴 필요가 있다.

2. '언약적 신율주의' 종교로서의 유대교 전망에서 본 관점

이 견해는 최근에 샌더스와 그의 추종자들에 의해서 옹호되는 견해이기도 하다.[7] 그는 유대교 종교의 본질을 "언약적 신율주의"라는 말로 요약한다. 유대교는 신의 은총의 선택을 믿었으며, 오직 은혜로서 언약 백성의 신분에 들어가고, 그것을 유지하고 언약 관계 속에서 머무는 것이 율법

---

7) E. P. Sanders, *Paul and Palestinian Judaism* (London: SCM; Philadelphia: Fortress, 1977); *Paul, the Law, and the Jewish People* (Philadelphia: Fortress, 1983).

에 대한 순종이며, 율법을 부주의하게 어겼을 때는 속죄제사를 통해 속죄를 경험할 수 있는 길이 열려 있으나, 만일 어떤 사람이 고의적으로 율법을 계속해서 어기고 범할 때는 언약 밖으로 쫓겨나게 되고 결국 하나님의 심판을 당하게 된다.

언약적 신율주의 전망에서 볼 때, 유대인들은 아브라함의 육신적 자손으로서 하나님의 백성으로 선택되었으며, 아브라함에게 주어질 모든 언약의 축복은 모두 그의 육신적 혈통인 유대인들만이 향유하는 배타적 특권이 될 수밖에 없다.

샌더스가 주장하는 '언약적 신율주의' 관점은 최근에 '새 관점학파'를 형성하게 된 결정적 계기가 되었으며, 근래에 이르러 샌더스의 신학적 유산을 물려받되 그의 약점들을 보완하는 작업이 영국의 학자 던에 의해 대대적으로 이루어졌다.[8] 그에 따르면 할례, 율법준수, 안식일법, 음식법 등과 같은 특정 의식들은 언약 안에 있는 유대인과 언약 밖에 있는 이방인을 구분하는 사회적 경계선 표지(social boundary markers) 역할을 해왔다는 사실을 지적한다. 특히 유대인들이 이방인에 대해서 자신들만의 독특한 정체성 의식을 표현하는 방식, 다시 말해서 부정한 이방 죄인들과는 달리 자신들만이 우월한 언약 백성이라는 독특한 자의식을 표현하는 방식은 할례를 받고 율법을 준수하고 부정한 음식을 피함으로써 언약에 충성하며 살아가는 "율법의 행위들"을 통해서이다.

이 경우에 "율법의 행위들"은 유대인이 언약 백성으로서 성실하게 살아가고 있음을 나타내 그들만의 독특한 신분 표지의 행위들을 가리키게 된다. 특히 로마와 같은 이방 제국이 유대 땅을 침입하여 이방 문화를 강요하

---

8) J. D. G. Dunn, "The New Perspective on Paul," *BJRL* 65 (1983), 95–122; *Jesus, Paul and the Law* (London: SPCK, 1990).

던 상황에서 하나님의 언약 백성으로서 충성스럽게 살아간다는 유대인의 자의식은 더욱더 예민하게 나타날 수밖에 없었고, 이런 의미에서 할례를 받고 율법을 준수하고 음식법을 지키는 것은 이방 문화에 타협하지 않고 자신이 유대교의 위대한 정신적 유산을 좇아 충성스럽게 살아가는 유대인이라는 것을 나타내는 사회적 표지 역할을 하였다.

율법에 충성함으로써 충성스러운 유대인으로 살아가는 삶의 패턴들이 자신이 자랑스러운 하나님의 언약 백성이라는 신분 정체성을 나타내는 사회적 경계선 표지 역할을 했을 것이 분명하다면, 던의 주장은 정당한 면이 있는 것이 사실이다.

샌더스 같은 학자가 주장하는 '언약적 신율주의'의 핵심은 언약에 대한 집단적이고 국가주의적인 이해에 있다. 언약은 '은혜성'과 '요구성' 모두를 포괄하는 신학 구조이다. 하지만 샌더스는 언약신학이 가지고 있는 이러한 균형적 구조 가운데 전자를 일방적으로 지나치게 강조하는 경향을 보이고 있다.

이스라엘이 하나님 백성이 되는 것은 하나님의 은혜의 선택에 근거하고 있고 또한 그의 선택은 영원하고 집단적이며 국가적인 성격이 있기 때문에, 이스라엘이 율법 안에 머무는 한 그들 모두를 집단적으로 선택하고 그들과 언약을 맺은 하나님의 결정은 변함이 없고 지속적이며 불가항력적이다. 언약 성립은 이스라엘 편에서 행해진 율법준수 행위에 의존하지 않기 때문에, 그들이 어떻게 율법을 순종했고 살았느냐 하는 문제는 이스라엘이 하나님 백성이 된 근본 정체성에는 아무런 영향을 미치지 못한다. 따라서 샌더스에 따르면 이스라엘이 국가적이며 집단적이며 혈통적으로 하나님의 백성이 된 신분은 어떤 조건하에서도 변개될 수 없는 확정된 사실이다.

언약을 이렇게 '은혜성' 차원에서만 일방적으로 이해하게 되면, 그들이 어떠한 순종의 행위를 했는가는 그리 중요한 요소가 아닐 수 있다. 특별히 샌더스는 언약적 신율주의 종교 패턴이 유대교와 기독교 사이에 공유되고 있다는 점을 지적하고, 바울이 유대교를 비평한 것은 그의 독단적인 판단, 다시 말해서 "유대교는 기독교가 아니다"는 평가에 기초한다고까지 주장하였다.[9]

과연 바울은 유대교가 기독교가 아니라는 독단적인 판단에 기초해서, 예를 들면 유대인들이 예수를 메시아와 하나님의 아들로 믿지 않았다는 이유만으로 유대교를 비평했을까? 물론 기독론적인 신앙이 그의 유대교 비평의 핵심을 차지하는 것은 사실이지만, 바울의 유대교 비평의 명분을 오로지 기독론적인 판단에서만 찾으려고 하는 샌더스의 견해는 일방적이며 신빙성이 없다.

그러면 바울이 이방인을 위한 사도로 부르심을 받은 이후에 자신도 과거에 몸담고 있었던 유대교의 어떤 면에 대해서 비판하지 않을 수 없었을까? 그리고 이제 바울의 유대교 비평이 그가 수행하고 있는 이방 선교와 무슨 연관이 있는가? 도대체 언약적 신율주의의 어떤 면이 잘못되었기에 유대교를 비평하고 이방인도 하나님의 백성이 될 수 있다는 복음 메시지를 전하게 되었을까?

언약적 신율주의가 내포한 집단적이고 국가적인 언약신학의 구조에서 볼 때, 유대인들은 혈통적인 관점에서 자신들만이 아브라함의 후손이요 합법적인 언약 백성이라고 생각했을 것이지만, 바울 사도는 회심한 이후 유대교의 이러한 배타적 언약신학을 받아들일 수 없었을 것이다. 물론 바

---

[9] E. P. Sanders, *Paul and Palestinian Judaism*, 552.

울이 유대교의 이러한 민족주의적 언약신학에 대해 비평적 태도를 취하게 된 계기는 이방인의 사도로 부름받은 다메섹 회심 사건이었다. 자신의 소명에 비추어 반추해 볼 때 부활하신 예수 그리스도는 이미 유대인만이 아니라 이방인도 하나님 백성으로 부르고 계시기 때문에 유대교의 배타적 언약신학을 용인할 수 없었을 것이다.

던은 바울의 유대교 비평의 명분을 그의 십자가 신학에서 찾는 한 가지 흥미 있는 진술을 한다. 유대인들의 민족주의적 언약신학의 관점에서 볼 때 언약의 울타리 안에 있는 유대인들은 하나님 백성이며, 언약의 울타리 밖에 있는 이방인들은 '죄인들'로 간주되었다(cf. 갈 2:15).

바울 당대에 이르러 '죄인'이라는 술어는 율법을 소유하지 않고 하나님을 섬기지 않는 이방인들을 지칭하는 기술적인 술어로 사용되기 시작하였다(막 2:15 참조). 그런데 예수께서는 십자가에 못박힘으로써 이방인의 자리에서 이방 죄인 취급을 당하셨기 때문에 그의 부활은 결국 이방인을 신원하신 의미를 갖는다는 것이다.[10]

예수께서는 십자가의 죽음을 통해서 자신을 이방인과 동일시하셨고 그들의 위치에서 정죄를 당하셨지만, 하나님께서 이방인의 자리에 선 예수를 신원함으로 그의 죽음과 부활은 결국 이방인을 신원하고 변호한 사건으로 해석될 수 있다는 말이다.

하지만 만일 예수의 죽음이 이방인을 신원하기 위한 죽음이라면, 유대인들을 위한 십자가 구속의 의미는 어디로 갔는가? 십자가 죽음의 구속적 효과는 유대인들에게는 적용되지 않는가?

홍인규 교수는 갈라디아서 3:11-14을 주석하면서 던과는 전혀 다른 방

---

10) J. D. G. Dunn, *Jesus, Paul, and the Law*, 98f.

향에서 문제를 다룬다. 바울은 이 본문에서 예수께서 십자가 죽음을 통해 율법의 저주에서 '우리를' 구속하셨다고 진술한 바 있는데, 홍 교수는 여기서 '우리'(we)라는 일인칭 대명사를 율법 아래 있는 유대인들에 국한시켜 해석해야 한다고 제안한다. 율법의 저주 아래 있는 자들은 어쨌든 율법을 소유한 율법 백성인 유대인들을 가리키기 때문에, 예수의 십자가 죽음은 율법의 저주 아래 있는 유대인들을 구속한 사건이라 할 수 있다.

그러면 예수의 십자가 구속은 이방인들에게는 적용되지 않는가? 바로 이러한 난점을 해결하기 위하여 홍 교수는 유대인이 이방인의 대표가 되기 때문에 유대인들을 위한 예수의 구속적 죽음은 결국 이방인들을 위한 구속적 죽음이 된다는, 재미있는 그러나 별로 신빙성이 없는 주장을 한다. 유대인이 이방인의 대표가 된다는 사상은 바울 서신에서 낯선 사상이다. 바울이 로마서에서 이와 유사한 사상을 피력하기는 하지만 구체적인 내용은 전혀 다르다.

유대인들의 범죄와 불순종으로 인해 복음이 이방인에게로 넘어간다는 말은(롬 11:14-15) 유대인이 이방인의 대표가 되기 때문에 전자를 위한 예수의 구속적 죽음은 곧 이방인들을 위한 구속적 죽음이 된다는 홍 교수의 진술과 전혀 다른 내용의 진술이다.

아마도 바울은 갈라디아서 3:14에서 율법의 저주 아래 있는 사람들을 유대인과 이방인 전체를 포괄하는 의미로 해석한 것이 분명하다. 성문화된 율법을 소유한 사람들은 유대인인 것이 분명하지만(롬 2:11-12), 바울은 율법의 요구를 보편화시켜 온 인류를 그 요구 아래 있는 것으로 보려는 분명한 경향을 보인다(롬 3:19-20).

샌더스가 주장하는 '언약적 신율주의'는 본질적으로 국가적이고 집합적인 성격이 강하기 때문에, 바울의 유대교 비평의 본질을 파악하는 일은 매우 중요하다. 왜냐하면 어떤 형식으로든지 유대교의 이러한 집단적이고 국가적인 '의'(義) 개념에 대해서 바울 사도는 비평하지 않을 수 없었다는 것을 뜻하기 때문이다.

복음서를 보면 바울 당대의 유대인들이 이러한 집합적이고 국가적이며 혈통주의적인 언약관을 가지고 있었음을 보여 주는 여러 실례들을 담고 있다. 요한복음 8장에서 유대인들과 예수의 대화 내용이 바로 이러한 면을 보여 준다.

예수께서 진리를 알면 진리가 사람들을 자유케 한다는 말씀을 하자 유대인들은 자신들이 아브라함의 자손으로서 남의 종이 된 적이 없음을 지적하면서 예수의 말씀을 반박한다(요 8:32-33). 물론 예수께서는 그들이 육신적으로 아브라함의 자손인 것을 인정하지만 그들의 행위가 아브라함의 참 자손이 아니라는 것을 증명할 뿐이라고 대답한다. 유대인들은 아브라함을 '아버지'로 소유하고 있고(39절) 또한 하나님을 영적 '아버지'로 섬기고 있다는 언약적 인식의 전형을 내비친다. '아버지'란 말은 하나님을 아버지로, 이스라엘을 그의 자녀로 파악하는 언약신학적 술어이다. 이것은 예수 당대의 보통의 유대인들이 자신들을 육신적 혈통의 의미에서 아브라함의 자손으로 인식했고 또한 그 기초 위에서 하나님은 그들의 아버지로, 자신들을 그의 가족으로 인식하고 있었다는 것을 시사해 준다. 하지만 예수께서는 그들의 행사를 근거로 해서 살필 때 그들의 '아비'는 마귀라고 정죄한다. 예수께서는 육신적으로 아브라함의 후손이요 언약의 경계선 안에 속해 있어도 그들 모두가 다 참 하나님의 백성이 아니라는 파격 진술을 한 것이다.

바울도 유사한 언약신학의 전망을 소유하고 있다. 유대인들은 옛 언약의 관점에서 볼 때 언약 안에 있는 '내인'이요 이방인들은 언약에 관해서는 '외인'이었다(엡 2:11-12). 그들은 언약의 울타리 안에 속해 있었고 언약의 다양한 축복들이 그들에게 있었지만(롬 9:4-5), 혈통적인 이스라엘이라고 해서 모두 참 이스라엘이 아니며 아브라함의 육신적 혈통을 이어받은 자들이라고 해서 다 그의 참 후손이 아니다(롬 9:6-7).

그렇다면 샌더스의 집합적이고 혈통적이며 국가주의적인 언약관은 대중적 인식의 차원에서는 맞는 면이 있기는 하지만, 바울은 그러한 국가주의적 언약관을 결코 인정하지 않는다고 할 수 있다. 왜냐하면 그는 유대인의 참 정체성을 국가적이고 집단적인 전망에서 파악하기를 거부하고 전적으로 새롭게 정의하기를 시도하고 있으며 이 과정에서 사람 편의 삶과 순종의 행위를 중요하게 평가하고 있기 때문이다.

참 하나님 백성의 정체성을 바른 순종의 삶과 연관시켜 새롭게 정의하려는 태도는 이미 공관복음서의 예수에게서 발견된다(막 3:35; 마 7:20-23). 언약에 대해 국가적이고 집합적인 샌더스의 접근 방식은 바울 당대 유대인들의 의식의 단면을 보여주는 데는 기여한 것이 사실이지만, 바울이 왜 이러한 접근 방식을, 다시 말해서 유대교의 언약적 신율주의를 비판하고 유대인과 이방인을 포괄하는 보편적인 언약신학을 천명하게 되었는지를 바로 드러내는 데는 실패하였다.

무엇보다도 바울이 "유대교는 기독교가 아니기" 때문에 독단적으로 비평했다는 그의 주장은 신빙성이 결여되어 있을 뿐만 아니라 그릇된 주장인 것이 분명하다. 필자가 판단하기로 바울이 유대교를 비평한 것은 유대인들의 언약신학이 언약사의 심층구조의 저변 흐름을 제대로 이해하지 못하고 혈통주의적이며 집단적인 발상에 기초하여 피상적으로 파악했기 때문이라고 본다.

3. '행위의의 요소를 지닌 언약적 신율주의' 전망에서 본 관점

최근에 유대교를 순전히 행위 구원의 종교로 파악하려고 했던 전통적인 입장과 유대교를 언약적 신율주의로 파악하려는 새 관점주의적 입장 사이를 조화시켜 유대교에 상기 두 요소가 다 존재하고 있었다고 해석하려는 새로운 시도가 태동하였다.

대표적인 학자들 가운데 김세윤 교수를 들 수 있다. 그는 바울복음의 기원이라는 저서를 출판한 후에 전통적인 입장을 여러 곳에서 옹호하다가 최근에 약간의 입장 변화를 보이고 있다. 그는 최근에 새로 출판한 바울신학과 새 관점이라는 책에서 구체적인 논증의 시도 없이 다음과 같은 절충적인 결론을 내린다: "우리는 유대교를 순전한 행위의의 종교로 보는 전통적 견해도, 유대교 안에 있는 모든 행위의의 요소를 부인하는 새 관점주의자들도 옳지 않으며, 유대교는 행위의의 요소를 지닌 언약적 신율주의였다는 것을 알게 될 것이다."[11]

김 교수가 어떻게 이러한 결론에 도달하게 되었는지는 그의 책에서 구체적으로 논증된 바가 없고 다만 그렇게 전제될 뿐이다. 특별히 그는 유대교에 행위의의 요소가 있다는 점을 바울 서신의 여러 본문들을 통해서 크게 부각시키고 있을 뿐 유대교에 언약적 신율주의 요소가 있다는 점에 대해서는 구체적인 논증도 없이 몇 가지 사실만 나열할 뿐이며, 이 두 상반되는 요소들이 어떻게 내면적으로 조화되는지 증명하려들지 않는다. 말만 후자의 요소의 존재를 인정할 뿐이지 사실은 전통적인 입장으로 회귀하고 있다.

---

11) 김세윤, 바울신학과 새 관점 (두란노, 2002), 141.

전통적인 입장은 유대인들이 아직 주어지지 않은 구원을 확보하기 위해 율법을 지키려고 했다는 것을 천명하고 있고, 김 교수가 말하는 새 관점 주의자들은 하나님의 선택에 의해서 유대인들은 국가적으로 하나님 백성이 되었고 율법을 지키는 것은 단지 언약 안에 '머무는' 방식에 불과하며 언약 백성 된 신분을 나타내 주는 신분 표지의 행위일 뿐이라고 본다. 전혀 상반된 이 두 입장이 어떻게 조화가 될 수 있는지 밝히지도 않은 채 바울 당대의 대다수의 유대인들이 언약적 신율주의 체계 속에서 행위의의 요소를 붙들고 있다고 주장하는 것이 과연 타당한 논의인가? 김세윤 교수는 유대교의 정체성과 관련하여 두 가지 다른 입장을 서로 혼동하는 것이 아닌가 의심이 된다.

유대인들은 아직 확보되지 않은 구원과 의를 확보하려고 율법을 공적의 수단으로 지켰는가? 필자는 이러한 입장을 주장하는 유대인들의 종교를 "강성 율법주의"라고 부르고, 반면에 이미 은혜로 확보된 구원과 의를 유지하고 보존하려고, 다시 말해서 은혜로 이미 들어선 언약의 울타리 안에 머물기 위해 율법을 가능한 한 철저하게 지키려 했다고 여겨지는 유대인들의 종교를 "연성 율법주의"(soft legalism)라고 부르고자 한다. 김세윤 교수는 유대교 내에 행위의의 요소가 있다고 주장했을 때 전자의 율법주의를 염두에 두고 있는지 아니면 후자의 율법주의를 염두에 두고 있는지 불분명하다.

하지만 김 교수는 이미 유대교의 큰 틀을 "언약적 신율주의"로 명명했기 때문에 "강성 율법주의"가 유대교 내에 존재하지 않는다는 것을 이미 시사한 것이라 할 수 있지 않을까? 그러면서도 우리의 문제는 유대교의 구원론 문제에 있기 때문에 율법을 준수하는 문제를 단지 은혜로 얻은 구원의 울타리 속에서 가능하면 좀더 율법을 성실하고 철저하게 지키려는 단순한 문제로 볼 수는 없다.

김세윤 교수는 일단 유대교의 성격을 '언약적 신율주의'와 연관시키기는 했지만 샌더스가 사용했던 술어보다는 "신인협력적 율법주의"(Synergistic nomism)란 술어가 바울 당대의 유대교의 본질을 좀더 정확하게 묘사한다고 주장한다. 이러한 주장을 뒷받침하기 위해 김 교수는 라토 교수의 저술을 인용한다.[12]

그러면서도 그는 언약신학의 구조를 이해하기 위한 방편으로서 샌더스의 견해를 일단 수용한다: 이스라엘은 하나님의 은혜로 하나님과 바른 관계에 '들어가게 되고'(getting in) 율법에 순종함으로써 그 안에 '머물게 된다'(staying in).

샌더스는 전자의 요소를 부각시킴으로써 유대교의 언약적 신율주의가 분명한 신적 은총의 개념에 정초하고 있다고 주장하는 반면, 라토는 후자의 요소를 부각시킴으로써 이스라엘의 윤리적 의무와 책임을 강조한다. 라토의 관찰에 따르면 유대교는 역사의 흐름 속에서 신적 은혜의 측면을 점차 평가절하시키고 언약의 울타리 안에 머물러야 하는 인간의 자율적 책임 측면만을 강조함으로써 언약신학이 본래 가지고 있었던 '은혜성'과 '요구성' 사이의 균형이 한쪽 방면으로 깨어졌다는 것이다. 유대인들은 자신들이 하나님의 선택된 백성이라는 은총의 신분을 소홀히 하고 율법을 온전히 지키지 않으면 언약 밖으로 떨어져나갈 수도 있다는 생각으로 가능한 한 철저하게 율법을 준수하려고 함으로써 행위의의 종교로 변화되었

---

12) Cf. T. Laato, *Paul and Judaism: An Anthropological Approach* (Atlanta: Scholars Press, 1995); 또한 D. A. Hagner, "Paul and Judaism. The Jewish Matrix of Early Christianity: Issues in the Current Debate," *BBR* 3 (1993), 122.

다. 이렇게 되면 유대교 언약신학은 신적 은혜의 측면보다는 인간 자땅만을 점차 강조하는 행위 구원의 종교의 성격을 띠게 된다.

김세윤 교수는 이 점을 논증하기 위해 갈라디아서 3:10과 같은 바울의 본문들에 호소한다. 그는 이 본문에 인용된 신명기 구절의 내용이 바울 당대의 유대교의 성격을 반영하는 것으로 해석한다: "전통적인 해석이 갈라디아서 3:10에 대해 전제하고 있는 유대교는 바로 이와 같은 종류의 유대교인 것 같다."[13] 그는 이 구절에서 율법을 지켜 스스로 의를 확보하려는 유대교 신학을 전제하고 있고 신명기 구절을 인용하여 그것을 비판하고 있다고 본다. 하지만 김 교수의 유대교 비평이 우리를 혼란스럽게 만드는 것은 그것이 구약의 종교에 대한 비평인지 유대교의 종교에 대한 비평인지 둘 사이에 혼동이 일어나고 있다는 것이다.

신명기의 저자는 랍비 유대교 이상으로 생명과 죽음, 복과 저주의 경험이 율법을 준수하고 순종하는 일에 걸려 있는 것처럼 진술한다(신 30:16-20). 더욱이 구약에서 생명과 언약의 축복은 율법을 '행하는' 일에 조건지어져 있는 것처럼 진술하는 다수의 구절들을 담고 있고(레 19:18; 신 5:33, 8:1, 16:20, 18:9, 22:7), 바울과 같은 신약의 저자들은 구약의 이러한 구절들을 인용하기도 한다(갈 3:10; 롬 10:5).

구약에서 '의'의 개념은 이스라엘 백성이 하나님을 사랑하는 마음으로 율례와 법도와 계명을 준수하고 지키는 삶과 밀접한 연관이 있다(겔 18:5-9): "내 율례를 좇으며 내 규례를 지켜 진실히 행할진대 그는 의인이니 정녕 살리라"(9절). 구약의 종교는 일반적으로 하나님 말씀은 율법을 지키는 행위를 부정적으로 평가하지 않으며 하나님 백성으로서 마땅히

---

13) 김세윤, 바울신학과 새 관점, 247f.

살아야 할 규범이며 자신의 생명을 유지하는 길이라고 말한다. 특히 신명기 저자는 7장에서 이스라엘을 선택하신 하나님의 사랑에 대해 언급하다가(6-8절) 곧 이어 그들의 생명과 복이 하나님의 명령과 법도를 지켜 행하는 삶에 걸려 있는 것처럼 말한다(8:1, 30:16-20).

김 교수가 "랍비적 구원론은 선택과 보상이라는 두 가지 정반대 되는 원리에 기초하고 있다."[14]고 비판한 것과 마찬가지로 구약의 종교도 같은 관점에서 비판해야 하지 않겠는가? 사실 선택과 보상의 원리는 구약뿐만 아니라 신약에서도 발견되는 원리로서 서로 상반되는 모순처럼 간주해서는 안 된다. 물론 어느 쪽을 더 강조하는가는 시대마다 다를 수 있을지 모른다.

하지만 바울 역시 은총의 선택을 말하면서도 성령을 좇아 살지 않고 육체를 좇아 사는 신자들에게 "반드시 죽을 것이라"(롬 8:13)든지 아니면 "하나님 나라를 유업으로 얻지 못한다"(갈 5:16-21; 고전 6:9-11; 엡 5:5)고 경고하지 않는가? 믿음으로 의롭다 함을 얻었음을 단호하게 말하면서도 바울과 같은 신약의 저자들은 여전히 역사적인 신자들에게 미래 구원과 영생이 그들의 현재 삶과 행위에 긴밀하게 연관되어 있는 것으로 묘사하기도 한다(cf. 마 7:22; 갈 5:21, 6:8; 롬 8:12). 특히 로마서 8:12의 구절은 생명과 죽음의 주제를 신자의 삶과 밀접하게 연관시킨다는 점에서 신명기 30:16-20이 본문 배후에 있음을 함축하고 있다.[15]

---

14) 김세윤, 바울신학과 새 관점, 240; cf. Avemarie, "Erwählung und Vergeltung: Zur Optionalen Struktur Rabbinischer Soteriologie," *NTS* 45 (1999), 108-126; K. R. Snodgrass, "Justification by Grace-To the Doers: An Analysis of the Place of Romans 2 in the Theology of Paul," *NTS* 32 (1986), 78.

15) J. D. G. Dunn, *Romans 1-8*, 449: "The parallel with the death-life warning of Deut 30: 15ff. (cf. 11:26ff) is probably in Paul's mind, since in each case the thought moves on to

구약에서 생명과 유업을 얻는 일이 율법에 순종하는 삶에 의존해 있는 것으로 묘사되어 있는 것이 사실이라면 김 교수는 랍비 유대교를 비판하던 동일한 준거를 가지고 구약도, 심지어 비슷한 사상을 가지고 있는 신약까지도 행위의 종교라고 비평해야 하지 않겠는가? 그는 "불행하게도 이스라엘은 믿음이라는 쉬운 방법이 아니라 율법의 행위라는 어려운 방법으로 의를 추구했다"(250)고 말하면서 "그리스도인이 된 바울에게는 레위기 18:5의 약속이 도달할 수 없는 것처럼 보이기 시작했으며, 따라서 율법 아래 있는 자들에 대한 신명기 27:26의 위협이 실제적인 것으로 보이기 시작했다"(251)고 관찰하였다.

그러면 구약의 이스라엘이 믿음을 좇으면 하나님께서 그들에게 주신 율법을 지킬 필요가 없다는 말인가? 왜 그들은 믿음의 길을 버리고 율법을 준수하는 어려운 길을 택하다가 스스로 정죄의 길을 갔다는 말인가?

김 교수는 처음에는 선택 사상을 버리고 율법준수를 통한 의를 확보하는 길을 선택하는 유대교 자체의 오류를 비판하다가 나중에는 인간의 완악한 마음의 상태를 극복할 수 없는 "율법의 구조적 약점"[16]을 지적하는 데로 나아간다. 말하자면, 유대인들이 하나님께서 그들을 은혜로 선택하신 사실도 망각하고 또한 율법이 자체적으로 구조적인 약점이 있다는 사실도 깨닫지 못하여 결국 그것을 통해 스스로 의를 확보하려는 길로 나아갔다는 말이 된다.

사실 율법 자체가 돌판 위에 새겨진 문자 언약으로서 죄의 지배 세력을 극복할 수 없는 구원사적 한계가 있었다는 것은 정당한 지적이다. 하지만 유대인들이 선택 사상을 겉으로 말함에도 불구하고 생명과 구원, 의 등을

---

inheritance (Deut 11:29, 31, 30:16; Rom 8:17)."
[16] 김세윤, 바울신학과 새 관점, 263f.

율법을 순종하는 그들의 삶에 의존하는 것처럼 생각함으로써 행위의의 종교로 향하는 문을 활짝 열어 놓았다고 말하는 것은 좀 피상적인 관찰일 수 있다. 이미 앞서 지적한 대로 김 교수가 지적하는 현상이 구약과 신약 모두에 걸쳐 관찰되기 때문이다. 이신칭의 복음의 원리를 강조하는 바울 사도 자신도 율법준수에 대해 부정적인 진술만을 하는 것이 아니다. 그리스도의 십자가 구속은 성령을 좇아 행하는 신자들의 삶 속에서 율법의 의로운 요구가 성취될 수 있는 길을 열어 놓으셨으며(롬 8:3-4) 그리스도인은 성령을 좇아 행하는 사랑의 삶을 통해 율법을 적극적으로 성취하는 자가 되었다(갈 5:14, 6:2; 롬 3:31).

결론적으로 김 교수의 새 관점은 어떤 점에서 새 관점으로 평가되어야 하는지 불분명하다. 그는 새 관점을 말하면서도 사실은 옛 전통적 관점으로 회귀한 셈이다. 겉으로는 유대교가 언약적 신율주의 종교라는 것을 인정하지만 그것이 어떻게 그가 말하는 행위의의 요소와 연관되는지 설득력 있게 논증하지 못하였다. 언약적 신율주의란 하나님께서 이스라엘을 선택하셨으며 그들의 죄가 속죄 제사를 통해 사죄를 받는다는 근본 사실을 전제하는 언약신학인데, 그들이 율법을 완전하게 지켜 스스로 구원을 확보하려고 했다는 정반대의 관점과 어떻게 조화를 이루는지 불분명한 채로 남아 있다.

그의 논지는 유대인들이 할례와 율법 등과 같은 특권을 의지하고 하나님의 심판에서 면제를 받은 자처럼 자랑하면서도 실제는 율법 백성답게 사는 데 실패하여 하나님의 이름을 욕되게 하던 자들이었다는 로마서 2장의 비평을 제대로 담아내지 못한다.

율법을 자랑하는 태도(롬 2:23)와 하나님의 심판에서 면제받았다는 생각(롬 2:1-4)은 어떤 의미에서 조화를 이룰 수 있는가? 하나님의 심판에서 면제를 받았다고 생각하는 전형적인 유대인이 왜 스스로 율법을 지켜 구원을 확보하려고 시도하였는가? 자신들도 율법준수를 통해 구원을 얻을 수 있다고 확신할 수 없었던 유대인이 왜 그토록 율법 없이 믿음만 소유한 이방 기독교인들을 핍박하였는가? 할례와 율법을 강조하는 그들의 태도는 유대교의 중심성을 확신하던 유대인들의 민족적인 특권의식을 도리어 나타내지 않는가?

율법이 왜 바울의 이방 선교 사역에 큰 걸림돌 역할을 했는가? 또한 왜 유대인과 이방인을 가로막는 "중간의 막힌 담" 또는 "원수된 것"으로 간주되었는가? 예수의 십자가 구속의 죽음은 이러한 중간의 막힌 담을 허물어 버리고 그들 모두를 그리스도 안에서 "한 새 사람"으로 화목시킨 사건이었는데, 율법준수를 통해 스스로 구원을 얻으려 했다는 유대교의 행위 구원론이 에베소서에서 말하는 율법의 분리적 기능과 어떤 관계에 있는가?

김 교수의 논지는 이런 질문들에 대한 진정한 답변이 되지 못한다.

4. '남은 자 그룹'의 유대교 전망에서 본 관점

샌더스가 말하는 언약적 신율주의는 집단적이고 국가적인 언약관을 전제한 것인데, 최근에 샌더스의 이러한 유대교 해석에 제동을 걸고 새로운 해석 패러다임을 제시하는 움직임이 있다. 샌더스가 바울과 팔레스타인 유대교란 유명한 저술을 내어놓은 이후로 영미 계통의 신약학계는 지각 변동을 일으켰다. 그의 입장을 추종하는 새 관점 학파들 중에는 하나님께서 이스라엘과 맺은 언약은 자신의 주권적인 사랑에 기초한 그의 영원하고 불변하는 선택 행위에 기초하기 때문에 심지어 이스라엘의 범죄까지도 하나님과 그 백성의 관계를 파괴할 수 없다고 생각하는 사람들까지 생겨났다(Schechter).

이스라엘 국가의 선택이란 개념은 랍비 유대교의 다른 중요한 교리들 가운데서 분명하게 나타난다. 따라서 하나님은 이스라엘의 하나님이며, 율법은 이스라엘의 특권적인 소유이다. 유대 학자들에게 선택은 영원한 의미를 가지며, 그들은 *Sifra on Num.* 5:3과 같은 구절에 호소하여 이스라엘의 국가적 선택의 불변성과 영원성을 확증하는 증거로 인용하기도 한다.

샌더스는 아마도 이러한 유대교 신학자들의 판단에 깊은 영향을 받은 것으로 보인다. 언약은 근본적으로 선택 사상에 기초한 것이기 때문에, 샌더스는 율법이 유대교에서 율법주의적인 방식으로, 다시 말해서 율법을 범한 죄들과 그것을 준수한 공적들을 저울에 달아 사람의 구원을 결정하는 방식으로 작용하지 않는다고 단언한다.

그는 '율법주의'(legalism)와 '신율주의'(nomism)를 구분함으로써 유대교의 모든 율법 관련 진술들을 선택이란 술어 밑에서 해석하였다. 선택은 언약 안에 '들어가는' 유일한 실재적 길이며, 율법을 지키는 것은 단지 선택을 '유지하는' 방식 또는 언약 안에 '머무는' 방식일 뿐이다.

국가적인 선택 개념을 부각시킴으로써 샌더스는 결국 온 이스라엘의 구원 또는 종말론적인 회복을 주장하기에 이르렀다: "온 이스라엘은 오는 세상에 다 참여하게 될 것이다"(*b. Sanhedrin* 10.1).[17] 그는 이렇게 유대인의 보편 구원을 믿었기 때문에 유대교 내의 분파 운동에서 일어난 '남은 자' 신학의 존재를 부정하고 말았다. 바울 당대의 전형적인 유대인들은 자

---

17) Cf. M. A. Elliot, *The Survivors of Israel. A Reconstruction of the Theology of Pre-Christian Judaism* (Eerdmans: Grand Rapids, 2000), 53에서 인용.

신들을 다 하나님의 택하신 백성으로 생각하였기 때문에 윤리적 삶의 기준을 따라 참 하나님 백성의 정체성을 재정의하려는 남은 자 신학을 추종할 수 없었다는 것이다.

샌더스의 이러한 보편 구원론에 결정적인 제동을 건 학자는 엘리옷이다. 김세윤 교수는 자신의 전통적인 입장을 뒷받침하는 증거로 엘리옷의 논지를 인용하기는 하지만 사실은 그의 결론들이 김 교수의 주장을 뒷받침하는 방향으로 해석되어야 할지는 의심스럽다. 엘리옷은 중간사 시대의 유대교 문헌을 광범위하게 검토한 뒤에 바울 당대의 유대인들이 모두 예외 없이 샌더스가 말하는 이스라엘의 국가적인 구원을 주장한 것이 아니라는 신빙성 있는 논증을 하였다.

이스라엘은 포로기 이후에 점차 도덕적으로 타락하여 하나님 백성으로서의 정체성이 많이 희석되기 시작하였고 도처에서 배교가 심각한 문제로 부각되기 시작하였다. 포로기 때에 이스라엘 내에서 나타나기 시작한 분열과 갈등의 조짐은, 제2 성전 시대에 와서는 대중적인 배교 현상에 직면하여 경건주의자들의 반발이 두드러져서 남은 자 운동으로 태동하였다.

이 시대의 분파 운동 사상은 이스라엘이 심판을 받을 위험에 처해 있음을 경고하고 소수의 선택자만이 구원의 긍휼을 경험하게 될 것이라는 생각을 나타내기 시작하였다. 분파 운동의 맨탈리티는 이스라엘 속에서 율법에 충성하는 자신들만이 남은 자이며 참 하나님 백성이라고 생각하는 것이다. 이들은 한편에서는 하나님의 언약적 성실성과 그의 주권적 선택을 강조하면서도 자신들의 신분 정체성을 계명 준수에 묶어둠으로써 언약을 '개인주의적'으로 해석하는 경향을 보였다. 하나님은 언약 때문에 죄를 간과하시는 일이 없으며, 공평한 재판관으로 이스라엘을 심판하실 것이다. 심판은 개인의 삶의 합당성에 의존하며 따라서 언약은 '조건적인' 것으로 간주되었다.

흥미롭게도 엘리옷은 유대교 분파 운동만이 아니라 신명기의 언약 사상 자체도 매우 "개인적이며 조건적인" 성격을 갖는다고 주장한다.[18] 따라서 유대교 내에서 의인과 불의자의 구분이 명백해지고, 율법을 준수하는 삶으로 특징 지어지는 전자만이 하나님의 택하신 자로서 그의 구원의 은혜를 경험하게 될 것이다. 결론적으로 엘리옷은 샌더스를 비롯하여 그의 많은 추종자들이 유대교의 언약신학을 일방적이고, 불변적이며, 국가적인 성향을 지닌 것으로 주장한 반면, 자신이 발견한 중간사 시대의 문헌 증거들은 정반대의 사실을 시사한다고 주장한다. 분파 운동을 하는 남은 자 그룹들은 조건적이고, 개인적이며, 역동적이고, 이원론적인 언약 개념으로 기울었다는 것이다(307).

엘리옷의 관찰은 샌더스가 주장하듯이 유대교가 그렇게 획일적인 단체가 아니고 그 안에서 '남은 자' 그룹과 같은 분파 운동이 왕성하게 일어나고 있었다는 것을 잘 밝혀주었다. 물론 그의 논지는 분파 운동의 남은 자 신학에 초점을 맞추다 보니 유대 사회의 대중적 인식 속에 널리 자리잡고 있는 배타적인 선민주의 의식을 드러내지 못한 약점이 있다.

말하자면, 대중적인 인식의 수준에서 바울 당대의 전형적인 유대인들은 자신들이 하나님의 택하심을 받은 백성이며, 아브라함의 후손으로서 하나님께서 아브라함에게 약속하신 모든 언약의 축복이 자신들에게 속해 있다고 생각했던 것이 분명하다(마 3:9; 요 8:33, 39, 41). 하지만 분파 운동을 하는 남은 자 그룹들은 이스라엘의 대중적 배교 현상에 직면하여 점

---

18) Elliot, *op.cit.*, 263.

차 아브라함의 육신적 후손 전체가 다 참 하나님의 백성이 아니며 자신들처럼 율법에 헌신하고 계명과 법도를 준수하는 사람들만이 참 백성으로 여겨질 수 있다고 생각한 것이 분명하다. 그런데 엘리옷의 논지는 유대 사회에 유행하는 이 두 차원의 인식들을 구분하지 않고 후자의 것만을 강조하는 경향이 있다.

엘리옷이 주장하는 분파 운동의 남은 자 신학의 사고 패러다임은 바울과 같은 신약의 저자들의 신학을 이해할 때 중요한 시사점을 던져준다. 사고 패턴에 있어서 두 진영은 서로 유사한 점이 많기 때문이다. 바울 사도 역시 다메섹 회심 이전에는 아브라함의 육신적 후손인 이스라엘만이 하나님의 언약 백성이라는 인식을 했겠지만, 다메섹 도상에서 회심한 이후에는 로마서 9:6-8에서 주장하듯이 "이스라엘에게서 난 그들이 다 이스라엘이 아니요 또한 아브라함의 씨가 다 그 자녀가 아니라"는 생각을 갖기 시작했을 것이 분명하다. 바울은 유대 민족주의적인 아브라함 언약 해석을 버리고 창세기의 아브라함 이야기를 남은 자 신학의 패턴을 따라 전혀 새로운 시각에서 해석한다. 그는 특별히 이방인의 사도로서, 아브라함 언약을 최종상 교수가 관찰했듯이 이방인을 위한 시각에서 또는 이방인 편의 관점에서 해석하기를 주저하지 않는다.[19]

김세윤 교수는 바울이 그의 이신칭의 구원론의 원리를 아브라함 언약 이야기에 정초시키는 이유를 유대인과 이방인의 동등성 차원을 논증하려는 이유보다는 구원론의 일반적 이론 정초 작업 차원에서 되어진 것이라고 주장하려는 것 같다. 그는 바울의 이신칭의 교리가 "유대인들과 이방인

---

[19] D. J-S. Choi, *Paul as Apostle to the Gentiles*, 6: "We will further argue that Paul affirms the equality of Jew and Gentile *for the sake of the Gentiles*, because he presents his argument as apostle to the Gentiles."

들이 똑같이 믿음으로 아브라함의 자녀이며 하나님의 백성이 된다는 견지에서" 제시된 점을 인정하면서도, 그것은 언약적 관계의 관점에서보다는 법률적인 칭의 선언의 관점에서 해석되어야 하며, 따라서 그것의 일차적 초점은 하나님 앞에서의 무죄선언이란 일반적 원리의 해설에 있다고 주장한다.[20]

하지만 그는 이신칭의 복음의 원리가 주로 거론되는 로마서 4장과 갈라디아서 3장의 문맥에서 왜 바울이 그토록 이방인도 하나님의 언약 백성의 합법적 구성원이 될 수 있다는 점에 집착하는지 제대로 설명하지 못한다. 물론 이신칭의 원리가 구원론의 일반적 원리의 성격이 있는 것을 부정하지는 않지만, 그것은 이방인을 포괄하는 관점에서 아브라함 언약을 전격적으로 새롭게 해석함으로써 참 하나님 백성의 정체성을 재정의하고자 하는 바울의 의도를 극명하게 보여 준다. 또한 바울이 이신칭의 원리를 가지고 유대인들과 논쟁을 벌이는 주된 동기가 율법을 통해 아무도 구원을 얻을 수 없다는 점에 일차적 초점이 있는 것이 아니라, 유대인들만이 아브라함의 진정한 후손이며 하나님의 언약 백성이라는 민족주의적 언약신학의 배타성을 허물려고 하는 것이라고 보는 것이 더 타당하지 않을까?

물론 바울의 남은 자 신학의 패턴은 유대 남은 자 그룹의 신학 패턴과 다른 점도 있다. 유대 남은 자 그룹들의 언약신학은 분파주의적이고 민족주의적인 성격이 강하다. 유대 민족 가운데서 자신들만이 참 하나님의 백성이자 마지막 때를 살아가는 남은 자이며, 배교에 직면해 있는 대다수의 이스라엘 대중은 자신들의 그룹에 들어와 자신들처럼 율법에 충성하지 않는 한 종말의 때에 구원받을 수 없다고 생각했다. 하지만 바울은 한편으로

---

20) 김세윤, 바울신학과 새 관점, 116-119.

는 육신적 이스라엘이 다 참 이스라엘이 아니며 육신적 아브라함의 자손이 다 그의 참 자녀가 아니라고 보면서, 참 아브라함의 후손을 하나님의 뜻에 대한 참된 순종의 삶과 행위의 관점에서 재정의하고자 한다. 그러면서도 다른 한편으로는 동시에 참 아브라함의 후손을 유대교의 배타적인 민족주의 신학과는 달리 하나님의 자유로운 부르심의 관점에서 봄으로써 아브라함의 후손 속에 그리스도를 믿는 이방인들까지 포함시키는 보편적 언약신학의 전망으로 넘어간다.

필자가 판단하기에 유대 남은 자 그룹과 바울의 남은 자 신학은 기독론적인 기초에 있어서 다르고 이방인을 포괄하는 보편적 전망에서 다른 반면, 그들의 신분 정체성, 다시 말해서 하나님의 택하신 백성으로서의 그들의 정체성을 율법에 대한 순종 또는 하나님의 뜻에 대한 순종의 삶의 관점에서 유추하는 '실천적 유추'의 사고 패턴이 존재한다는 점에서는 비슷한 점을 가지고 있다고 본다.

엘리옷은 유대교 분파 운동이 한편에서는 하나님의 은총의 선택을 그들의 언약신학의 중심 요소로 보면서도 삶과 행위를 '조건'으로 내세우는 듯이 보이는 여러 진술들을 액면 그대로 받아들여 분파 운동의 구원론은 "개인적이고 조건적이다"(individualistic and conditional)라고 성급하게 결론을 짓고 말았다. 선택은 하나님이 그 백성을 형성하는 일에 있어서 주권적 주도권을 강조하는 유대교 언약신학의 중심 요소인데, 전지전능한 유일신론을 믿었던 유대교 신학이 선택의 요소를 소홀히 하고 인간의 미래 구원이 마치 완전하게 인간의 자율성과 온전한 순종의 책임에 조건지어져 있는 것처럼 생각하는 '강성 율법주의'로 전락했다고 보는 것은 어불성설이다.

사실 바울 사도 자신도 다른 신약의 저자들처럼 유일신 하나님의 궁극성과 절대주권을 신앙하고 있고, 하나님 백성의 존재 근거를 선택에 두고 있다(롬 8:29-33, 9:6-13; 살전 1:3-4 등). 하나님께서는 아브라함의 육신적 후손들을 다 백성으로 삼으시는 것이 아니라 이스마엘을 버리고 이삭을 택하셨으며 에서를 버리고 야곱을 택하신 것과 같은 방식으로 역사 속에서 자신의 백성을 선택하고 창조해 오셨다. 하지만 역사적인 인간의 삶의 지평에서 그들의 존재와 신분은 항상 순종의 삶과 행위로 유추하곤 한다.

엘리야 시대에 대다수의 이스라엘 백성이 바알을 섬기는 배교를 겪었지만 하나님은 바알에게 무릎을 꿇지 않은 남은 자 7,000명을 주권적으로 남겨두신 것처럼, 지금 바울 당대에도 대다수 이스라엘 백성이 복음을 믿지 않고 불순종 상태에 있을지라도 하나님은 자신의 택하신 백성을 버리시는 일이 없으며 그들은 현재 복음에 순종하는 유대 기독교인들과 이방 기독교인들로 구성되어 있다(롬 11:1-6).

바울은 자신이 목회하는 교회들이 범죄와 불순종에 빠져있을 때 그들의 삶의 문제를 들어 "반드시 죽을 것이라"(롬 8:13)든지 아니면 "결코 하나님 나라를 유업으로 얻지 못할 것이라"(갈 5:19-22; 고전 6:9-11; 엡 5:4-5 등)고 경고한다. 이런 현상은 예수의 말씀에서도 자주 나타난다: "나더러 주여 주여 하는 자마다 천국에 다 들어갈 것이 아니요 다만 하늘에 계신 내 아버지의 뜻대로 행하는 자라야 들어가리라"(마 7:21).

이런 종류의 진술들은 랍비 유대교 분파 운동의 사상들 가운데서도 자주 등장한다. 김세윤 교수는 유대교의 이런 진술들에 호소하여 "바울 시대의 유대교에는 선택의 교리에도 불구하고 율법의 행위를 통해 구원받는다는 개념도 있었지만, 속죄의 교리에도 불구하고 율법을 완벽하게 지키는 것에 대한 강조 역시 있었다는 점을 인식하는 것이 중요하다."[21]고 주장한다. 그렇다면 김 교수는 동일한 주장을 동일한 논거에서 바울과 같은 신약의 저자들에게도 적용해야 하지 않을까?

하지만 바울은 선택 교리를 완전히 제쳐두고 범죄하는 역사적 기독교인들에게 "하나님 나라를 유업으로 얻지 못할 것이라"고 경고한 것이 아니다. 바울의 이 진술은 하나님의 택하심을 받은 참 백성이라면 거룩한 삶, 순종의 삶으로 자신의 진정한 정체성을 논증해 보이라는 도전으로 보인다. 예수께서 "하나님의 뜻을 행하는 자라야 천국에 들어가리라"고 하심으로써 마치 하나님의 뜻을 행하는 삶이 천국에 들어가는 조건인 것처럼 말씀하시기는 하지만, 이 진술은 "그의 열매로 그들을 알리라"(20절)는 진술의 전망에서 이해되어야 한다.

조건적 진술들은 신명기와 같은 구약에서도 헤아릴 수 없이 많이 발견되지만 그렇다고 김세윤 교수가 주장하듯이 구약의 종교마저도 '행위의 의 요소'가 있다고 결론 내려서는 안 된다. 바울 사도에 따르면, 하나님께서는 이스라엘의 역사 속에서 자신의 백성을 선택의 원리에 따라 스스로 형성해 오셨지만 이것은 하나님의 영원한 지평 속에서 이루어진 일일 뿐이고, 역사적 지평 속에서는 이스라엘의 배교라는 엄연한 현실 속에서 자신들의 여호와 하나님 신앙을 목숨을 걸고 지켜나가는 인간의 책임의 실재로 나타날 뿐이다. 이것은 유일신론의 궁극성과 절대성의 체계 속에서 하나님 백성의 존재와 삶을 평가하는 유일한 길일 수밖에 없다.

---

21) 김세윤, Ibid., 247.

5. 결론적 관찰들

지금까지 필자는 이방선교의 관점에서 율법 문제를 다루어 왔다. 이 질문을 제대로 답변하기 위해서 우선 율법 중심적 종교인 유대교를 평가하고 비평하는 일이 전제되어야 하지만, 최근의 신약 학계는 바울의 유대교 비평의 본질에 대해 일치된 견해를 보이지 못하는 것이 현실이다. 필자는 여러 다양한 접근 방식들 가운데 대표적인 4가지 유대교 이해를 제시하고 그것을 필자의 논제 질문과 연관하여 생각하려고 시도하였다. 다메섹 회심 이후에 바울은 왜 유대교를 비평하였으며 유대교 신앙을 떠받들고 있는 율법에 대해 왜 그렇게 비평적이고 부정적인 태도를 보였는가?

1. 전통적인 견해는 유대인들이 율법을 완벽하게 지켜 자신만의 공적을 쌓아 스스로의 힘으로 구원을 확보하려고 시도했다는 "강성 율법주의"의 입장이다. 이 입장을 취하게 되면, 바울은 다메섹 도상에서 회심한 이후에 누구도 율법을 완벽하게 지켜 구원을 얻을 수 없다는 계시적 인식에 도달하게 되었고, 그래서 이신칭의 구원론을 통해 유대인과 이방인 모두가 오직 믿음만으로 구원을 얻을 수 있다는 쪽으로 급격한 사상적 전환을 나타냈다고 본다.

하지만 바울 당대의 유대교가 강성 율법주의를 옹호했다는 생각은 바울 서신의 본문들 자체에 자주 나타나는 유대인들의 민족주의적 배타주의와 우월한 특권의식을 제대로 설명해주지 못한다. 뿐만 아니라 불신 유대인들이 왜 회심 이후의 바울의 행로를 그토록 핍박했는지, 그리고 유대주의자들이 왜 이방 기독교인들을 하나님 백성으로 받아들이기를 거부했는지 그 이유를 파악하기 어렵다.

회심 이후 바울이 유대교는 행위 구원의 종교이기 때문에 이신칭의 복음을 통해 누구나 믿기만 하면 구원을 얻을 수 있다는 명분하에 유대교를 비판했다는 것은 이해할 만하지만, 불신 유대인들이 바울의 이방 선교를 그토록 핍박한 이유는 이러한 논지에서는 제대로 이해하기 어렵다. 자신들은 율법을 완벽하게 지켜 구원을 얻을 수 있을지 확실한 소망을 가질 수 없는 상태에서 바울의 이방 기독교인들은 믿기만 하면 손쉽게 구원을 얻을 수 있다고 주장했기 때문에 시기와 질투심으로 그렇게 핍박했다는 말인가?

2. 언약적 신율주의 견해는 유대인들은 민족주의적이고 국가적인 언약관을 가지고 있었기 때문에 자신들을 다 하나님 백성으로 간주했으며 자신들의 우월한 정체성을 할례나 율법준수와 같은 '율법의 행위들', 다시 말해서 유대인 된 신분 표지의 행위들을 가지고 뽐내고 자랑하였다고 보는 견해이다. 언약 안에 들어가는 것은 하나님의 선택으로 되고 언약 안에 머무는 것은 율법을 순종함으로써 된다는 것이 이 견해의 특징이다.

그렇다면 바울은 왜 유대교를 비판했으며 율법에 대해 부정적 진술을 많이 했을까? 이 견해에 따르면 바울은 다메섹 도상에서 부활하신 예수 그리스도가 자신을 이방인의 사도로 부르신 소명에 직면하여 이방인도 하나님의 택하신 백성이 될 수 있다는 결론에 도달하고 그러한 관점에서 유대교의 민족주의적인 편협한 전통을 비판하고 이방인과 유대인 모두를 포괄하는 보편적인 언약신학의 전망을 가지게 되었다고 본다.

사실 바울 당대의 유대인들이 할례와 율법과 같은 요소들에 근거해서 자신들을 하나님의 언약 백성으로 생각하여 우월의식과 특권의식을 가진 것은 틀림이 없다(롬 2:1-29). 하지만 바울은 샌더스가 말하는 국가적이고 민족적인 언약신학과 선택론을 받아들이지 않은 것이 분명하다. 바울이 국가적인 선택관을 가졌다면 아브라함의 육신적 후손 모두를 참 하나님의 백성으로 여겼겠지만 그는 결코 그러한 편협한 유대교 신학의 전망에 동의한 바가 없다. 그리고 샌더스의 견해는 율법으로는 구원을 얻을 수 없다는 바울의 근본적 인식을 제대로 설명하지 못한다.

율법에 대한 바울의 부정적 진술들은, 유대인들이 문자 언약으로서 율법의 피상적 차원만을 붙들고 있으면서(롬 2:28-29) 변화된 마음으로 순종하지 못하는 이스라엘의 역사적 현실에 대한 비평을 담고 있다. 바울은 율법에 대해서 그것의 사회적 의의 차원에서만 아니라 반역적인 이스라엘의 역사 속에서 그들의 죄악성을 치유하지 못하고 타락을 극대화시키는 역할을 해온 율법의 한계에 대해 비판하고 있는데, 이러한 차원은 샌더스나 던과 같은 새 관점 학파들의 접근 방식만 가지고는 이해할 수 없는 측면이 있다.

3. 언약적 신율주의 내에 행위의의 요소가 있다는 세 번째 견해는 유대교가 한편에서는 언약적 신율주의 틀을 유지하면서도 그 안에서 율법을 완벽하게 지켜 스스로 구원을 얻어보려는 행위 구원론적 시도들을 하는 자들이 있었다고 보는 견해이다. 하지만 이 두 요소가 너무 상반된 전제 속에 있기 때문에 그것들이 어떻게 논리적으로 조화를 이룰 수 있는지 불분명한 채로 남아 있다. 언약적 신율주의의 틀이란 유대인은 하나님의 선택에 의해서 그의 언약 백성이 되었다는 근본적 관점에서 시작하는 사고 패턴이고, 행위의의 구원론이란 율법을 완벽하게 지켜 스스로 구원을 얻어보려고 노력한 인간 자율성을 강조하는 인본주의적 사고 패턴이다. 바울 당대의 유대교가 이 두 모순된 전제들을 동시에 붙들고 있었다고 생각하

는 것이 과연 가능하겠는가?

그래서 김세윤 교수는 유대교가 선택 교리를 가지고 있었음에도 불구하고 율법을 완벽하게 지켜 스스로 구원을 얻는 쪽으로 옮겨갔다고 주장하였는데, 이것은 전자의 요소를 포기하고 후자의 쪽으로 옮겨감으로써 사실은 첫 번째 전통주의적 견해로 회귀한 것을 의미한다. 그렇다면 유대교는 언약적 신율주의의 틀을 그대로 유지하고 있었다고 말하면 안 된다. 왜냐하면 그것을 완전히 포기할 때만 후자의 율법주의로 옮아갈 수 있기 때문이다.

김세윤 교수는 유대교가 행위의 요소를 가진 종교라는 주장을 뒷받침하기 위해 갈라디아서 3:10과 같은 구절들을 증거 본문으로 삼고 있지만, 거기에 인용된 신명기 구절이 행위 구원론을 찬양하고 있으며 따라서 구약 종교도 행위 구원의 종교라고 전제할 때만 이 구절을 자신의 이론을 뒷받침하는 증거 본문으로 사용할 수 있다. 단지 유대교 문헌 가운데서 율법 순종을 구원과 연관시키는 것처럼 보이거나 전자를 후자의 조건인 것처럼 진술하는 진술들이 있다고 해서 그것을 유대교의 언약신학의 보다 심층적 틀 속에서 보지 못하고 곧바로 행위의의 종교라는 결론에 도달하는 것은 지혜롭지 못하다. 필자가 이미 지적한 것처럼 구약뿐만 아니라 신약도 다양한 본문들이 선택의 사실을 말하면서도 동시에 신자의 삶과 행위를 마치 미래의 구원의 조건인 것처럼 언급하는 수많은 구절들을 담고 있기 때문이다(마 7:22; 갈 5:21-23; 롬 6:12-23, 8:12-13; 엡 5:1-5 등). 사실 이런 본문들은 행위의의 요소를 뒷받침하는 구절들이 아니라 은혜로 구원함을 입은 하나님 백성의 참 신분 정체성을 순종하는 삶의 실재로 논증해 보이라는 '실천적 유추' 성격의 진술이다.

만일 김 교수처럼 세 번째 견해를 주장한다면 우리의 논제 질문, 즉 이방선교와 율법 문제에 대한 첫 번째 항에서 지적한 비평들이 그대로 적용될 수 있을 것이다. 유대인들 스스로도 율법을 완벽하게 지킴으로 받는 구원을 확신할 수 없었다면, 그들은 왜 이방 기독교인들을 집요하게 핍박하고 할례와 율법을 강요하였는가?

4. 네 번째 견해는 남은 자 그룹의 언약신학에 기초한 견해이다. 이 견해에 따르면 유대교는 샌더스가 주장한 대로 획일적인 성격의 단체가 아니라 대다수의 이스라엘 백성이 배교의 위험에 직면하여, 율법을 온전히 순종하기로 헌신한 자신들의 그룹만이 종말의 시대에 하나님이 택하신 남은 자들이라고 생각하는 분파 운동들을 동시에 가지고 있었다고 본다. 이들 분파주의적 남은 자 운동들은 유일신론 사상을 확고하게 붙들고 있었기 때문에 언약신학의 근본 요소인 선택론을 옹호하면서도 동시에 그것을 율법에 대한 순종의 삶의 실재에 비추어 해석하려는 경향을 보였다. 겉보기에 그들은 선택론을 붙들고 있기는 하지만 율법에 대한 순종이 미래 구원을 얻기 위한 조건인 것처럼 말하고, 율법 순종과 관련하여 의인과 악인을 구분하는 진술들을 한다.

이런 이유 때문에 엘리옷은 분파 운동의 남은 자 언약신학이 개인주의적이고 조건적이라고 주장하지만, 선택론의 관점에서 보면 사람의 순종의 삶은 그의 참 정체성을 논증해주는 역할을 한다고 보아야 한다. 이것은 남은 자 신학의 패턴을 따르고 있는 바울신학에서 여실히 나타난다. 다만 바울이 이들 그룹과 다른 것은 아브라함 언약과 선택론을 이방 기독교인들을 포괄하는 보편언약의 전망에서 해석하며, 더욱이 그것을 철저하게 기독론적 전망에서 제시한다는 점이다.

한 가지 주목해야 할 중요한 점이 있다. 바울이 로마서 2장에서 유대교를 비평할 때 그는 유대인들이 가지고 있는 혈통적이고 국가적인 언약신학에 대해서, 좁게는 할례와 율법과 같은 사회적 신분 표지의 요소들을 가지고 하나님의 심판에서 면제를 받은 자처럼, 그러면서 이방인들을 죄인 취급하며(갈 2:15) 그들에 대해 우월의식과 특권의식을 나타내는 전형적인 유대인들의 피상적인 언약 이해에 대해서 비평하고 그들이 '표면적 이스라엘', 즉 참 이스라엘이 아니라는 사실을 율법을 어기고 불순종하는 그들의 현실적 삶의 실재를 들어 추론한다.

바울의 논지 흐름은 그들이 선택을 받은 하나님의 언약 백성이지만 율법을 범함으로 언약 밖으로 쫓겨났다는 것이 아니라, 율법을 순종하지 않고 범하는 그들의 삶의 실재를 통해 추론할 때 그들은 '표면적 유대인' 또는 껍데기 이스라엘 백성일 뿐이고 참 하나님의 백성이 아니라는 것을 논증하는 것이다. 말하자면 삶과 행위의 실재를 들어 신분 정체성을 추론하는 '실천적 유추'의 접근 방식이라고 할 수 있다. 이것은 로마서 9장에서 육신적 이스라엘이라고 해서 다 참 이스라엘이 아니라는(롬 9:6-8) 바울의 인식을 통해서 잘 나타난다.

최근의 유대교 이해를 보면 인간론적 전망에서 언약신학을 접근하다 보니 유대교 문헌에서 인간의 삶과 책임을 강조하는 문구만 나오기만 하면 행위 구원론의 요소라고 성급하게 뛰어드는 경향이 있다. 하지만 구원 문제와 관련하여 인간의 삶의 책임의 실재를 연관시켜 조건화시키는 것처럼 진술하는 것은 그것보다 폭넓은 언약신학의 대전제, 다시 말해서 유일신론의 절대성과 궁극성을 뒷받침하는 신의 절대적 선택행위의 전망에서 판단해야 한다. 이것은 이스라엘의 삶의 책임의 실재를 생명과 죽음, 복과 화와 연계시켜 언급함으로써 마치 그것들을 무슨 조건인 것처럼 말하는 구약, 특별히 신명기 구절들을 해석할 때도 반드시 참고해야 할 사항이라고 본다.

바울이 하나님의 절대적 선택과 부르심을 이방 기독교인들을 포괄하는 방식으로 해석한 것이 유대교의 민족주의적 배타주의 신학과 다른 점이라 할 수 있는데, 이것은 전적으로 바울이 다메섹에서 체험한 그리스도 계시 사건과 맞물려 있다. 바울은 다메섹 회심 사건을 통해 그에게 계시된 그리스도를 하나님의 형상으로, 둘째 아담으로 파악함으로써 인류를 구속하는 보편적 전망을 갖게 되었고, 이러한 시각 속에서 유대 민족주의적 편협한 시각을 비판하고 유대인과 이방인 전체를 포괄하는 방식으로 아브라함 언약을 제시함으로 이방선교의 정당성을 확보하게 된 것이다.

율법이 과거에 유대 민족주의적인 편협한 전통을 뒷받침하는 버팀목 역할을 한 것은 사실이지만 이제 그리스도의 구원 사건을 통해 율법의 편협한 기능들과 의의들은 폐지되고(엡 2:11-18), 또한 율법이 아브라함의 육신적 후손인 이스라엘 백성에게 맡겨진 그들의 삶의 표준이요 준거였지만, 바울이 계시적 인식 속에서 판단할 때 그들 대다수가 하나님의 백성 된 참 정체성을 소유하지 못한 '표면적 유대인들'에 불과한 사실을 깨닫게 된 것이다.

그리스도는 십자가의 구속을 통해 이제 율법을 성취하고 굳게 하기 위해 오신 분이다(롬 3:31). 그는 자신의 십자가 죽음의 사역을 통해 육신에 있는 죄의 세력, 문자 언약으로 주어진 율법을 무력화시키는 육신의 세력을 못박으심으로써, 성령을 좇아 행하는 유대와 이방 기독교인들의 순종의 삶 속에서 율법의 근본 정신인 하나님 사랑, 이웃 사랑의 정신이 성취될 수 있는 길을 열어 놓으셨다.

율법이 한때 이방선교를 가로막는 중간의 막힌 담 역할을 하였지만 예수는 자신의 죽음으로 율법의 이러한 역할을 폐지하시고 유대인과 이방인을 한 새 사람으로 화목시킬 수 있는 길을 열어 놓으셨으며(엡 2:16-17), 십자가 구속을 통해 마음의 근본적 변화를 겪은 신약의 성도들이 다 함께 한 권속이요 하나님의 가족으로 하나님께 나아가는 새로운 길을 열어 놓으셨다. 뿐만 아니라 그들에게 성령을 주셔서 사랑을 실천할 수 있는 능력을 불어넣으심으로 율법의 의로운 요구가 성령을 좇아 행하는 신자들에게 성취될 수 있도록 하셨다.

기독론과 성령론은 율법의 참 정신과 의의가 그 바른 자리를 찾게 만드는 마스터 키와 같은 결정적 요인이다. 그리스도 밖에서 율법은 유대인과 이방인을 가로막는 중간의 막힌 담 역할을 할 뿐이며 표면적 껍데기 유대인들이 참 하나님 백성이 아님을 폭로하고 그들을 정죄하는 심판의 잣대가 될 뿐이지만, 그리스도의 십자가 사건은 율법의 이러한 부정적 기능들을 폐지시키고 그 근본 정신을 유대인과 이방 기독교인 모두의 삶에서 성취시킬 수 있는 구원사적 전환점, 신학적 발상의 전환점을 야기한 결정적 요소가 되었다.

제 2부

언약신학에서 본 율법과 복음

제 3 장

율법과 그리스도 :
반제들의 기원과 그 의의

    율법과 그리스도의 대조가 지닌 함의들은 최근 신약 학자들에 의해 매우 다양한 방식으로 해석되고 있어 혼란스러움마저 느끼게 한다. 그것은 대체로 바울 서신에서 칭의론과 연관하여 등장하거나(cf. 갈 2:16-21, 5:4; 롬 3:19-26; 빌 3:9), 그리스도의 십자가 사건의 의미를 해설하는 것과 연관되거나(cf. 갈 3:14; 롬 7:1-6, 8:2-4; 엡 2:14-15), 그리스도를 "율법의 마침"으로 제시하는 구절에서 등장하거나(롬 10:3-4), 그리스도가 오시기 이전 시대에 율법이 담당했던 부정적인 역할을 언급하는 문맥에서(갈 3:19-25, 4:1-7; 고후 3:3-4:6) 등장한다.

    하지만 이것은 바울이 율법과 그리스도의 관계에 대해서 말하는 모든 것이 아니다. 그는 그리스도 안에서 종말론적인 성취의 때가 도래했다는 전망의 틀 속에 들어오면 율법과 그리스도를 다시 긍정적으로 연결시키는 일을 하기도 한다. 그리스도인은 더 이상 "율법 아래" 있지는 않지만(롬

6:14; 갈 5:18) 그는 여전히 "그리스도의 율법 아래"(고전 9:21) 있기 때문에 순종의 삶을 통해서 그것을 성취해야 한다(갈 6:2). 그리스도는 신자들을 율법의 저주에서 속량하기 위해 죽으셨지만(갈 3:13), 사실 그의 십자가 죽음은 성령을 좇아 행하는 그들의 삶 속에서 율법의 의로운 요구를 성취하게 하셨다(롬 8:3-4, cf. 3:31).

바울 사도는 율법과 그리스도의 관계에 대해서 왜 서로 상반되는 것처럼 보이는 이런 진술들을 하며, 또한 그런 진술들을 야기한 근본적인 원인은 무엇인가? 이런 질문들은 보다 폭넓게는 율법과 복음의 관계에 대한 질문과도 밀접한 연관이 있는 것이 분명하다. 율법과 복음의 관계에 대한 바울의 진술도 이 논제만큼이나 상반된 측면들이 많기 때문이다.

율법과 복음의 관계에 대해서는 다른 논문에서 이미 부분적으로나마 다루어진 적이 있기 때문에, 필자는 그보다 좁은 질문, 즉 바울은 왜 율법과 그리스도의 관계를 부정적이거나 또는 긍정적으로 묘사하며 또한 이러한 상반된 주장을 야기한 근본적인 원인은 무엇인가를 살피는 데 초점을 맞추고자 한다.

바울 해석의 역사는 아무래도 율법과 그리스도간의 긍정적인 관계보다는 부정적인 관계를 더 강조해온 경향이 있다. 이것은 아마도 그것들을 대조하는 현상이 바울 서신에 눈에 띄게 자주 등장할 뿐만 아니라 그것이 바울의 기독론과 구원론의 핵심을 이루기 때문일 것이다. 필자는 바울이 왜 그리고 어떤 의미에서 율법과 그리스도를 상반된 구원론적 영역으로 대조하였는지를 최근의 두 한국 학자들의 견해를 중심으로 살피고자 한다. 김세윤 교수의 견해는 율법과 그리스도의 대조를 야기한 역사적 기원 문제와 관련되어 있고, 최흥식 교수의 견해는 그것이 등장하는 갈라디아서의 구절들에 대한 주석적인 분석과 관련이 있다.

1. 왜 율법과 그리스도를 대조하는가?

우리의 첫 번째 초점은 바울이 율법과 그리스도를 대조할 수밖에 없었던 역사적인 원인과 배경을 밝히는 데 있다. 최근의 학자들은 이구동성으로 율법과 그리스도의 대조가 바울의 다메섹 회심 사건에 뿌리를 두고 있다고 생각한다. 하지만 문제는 그 구체적인 함의들에 대해서 학자들마다 서로 다른 견해들을 내어놓고 있다는 사실이다. 다메섹의 그리스도 현현 사건, 이방인을 위한 복음과 사도직, 그리고 율법과 그리스도의 대조로 이어지는 바울 자신의 내면적 논리는 무엇인가?

1.1 "이방인을 위한" 바울 복음과 사도직의 기원

우리는 바울이 다메섹 사건에 대해 말하는 방식에 주목할 필요가 있다. 그는 우선 그것을 "회심"(conversion)이라기보다는 "소명"(commissioning) 사건으로 생각하는 것이 분명하다. 그것으로 인해서 바울은 부활의 증인이 되었고 사도로 부르심을 받았다(갈 1:11-17; 롬 1:5, 15:16-18 등 참조). 또한 주목해야 할 것은 그가 자신의 소명을 처음부터 "이방인을 위한 사도"가 되는 일로 이해한다는 사실이다. 이것은 이전에 있었던 자신의 어떤 경험이나 사상에서 끌어낸 추론이나 유추가 아니라 다메섹 도상에서 부활하신 그리스도가 전한 "계시"에서 직접적으로 온 것이다(갈 1:15-16). 이 구절은 하나님의 아들을 바울에게 (즉 다메섹 도상에서) 계시하는 목적은 그를 이방인 사도로 삼는 것이라는 사실을 분명하게 밝힌다. 이것은 다메섹 사건이 지닌 두 번째 중요한 측면, 즉 이방인을 위한 바울 복음의 기원 문제로 인도한다.

던은 다메섹 사건의 의의를 다루는 한 논문에서 애써 이 점을 지나쳐버리려고 하지만,[1] 바울은 자신이 지금 "이방 가운데서 전파하는 복음"(갈 2:2)을 인간적인 어떤 교육을 통해서나 전승 형태로 받지 않고 "오직 예수 그리스도의 계시로 말미암아"(갈 1:12) 받았다고 주장한다. 갈라디아서 3:8에서 그는 자신이 "이방 가운데 전파하는 복음"을 "이방을 믿음으로 말미암아 의로 정하신다"는 이신칭의 복음과 동일시한다. 이것은 적어도 유대인만이 아니라 이방인도 할례나 율법과 관계없이 예수를 "하나님의 아들"(1:16)로 믿기만 하면 의롭다 함을 받아 하나님의 백성이 된다는 (3:29, 4:6-7) 내용을 바울이 다메섹 도상에서 계시로 받았다는 것을 시사한다.

최근의 학자들 가운데는 다메섹의 그리스도 현현 사건의 온전한 의미가 후기에 가서야 바울의 의식 속에서 드러났거나 상당한 기간에 걸쳐서 발전했다고 주장하는 사람들도 있다.[2] 하지만 갈라디아서 1장에서 율법에 대해 남다른 헌신을 했고 기독교회를 지나칠 정도로 핍박했던 바울의 유대교 시절(13-14절), 다메섹 회심 사건 이후 그의 급격한 진로 변화 (13-17절), 그리고 그의 소명의 의미를 이사야 49:1-6과 예레미야 1:4-

---

1) J. D. G. Dunn, "'A Light to the Gentiles', or 'The End of the Law'? The Significance of the Damascus Road Christophany for Paul," in: *Jesus, Paul, and the Law: Studies in Mark and Galatians* (Westminster/John Knox Press: Louisville, Kentucky, 1990), 93ff.

2) Cf. J. Dupont, "The Conversion of Paul, and its Influence on his Understanding of Salvation by Faith," *Apostolic History and the Gospels*, F. F. Bruce FS, ed. W. W. Gasque and R. P. Martin (Exeter, 1970), 193 n. 11; M. S. Enslin, *Reapproaching Paul* (Philadelphia, 1972), 64-5.

5에 비추어 묘사한다는(15-16절) 점 등을 주목할 때, 하나님의 아들을 이 방인에게 전하라고 부름을 받았다는 바울의 자의식이 후기 발전의 산물이 아니라 다메섹 사건에서 직접적으로 형성되기 시작하였다는 사실은 의심할 여지가 없다.[3]

그는 다른 사도들을 만나기 전부터 그러한 확신을 가지고 있었고, 그것을 그리스도에게서 계시로 받았다(갈 1:1, 11-12, cf. 16-17절). 여기서 중요한 점은 이방인을 위한 바울의 "사도직"과 "복음"이 서로 긴밀하게 연관된 개념들이라는 사실이다. 특히 16절은 두 가지 사상을 한 절에 압축시켜 표현한다. 하나는 계시된 하나님의 아들이 바울 복음의 핵심 내용이라는 것이고, 다른 하나는 이 복음을 "이방인들에게" 전하기 위해 부르심을 받았다는 것이다.[4] 여기서 그는 다메섹 도상의 그리스도 현현을 이방인을 위한 그의 복음과 사도직의 기원으로 지칭하는데, 둘 중에 하나의 합법성이 무너지면 다른 하나의 합법성도 지탱될 수 없기 때문에 전자와 후자는 밀접하게 연결되어 있는 것이 분명하다(cf. 롬 1:5).

1.2 기독교회 핍박을 야기한 원인

근접문맥을 조심스럽게 살펴보면(11-17절), 이방인 사도로 부르심을

---

[3] J. D. G. Dunn, "'A Light to the Gentiles', or 'The End of the Law'? The Significance of the Damascus Road Christophany for Paul," in: *Jesus, Paul, and the Law: Studies in Mark and Galatians* (Westminster/John Knox Press, Louisville, Kentucky, 1990), 101 n. 2.

[4] 1:16의 "전하다"(*euangelizomai*)라는 동사에 대해서 어떤 학자들은 그것이 단순히 "전파하다"(preach)라는 뜻 이상을 의미하지 않는다고 하지만, "복음을 전하다"는 특정한 의미를 지닌 것으로 보아야 한다. 그것은 일반적으로 비인격적인 대상을 취하는 것과는 달리(cf. 갈 1:8, 9, 23, 4:13), 여기서 인격적인 대상인 "하나님의 아들"을 목적어로 취한 것은 주목할 만하다 (이한수, 갈라디아서, III).

받았다는 바울의 자의식(16절)과 "조상의 유전"에 헌신했던 그의 유대교 시절(13-14절)이 날카롭게 대조를 이룬다. 여기서 "조상의 유전"이란 말은 넓게는 바울이 가정교육과 학교교육을 통해서 배우게 된 조상들의 교리와 풍습들을 포함하기는 하지만, 특정하게는 구두로 전해진 율법 교훈들 또는 바리새 학파 가운데서 전수되어 내려온 할라카(halakah)를 지칭한다.[5] 이것은 조상의 유전에 대한 열심이 곧 율법에 대한 열심을 의미한다는 것을 시사한다. 사도행전 22:3은 조상들의 율법 교훈의 '엄격성'을 언급하는데, 이것은 그가 교육받은 엄한 바리새 전승을 자랑스럽게 여겼다는 그의 다른 진술들과 일치한다(빌 3:5-6; 참조. 행 23:6, 26:5).

그렇다면 율법에 대한 열심이 왜 바울로 하여금 그리스도와 그의 교회를 핍박하고 파괴하도록 만들었는가? 아마도 그는 기독교인들을 율법을 버린 배교자들로 생각했기 때문에 그렇게 했을 가능성이 많다. 사도행전 6:11, 13 이하는 이에 대한 증거로 사용될 수 있다. 스데반은 헬라 지역 회당들 출신인 예루살렘 유대인들로부터 성전과 율법을 모독했다는 비난을 받았다. 팔레스타인 유대 기독교인들은 아직도 성전과 율법에 대해 보수적인 경향을 띠고 있었기 때문에, 그것은 분명히 헬라파 유대 기독교인들이 성전과 율법을 모독하였다는 유대인들 편에서의 비난을 반영한다.[6]

헬라파 유대 기독교인들은 예수께서 자신을 모세와 대조시키고 급진적으로 내면화된 자신의 새로운 윤리 계명들을 모세의 율법과 대체한 사실을 잘 알고 있었을 것이다(마 5:21ff). 따라서 모세 율법과 조상의 유전에

---

5) 이한수, 갈라디아서 (도서출판 횃불회, 1997), 107f; F. Mussner, *Galaterbrief*, 80, citing such rabbinic texts as Abot I, 1b; Johsephus, *Ant.* XIII 297, XIII 408; 2 Macc. 7.2.

6) M. Hengel, "Die Ursprunge der christlichen Mission," *NTS* 18 (1971/72), 26; cf. S. Kim, *The Origin of Paul's Gospel*, 44.

열심이었던 바울은 유대교를 지탱하는 핵심 요소들인(*Pirqe Aboth* 1.2) 율법과 성전에 대한 그러한 공격을 도저히 참을 수 없었을 것이다.

더욱이, 바울은 십자가에 못박힌 예수를 하나님의 아들로 전파하는 기독교 메시지를 율법과 그것을 주신 하나님에 대한 모독으로 간주했을 것이 분명하다. 기독교 이전 시기에 이미 십자가에 못박힌 자를 하나님께 저주받은 인물로 간주했음을 보여 주는 중간사 시대의 문헌 증거가 존재한다. 따라서 유대인들이 십자가 처형을 받은 예수를 하나님께 저주를 받은 자로 생각하였음이 분명하다.[7]

기독교 케리그마 속에서 자주 신명기 21:23이 암시되는 것은(행 5:30, 10:39, 13:29; 갈 3:13; 벧전 2:24) 유대인들이 처음부터 신명기 구절에 근거하여 예수를 메시아로 전파하는 기독교 메시지에 반대하여 기독교인들을 핍박하였다는 것을 시사한다. 기독교인들이 그 구절을 주도적으로 예수에게 적용하였다기보다는 유대인들이 그것을 이용하여 기독교를 공격하는 데 사용한 것을 그들의 케리그마 변호에 역으로 사용하였을 것이다.

십자가의 메시지가 유대인들에게 '거리낌'(σκάνδαλον)이었다는 것은 바울 자신의 진술 속에서도 반영된다(갈 3:13, 5:11; 고전 1:23). 때문에 회심 이전에 율법과 조상의 유전에 열심이었던 바울이 기독교의 십자가 선포를 하나님께 대한 참람된 주장 또는 모욕으로 간주했을 것이 분명하다. 바로 이 사실이 그로 하여금 기독교인들을 핍박하도록 만들었을 것이

---

7) 4QpNah 3-4, I.7f. 그리고 쿰란의 성전 두루마리 64.6-13을 보면 이러한 사실을 분명하게 시사해 준다: cf. G. Jeremias, *Der Lehrer der Gerechtigkeit* (1963), 133ff; M. Wilcox, "'Upon the Tree'-Deut 21:22-23," *JBL* 96 (1977), 85ff; M. Hengel, "Mors turpissima crucis," in: *Rechtfertigung*, E. Käsemann FS (1976), 176ff; S. Kim, *The Origin of Paul's Gospel*, 46.

다. 하지만 다메섹 도상에서 부활하신 그리스도를 조우한 바울의 경험은 율법에 헌신하던 자신의 유대교 시절의 삶과 사상에 급진적인 변화를 야기하였을 것이다. 때문에 많은 학자들은 "율법인가 아니면 그리스도인가"라는 양자택일의 대립구도가 다메섹 사건에서 유래된 것으로 본다.

1.3 "율법인가 아니면 그리스도인가"

다메섹의 그리스도 현현 사건은 그리스도와 그의 교회에 대한 바울의 태도와 사상에 혁명적인 변화를 가져왔을 것이 분명하다. 십자가에 못박혀 저주를 받은 자로 여겼던 예수가 다메섹 도상에서 영광스러운 "하나님의 아들"(갈 1:16) 또는 그의 "형상"(고후 4:4-6)으로 계시되어 나타났기 때문에, 그리스도와 그의 십자가 사건에 대한 바울의 태도는 급격하게 바뀔 수밖에 없었을 것이다.

더욱이, 율법 백성인 유대인만이 하나님의 언약 백성이 될 수 있다고 보았던 그가 이방인의 사도로 부르심을 받아 그들에게 하나님의 아들을 전하라는 명령을 받았기 때문에(갈 1:16; 롬 1:5, 15:16, 18)[8] 율법의 목적과 언약 백성의 성격에 대한 그의 이해도 급진적인 변화를 겪지 않을 수 없

---

8) 주목할 만한 것은 "그리스도"(1:12)와 "하나님의 아들"과 같은 기독론적 칭호들이 다메섹의 그리스도 현현 사건을 지칭하는 문맥에서 나타난다는 사실이다. 특히 베츠는 바울이 왜 여기서 "하나님의 아들"과 같은 바울 이전의(pre-Pauline) 기독론 칭호를 소개하고 있는지 분명치 않다고 생각한다 (H. D. Betz, *Galatians*, 70). 바울은 분명히 회심하기 전에 이런 칭호들이 초대교회 가운데서 십자가에 못박힌 예수에게 적용되고 있었다는 사실을 알고 있었을 것이다. 그렇다면 다메섹 도상에서 그는 예수가 저주를 받아 십자가에 못박혀 죽은 것이 아니라 부활하심으로 하나님의 아들로 확증되었고, 따라서 초대교회의 선포는 옳은 것이었다는 사실을 깨닫게 되었을 것이다(롬 1:4; 참조. 행 2:36). 이런 주장을 하는 학자들로는, M. Hengel, "Christologie und neutestamentliche Chronologie," in: *Neues Testament und Geschichte*, 43-67; S. Kim, *The Origin of Paul's Gospel*, 104ff.를 참조하라.

었을 것이다.

자신의 유대교 시절과 다메섹 소명을 대조하는 갈라디아서 1:11-14은 이러한 혁명적 인식의 변화가 어떤 것이었는지를 극명하게 잘 나타내준다: 다메섹 도상에서 경험한 영광스럽고 초자연적인 "그리스도의 계시"의 빛 속에서 볼 때(12절), 바울은 과거 유대교에 대해 가졌던 열심이 기껏해야 "조상의 유전"(14절) 또는 단지 인간적인 종교 전통에 대한 열심에 불과하다는 사실을 깨닫게 되었다(cf. 롬 10:2).

다메섹 사건이 이렇게 율법과 그리스도의 관계에 대한 바울의 이해에 있어서 큰 전환점이었다는 사실은 의심할 여지가 없다. 하지만 학자들은 그것이 함축하는 바에 대해서는 저마다 서로 다른 해석들을 제시한다. 바울 사도는 왜 율법이 메시아 시대에 그 타당성과 효력을 상실했다고 생각하게 되었는가? 율법과 그리스도를 두 상반된 칭의 영역으로 대조하는 방식은 어디에서 기원된 것인가? 그리고 바울은 율법의 민족주의적인 한계를 뛰어넘어 이방선교에 뛰어들게 된 신학적 명분과 근거를 어디에서 발견하게 되었는가?

이러한 질문을 바울의 다메섹 도상의 경험과 연관하여 답변하려고 시도하는 학자는 김세윤 교수이다. 바울 복음의 기원을 다루는 그의 탁월한 저술에서 김 교수는 바울 복음이 지닌 결정적인 강조점들, 즉 기독론적이고 구원론적인 내용들은 다메섹 도상의 사건에서 직접적으로 기원되었다고 주장한다.[9] 심지어 그는 바울의 기독론과 구원론의 핵심 내용들이 대부분 부활하신 그리스도와의 만남에서 형성되었다고 주장하기까지 한다.

그는 다메섹 사건이 지닌 구원론적 의의와 관련해서 빌켄스(Wilckens)

---

9) S. Kim, *The Origin of Paul's Gospel*, Eerdmans: Grand Rapids, Michigan, 1981.

와 헹겔(Hengel) 등과 같은 학자들이 이미 주장한 중심 논지를 뒤따른다. 로마서 10:2-10은 갈라디아서 2장과 빌립보서 3:4-9에 실린 바울의 자서전적 부분과 일치하기 때문에, 그리스도가 율법의 마침이 되었다는 로마서 10:4의 주장은 그의 회심 사건에서 직접적으로 추론된 것이다: "다메섹 도상의 그리스도 현현 사건에서 바울은 그리스도께서 율법의 마침이 되셨다는 인식을 얻게 되었다"(3-4). 서론 부분에서 주장된 이 진술은 그의 저술 내내 재차 확증이 된다(126, 307f).

그의 중심 논지는 "핍박자 바울"을 다루는 부분에서 전개되는데, 여기서 그는 빌립보서 3:5-9과 갈라디아서 3:13을 증거로 제시한다. 앞의 구절은 기독교인들의 율법 비판이 바울의 핍박을 불러일으킨 주된 이유였다는 것을 시사하고, 뒤의 구절은 바울 자신이 기독교인들을 핍박할 때 신명기 21:23을 사용했다는 것을 시사한다: "이 두 거침돌, 즉 율법을 비판한 것과 십자가에 못박힌 예수를 메시아로 선포한 일은 함께 속해 있다: 그리스도인들은 메시아 예수의 이름으로 율법을 비판하였다.……그래서 바울은 율법이냐 아니면 십자가에 못박힌 그리스도냐 하는 양자택일에 직면하게 되었다"(46-48).

김 교수는 후에 칭의론을 다루는 곳에서도 이 주장을 다시 되풀이한다(307f). 다메섹 도상에서 은혜를 체험한 바울 자신의 경험은 칭의 교리의 기초가 된다: "바울은 다메섹 도상에서 즉시 하나님의 아들이 율법과 관계없이(롬 3:21) 하나님의 의로 계시되었음을 깨닫게 되었다"; "다메섹 계시 사건 때에 바울은 '아무도 율법(의 행위)으로 의롭다 함을 얻지 못한다'는 것을 알게 되었고 따라서 율법 자체의 근본적인 문제를 간파하게 되었다"(271, 283).

기독론적인 논지는 주로 고린도후서 3:4-4:6, 특별히 4:4, 6에서 발전되는데, 그것은 책의 서두에서부터 핵심적으로 제시된다: "부활하신 그리스도는 빛을 동반한 채로 바울에게 나타났음이 분명한데, 그는 그 빛을 신적인 영광으로 파악하게 되었다"(8). 이러한 주장을 발전시키는 일은 부분적으로 그리스도와 율법에 관한 바울의 앞선 주장에서 진행된다. "이 고린도후서의 구절들은 다메섹 계시 사건 때에 바울이 그리스도께서 율법을 대체하였다는 것을 깨달았을 뿐만 아니라 동시에 그가 그리스도를 참된 지혜로 파악하였다는 것을 시사해 준다(왜냐하면 토라는 전에 신적인 지혜로 동일시되고 있었기 때문이다)"(128).

하지만 김 교수의 중심 사상과 주된 공헌은 고린도후서 4:4에 등장하는 "하나님의 형상"이란 술어 사용에 초점이 맞추어져 있다: "고린도후서 4:4과 골로새서 1:15에서 그리스도를 하나님의 형상으로 보는 개념은 그리스도께서 (보이지 않는) 하나님의 (가시적이며 따라서 실질적인) 현현이며, 따라서 그가 하나님을 닮은 모양이란 뜻이 그 안에 함축되어 있다는 의미를 분명하게 전달해준다"(219).[10] 김 교수는 이를 증명하기 위해서 유대 묵시문헌, 특별히 에스겔 1:26과 다니엘 7:13에 등장하는 신현 환상들에 호소한다: 바울이 본 것은(또한 그가 보았다고 생각한 것은) "신성의 실질적인 구현"으로서 그리스도였다(226); "바울의 다메섹 경험은 즉각 다니엘 7:13을 생각하게 만들었음이 분명한데, 이는 그가 다니엘이 본 것처럼 '인자 같은' 천상적인 인물을 보았기 때문이다"(251).

김 교수는 하나님의 아들(갈 1:16)과 하나님의 형상(고후 4:4)을 동일시함으로써 이미 복잡해진 논의 과정 속에 새로운 논지를 덧붙인다: "'하

---

10) J. Jervell, *Imago Dei* (Göttingen, 1960), 214-18; followed by C. K. Barrett, *2 Corinthians* (London, 1973), 132-35; cf. J. D. G. Dunn, *Jesus, Paul, and the Law*, 103 n. 26.

나님의 아들같이' 나타난 부활하신 그리스도를 보았다는 것은 그를 하나 님의 형상을 가진 자로 보았다는 것과 같은 것이다"(257). 이러한 "형상" (image) 기독론은 또한 바울의 지혜 기독론의(Wisd 7.26) 또 다른 뿌리를 제공해주며, 그것은 또한 아담 기독론으로 발전한다(cf. 창 1:26f). "따라서 바울의 지혜 기독론과 아담 기독론은 다메섹의 그리스도 현현 사건에 뿌리를 두고 있다"(267).

이러한 결론에 근거해서 김 교수는 다메섹 도상의 사건이 바울의 칭의론에 대해서 갖는 구원론적 의의를 발전시킨다. 그리스도가 하나님의 아들이요 하나님의 형상이기 때문에, 하나님은 그 안에서 첫째 아담이 상실한 신의 형상과 영광을 회복하셨다: 따라서 신자들이 하나님의 아들로 받아들여지고 마지막 아담인 그리스도의 형상으로 변화를 입어 "새 사람"이 되었다는 바울 신학이 성립된다.

김 교수의 이러한 주장들은 "그러므로 이방인에게"라는 바울의 결론과 어떻게 들어맞는가? 이미 지적한 대로 그는 다메섹 사건이 이방인의 사도로 부르심을 받았다는 바울의 소명을 구성한다는 사실을 잘 알고 있다 (57). 그는 로마서 11:25 이하의 "비밀"이 다메섹 도상에서 바울에게 결정적으로 계시되었다는 점을 분명히 하고 있고, 또한 계속해서 바울의 사상이 이 점에서 이사야 6장과 49:1-6에 깊은 영향을 받았다고 주장한다 (74-99).

앞에서 이미 관찰한 대로, 김 교수는 바울의 "형상 기독론"에서 그의 "아담 기독론"과 "지혜 기독론"이 발전되었으며 그의 칭의론도 이방인 선교와 관련하여 발전되었다고 본다. 던은 김세윤 교수의 글을 비판하는 한 논문에서 바울이 이방인 사도로 부르심을 받았다는 김 교수의 주장이 어떻게 그의 기독론과 구원론의 주요 요지와 관련이 있는지 제대로 밝히지 못했다고 비판한다.[11] 필자가 보기에 이것은 김 교수의 논지를 제대로 비판한 것으로 보이지는 않는다: 그는 사실 오직 믿음으로만 의롭다 함을 얻는다는 바울의 칭의론과 예수 그리스도의 우주적 주권이라는 바울의 기독론이 그의 이방 선교와 내면적인 상관성이 있음을 보여 주었다.[12] 다른 곳에서 그는 또한 바울의 아담 기독론과 이것과 연관된 "새 창조 구원론"이 그의 세계적인 선교와도 상호 관련이 있음을 암시하기도 한다(268). 김 교수의 논지가 이방인 선교로 부르신 소명에 대한 "즉각성"(immediacy)을 결여하고 있다고 한 던의 비판에 대해서 그는 자신의 입장을 다음과 같이 해명한다.

> 필자가 그리스도의 우주적 주권을 말하는 바울의 기독론은 그가 전세계를 대상으로 선교하도록 이끈 반면, 오직 은혜/믿음으로 의롭게 된다는 그의 구원론은 그의 이방인 선교를 정당화했다고 분명하게 말했을 때, 그 말은 바울이 단지 그의 기독론/구원론에서 도출한 결과(corollary)로서 자신이 이방인 선교에 부르심을 받았다는 의식이 발전되었다는 뜻은 아니었다. 필자는 단지 다메섹 사건의 두 요소—복음의 계시와 이방인 사도가 되라는 소명—가 논리적으로 서로 어떻게 관련되어 있는가를 보여 주려 했을 뿐이다. 필자는 복음의 계시와 이방인 사도가 되라는 소명이 다메섹의 그리스도 현현 사건과 동시에 일어났다고 믿기 때문에 두 요소의 연대기적 순서에 대해 관심을 가질 이유가 없었다. ……의심할 바 없이, 바울이 이방인들 사이에서 실제로 선교 사역을 하면서 겪은 경험과, 특히

---

11) J. D. G. Dunn, "'A Light to the Gentiles', or 'The End of the Law'? The Significance of the Damascus Road Christophany for Paul," in: *Jesus, Paul, and the Law*, 95.
12) S. Kim, *The Origin of Paul's Gospel*, 308-311.

그가 이방인 선교에 대해 유대주의자들과 벌인 논쟁은 오직 은혜/믿음으로 의롭다 하심을 얻는다는 그의 교리를 날카롭게 다듬는 데 기여했으며, 필자도 이를 인정한다.[13]

상기 인용문의 논지에 따르면, 바울의 기독론과 구원론이 율법에 대해서, 그리고 이방선교 신학의 성립에 대해서 어떤 논리적 함축을 가지고 있는지는 분명하다. 던은 김세윤 교수가 이방인의 사도로 부르심을 받았다는 바울의 의식을 그의 기독론과 구원론에서 도출된 긴 추론과정에서 얻어진 결과로 보기 때문에 그의 논지가 이방인 선교로 부르신 사실에 대한 "즉각성"을 결여하고 있다고 비평한다. 하지만 사실 이 비평은 다메섹 사건의 두 핵심 요소인 "복음의 계시"와 "이방 사도직 소명"이 서로 어떤 논리적 상관성을 갖는지를 밝히고자 했던 김 교수의 의도를 올바로 간파하지 못한 것이다. 위에서 소개한 그의 중심 주장들이 바울 복음의 기원을 탐구하는 일에 있어서 지대한 기여를 했다는 점은 의심할 여지가 없다.

우리의 주된 관심은 율법과 그리스도에 대한 바울의 대조에 있고 그것이 또한 그의 이방선교 신학과 어떤 연관성이 있는가를 밝히는 데 있다. 따라서 필자는 여기서 율법과 그리스도의 대조에 관한 김세윤 교수의 주장들이 불분명하거나 논리적 긴장을 일으키는 점들에 대해서만 지적하고자 한다. 이런 불분명한 측면들은 주로 그가 유대교가 행위의의 종교라는 전제 속에서 율법에 관한 바울의 부정적 진술들과 그의 칭의론을 해석하기 때문에 야기되는 것이 분명하다.

---

13) 김세윤, 바울신학과 새 관점 (도서출판 두란노, 2002), 28f. 그는 바울복음의 기원을 다루는 자신의 저서 334-35쪽에서 바울의 선교사역 경험과 유대주의자들과의 논쟁이 그의 칭의교리를 날카롭게 다듬는 데 기여했다고 주장한다.

첫째로, 김 교수는 저술 여러 곳에서 그리스도께서 율법을 "대체했다" (superceded)는 표현을 자주 사용하며 또한 그리스도께서 율법을 "끝냈다"(put to an end, terminated)는 표현을 사용하기도 한다.[14] 이들 표현의 사용은 신약 시대에 율법은 폐지되었으며 신자들에게 더 이상 구속력이 없다는 것을 시사한다. 이로써 김 교수가 기본적으로 루터파 신학노선에 속해 있음이 분명하다. 그렇다면 그리스도는 어떤 의미에서 율법을 대체하였다는 말인가?

우선 십자가/부활 사건에 근거해서 지혜 기독론을 율법과 대조시키는 그의 방식에 주목하자. 김 교수는 다메섹 계시 사건에서 그리스도가 "율법의 마침"(롬 10:4)이 되셨다는 통찰을 얻었다고 관찰한다. 율법의 저주 선고를 받아 십자가에 못박힌 나사렛 예수가 바울에게 부활하신 "하나님의 아들"로, "하나님의 형상"으로 계시되어 나타났기 때문에, 그는 자연히 율법에 대한 그의 헌신이 그리스도와 하나님 자신에 대해서 죄를 짓는 것이라는 사실을 깨닫게 되었다. 이러한 깨달음은 자연히 그리스도께서 하나님의 참 의지의 계시로서 율법에 종지부를 찍었으며 하나님의 계시의 참 중개자로서 율법을 대체시켰다는 인식을 갖게 만들었다. 옛 시대에는 율법이 신적인 지혜로 동일시되었지만, 이제 다메섹 도상에서 그리스도가 "하나님의 참 계시"로, "신적인 지혜의 참 구현"으로, 즉 신적인 지혜 자신으로 계시되었다. 따라서 바울은 주저함이 없이 그리스도를 신적인 지혜로 동일시하고 그에게 지혜의 신적인 속성들을−랍비 유대교에서 토라에 귀속시켰던 선재성과 창조에 있어서 중보자직 등(cf. *Gen. R.* 1.4; *b. Pes.* 54a; *b. Ned.* 39b; *b. Shab.* 88b−89a; *Sifre* Dt 11.10; *Pirqe Aboth* 3. 23

---

14) S. Kim, *The Origin of Paul's Gospel*, 4, 126−9, 131, 307 etc.

etc) —귀속시키게 되었다(Kim, *Origin*: 127).

이와 비슷하지만 좀더 과격한 진술이 스툴마허에 의해 개진된다. 그는 그리스도께서 율법의 판결 밑에서 부당하게 죽음을 당하셨지만, 부활사건은 그에게 내려진 율법의 잘못된 판결을 뒤집어 놓았고 따라서 율법을 폐지시켰다고 주장한다.[15] 이런 이유 때문에 그리스도를 잘못 저주한 율법은 더 이상 하나님의 참된 의지를 반영한다고 할 수 없다; 그리스도는 하나님의 계시로서 율법을 대체시켰다는 의미에서 "율법의 마침"이 되셨다(롬 10:4).

김 교수도 유사한 결론에 도달한다: "십자가에 못박힌 예수를 죽은 자 가운데서 일으키심으로써 하나님은 그에 대한 율법의 판결을 무효화시켰고 예수는 하나님의 뜻의 참 계시로서 율법을 대체시켰다(갈 3:13)."[16]

우리는 김 교수와 함께 다메섹 도상의 사건이 바울에게 인식의 혁명적인 전환을 가져온 계기가 되었으며, 특별히 구원사 속에서 율법이 지닌 역할과 기능에 대해 급진적으로 재평가하게 만들었다는 사실에 동의한다. 하지만 신적인 지혜가 되시는 그리스도의 현현으로 인해서 율법은 더 이상 "하나님 뜻의 참 계시"이기를 중지했으며, 따라서 그것은 신약 시대에 폐지되었다는 주장에는 유보적 태도를 취할 수밖에 없다. 물론 율법에 대한 다양하고 복잡한 바울의 진술들 때문에 혼란이 야기되고 있는 것은 사실이다. 하지만 율법에 나타난 하나님의 근본 의도가 시내산 언약 이전과 이후에 줄곧 모종의 "연속성"(continuity)을 유지하고 있음이 분명하며 스툴마허 자신도 이 점은 인정한다.[17]

---

15) P. Stuhlmacher, *Reconciliation, Law, and Righteousness* (Philadelphia: Fortress Press, 1986), 134-54.

16) S. Kim, *The Origin of Paul's Gospel*, 307.

하나님은 자기 백성이 어떤 존재로 살아가야 할지를 율법에 근본적으로 계시하셨다: 율법에 계시된 하나님의 이러한 의도는 하나님 사랑, 이웃 사랑을 명하는 두 근본 계명들에 반영되어 있다(신 6:5; 레 19:18; 눅 10:27; 갈 5:14; 롬 13:6-8). 온 율법은 사실 이 두 본질적인 계명들의 구체적이고 현실적인 표현들이다. "문자언약"에 불과한 율법이 그 속에 담긴 하나님의 참 뜻을 부패한 이스라엘의 삶 속에서 실현할 능력이 없고 도리어 죄의 세력에 이용당한 것이 문제일 뿐이지, 사실은 언약사의 정점에 서 계신 그리스도는 율법을 포함하여 이전 언약들 가운데 나타난 하나님의 참 의도와 비전을 성취하러 오셨다.

그리스도 안에서 도래한 종말론적인 성취의 전망에서 볼 때(갈 4:4), 문자언약으로 작용하던 율법은 새 언약 시대에 마음에 새겨진 내면화된 율법으로(고후 3:3; 롬 8:4), 정죄와 사망의 수단인 율법이 회복된 이스라엘의 삶의 길로(갈 5:14, 6:2; 롬 3:31), 이스라엘 민족국가를 위해 주어진 율법이 범세계적인 신앙 공동체를 위한 규범으로(갈 5:14, 6:14-16; cf. 눅 10:28-36) 변화를 겪게 된다.

전자의 측면들에 대해서 바울은 "폐하다"(엡 2:15; 갈 2:18), "아래 있지 않다"(롬 6:14; 갈 5:18), "죽었다"(갈 2:19) 등의 술어를 사용하기는 하지만, 자신의 칭의론이 율법을 "폐한다"기보다는 도리어 그것을 "굳게 세운다"(롬 3:31)는 점을 강조한다. 그리스도인은 더 이상 "율법 아래"(갈 5:18) 있지는 않지만 그는 여전히 "그리스도의 율법 아래"(고전 9:21; 갈 6:2) 있으며 그것을 성취해야 할 의무를 짊어진 자이다. "그리스

---

17) P. Stuhlmacher, *Gerechtigkeit Gottes bei Paulus* (FRLANT 87: Göttingen, 1966), 94-97; cf. "'Das Ende des Gesetzes', über Ursprung und Ansatz der paulinischen Theologie," *ZTK* 67 (1970), 35f.

도의 율법"이란 말은 그리스도와의 관련성 속에 있는 율법, 다시 말해서, "그리스도께서 사랑을 통해 재정의하고 성취하신 율법"을 가리킨다.[18] 그리스도는 율법을 폐지하러 오신 것이 아니라(롬 3:31; cf. 마 5:17-19) 오히려 그 참된 정신을 성취하러 오셨다. 이것은 언약사를 통해서 율법이 모종의 연속성을 가지고 있다는 것을 뜻한다.[19]

둘째로, 김 교수는 다메섹 계시 사건으로 인해서 바울은 그리스도가 "의를 얻는 길", 또는 "구원을 얻는 수단"으로서 율법에 종지부를 찍었다고 관찰한다.[20] 그의 이러한 진술은 필자를 매우 혼란스럽게 만든다. 과연 그는 율법이 본래 이스라엘에게 구원을 얻는 수단과 조건으로 주어졌지만 이제 그리스도 안에서 율법의 그러한 역할은 끝났다고 말하는 것인지, 아니면 율법은 본래 구원을 얻는 수단과 조건으로 주어지지는 않았지만 유대교가 그렇게 오해하였기 때문에 그리스도께서 유대교의 이러한 오해를 종식시켰다고 말하는 것인지 혼란스럽다. 그는 자신의 저술에서 상기 두 차원의 진술을 동시에 개진하고 있음이 분명하다.

1. 예수께서 십자가상에서 율법의 저주를 대신 담당하심으로 신자를 죄

---

18) W. Schrage, *Die konkreten Einzelgebote in der Paulinischen Paranese* (Gütersloh, 1961), 237-8; U. Wilkens, "Zur Entwickelung des paulinischen Gesetzverständnisses," *NTS* 28 (1982), 175; J. M. G. Barclay, *Obeying the Truth*, 134.

19) 그리스도를 잘못 정죄한 율법은 더 이상 하나님의 참 의지를 반영하지 못한다는 스툴마허의 주장은 이 점에서 지나친 면이 많다. 이러한 그의 주장은 율법을 통한 하나님의 구원사적 의지를 약화시키는 것이다. 어떻게 하다보니 율법이 우연하게 그리스도를 잘못 정죄한 것이 아니라, 하나님께서 "율법 아래 있는 자들을 속량하시려고" 자신의 아들을 "율법 아래 나게 하신" 것이다(갈 4:4-5). 그리스도께서 율법의 저주를 받으신 것은 인류를 율법의 저주에서 속량하려는 하나님의 주권적 의지에 따른 것이다(갈 3:13). 아무것도 우연하게 발생한 일은 없다.

20) S. Kim, *The Origin of Paul's Gospel*, 4, 126f, 131-33, 281, 308f 등.

와 율법에서 구속하셨고 따라서 "구원의 수단으로서 율법을 대체하셨다" (133); "그리스도는 하나님의 뜻으로서 율법을 대체하셨고 구원의 수단으로서 그것을 끝내심으로써 의가 믿음을 가진 모든 사람에게 수여되게 하셨다"(308).

2. 율법의 행위로 의롭다 함을 얻은 사람이 없다는(갈 2:16하; 롬 3:20) 바울의 진술은 "적어도 이론상으로는 사람이 **완벽한 율법준수를 통해서 의롭다 함을 얻을 수는 있겠**"지만, 실제로는 아무도 그렇게 해서 의롭다 함을 얻을 가능성이 없다는 것을 전제한다. 따라서 바울이 율법으로 말미암는 칭의를 부정하는 것은 "유대교인인 칭의론"(281)에 대한 비판을 배경으로 깔고 있다고 할 수 있다. 하나님은 그리스도 안에서 의와 생명을 얻는 길로서 율법을 끝내었음에도 불구하고 이스라엘은 완벽한 율법준수를 공덕으로 삼아 의를 얻어보려고 추구하였다(4). 하지만 "이러한 유대교의 칭의론은 이방인들, 때로는 할례와 율법의 멍에를 스스로 짊어짐으로써 유대인이 된 개종자들에게조차 많은 소망을 건네주지 못하였다"(310).

김 교수는 상기 두 종류의 진술들을 분명하게 구분하지 않고 개진함으로써 불가피하게 유대교뿐만 아니라 구약 이스라엘 종교도 행위의의 종교였다고 결론지을 여지를 남겨두게 되었다: 유대교에서뿐만 아니라 심지어 구약에서조차 율법은 구원을 얻는 수단과 조건으로 간주되었으나 그리스도는 의를 얻는 수단으로서 율법에 종지부를 찍었다.

과연 구약에서 완벽한 율법 순종이 구원의 전제조건이나 수단으로 간주되었는가? 율법은 본래 하나님 백성인 이스라엘에게 주어진 것이 아닌가? 율법은 언약을 세우는 데는 아무런 기여를 하지 못하고 단지 언약 안에 들어온 자들이 그 안에 머물러야 할 삶의 규범이 아닌가? 유대인들이 율법에 기초하여 자신들을 언약백성으로 간주하는 자의식을 가지지 않았던가?(롬 2:17-23, 4:14, 16; 엡 2:11-12 등) 이스라엘 종교 안에는 회개나 희생제사와 같은 속죄수단들이 주어져 있었는데, 이러한 속죄수단들의 존재 자체는 이미 완벽한 율법준수 행위를 구원의 조건으로 간주할 수 있는 여지를 남겨두지 않지 않는가? 구약의 어떤 사람이 완벽한 율법 순종을 공덕으로 삼아 구원을 얻으려고 시도했으며, 더욱이 바울 당대의 어떤 유대인이 그러한 무모한 시도를 했는가? 로마서 2장에 나타난 바울의 유대교 비평은 율법을 범하면서도 하나님의 언약적 성실성에 기대어 자신들을 진노의 심판에서 면제받은 자로 자처하는 유대인들의 과신을 문제삼지 않는가?(1-4절)

이런 질문들에 대해서 필자는 본서 여러 곳에서 상세하게 답변하고 있기 때문에 여기서 다시 되풀이하지 않으려고 한다. 다만 필자가 지적하려는 것은 김 교수의 주장들이 상기 질문들에 대해서 올바른 대답이 되지 못한다는 사실이다.

셋째로, 유대교의 본질에 대한 김 교수 자신의 평가도 혼란스럽기는 마찬가지다. 한편으로 유대교는 율법을 완벽하게 지켜 스스로 의를 확보하려는 행위의의 종교였다고 평가하면서도(281, 310), 다른 한편으로 유대교를 언약적 신율주의 전망에서 평가하기 때문이다. 후자의 전망에 따라서 유대교는 "이방인들이 아브라함의 자손이 되려면 할례를 받고 율법을 지켜 이스라엘, 언약 백성에 편입되어야 한다"(308)고 주장한다. 바울은 유대교의 이러한 칭의론에 반대하여 "불신 유대인들이 아브라함의 자손된 신분을 가지고 있음을 거부하고 대신에 그것을 아브라함과 같이 믿음을 가진 자들에게, 즉 믿는 유대인과 이방인 모두에게 귀속시킨다"(309).

김 교수의 이 주장은 유대인들이 이미 언약 "안에" 있는 하나님 백성이라고 생각하고 있었음을 시사하지 않는가?

상반되는 이들 두 요소가 초기 저술에서 논리적인 통합을 이루지 않은 채 동시에 제시되지만, 그의 또 다른 최근 저술은 그것들을 의도적으로 연결하려고 시도한다: "우리는 유대교를 순전한 행위의의 종교로 보는 전통적인 견해도, 유대교 안에 있는 모든 행위의의 요소를 부인하는 새 관점주의자들도 옳지 않으며, *유대교는 행위의의 요소를 지닌 언약적 신율주의였다는 것을 알게 될 것이다.*"[21]

김 교수의 이러한 결론은 유대교가 완벽한 율법준수를 통해서 언약백성이 되려고 시도한 "강성 율법주의" 종교라기보다는 은혜로 얻은 신분을 상실하지 않으려고 완벽한 율법 순종을 시도한 "연성 율법주의"의 종교라는 것을 시사하려는 것 같다. 언약백성 된 신분은 선택으로 얻어지는 반면, 그것은 불순종으로 인해 언제라도 상실될 수도 있다는 *불안한 생각*에서 유대교는 점차로 행위의의 요소를 지닌 인간적인 종교로 변화되었다. 그는 이러한 성격의 유대교를 "신인협력적 신율주의"라는 술어로 묘사하자고 제안한다. 이것은 유대인들이 언약백성이란 자의식은 가졌지만 그러한 신분을 유지하는 것은 전적으로 그들 자신의 책임에 달려 있는 것으로 보았다는 뜻이다.

하지만 이스라엘의 역사는 유대인들이 그러한 불안을 보상하려고 완벽한 율법준수를 끊임없이 시도했다는 것을 증언해 주지 않는다. 예레미야

---

21) 김세윤, 바울신학과 새 관점 (도서출판 두란노, 2002), 141. 그는 유대교의 본질을 "언약적 신율주의"(covenantal nomism)란 표현보다는 "신인협력적 신율주의"(synergistic nomism)라고 보기를 제안한다: cf. T. Laato, *Paul and Judaism: An Anthropological Approach* (Atlanta: Scholar Press, 1995), 167; D. A. Hagner, "Paul and Judaism, The Jewish Matrix of Early Christianity: Issues in the Current Debate," *BBR* 3 (1993), 122.

시대의 유대인들은 율법을 범하는 반언약적 행습들에도 불구하고 하나님의 언약적 성실성과 그의 주권적인 선택에 기대어 구원을 받을 것으로 과신한 자들로 묘사된다(렘 7:4, 8-10). 이러한 현상은 로마서 2장의 배경을 이루는 솔로몬의 지혜와 로마서 2, 9장에서 비평되는 유대인들의 자의식을 통해서도 분명하게 나타난다(cf. Wis. Sol. 11-15; 롬 2장).[22]

바울 당대의 유대인들은 율법을 온전히 지키지 않으면 언약 안에 들어온 신분을 언제라도 잃어버릴 수 있다고 불안하게 생각한 자들이 결코 아니었다. 도리어 그들은 하나님의 언약적 성실성을 과신한 자들이었고(롬 2:4), 언약백성답게 사는 데 실패했음에도 불구하고 "하나님이 자기 백성을 버리실 수 없다"(cf. 롬 11:1-2)고 치부하던 자들이었다. 유대인들은 할례, 혈통, 율법 등과 같은 언약 외피적인 요소들에 의지하여 자신들이 "언약 안에"(엡 2:11-12) 있다고 생각하였지만, 바울은 율법을 어기는 그들의 범죄 현실에 비추어 그들이 여전히 "언약 밖에" 있다고 생각한 것이 분명하다(롬 2:28-29, 9:6-8).

그들이 이방인과 마찬가지로 하나님의 진노의 심판 아래 있는 이유는 무엇인가? 그들이 언약백성이지만 완벽하게 율법을 따라 순종하는 데 실패함으로써 언약 밖으로 떨어져나갔기 때문인가, 아니면 그들이 처음부터 언약 안에 들어온 참 이스라엘이 아니기 때문인가? 김 교수는 전자의 시각에서 사고하는 것으로 보이지만, 바울은 실제로 후자의 시각에서 사고한 것이 분명하다.

율법이 요구하는 행위들이 그들에게 결핍되었다는 사실은 그들이 결국 하나님 백성이 아니며 실상은 "죄인들"에 불과하다는 사실을 드러낼 뿐이

---

22) 이에 대한 자세한 해설로는, 이한수, "로마서에 나타난 바울의 유대교 비평: 실천적 유추의 전망에서 본 접근," 신학지남 제274호 (2003, 봄호), 82-126을 참조하라.

다.[23] 이것은 김 교수 자신의 진술을 통해서 암시적으로나마 시인된다: "유대주의자들의 칭의론은 이방인들이 이스라엘, 언약백성에 편입되기 위해 할례를 받고 율법을 준수할 것을 주장하고 있지만, 바울은 *불신 유대인들이 아브라함의 아들 된 신분을 가지고 있다는 점을 부인한다*"(308).

바울은 왜 그것을 부인하는가? 유대인들이 완벽한 율법 순종을 조건으로 스스로 의를 얻어보려고 시도했기 때문에 거부했는가, 아니면 율법에 대한 순종의 삶이 결핍되어 있음에도 불구하고 그들의 피상적이고 왜곡된 율법 행위들이 아브라함의 아들 된 그들의 신분을 드러내주는 신분 징표라고 오인했기 때문인가? 바울의 언약적 사고가 후자에 속해 있는 것이 사실이라면, "율법의 행위로 의롭다 함을 얻을 육체가 없다"(갈 2:16; 롬 3:20)는 그의 진술은 시내산 언약 아래서 태어난 대다수 아브라함의 육신적 후예들(갈 4:23, 29)이 표면적인 유대인일 뿐 사실은 이방인들과 방불한 세상적 존재라는 인식하에서 이해될 필요가 있다(롬 3:9; 갈 3:21-22).

여기서 우리는 칭의론을 달리 해석해야 할 필요를 느낀다. 바울이 그의 논쟁적 저술들 가운데서 율법과 그리스도의 대조를(분명하거나 또는 암시적으로) 제기할 때마다, 그는 하나님 백성을 재정의하는 문맥 가운데서 그렇게 한다.[24] 바울의 칭의론이 다메섹 사건과 관련이 있는 것이 분명하

---

[23] 김 교수는 이 사실을 인정하면서도 여전히 완벽한 율법 준수의 불가능성 개념을 유대인들이 그럼에도 불구하고 그것을 시도하려는 무모성의 관점에서 해석하고자 한다(282). 그는 완벽한 율법 준수의 불가능성은 "율법 자체와 인간 실존의 보다 심층적인 문제점들로부터 파생된다."고 본다: cf. J. Blank, "Warum sagt Paulus: 'Aus Werken des Gesetzes wird niemand gerecht?'" in: *Evangelisch-Katholischer Kommentar Vorarbeiten* Heft 1 (Neukirchen, 1969), 89.

[24] 이 점을 관찰한 던은 정당하다: J. D. G. Dunn, "'A Light to the Gentiles', or 'The End of the Law'? The Significance of the Damascus Road Christophany for Paul," in: *Jesus, Paul,*

다면, 후자가 하나님 백성의 신분에 대한 자신의 기존 인식에 큰 충격을 주었을 것이 분명하다.

바울은 회심 전에 율법에 대한 남다른 종교적 헌신과 열정을 가진 전형적인 유대인이었다. 율법에 대한 그의 이러한 열심은 기독교회를 핍박하고 파괴하게 만들었지만(갈 1:13-14), 다메섹 도상에서 율법의 저주 판결을 받아 십자가에 못박힌 예수가 부활하신 "하나님의 아들"과 "하나님의 형상"으로 나타나셨다. 이것은 율법에 대한 남다른 헌신과 열심에도 불구하고 자신이 지금 하나님과 메시아를 거역하는 위치에 있다는 것을 깨닫게 만들었다.

바울의 이러한 깨달음은 자연히 자신과 동일한 상황에 놓여 있는 유대인들 대다수도 역시 참 이스라엘이 아니라는(롬 9:6-8, 2:28-29) 충격적인 통찰에 도달하게 만들었을 것이다. 다메섹 사건이 이렇게 하나님 백성의 정체성에 대한 바울 자신의 기존 인식을 뒤흔들어놓은 계기를 제공하였기 때문에, 이방인의 사도로 부르심을 받은 자신의 자의식에 기초하여 아브라함 자손의 참 성격을 전격적으로 재해석하기에 이르렀고, 이 과정에서 이방 기독교인들을 합법적으로 아브라함의 후손에 포함시킬 수 있는 근거를 마련하게 된 것이 분명하다.[25] 바울은 또한 아브라함 언약에 함축된 그의 후손의 영적인 성격을 "남은 자" 신학(롬 9:6-8, 27, 11:4-6)과 새 언약 사상(고후 3:3-4:1; 롬 2:28-31)을 끌어들여 밝히고 있다.

김 교수가 기독론에 관한 긴 추론을 통해 이방인 선교로 부르신 소명의

---

and the Law, 99.

[25] D. J-S Choi, *Paul as Apostle to the Gentiles: His Apostolic Self-Awareness and its Influence on the Soteriological Argument in Romans* (PBTM Series: Paternoster Press, 1997), 13-17.

논리적 함축을 밝히는 데 기여한 것은 사실이다. 그의 이러한 기여에 덧붙여 우리는 율법과 그리스도의 대조가 논쟁적인 저술들 중에서 하나님 백성을 재정의하는 일과 자주 연결되는 이유를 밝힐 필요가 있다. 율법으로 말미암는 유대교 칭의론을 거부하고 믿음으로 말미암는 칭의론을 주장하게 된 동기는 김 교수가 관찰하듯이 행의의의 종교로서 유대교에 대해서 비판하려는 의도와 맞물려 있다기보다는 다메섹 도상에서 얻게 된 정체성 인식의 혁명적 변화와 맞물려 있다.

사실 바울은 율법과 그리스도를 두 상반된 칭의 영역으로 대조하게 된 근거를 기독론보다 하나님 백성의 정체성에 대한 재해석에서 찾으려는 것으로 보인다. 예를 들어, 갈라디아서 3장에서 바울의 논지의 초점은 "아브라함의 참 후손이 누구인가?"라는 질문에 있다. 그는 아브라함의 자손에 대한 정의를 율법보다는 약속과 관련해서 전개하는데, 아브라함에게 주어진 언약의 약속은 할례나 율법과 같은 민족주의적인 요소들과 관계없이 오직 믿음/은혜에 기초하고 있고 처음부터 이방인들을 염두에 두고 있었다(갈 3:8, 14).

하나님께서 이방인들도 아브라함의 언약의 축복에 참여하게 될 것을 약속하셨다면, 그의 후손은 단지 혈통적인 차원에서만 해석될 수 없는 것이 분명하다. 이러한 문맥 속에서 "율법 행위에 속한 자들은 저주 아래 있다"(3:10)는 진술과 "아무나 율법으로 말미암아 의롭게 되지 못한다"(3:11)는 진술은 아브라함의 후손을 재정의하려는 바울의 폭넓은 관심 속에서 해석되어야 한다.

칭의론은 한편으로는 아브라함 자손의 참 성격을 재정의하는 수단이 되고, 다른 한편으로 유대인들이 지닌 아브라함 자손에 대한 피상적 이해를 격파하는 논쟁의 수단이 되기 때문이다. 근접문맥에서 "의롭다 함을 받는다"는 술어는 "아브라함의 아들" 또는 "하나님의 자녀"가 되는 신분과 밀접하게 연관되어 있다(3:6-7, 29, 4:6-7).[26] 분명한 것은 갈라디아서의 문맥에서 칭의론은 아브라함의 아들의 참 정체성을 확증하는 논쟁 수단이 되고 있음을 시사한다.

김 교수가 주장하듯이 만일 유대인들이 완전한 율법 순종 행위를 조건으로 삼아 스스로 의롭다 함을 얻으려고 시도하였다면, 그들이 율법의 저주 아래 있는 이유는 무엇인가? 그들은 이미 언약백성 된 신분을 지닌 자들이었지만 율법을 온전하게 행하지 못함으로써 율법의 저주 아래 떨어지게 되었다는 말인가? 신명기가 말하는 "저주"는 언약의 축복에 반대되는 개념으로 "언약 밖으로" 쫓겨나 하나님의 진노의 대상이 된 상태를 말한다(신 27-28장 참조).[27] 사실 신명기 자체의 전망에서 표면적으로만 보면, 율법에 대한 불순종은 하나님과 그들 사이의 언약 관계를 언제라도 뒤집을 수 있는 것처럼 보인다. 김 교수는 유대교가 바로 그러한 종교라고 주장하고 그것을 뒷받침하기 위해 신명기의 구절들을 주요 논거로 사용한다.[28]

이것은 이스라엘 종교와 유대교를 같은 성격을 지닌 "행위의의 종교"로 간주해야 한다는 것을 뜻할 수 있다. 그러나 바울은 전혀 다른 입장을 취하

---

26) Hung-Sik Choi, "The Truth of the Gospel": *An Exegetical and Theological Study of the Antitheses in Galatians 5.2-6*, Ph.D Dissertation, Durham University 2002, 84: "Paul equates "being justified" with becoming Abraham's offspring (3.29), becoming the children of God (3.26; 4.6), becoming heir (3.29; 4.7), receiving adoption (4.5), and becoming the children of promise (4.28) ······ Sanders rightly argues, 'the passive verb 'be righteoused' is employed in his discussions of transferring from one status to another." Cf. E. P. Sanders, *Paul, the Law, and the Jewish People*, 6,544.

27) J. D. G. Dunn, *op.cit.*, 99f.

28) 김세윤, 바울신학과 새 관점 (도서출판 두란노, 2002), 248, 252.

는 것으로 보인다. 그는 율법 아래서 태어난 아브라함의 육신적 후손들 대다수가 본래부터 참 이스라엘이 아니었다고 생각하기 때문이다(롬 9:6-8, 2:28-29, 11:1-2). 할례나 혈통을 의지하고 율법을 문자 수준에서 붙들면서 실상은 율법을 범하는 그들 대다수는 "표면적 유대인"(롬 2:28-29), "육체를 따라 난 자들"(갈 4:23, 29), "종의 자녀들"(갈 4:23, 30), "죄 아래"(롬 3:9) 있는 자들, 따라서 "율법의 저주 아래 있는 자들"이다: 그들은 결국 이방인들과 방불한 세상적 존재의 일부일 뿐이다. 그렇다면 칭의론은 그들이 아브라함의 참 자손이 아니라는 사실을 폭로하는 논쟁적 무기인 셈이다.

믿음으로 말미암는 칭의론이 후에 사라/하갈 알레고리(갈 4:21-31)에서 하나님의 주권적인 약속 또는 성령의 능력과 연관되는 것을 살필 때(23, 29절), 그것은 법률적인 신분만을 변경시키는 무죄선언의 판결이란 의미를 뛰어넘어 하나님의 창조적 능력에 의한 참 하나님의 백성의 형성을 지향한다고 할 수 있다.

"율법으로 의롭다 함을 얻을 육체가 없다"는 진술은 그렇다면 율법이 변화된 하나님의 백성, 회복된 이스라엘을 형성할 능력이 없다는 전망 속에서 이해되어야 한다.[29] 이것은 시내산 언약의 구성원 대부분이 참 이스라엘이 아니라는 인식을 전제한다.

넷째로, 김 교수는 유대교를 행위의의 종교로 보는 전제 속에서 이방 선교의 당위성을 끌어내려다 보니 그의 중심 주장들 가운데 논리적인 긴장과 불일치, 모호한 점들이 생겨난다. 그는 **바울신학과 새 관점**이란 저술에

---

[29] 이에 대한 상세한 논의를 보려면 본서에 실린 필자의 다른 관련 글들을 참조하라: cf. "율법과 생명: 구약, 복음서, 바울 서신에 나타난 율법 이해들의 비교", "약속과 율법: 율법과 복음의 상관성에 대한 연구" 등.

서 바울의 기독론과 구원론이 이방인을 포함한 보편적인 선교 개념을 논리적으로 불가피하게 만든다고 주장한다: "필자가 그리스도의 우주적 주권을 말하는 바울의 기독론은 그가 전세계를 대상으로 선교하도록 이끈 반면, 오직 은혜/믿음으로 의롭게 된다는 그의 구원론은 그의 이방인 선교를 정당화했다고 분명하게 말하였다."[30]

여기서 그가 말하려는 요점은 다음과 같다. 다메섹 도상에서, 올리심을 받은 그리스도께서 바울에게 "하나님의 형상"으로 나타났고, 이러한 계시로부터 그의 아담 기독론과 지혜 기독론이 발전되었다.

이것은 또한 "새로운 창조 구원론"과 연결되어 본질적으로 유대인과 이방인을 포괄하는 범세계적인 선교 개념을 가능하게 만들었고(Kim, *Origin*: 268), 바울이 다메섹 계시 사건을 통해 새롭게 얻은 "그리스도의 우주적 주권"(308-11)과 열려진 "유일신론"(310)에 대한 통찰들은 그로 하여금 이방인에게 가서 하나님의 아들을 전파해야 할 당위성을 갖게 만들었다.

하지만 긴 기독론적 추론을 통해서 얻어진 김 교수의 이러한 관찰들은 율법과 유대교에 대한 그의 편향된 견해들 때문에 어느 정도 희석된 것으로 보인다. 그는 한편에서는 유대교가 완벽한 율법 순종을 조건으로 스스로 의를 확보하려고 시도한 행위 구원의 종교라고 비평하면서도, 다른 한편에서는 이방인들을 언약백성인 이스라엘에 편입시키려고 그들에게 할례와 율법의 멍에를 짊어지게 만들려고 시도했다고 비평한다. 동시에 그는 불신 유대인들이 할례나 율법 등과 같은 언약적 표지들에 근거해서 스스로를 아브라함의 자손 또는 언약백성으로 자부하고 이방인들도 구원을

---

30) 김세윤, 바울신학과 새 관점 (도서출판 두란노, 2002), 28.

얻으려면 할례를 받고 율법의 멍에를 짊어짐으로써 언약백성에 가입하라고 부추겼지만, 바울은 그들이 아브라함의 참 자손이라는 것을 부정했다고 덧붙이기도 한다(308).

만일 유대인들이 자신들의 범죄 현실에 비추어 건전한 판단을 하는 자들이었다고 한다면, 그들은 분명히 완벽한 율법 순종을 통해서 의롭다 함을 얻는 일이 불가능할 뿐만 아니라, 할례와 율법의 멍에를 짊어지려는 유대교 개종자들에게도 별로 희망을 건네주지 못한다는 것을 알았을 것이다.

그런데도 그들은 왜 이방인들에게 억지로 할례를 강요하고 율법의 멍에를 짊어지게 하려고 했는가? 그들은 또한 왜 이방 기독교인들을 극렬하게 핍박하였는가? 자신들도 불가능하게 생각하던 것을 이방 기독교인들이 너무도 쉽게 성취할 수 있다고 주장했기 때문에 시기심으로 핍박했는가? 할례를 받아 일단 언약백성에 가입한다고 해도 완벽한 율법 순종을 이루지 못하면 언제라도 언약 밖으로 떨어져 나갈지도 모른다고 했다면, 유대인들은 왜 자신들도 확신할 수 없는 율법준수를 이방 기독교인들에게 강요했는가?

김 교수는 할례와 율법은 언약백성인 유대인만을 위한 "특수 구원사"의 요소라고 간주하는 반면, 은혜와 믿음의 복음은 "보편 구원사"를 구성하는 요소라고 생각한다. 유대교의 하나님도 유대인들에게는 이러한 특수 구원사를 뒷받침하는 민족주의적인 신이었지만, 바울은 그가 이방인의 하나님도 되신다는 열려진 신론을 갖게 되었다. 오직 믿음으로만 의롭다 함을 받는다는 바울의 칭의론은 이전 시대에 할례, 율법으로 대변되는 특수 구원사의 전망에 종지부를 찍게 되었다: "온 인류의 한 하나님은 할례자

(=유대인)와 무할례자(=이방인)를 정확하게 동일한 근거, 즉 믿음 위에서 의롭다고 하신다. 여기서 할례와 율법으로 대변되는 특수 구원사가 은혜와 믿음의 복음으로 대변되는 보편 구원사에 길을 내주었다."[31]

김 교수의 이러한 주장들은 사실 최근에 던이 주장하는 새 관점주의 전망과 정확하게 일치한다. 그의 초기 저술에서 루터파 신학의 전통적인 요소와 새 관점주의 신학의 요소가 병존한다는 것은 흥미로운 사실이다. 그는 서로 상반되는 두 견해들을 칭의론뿐만 아니라 세계선교 개념을 뒷받침할 때도 함께 적용하려고 시도한다:

1. 우선 김 교수는 일단 전통적인 루터파 신학 노선을 따라 설명한다: 유대교는 완벽한 율법 순종을 조건으로 의롭다 함을 얻어보려고 시도한 인본주의적 종교였으며, 이방인들에게 할례와 율법의 멍에를 짊어지게 함으로써 자신들도 얻을 수 있을지 확신할 수 없었던 것을 이방 기독교인들에게 강요하려고 하였다.

하지만 다메섹 도상에서 바울은 부활하신 그리스도를 "하나님의 형상"으로 보았고, 그는 신적 지혜의 참 구현으로서 율법의 마침이 되신다는 사실을 깨닫게 되었다. 여기서 그는 아담 기독론과 지혜 기독론을 발전시켜 보편적인 이방선교로 나아가는 근거를 확보하였다. 바울의 이신칭의론은 그의 세계적인 선교를 뒷받침하는 역할을 한다.

2. 이와는 다르게 김 교수는 새 관점주의 전망에 따라서도 설명한다: 유

---

31) S. Kim, *The Origin of Paul's Gospel*, 310. 김세윤의 이러한 진술은 최근 던이 주장하는 새 관점주의 전망과 정확하게 일치한다. 그의 초기 저술 가운데서 던이 주장하는 언약적 신율주의 요소들이 전통적인 루터파 신학의 요소들과 더불어 혼재하고 있었다는 것이 이로써 분명해진다.

대교는 할례, 혈통, 율법과 같은 특수 구원사 요소들에 기초해서 유대인만을 아브라함의 유일한 합법적 후손으로 보았으며, 이방인들도 아브라함 언약에 참여하려면 할례를 받아 언약백성인 이스라엘에 가입해야 한다고 본 선민적 특권의식의 종교였다. 그들은 할례와 율법과 같은 특수 구원사의 요소들을 받아들임으로써 유대교의 중심적 우월성을 인정하지 않으려는 이방 기독교인들을 핍박하려고 하였다.

회심 전에 바울은 "조상들의 유전", 즉 율법에 관한 랍비들의 구두전승에 대한 남다른 열심을 가진 사람이었으며(갈 1:13-14), 이러한 바울의 종교적 열심은 메시아 이름으로 율법을 비판한다고 생각한 기독교인들을 극심하게 핍박하게 만들었다(47). 하지만 다메섹 도상에서, 부활하신 그리스도는 그에게 하나님의 형상으로 나타났고 그는 신적 지혜의 참 구현으로서 율법의 마침이 되신다는 사실을 깨닫게 되었다.

여기서 그는 아담 기독론과 지혜 기독론을 발전시켜 보편적인 이방선교로 나아가는 근거를 확보하였다. 하나님이 이방인의 하나님도 되신다는 열려진 유일신론과 그리스도의 우주적 주권에 대한 깨달음은 하나님께서 할례자나 무할례자 모두를 오직 믿음이라는 공통 근거 위에서 의롭다 하신다는 통찰을 갖게 만들었다. 이것은 "할례와 율법으로 대변되는 특수 구원사가 이제 은혜와 믿음의 복음으로 대변되는 보편 구원사에 길을 내주었다는" 사실을 함축한다.

사실 서로 상반되는 두 요소들을 충분한 소화도 없이 자신의 논지 속에 함께 결합시키려고 노력하기 때문에, 기독론과 구원론에 관한 김 교수의 훌륭한 관찰들은 여러 면에서 모호하게 되고 심지어는 서로 충돌을 일으키는 것으로 보인다. 그는 율법에 관한 바울의 부정적 진술과 유대교에 대한 그의 비판적 진술들을 구분하지 못하고, 율법의 내면적 한계들을 지적할 때마다 곧바로 행위의의 종교로서 유대교에 대한 바울의 비평을 전제함으로써 때로는 구약 이스라엘 종교 자체도 행위 구원의 종교로 간주할 수 있는 여지를 남겨두게 되었다.

오히려 역으로 말하는 것이 진실에 가깝다: 유대교를 비평하는 진술들 속에서도 사실은 율법의 내면적 한계들에 대한 비판이 전제되어 있다. 이러한 관찰은 중요한 함축을 담고 있다. 유대교의 오류는 완벽한 율법준수를 조건으로 스스로 의를 확보하려고 한 인본주의적 시도에 있지 않고 언약사의 심층적 흐름의 요구를 소홀히 한 그들의 "피상성"에 있다. 언약사의 심층적 흐름의 요구란 변화된 실존으로서 새로운 인식과 새로운 순종이 가능해진 참 하나님의 백성이 될 것을 요청하는 하나님의 요구를 가리킨다.

그렇다면 율법과 그것에 기초한 유대교의 한계들을 비판할 때, 바울은 행위 구원의 종교로서 유대교라는 전망에서 비판한 것이 아니라 자신의 언약신학적 전망에서 그렇게 한 것이 분명하다. 그는 아브라함, 모세, 새 언약 사이에 "연속성"과 "불연속성"이 존재하고 있다고 본다. 김 교수와 같이 루터파 신학 전통에 속해 있는 학자들은 율법과 그리스도의 대조 속에 나타나 있는 "불연속성"을 지나치게 강조하는 경향이 있지만, 사실 바울은 구원사 속에서 일련의 언약들이 자신의 참 백성을 형성하려는 하나님의 근본 의도에 있어서 연속성을 가지고 있음을 동시에 인정하는 것이 분명하다.

이 점은 시내산 율법 언약에 있어서도 예외는 아니다. 문자언약에 불과한 율법은 하나님의 이러한 근본 의도를 실현할 능력이 없었기 때문에, 그것은 하나님의 섭리 속에서 그리스도가 오실 때까지 (할례는 받았지만 마음의 할례를 받지 못한) 유대인과 (할례를 받지 못하여 언약 밖에 있는) 이방인들 모두를 "죄 아래" 가두어 놓는 잠정적인 역할을 담당하게 되었을 뿐이다(갈 3:21-22; 롬 5:20).

던의 주장은 이 점에서 치명적인 약점을 내포하고 있다. 다메섹 계시 사건에서 바울의 기독론적 통찰들을 추론하는 김세윤 교수의 논지가 이방인 선교로 부르신 소명에 대한 "즉각성"을 결여하고 있다고 비판하면서 그는 이 "즉각성"을 드러내는 기묘한 대안을 제시한다. 그에 따르면 십자가 사건은 유대인들이 보기에 하나님께서 예수를 버리시고 "이방죄인" 취급하셨으며 그를 율법의 저주를 받은 자로 보셨다는 것을 의미한다. 다메섹 사건은 이러한 예수의 상황을 반전시켜 놓았다. 왜냐하면 하나님께서 십자가에 못박힌 예수를 받아들이셨으며 신원하셨기 때문이다: "그러므로 하나님께서 저주받은 자, 언약 밖에 있는 죄인, 이방인에게 은혜를 베푸셨다."[32] 던의 이러한 추론은 기묘하기는 하지만 신빙성이 없다. 그리스도가 율법의 저주를 받아 자신을 언약 밖의 이방죄인들과 동일시함으로써 그들에게 구속의 은혜를 베푸셨다면, 유대인들을 위한 구속은 어디로 갔는가?[33]

홍인규 교수는 던과는 전혀 다른 해석을 전개한다. 율법의 저주 아래 있는 자들은 유대인들이다. 왜냐하면 "율법 아래서 난다"(갈 4:4)는 것은 유

---

[32] J. D. G. Dunn, "'A Light to the Gentiles', or 'The End of the Law'? The Significance of the Damascus Road Christophany for Paul," in: *Jesus, Paul and the Law*, 100.

[33] 동일한 모순이 다음 학자들에게서도 나타난다: cf. T. L. Donaldson, "The 'Curse of the Law' and the Inclusion of the Gentiles," 96f; J. P. Braswell, "'The Blessing of Abraham' Versus 'The Curse of the Law': Another Look at Gal 3:10-13," *WTJ* 53 (1991), 79f. 김세윤 교수도 이러한 문제점을 그의 최근 저서 바울신학과 새 관점 (도서출판 두란노, 2002), 특히 "이방인만을 위한 구속?"이란 부분에서 지적한다.

대인으로 태어나는 것을 뜻하기 때문이다. 따라서 그리스도의 죽음은 유대인들을 율법의 저주에서 속량하셨다(갈 3:13). 그러면 이방인들을 위한 구속은 어디로 갔는가? 홍 교수는 유대인들이 이방인의 대표가 되기 때문에 전자를 위한 그리스도의 구속은 후자를 위한 구속이 된다고 대답한다.[34]

던이나 홍인규의 해석은 모두 다메섹 사건이 아브라함의 육신적 후손인 이스라엘 민족의 정체성 인식에 어떤 급진적 변화를 가져왔는지를 간과하고 있는 것이 분명하다. 갈라디아서 3:13에 언급된 "우리"(us), 즉 "율법의 저주 아래 있는" 존재들 가운데 유대인과 이방인 모두가 포함될 수 있는 근거는 이방인뿐만 아니라 심지어 유대인마저도 모두가 "언약 밖에" 있는 "죄인들"(롬 3:7) 또는 세상적 존재들에 불과하다는 바울의 인식 속에서 이해되어야 한다.

던의 주장대로 예수의 죽음이 언약 밖에 있는 죽음, 하나님께 저주를 받은 자의 죽음이라면, 그것은 (유대인들의 시각에서) 이방죄인들의 입장에 있는 죽음만을 가리키는 것이 아니라, (바울의 변화된 시각에서) 유대인과 이방인 모두가 언약 밖에 있는 죄인들로 드러난 상황에서 그들 모두의 입장에 있는 죽음을 가리킨다.

우리는 그리스도께서 아브라함의 유일한 합법적인 후손으로서(갈 3:16) 언약의 정점에 있다는 사실을 주목해야 한다: 그는 이전 언약들의 꿈과 의도를 성취하러 오신 분이다. 시내산 율법도 그 잠정적인 역할에도 불구하고 아브라함 언약의 "영적이며"(믿음과 성령으로 특징화되는 후손) "보편적인"(이방 신자들까지 내포하는 후손) 비전을 무효화시키지

---

34) I. Hong, "The Perspective of Paul in Galatians," *Scriptura* 36 (1991), 10.

못하고 도리어 그리스도 안에서 그것을 강화시키고 성취하는 방향으로 변화될 것이다. 율법의 잠정적인 역할에 종지부를 찍고 그것의 참 의도를 성취할 수 있는 것은 오직 그리스도 안에서만 가능하다. 이 점에서 그리스도는 "율법의 마침"이 되실 뿐만 아니라, "율법의 목표/완성"이라고 보아야 한다(롬 10:4, 3:31).[35]

1.4 율법은 "그리스도에게 인도하는 몽학선생?"

율법과 그리스도의 대조와 관련하여 우리는 갈라디아서 3:24의 본래 의미를 간단하게 밝힐 필요가 있다: "이같이 율법이 우리를 그리스도에게로 인도하는 몽학선생이 되어 우리로 하여금 믿음으로 말미암아 의롭다 함을 얻게 하려 함이니라."

이 구절에서 말하듯이 율법은 과연 "그리스도에게로 인도하는" 긍정적인 역할이 있는가? 율법에 남다른 헌신과 열심을 가졌던 바울이나 유대인들은 왜 율법을 통해서 그리스도에게 인도함을 받지 못하고 도리어 기독교회를 핍박하게 되었는가? 이미 앞서 관찰한 율법과 그리스도의 대립 구도가 율법의 이러한 긍정적인 역할을 인준하는가?

이런 질문들에 대해 올바로 답변하려면 근접문맥의 흐름을 잘 살필 필

---

35) 로마서 10:4의 "텔로스"(*telos*)란 헬라어 술어는 역사적으로 다양하게 해석되어 왔다: 그것은 "끝, 마침, 종말"(end, termination)의 의미로 해석될 수도 있고 또는 "목표, 목적, 완성"(goal, purpose, consummation)의 의미로 해석될 수도 있다. 그것을 의미론적이고 문맥적이며 신학적인 의미에서 상세하게 분석한 저술로는, Robert Badenas, *Christ The End of the Law: Romans 10.4 in Pauline Perspective* (JSNT Sup. Series 10; JSOT Press, 1985)를 참조하라: "The phrase *telos nomou*, in all the instances that have been found in the present research, denotes either the object/purpose of the law or its fulfillment, never its abrogation"(145f).

요가 있다. 22절과 23절은 여러 면에서 평행되는 점들이 많다. 두 구절에서 모두 "가두다"라는 동사가 사용되고, "율법 아래"와 "죄 아래"가 평행적 위치에 놓여 있다.

하지만 23절은 22절에서 다루지 않은 주제를 발전시키기도 한다: 구원사는 "믿음이 오기 전" 시대와 "계시될 믿음의 때까지"의 시대로 구분된다. 이것은 구원사가 "율법의 시기"와 "믿음의 시기"로 구분된다는 것을 시사한다.

중요한 것은 율법의 시기 동안에 "우리"는 "죄 아래"(22절) 또는 "율법 아래"(23절) 포로처럼 갇혀 있었다는 사실이다. "우리"라는 인칭대명사가 유대인과 이방인 세계 전체를 포괄하는 것이 분명하다면(3:26, 28, 4:5-6, 8에 나타난 "너희"와 "우리"의 변동에 주목하라), 바울은 인류 모두가 그리스도가 오시기 전에 율법 아래 갇힌 상태에서 죄의 폭군적 지배를 받고 있었다는 것을 밝힌다.

22-23절에서 바울은 이미 구원사의 시대적 구분을 강조했기 때문에, "그리스도에게로"($\epsilon\iota\sigma\ X\rho\iota\sigma\tau o\nu$)라는 헬라어 표현을 달리 해석할 필요가 있다.

이 전치사 표현은 한역 성경의 번역처럼 "그리스도에게로 인도하는"의 뜻으로 해석될 수도 있다(KJV, NIV 등). "에이스" 전치사는 목적론적인 의미로 해석하는 것이 가능하다. 이 경우에 모세 율법의 감독 아래 있게 하는 목적은 우리를 그리스도에게로 인도하기 위함이다. 어린아이를 선생에게로 데려다 주는 일을 하는 "몽학선생"이란 이미지가 이 해석을 지지할 수도 있다. 하지만 율법이 기독교 복음을 받아들이도록 적극적인 준비 역할을 한다는 이 견해는 유대교 시절 바울 자신의 경험으로 보나 갈라디아서의 문맥으로 보나 거부될 수밖에 없다.

갈라디아서는 그 역을 증언해 준다. 율법에 열심이 있던 바울이나 그의 동족 유대인들은 하나님의 교회를 핍박하고 메시아 예수를 십자가에 못박고 말았다(1:13; 참조. 고후 3:14-15). 따라서 "에이스" 전치사는 시간적인 의미로 해석되어야 한다. 이 경우에 하나님 백성을 감독하는 율법의 기능은 그리스도가 오실 "때까지"(until) 지속된다(RSV, NEB 등).[36]

근접문맥은 시간적 용법을 지지한다. 바울은 구원사의 시기를 율법의 시기와 믿음의 시기로 구분하면서 율법의 시기는 "계시될 믿음의 때까지"(εἰς τὴν μέλλουσαν πίστιν ἀποκαλυφθῆναι) 제한된다고 말한다. 특별히 23절의 이 헬라어 표현에서 "에이스" 전치사는 이미 시간적인 의미로 사용되고 있다. 더욱이 "그러므로"를 뜻하는 "호스테" 접속사는 24절을 23절과 직접적으로 연결시키기 때문에 "에이스 크리스톤"(εἰς Χρίστον)은 시간적으로 해석하여 "그리스도 때까지"로 번역하는 것이 타당하다.

"몽학선생"(παιδάγογος)이란 말은 랍비문헌에서 이스라엘의 중요 지도자들을 묘사하는 말로 자주 등장한다(cf. *Exod. Rab.* 21.8; 42.9; *Num. Rab.* 1.2; *Deut. Rab.* 2.11). 그러나 기존 유대교 문헌에서 모세 율법 자체가 몽학선생으로 묘사되는 구절은 존재하지 않는다.[37]

그렇다면 바울은 몽학선생을 창의적으로 적용하는 면은 있지만 헬레니즘 세계에서 통용되는 용례를 따라간다고 말할 수 있다. 몽학선생을 존경과 애정을 받던 인물로 묘사하는 긍정적인 구절들이 있기는 하지만(cf. Plutarch, *Aratus* 48.3 참조) 베츠에 따르면 몽학선생이 무례하고 거칠고

---

36) H. D. Betz, *Galatians*, 178; R. N. Longenecker, *Galatians*, 148f; F. F. Bruce, *Galatians*, 183 등을 참조하라.
37) Cf. R. N. Longenecker, *Galatians*, 148.

쓸모없는 존재라는 대중적인 이미지를 갖게 되었다고 말한다.[38] 최근의 연구 결과는 베츠의 견해를 지지하는데 바울 당시의 몽학선생은 대부분 주인의 아들을 위협하고 때리거나 자유를 제한하는 자라는 부정적인 이미지를 가지고 있었다고 한다.[39]

이러한 연구 결과에 비추어 볼 때 24-25절에서 바울이 율법에 예비적이거나 준비적인 긍정적인 역할을 부여하고 있다고 보기 어렵다. 바울의 요점은 모세 율법이 그리스도를 적극적으로 준비하는 역할을 한다는 것이 아니다.

그것은 감독하고 통제하며 자유를 제한하는 율법의 기능, 율법의 그러한 감독과 통제를 받는 자의 열등한 신분, 그리고 궁극적으로 종노릇하게 만드는 율법의 통제와 감시를 받는 범죄한 인류의 부정적인 상태를 부각시키려는 것이다. 율법이 잠정적이나마 그리스도가 오실 때까지 몽학선생과 같은 감독자의 역할을 담당하게 된 것은 의롭다 함을 얻는 축복이 오직 그리스도를 믿는 믿음 안에서만 가능하다는 것을 보여 주기 위한 것이다. 율법은 단지 그리스도 안에 있는 구속의 충족성이 계시될 때가지 죄인들을 감독하고 통제하는 후견인 역할을 잠정적으로 담당했을 뿐이다. 그리스도가 오신 후에 신자들은 더 이상 율법과 같은 "후견인" 또는 "세상의 초등학문" 아래 있지 않다(갈 4:1-4).[40]

---

38) H. D. Betz, *Galatians*, 177 참조.
39) D. J. Lull, "'The Law was our Pedagogue': A Study in Galatians 3:19-25," *JBL* 105 (1986), 481-98; N. H. Young, "Pedagogos: The Social Setting of a Pauline Metaphor," *NovT* 29 (1987), 150-76.
40) 갈라디아서 4:1-4에서 "율법 아래" 있는 것은 "세상의 초등학문 아래" 있는 것과 평행적인 위치에 있다. 이것은 율법이 세상의 초등학문의 한 형태라는 것을 시사해 준다. 이에 대한 상세한 논의를 참조하려면, 이한수, 갈라디아서 (도서출판 횃불회, 1997), 362-379, 특히 370 ff에 실린 최근 학자들의 논의들을 참조하라.

2. 율법과 그리스도: 두 상반된 칭의 영역

이제까지 우리의 논의는 율법과 그리스도의 대조가 다메섹 계시 사건에서 추론되는 방식에 초점을 두었지만, 이제부터 그것이 등장하는 구절들을 구체적으로 주석하는 작업에 집중하고자 한다. 최근에 율법과 그리스도의 대조가 지닌 함축들에 대해 다룬 사람은 최흥식 교수이다. 그는 자신의 학위 논문을 통해 바울 서신에 등장하는 율법과 그리스도의 대조를 "상반된 칭의 영역"으로 해석하려고 시도한다. 그는 종교개혁 시대 이후로 바울 사도의 이신칭의 교리를 너무 개인주의적이고 실존주의적으로 접근하려는 서구 개신교의 경향을 비판하고 그것을 샌더스의 '언약적 신율주의'와 던의 "새 관점주의"(New Perspective)의 전망에서 해석하고자 하였다.

2.1 최흥식 교수 논문의 요지

최 교수 논문의 핵심 요점은 바울이 구원론 이해에 있어서 "그리스도와 율법"을 상반된 칭의의 "영역"(sphere)으로 보았다는 것이다. 그는 이러한 결론에 도달하기 위하여 다음과 같은 요지의 논지를 전개한다.

첫째로, 최 교수는 칭의의 전형적인 술어인 "디카이오오"(δικαιόω) 동사를 "개인 구원적 차원"에서 이해해 온 개신교 해석 전통을 거부한다. 개신교 신학자들은 그것을 "법률적인" 무죄선언 행위로(declare righteous) 해석해 온 반면에,[41] 가톨릭 신학자들은 전통적으로 그것을 "존재론적" 변화의 행위로(make righteous) 해석해 왔다.[42] 최근의 성서신학자들 가운데는 이 술어의 "언약적인" 배경을 고려하여 그것을 하나님과의 언약적 관계 회복의 술어로(put in the right standing before God) 해석하기도 한다.

최 교수는 칭의가 단순히 어떤 개인을 하나님의 법정에서 무죄 선언함으로써 그의 법률적 신분만을 변화시켜 놓는 개인적이고 실존적인 구원경험을 가리키는 것이 아니라고 본다. 하나님 백성이 될 수 있는 가입조건들(유대인들에게는 할례, 음식법, 식탁교제 등과 같은 것들인 반면에, 바울에게는 믿음만이 거론된다)을 다루는 부분이(갈 2:16-21) 안디옥 사건의 결론 부분에서(갈 2:11-14) 등장하기 때문에, 바울 사도는 여기서 "어떻게 개인이 구원을 얻을 것인가" 하는 개인적 질문을 제기한다기보다는 (물론 부분적으로 그럴 수 있음을 인정하기는 하지만) "어떻게 이방인이 하나님 백성이 될 수 있는가"라는 구원사적 질문을 제기한다. 또한 갈라디아서 3:6-29의 중심 주제는 "어떻게 이방인이 아브라함의 자손과 하나님의 백성이 되는가"를 다루고 있기 때문에(3:29, 4:6, 3:29, 4:7), 최 교수는 최근의 성서 신학자들의 견해를 따라 다음과 같은 결론에 도달한다: "의롭게 된다"는 것은 하나님의 백성으로서 하나님과 올바른 관계를 가지고 있는 상태를 가리킨다.[43] 사실 주목할 만한 점은 갈라디아서에서 칭의 술어가 아브라함의 아들이 되는 것(3:7, 29), 하나님의 자녀가 되는 것(3:26, 4:6), 후사가 되는 것(3:29, 4:7), 양자가 되는 것(4:5), 약속의 자

---

41) R. Bultmann, *Theology of the New Testament* (New York: Scribner's, 1951), 1.271-78; R. Y. K. Fung, *The Epistle to the Galatians*, 125-20; H. Ridderbos, *The Epistle of Paul to the Churches of Galatia*, 99, etc.

42) F. F. Bruce, *The Epistle to the Galatians*, 138; K. Kertelge, *Rechtfertigung bei Paulus* (Munster: Aschendorf, 1966), 115-20; H. Schlier, *Der Brief an die Galater*, 89-91, etc.

43) Hung-Sik Choi, "The Truth of the Gospel," 84.

녀가 되는 것(4:28)과 동일시된다는 사실이다. 칭의 술어가 후자의 표현들과 상호 교환적으로 사용되면서 부연 설명되고 있다. 칭의 동사가 이렇게 "한 신분에서 다른 신분으로 이전되는"[44] 바울의 논의들 속에서 사용된다는 점을 주목한다면, 그것은 하나님과의 올바른 관계에 들어가는 것, 다시 말해서 하나님 백성의 구성원이 된다는 것을 뜻할 수 있다.

둘째로, 상기 해석과 연관하여 "율법 안에서"라는 술어는 "율법의 영역 안에서"라는 뜻을 가질 수 있다(롬 2:12, 23, 3:19, 7:6, 23; 갈 3:11, 5:4; 빌 3:6). 칭의 구원 경험과 관련하여 그것은 "그리스도 안에서"라는 술어와 직접적으로 대칭을 이룬다. 그렇다면 갈라디아서 5:4-6에서 바울이 "율법 안에서 의롭다 함을 얻는다"고 표현한 것은 "율법의 영역 안에서 하나님과 올바른 관계를 맺게 된다"는 것을 뜻하게 되고, 이와는 반대로 "그리스도 안에서 의롭다 함을 얻는다"는 표현은 "그리스도의 영역 안에서 하나님과 올바른 관계를 맺게 된다"는 것을 뜻하게 된다. 이런 의미에서 율법과 그리스도는 각각 유대인들이나 기독교인들의 "존재와 삶의 영역"[45]으로 이해된다.

많은 주석가들은 갈라디아서 3:11, 5:4, 그리고 빌립보서 3:6에 나오는 "엔"(ἐν) 전치사를 도구적인 의미로 취하는 반면,[46] 몇몇 학자들은 그것

---

44) E. P. Sanders, *Paul, the Law, and the Jewish People* (Philadelphia: Fortress, 1983), 6.
45) Hung-Sik Choi, "The Truth of the Gospel," 85.
46) Cf. J. C. Beker, *Paul the Apostle: The Triumph of God in Life and Thought* (Philadelphia: Fortress, 1984), 260; R. B. Hays, *The Faith of Jesus Christ: An Investigation of the Narrative Substructure of Galatians 3:1-4:11* (SBLDS 56; Chico, CA: Scholars Press, 1983), 206; H. Ridderbos, *Paul: An Outline of His Theology*, 138, 170; J. M. Gundry-Volf, *Paul and Perseverance: Staying in and Falling Away* (WUNT 2/37; Tübingen: Mohr-Siebeck, 1990), 210, etc.

을 장소적인 의미로 해석한다.[47] 최 교수는 갈라디아서나 빌립보서에서 "율법 안에"(갈 3:11; 빌 3:6)와 "그리스도 예수 안에"(갈 3:14; 빌 3:9)란 술어들이 상반되는 두 영역들로 대조하는 문맥에 등장하기 때문에 후자의 해석이 정당하다고 주장한다. 이러한 관찰에 근거해 갈라디아서 5:6에서 바울은 율법과 그리스도를 "두 대립되는 영향권들"로 또는 "두 반립적인 구원사 영역들"로 대조한다고 결론짓는다.

물론, "율법의 영역 안에서의 칭의"는 유대주의적 선동자들의 메시지의 중요한 일부분인 것이 분명하다. 하지만 최 교수는 그것을 행위의의 종교라는 전통적인 유대교 개념에 따라 해석하기를 거부하고 언약적 신율주의 전망에 따라서 해석하고자 한다. 말하자면, 유대주의적 선동자들이 유대 기독교인들에게는 "율법준수를 통해 율법의 영역 안에 머묾으로써 하나님의 언약백성의 신분을 유지할" 것을 요구한 반면에 이방 기독교인들에게는 "율법준수를 통해서 율법의 영역 안에 들어올"[48] 것을 요구했다는 것이다. 그렇다면 바울 사도가 거부하는 것은 이러한 유대주의자들의 "인종주의적인 언약신학"이라고 할 수 있다.

특별히, 그는 바울 서신에 나타난 용례들을 살핀 후에 "그리스도 안에서"(in Christ)란 표현을 "하나님의 구원 행위들이 역사된 영역", "구원의 유익들이 존재하는 영역", "하나님의 영광, 은혜, 사랑, 뜻이 나타난 영역", 또는 "신자의 구속사적인 존재 영역" 등의 의미로 해석한다.[49] 이로써

---

[47] Hung-Sik Choi, op.cit., 86, following Dunn, Galatians, 267; Guthrie, Galatians, 129.
[48] Hung-Sik Choi, op.cit., 88. 이것은 최 교수가 던 교수보다 "율법의 행위"를 보다 포괄적으로 이해한다는 사실을 시사해 준다. 후자는 율법의 행위를 안식일, 할례, 음식법과 같은 전형적인 유대인들의 신분 표지의 행위를 지칭한다고 좁게 해석하는 경향을 보이기 때문이다.
[49] Hung-Sik Choi, "The Truth of the Gospel," 92f. 그는 여기서 "그리스도 안에"(in Christ)라는 술어에 대해 여러 학자들의 다양한 견해를 소개한다: (1) "신비적 접근": 영적인 그리스

"엔"(ἐν) 전치사가 함축하는 "영역"이란 개념은 하나님의 구원 행위들이 역사하거나, 또는 구원의 유익들이 존재하는 영역, 또는 칭의라는 구원의 선물을 받을 수 있는 영역을 지칭하게 된다. 이러한 구원의 역사, 축복, 선물은 그리스도의 영역 안에서만 경험될 뿐이다.

한 걸음 더 나아가, 최 교수는 최근 학자들이 "그리스도 안에서 의롭게 됨의 신학적, 사회적 중요성"을 소홀히 취급했다고 지적하고, "그리스도의 영역 안으로 들어올 때 하나님 백성이 될 수 있다"는 점을 강조한다. 칭의 구원론은 이방 기독교인들이 어떻게 하나님 백성이 될 수 있는가 하는 구원사적 문맥에서 다루어지기 때문에, 그것은 단지 개인이 하나님 앞에서 무죄선언을 받는 실존적 경험을 뛰어넘어 율법 언약 밖에 있었던 이방인들이 어떻게 언약 백성의 합법적인 구성원이 될 수 있는가 하는 사회적 함의를 지닐 수밖에 없다. 갈라디아의 유대주의적 선동자들은 "이방인들에 대한 유대적 관점에 기초하여 이스라엘 언약 공동체에 가입하지 않으면 아브라함의 복을 받을 수 없다"고 가르쳤지만, 바울은 "율법이 아닌 그리스도의 영역 안에서 이방인들이 아브라함의 복을 받을 수 있다"고 가르쳤다. 이방 기독교인들이 이렇게 아브라함의 후손으로서 그의 언약적 축복에 참여할 수 있는 것은 "그들을 언약백성 안에 받아들여지지 못하게 하고 또한 아브라함에게 주어진 언약의 약속에 참여할 수 없도록 가로막았

도는 신자가 존재하는 장소(A. Deismann, *St. Paul*, 140) 또는 제의적 신비주의에서 발전한 개념(W. Bousset, *Kyrios Christos*, 153-210) 또는 선택자가 그리스도와의 집합적인 연합에 참여함(A. Schweitzer, *The Mysticism of Paul the Apostle*, 127-29); (2) "종말론적인 접근": 그리스도 안에 있는 존재는 오는 시대의 생명에 참여함(G. E. Ladd, *Theology of the New Testament*, 483); (3) "객관적인 접근": 그리스도의 객관적인 구원 사역을 가리킴(H. Conzelmann, *An Outline of the Theology of the New Testament*, 209-11); (4) "집합적인 인격": 그리스도를 집합적인 인격으로 간주하고 다른 사람들이 그의 행위의 결과들에 참여함(E. Best, *One Body in Christ*, 29).

던 저주가 그리스도 안에서 그리스도의 십자가 죽음으로 제거되었기 때문이다."[50] 따라서 아브라함 언약의 축복이 주어지는 경계선은 "시내산 언약 공동체 안에서"로부터 "예수 그리스도의 영역 안에서"로 이전되었다.

거의 동일한 논지가 빌립보서 3:9에 등장하는 "율법에서 난 나의 의"란 술어를 해석할 때도 적용된다. 여기서 바울은 그리스도를 얻기 위하여 할례, 이스라엘 백성의 신분, 의와 같은 그의 유대적 특권들을 배설물로 여긴다(5-6절). 9절은 그의 최상의 목표를 그리스도 안에서 발견되는 것으로 묘사한다. 바울이 그리스도를 얻고 "그 안에서 발견되려는" 이유는 "율법에서 난 그 의"가 아니라 "하나님에게서 난 의"를 가지려 하기 때문이다.

우선 주목해야 할 것은 그리스도 안에서 "발견된다"(εὑρεθῶ)는 술어의 의미이다. 이 수동태 동사는 보통은 "판명되다, 나타나다, 드러나다"(BAGD)는 뜻을 갖지만, 여러 학자들은 빌립보서의 근접문맥에서 그것은 "존재"(to be) 상태를 가리킨다고 해석한다. 이 해석이 맞는다면, "그리스도 안에서 발견된다"는 것은 단지 "그리스도 안에 있다"는 것을 뜻할 가능성이 있다.[51] 근접문맥은 "엔" 전치사가 "영역"을 뜻하는 것으로 보이기 때문에, 최 교수는 그리스도 안에서 발견되는 것은 그리스도의 영역 안에 "존재하는" 것을 뜻하는 것으로 해석하고자 한다.

둘째로, 9절의 긴 분사구문은 두 종류의 의를 대조한다. 첫 번째 의는 "율법에서 난 나의 의"(my righteousness from the law)이고, 두 번째 의는 "믿음으로 하나님께로서 난 의"(God's righteousness on the basis of

---

50) Hung-Sik Choi, *op.cit.*, 99, following his mentor, J. D. G. Dunn, *The Partings of the Ways*, 123.
51) Cf. Burton, *Galatians*, 125; O'Brien, *Philippians*, 393; R. C. Tannehill, *Dying and Rising with Christ* (Berlin: Topelmann, 1967), 118.

faith)이다.

전통적인 주석가들은 전자가 자랑의 기초가 되는, 선행(善行)의 공적에 기초한 바울 자신의 의를 가리킨다고 해석한다.[52] 2-11절에서 "자랑", 육체에 대한 "신뢰", 과거 성취들을 "얻는 것"으로 언급하는 것 등은 "나의 의"가 율법의 행위에 기초한 자기의(自己義)를 가리키는 것처럼 보인다.[53] 하지만 "육체를 신뢰하는" 것은 공적적인 자기의를 지칭하지 않는다. "육"(flesh)이란 개념은 근접문맥에서 8일 만에 할례를 받은 것, 이스라엘 민족의 구성원 된 신분들, 바리새파에 속한 신분 등과 관련이 있다. 이런 것들, 특히 전자의 두 요소는 결코 바울 자신의 공적 행위가 아니라 인종적 특권들에 불과하다. 따라서 여기서 바울의 자랑은 하나님 백성으로서 특권을 지닌 유대인의 인종적 신분 표지들에 대한 자랑이다. 6절에서 "율법 안에서의 의"는 9절에서 "율법에서 난 나의 의"와 평행적인 위치에 있기 때문에, 그것은 "율법의 경계선 안에서 살아가는 자들에게 국한된 이스라엘의 특권적 신분을 의미한다."[54]

그렇다면 "믿음으로 하나님께로서 난 의"는 하나님께서 은혜의 선물로 주신 의를 지칭한다고 볼 수 있다. "하나님께로서 난 의"(righteousness from God)를 "하나님의 의"(the righteousness of God)와 동일시함으로써 스툴마허는 전자를 하나님의 구원 행위를 가리키는 의미로 해석하려고 한다.[55]

---

52) Cf. F. W. Beare, *Philippians*, 118; R. Bultmann, *TNT* 1, 285; P. T. O'Brien, *Philippians*, 395; M. Silva, *Philippians*, 186, etc.
53) R. Gundry, "Grace, Works, and Staying Saved in Paul," *Biblica* 66 (1985), 13.
54) Hung-Sik Choi, *op.cit.*, 101, following Dunn, *The Theology of Paul the Apostle*, 69.
55) P. Stuhlmacher, *Biblische Theologie des Neues Testament* (Band 1; Göttingen: Vandenhoeck & Ruprecht, 1992), 337.

하지만 최 교수는 전자와 후자가 정확하게 상응하는 의미를 갖지 않는다고 본다. 바울은 전자의 술어를 "믿음으로"($ἐπὶ\ τῇ\ πίστει$)란 어구와 연결시키기 때문에 그것은 그리스도를 통해서 신자들에게 주어지는 의의 선물을 가리키는 것이 분명하다. 결국 바울은 빌립보서에서도 율법과 그리스도를 두 상반된 칭의 영역으로 대조하는 것이 분명하다.

셋째로, 최 교수는 마지막 부분에서 "그리스도와 율법의 대조의 함의"를 다룬다. 그는 이 부분을 크게 두 부분으로 나누어 결론을 짓는다:

1. 그리스도와 율법을 상반된 칭의 영역으로 제시하는 데는 우선 사회적 함의(social implications)가 있다. "율법 안에서의 칭의는 율법의 울타리 안에 들어옴으로 의롭게 된다는 것을 의미하는데, 이것은 유대인과 이방인의 구별을 전제로 한다"는 것이다. 율법과 그리스도는 "하나님 백성의 경계선 표지" 역할을 한다: 유대인에게 하나님 백성의 경계선 표지는 율법인 반면에, 바울에게 하나님 백성의 경계선 표지는 그리스도이다. 율법은 유대인을 언약백성으로 구획 짓는다면, 그리스도는 하나님의 교회를 정의하는 역할을 한다. 전자는 인종 중심적인 유대 사회를 율법 안에 있는 자들로 특징 짓는 반면, 후자는 믿음의 공동체를 그리스도 안에 있는 자들로 특징짓는다. "그리스도 안에서의 칭의는 유대인과 이방인을 차등 구분하며 이방인들을 칭의의 복으로부터 제외시키는 율법의 사회적 기능의 끝을 의미한다(cf. 롬 10:4)."[56]

2. 바울 사도는 그리스도와 율법을 상반된 칭의 영역으로 대립시킴으로

---

56) Hung-Sik Choi, *op.cit.*, 109: cf. also P. F. Esler, *Galatians*, 177, who "argues that Christ is the basis of the social-identity of Christians."

써 유대교와 기독교회가 서로 공존할 수 없는 사회적 실재임을 드러낸 셈이다. "그리스도 안에 있는 자들은 율법 안에 있는 자가 될 수 없음을 의미한다. 위에서 살펴본 대로 유대인에게는 율법이 그들의 정체성을 규정하며 특권이 주어지는 영역인 반면, 기독교인들에게는 그리스도가 그와 같은 영역이다."

여기서 최 교수는 던 교수가 두 영역 사이의 배타성을 주목하지 못했다고 비판한다. 왜냐하면 던은 율법에 묶여있던 체제로부터 그리스도에 의해 묶여있는 체제로 바뀐다고 전자가 후자와 전혀 다른 어떤 것이 아니라고 보기 때문이다: 바울은 "할례와 같은 옛 경계선 표지들에 귀속된 의의를 상대화시킴으로써 확대된 표지"[57]를 내세울 뿐이다.

최 교수는 이 점에서 그의 스승보다 훨씬 급진적인 결론을 채택한다: 그리스도 안에서 "다시 정해진 울타리가 율법을 포함하는 확장된 영역이 아니라 율법의 영역을 제외시킨 새로운 영역"[58]이다; "율법의 영역과 그리스도의 영역 사이에는 중복된 부분이 없다"[59]; "그리스도 안에 거하는 바울의 교회들은 유대인들과 이방인들과 구별되는 '제3 종족'(a third race)이다."[60]

---

57) J. D. G. Dunn, *Galatians*, 82: "Paul replaces one bounded system (Judaism bounded by the law) with another (Christ); not completely different one (Christ is the seed of Abraham), but one enlarged by relativizing the significance attached to the old boundary markers like circumcision."

58) Hung-Sik Choi, *op.cit.*, 113.

59) *Ibid.*, 113, following B. R. Gaventa, "The Singularity of the Gospel: A Reading of Galatians," in: *Pauline Theology*, Vol. I: *Thessalonians, Philippians, Galatians, Philemon*, ed. by Jouette M. Bassler, 147–59. (Minneapolis: Fortress, 1991), 153, where he similarly argues, "One may be under the law or one may be in Christ, but it is impossible to be both."

60) *Ibid.*, 113, following Sanders, *Paul, the Law, and the Jewish People*, 178f; Esler, *Galatians*,

최 교수는 논의의 처음 단계에서는 루터파의 개인주의적이고 실존적인 칭의론 해석을 거부하지만 후에 가서는 율법과 그리스도, 또는 율법과 복음 사이의 날카로운 대립 구도를 상정한다는 점에서 다시 루터파 해석을 좇는 것으로 보인다. 왜냐하면 그는 "바울에게 있어서 율법이 더 이상 하나님의 백성이 거하는 영역이 아니며 이방인이 의롭게 되기 위해 들어가야 될 구원의 영역도 아니라"고 주장하기 때문이다. 칭의 영역으로서 율법을 전적으로 거부하고 그리스도 중심적 구원론을 옹호한다는 것이 최 교수가 파악한 바울 복음의 핵심 내용이다.

2.2 최흥식 교수 주장에 대한 평가

필자는 우선 최 교수의 논문이 바울 해석에 기여한 긍정적인 점들부터 지적하고자 한다. 종교개혁 시대 이래로 서구 개신교는 칭의론을 철저하게 개인주의적이고 실존적인 경험으로 해석해 왔다. 하지만 그것은 바울의 주된 관심이 "어떻게 하면 내가 하나님 앞에 구원받을 수 있을까?"라는 질문에 있다고 보는 것이기 때문에, 바울신학을 실존주의적이고 개인주의적으로 해석하는 큰 문을 열어놓는 결과를 낳았다. 하지만 바울이 과연 루터처럼 자기 자신의 구원 문제를 놓고 씨름한 실존주의자였는가? 서구 개신교의 칭의론 해석은 바울을 제2의 루터로 만든 것은 아닌가? 이방인의 사도로서 바울의 주된 관심은 "어떻게 하면 이방인들이 하나님 백성의 합

89; Donaldson, *Paul and the Gentile: Remapping the Apostle's Convictional World* (Minneapolis: Fortress, 1997), 306; D. G. Horrell, "'No longer Jew or Greek': Paul's Corporate Christology and the Construction of Christian Community," in: *Christology, Controversy and Community: New Testament Essays in Honour of David R. Catchpole*, ed. by D. G. Horrell and C. M. Tuckett. Leiden: E. J. Brill, 2000, 341, etc.

법적인 구성원이 될 수 있을까?"라는 질문에 있지 않았을까? 아무튼 서구 개신교의 전통적인 해석은 칭의론이 왜 이방 기독교인들의 신분을 다루는 구원사적 문맥에서 자주 등장하는가를 제대로 밝히지 못하고 있다.

전통적인 개인주의적 칭의론 해석은 흔히 유대교를 행위 구원의 종교로 간주하는 또 다른 관점과 맞물려 전개되곤 한다. 유대교는 율법준수를 공덕 행위로 삼아 스스로 구원을 얻어보려고 시도한 인본주의적 종교였기 때문에, 바울은 이러한 유대교 종교를 비판하고 오직 믿음만으로 의롭다 함을 얻을 수 있다는 이신칭의론을 주장했다는 것이다.

최 교수는 이러한 전통적 유대교 해석에 반기를 든다. 그는 샌더스나 던과 같은 새 관점주의자들의 견해를 전제로 하여 자신의 논지를 발전시킨다. 그가 참 하나님 백성이 되는 축복이 율법의 영역 안에서 이루어질 수 없고 오직 그리스도 안에서만 가능하다고 지적한 것은 이 점에서 정당하다. 또한 율법과 그리스도가 하나님 백성이 되는 사회적 신분 표지 역할을 한다고 지적한 것 역시 정당하다. 전통적인 실존주의적 칭의론 해석은 바로 이러한 점을 드러내지 못한 것이 한계였다.

최 교수의 글이 여러 면에서 긍정적인 기여를 한 것이 분명하고, 필자가 동의하는 부분에 대해서는 달리 지적하지 않고자 한다. 다만 다음 사항들에 대해서 비판적인 논평을 덧붙이고자 한다.

첫째로, 바울이 율법과 그리스도를 두 상반된 칭의 영역으로 대조했다는 그의 관찰은 정당하지만, 그는 바울의 대조가 칭의론에 국한된 것이라는 사실을 간과하고 그것이 함축하는 바를 칭의론을 초월하는 사고 영역에까지 확대하는 것 같은 인상을 준다.

그는 자신의 스승인 던 교수와는 달리, 그리스도 안에서 "다시 정해진 울타리가 율법을 포함하는 확장된 영역이 아니라 율법의 영역을 제외시킨 새로운 영역"이라든가, "율법의 영역과 그리스도의 영역 사이에는 중복된 부분이 없다"는 급진적인 주장을 펼친다. 이러한 주장은 바울이 종말론적인 성취의 전망 안에 들어오면 율법과 그리스도를 다시 긍정적으로 연결시킨다는 점을 간과한 것이다.

물론 그리스도 안에 있는 기독교회가 유대인들과 이방인들과 구별되는 "제3 종족"이라고 주장한 부분에 대해서는 동의할 만하다. 기독교인들이 제3의 신분을 가진 것은 유대인과 이방인으로 구성되었기 때문이 아니라 그들이 인종적인 이스라엘과 구별된 독특한 그룹으로서 "회복된 이스라엘"(a restored Israel) 또는 "재정의된 이스라엘"(a redefined Israel) 이기 때문이다. 바울은 갈라디아서 6:16에서 "하나님의 이스라엘"이란 표현을 사용하기는 하지만 그것은 육신적인 이스라엘과 구별되고 유대와 이방 기독교인들을 모두 포함한 영적 이스라엘을 가리키는 것이 분명하다.[61]

우리가 최 교수의 논지를 받아들여 율법과 그리스도를 두 상반된 칭의 영역으로 인정하더라도, 여전히 의문이 존재한다: 바울은 왜 그리스도와 율법을 상반된 칭의 영역으로 제시할 수밖에 없었는가? 그는 왜 율법의 영역 안에서 하나님 백성이 되는 것을 거부하고 그리스도의 영역 안에서 하나님 백성이 되는 새로운 제안을 해야만 했는가?

유대인들에게 있어서 율법은 하나님 백성이 되는 사회적 신분 영역이라는 함의를 지닌 것이 사실이다. 바울이 이러한 유대인들의 칭의론을 거

---

61) Cf. H. Conzelmann, *Gentiles−Jews−Christians* (Minneapolis: Fortress, 1992), 251−54; D. Boyarin, *A Radical Jew: Paul and the Politics of Identity* (Berkeley: University of California Press, 1994), 155.

부하고 그 대안으로 그리스도라는 새로운 "영역"으로 들어오라고 제안하였다면, 그는 어떤 합리적인 근거와 논리적 명분을 가지고 유대인들의 칭의론 이해를 거부할 수밖에 없었는가?

최 교수는 "하나님의 백성 됨"이 사회적 함의를 지녔다는 것만을 강조하다보니 그것이 어떤 "언약신학적" 의미를 지녔는지 충분하게 드러내지 못하지 않나 생각된다. 그의 이러한 해석을 가지고 과연 로마서 2장과 9-11장에 나타난 바울의 유대인 비평의 본질을 드러낼 수 있을까?

로마서 2장에 나타난 바울의 유대인 비평을 들여다보면, 그들은 율법준수를 공덕 행위로 삼아 스스로 구원을 얻어보려고 노력했던 사람들이 아니었다; 그들은 오히려 하나님의 언약적 성실성을 과신하여(4절) 자신들을 하나님의 심판에서 면제받은 자로 자부하면서(1-3절) 실상은 율법을 범하는 자들로 비난당하고 있다(19-25절).

최근의 학자들은 로마서 2장과 같은 구절에서 바울이 유대인들을 왜 비평하고 있는지 제대로 밝히지 못하는 것 같다. 유대인들이 비판을 받은 것은 그들이 율법준수 행위를 공덕으로 삼아 스스로 구원을 얻어보려고 시도했기 때문이 아니라, 육신의 할례, 아브라함의 혈통적 후손, 율법의 소유 등과 같은 언약의 *외피적 요소들에 근거하여* 선민적 특권의식을 나타내고 하나님의 심판에서 면제받은 자로 치부하면서도 실상은 율법에 순종함으로써 하나님 백성답게 사는 데 실패했기 때문이었다. 그들은 "표면적 유대인"이었을 뿐 실상은 성령을 통해 마음의 할례를 받아 율법을 순종할 수 있는 "이면적 유대인" 또는 참 하나님의 백성이 아니었다(29-30절). 그렇다면 그들의 오류는 언약사의 외피적 요소들을 붙들면서 그것의 보다 심층적 요구, 즉 성령을 통해 마음의 근본적 변화를 경험하여 율법에 계시된 하나님의 의로운 요구를 성취할 수 있는 자들이 되지 못한 "그들의 피상성"에 있음이 분명하다.

바울은 로마서 9-11장에서 "이스라엘에게서 난 그들이 다 이스라엘이 아니며 육신적인 아브라함의 후손이 다 참 하나님의 자녀가 아니다"라고 주장한 바 있다. 참 하나님의 백성은 인간적 지평에서 발견되는 인간적 성취나 행위, 혈통 등의 요소들에 기초해 있지 않고 오직 하나님의 주권적인 선택과 그의 자유로운 부르심에 있다(롬 9:11).

그들은 이삭과 같이 육신적 생산기능을 통해서는 도저히 태어날 수 없는 죽음의 현실에서 하나님의 약속에 의해서, 즉 그의 주권적 능력에 의해서 태어난 자들이다. 바울의 표현대로 그들은 "죽은 자 가운데서 살아난 것"과 같은 존재이다(롬 4:17, 24-25, 11:15). 바울은 갈라디아서 4:29에서 이삭과 같은 약속의 자녀들을 "성령을 따라 난 자들"로 묘사한다. 그들은 인간적 전망에서는 "믿음으로 특징화된 자들"(갈 3:6-9)이며, 하나님 편에서 보면 "성령을 따라 태어난 자들"(갈 4:29; 요 3:5; 요일 3:6-9)이다. 그들은 성령의 능력으로 변화된 실존을 경험한 자들이다(롬 11:4-5).

이러한 전망에서 볼 때, 바울이 로마서 2장에서 언급한 "표면적 유대인들"은 외면적으로 언약백성 된 외적 표지들을 지녔을 뿐인 세상적 존재였다.

"문자" 언약에 불과한 율법은 이러한 "육체를 따라 난 자들"만을 생산할 뿐 변화된 실존으로서의 참 하나님 백성을 형성할 수 있는 능력이 없다(갈 4:21-30). 율법은 껍데기 유대인들에게 그들의 죄악성을 폭로하고 정죄하며 "사망을 위하여 열매를 맺게 하는"(롬 7:5) 역할을 할 뿐이다. "의문"(letter)으로서의 율법, 즉 하나님의 창조적 능력을 결핍한 단순한 법률 문서는 그것을 범하는 자들을 "죽이는"(killing) 효과를 지녔을 뿐 그들을 "죽은 자 가운데서 생명을 불어넣어"(롬 4:17, cf. 11:15) "하나님을 향하여 사는"(갈 2:19-21; 롬 6:11) 자로 변화시킬 능력이 없다(롬 8:3-4).

바울에게 있어서 참 하나님 백성의 형성은, 최 교수의 관찰대로, 오직 그리스도의 "영역" 안에서만 가능할 뿐이다. 왜냐하면 그들은 십자가의 구속과 새 언약의 성령을 통해 형성되기 때문이다. 바울이 그리스도와 율법을 두 상반된 칭의 영역으로 대조하는 것은 사실이지만, 최 교수는 그가 왜 율법을 부정하고 그리스도를 주장할 수밖에 없었는가 하는 언약신학적 논거를 충분하게 드러내지 못한 것으로 보인다.

앞에서 이미 관찰한 대로, 다메섹 사건은 율법에 대한 남다른 헌신과 열정에도 불구하고 바울 자신이 하나님을 거역하고 메시아를 핍박하는 반역적 신분에 처해 있다는 것을 드러내는 계기가 되었다. 이러한 정체성 인식의 급진적 변화는 시내산 언약의 구성원이 된 아브라함의 육신적 후손들 대부분이 참 하나님 백성이 아니라는 인식에 도달하게 만들었고, 바울은 이러한 계시적 인식에 기초해서 "율법이냐 아니면 그리스도냐"라는 대립 구도를 제시한 것이 분명하다.

둘째로, 필자가 앞에서 이미 지적한 대로, 최 교수는 로마서 2:29-30, 고린도후서 3:3-4:6 등의 구절에서 새 언약 사상을 함축하고 있다는 사실을 소홀히 한 것으로 보인다. 옛 언약 시대는 율법을 돌비에다 문자로 새긴 시대라고 한다면, 새 언약 시대는 율법을 마음에다 성령으로 새기는 시대이다. 바울은 그리스도 안에서 이러한 구원사적 시대 전환을 "때의 참"(the fulfilled time)으로 파악하였다(갈 4:4). 즉, 새 언약 시대는 율법을 완전히 제거하고 버린 시대가 아니라 율법에 계시된 하나님의 참된 의도와 요구를 십자가 사건과 성령의 역사를 통해 성취하는 시대이다(롬 8:3-4).

처음 칭의 단계에서 바울이 그리스도와 율법을 날카롭게 두 상반된 영역 실재로 대조하는 것은 사실이지만, 율법의 근본정신은 그리스도 안에서 오히려 성취되는 쪽으로 옮겨가게 된다(갈 4:14, 6:2). 최 교수가 그리스도 밖에서 율법과 성령, 또는 율법과 그리스도를 두 상반된 영역으로 관찰한 것은 정당하다(갈 5:3-6). 하지만 일단 "성취의 때"를 도래시킨 그리스도 안에서 바울은 그리스도와 율법을 다시 연결하여 갈라디아 신자들에게 "그리스도의 율법"(the law of Christ)을 성취하라고 권면한다는 사실을 그는 소홀히 하고 있지 않은가(갈 6:2)?

새 언약 시대는 그리스도 안에서 성취된 때이다. 따라서 새 언약 시대는 율법을 제거하는 시대가 아니라 율법을 성령으로 마음에 새기는 시대이다. 그리스도는 언약사의 진정한 정점으로서 성령을 좇아 행하는 그리스도인의 일상생활 속에서 율법에 계시된 하나님의 참 의도와 요구, 즉 하나님을 사랑하고 이웃을 사랑하라는 율법의 의로운 요구를 성취하게 만들었다. 바울이 그리스도 밖에서 율법에 대해 부정적으로 평가하다가 일단 그리스도 안에 들어오면 율법에 대한 평가를 긍정적으로 변화시키는 것은 바로 이러한 이유 때문이다.

성령을 좇아 행함으로써 맺어지는 "성령의 열매"는 결코 율법의 근본정신과 다른 것이 아니다(갈 5:22-23). 그리스도 안에서 성령은 신자들을 변화된 실존으로 만들어 율법이 신자들이 살아갈 진정한 생명의 길이 되게 만든다. 율법은 그리스도가 가르치고 십자가 죽음에서 성취한 사랑의 교훈 속에서 아브라함 언약과 새 언약을 바울 자신의 복음과 연결시키는 "연속성"을 지닌다.

3. 결론적 관찰

3.1 김세윤 교수의 기여와 그 평가

김 교수의 지대한 학문적 기여는, 부활하신 그리스도가 다메섹 도상에서 바울에게 "하나님의 아들", "하나님의 형상"으로 나타난 사건은 율법과 그리스도를 두 상반된 칭의 영역으로 날카롭게 대조시키는 그의 복음 이해에 결정적인 영향을 미쳤으며, 바울의 "형상 기독론"에서 그의 "아담 기독론"과 "지혜 기독론"이 발전되었다는 통찰인 것이 분명하다. 하지만 그의 논지는 다메섹 사건을 주로 바울의 기독론과 관련하여 전개하다보니 정작 바울 자신의 강조점을 소홀히 하지 않았나 생각된다.

갈라디아서에서 바울은 "이방인 가운데서 전파하는"(2:2) 자신의 복음을 "예수 그리스도의 계시"(1:12)로 말미암아 받은 것이라고 주장하고 있고 그 핵심 내용을 아브라함의 가족에 대한 재해석에서 발견한다(3:8). 율법과 그리스도의 대조가 다메섹 경험에서 야기된 것이 분명하다면, 전자는 갈라디아서와 같은 논쟁적 저술에서 주로 하나님 백성의 참 성격을 재정의하는 일과 연관해서 전개된다는 점을 주목해야 한다. 이것은 바울의 칭의론이 다메섹 도상에서 얻게 된 "정체성 인식의 혁명적 변화"와 맞물려 있음을 보여 준다. 그는 다메섹 사건 이후에 김 교수가 강조한 기독론적 인식의 변화뿐만 아니라, 사실 아브라함의 육신적 후손들인 시내산 언약의 구성원들 대다수가 참 하나님 백성이 아니라는 정체성 인식의 충격을 경험했을 것이다. 이 충격은 일차적으로 율법에 남다른 헌신과 열심을 가졌지만 결국은 하나님과 그리스도를 향해 죄를 짓는 자로 드러난 자신의 정체성 위기와 맞물려 있고(행 9:5, 22:7, 26:14), 이것은 또한 자연히 자신의 동족들 전체의 상황에 대한 바울의 반성에 결정적인 영향을 미쳤을 것이다(cf. 롬 10:1-2).

유대인들은 "율법 아래서 난"(갈 4:4) 자들이며 따라서 "율법에 속한 자들"(롬 4:14, 16)이다. 그들은 또한 모두 예외 없이 아브라함의 육신적 후손들이었다(롬 4:1). 이것은 시내산 언약의 구성원들이 혈통 중심적인 사회였다는 것을 시사한다. 유대인들은 아마도 언약사의 표층구조에 존재하는 이러한 혈통적 연대성 원리에 기초하여 아브라함 언약의 약속을 상속할 자들이라면 예외 없이 시내산 언약에 속해야 한다고 주장했을 것이다(롬 4:13-16). 하지만 사라/하갈 알레고리는 시내산 언약의 구성원으로서 "육신을 따라 난" 불신 유대인들 대다수가 아브라함 언약의 참 구성원들이 아니라는 것을 분명하게 밝힌다(갈 4:21-31).[62]

그렇다면 여기서 우리는 아주 중요한 결론에 도달하게 된다: 바울 사도가 율법으로 말미암는 유대교 칭의론을 거부하고 믿음으로 말미암는 자신의 칭의론을 주장하게 된 동기는, 김 교수가 관찰하듯이, 행위의의 종교로서 유대교에 대해서 비판하려는 의도와 맞물려 있다기보다는 다메섹 도상에서 얻게 된 정체성 인식의 혁명적 변화—혈통 중심적인 시내산 언약의 구성원들 대다수가 "육체를 따라 난 자"(갈 4:23, 29) 또는 "표면적 유대인"(롬 2:28-29)일 뿐 사실은 참 이스라엘이 아니라는(롬 9:6-8) 인식 변화—와 맞물려 있다. 바울은 이를 논증하기 위해 구약과 중간사 시대의 문헌에서 "남은 자" 신학과 "새 언약" 사상을 끌어들여 활용한다. 이렇게 해서 바울은 유대교의 혈통 중심적이며 민족주의적인 언약신학을 거부할

---

[62] Hung-Sik Choi, "The Truth of the Gospel": *An Exegetical and Theological Study of the Antitheses in Galatians 5.2-6*, Ph.D Dissertation, Durham University 2002, 111-12; 이한수, 갈라디아서 (도서출판 횃불회, 1997), 421-450.

논리적 근거를 확보하게 되었고, 아브라함 가족의 성격을 이방 기독교인들까지 포함할 수 있는 방식으로 재정의할 수 있었다.

그는 아브라함의 자손에 대한 정의를 율법보다는 약속과 관련해서 전개하는데, 아브라함에게 주신 하나님의 약속은 할례나 율법과 같은 민족주의적인 요소들과 관계없이 믿음/은혜와 같은 초인종적이며 초문화적인 요소에 기초해서 그의 후손을 형성하신다는 내용을 담고 있고 이 약속 가운데는 처음부터 이방인들이 내포되어 있었다(갈 3:8, 14).

세계적인 선교 개념은 직접적으로는 이방 선교로 부르심을 받은 바울 자신의 소명과 관계가 있다. 그러면서도 동시에 그것의 논리적 발전은 다메섹 도상에서 계시로 얻은 기독론적 통찰에서뿐만 아니라 바울 자신의 정체성 인식의 급진적 변화에서 발전된 것이 분명하다. 이러한 인식의 변화는 자연히 유대교의 율법 중심적이며 혈통중심적인 언약신학을 거부하는 한편 유대와 이방 기독교인들을 포괄하는 보편적인 언약신학을 수용하는 형태를 띨 수밖에 없다. 바울의 사고는 여전히 언약신학적인 성격을 띠고 있으며, 행위의의 종교로서 유대교라는 개념은 그의 논지의 성격을 오해함으로 잘못 이해한 것임이 분명하다.

3.2 최흥식 교수의 기여와 그 평가

바울이 율법과 그리스도를 두 상반된 칭의 영역들로 이해한 것은 사실이다. 최 교수는 칭의 술어들이 아브라함 가족의 참 성격을 드러내는 논쟁적 수단이었다는 것을 잘 드러내고 있다. "의롭다 함을 받는다"는 말은 바울에게 있어서 아브라함의 아들 또는 하나님의 백성이 되는 언약적인 의미를 지닌 것이 분명하다(갈 3:6-7 참조). 칭의론은 한편에서는 "율법 아래서"(갈 4:4) "육체를 따라 난"(갈 4:23, 29) 불신 유대인들이 아브라함의 가족이 아니라는 것을 드러내는 논쟁의 무기이고, 다른 한편에서는 유대인과 이방 신자들이 왜 아브라함 가족에 속할 수 있는지를 밝히는 논증 수단이다. 이 점에서 율법은 전자를 정의하는 경계선 표지인 반면에, 그리스도는 후자를 정의하는 경계선 표지라는 점에서 율법과 그리스도의 대조가 사회적 함의를 지닌다는 최 교수의 관찰은 정당하다.

우리는 또한 최흥식의 논지에 대해서 비판적인 관찰을 덧붙일 필요가 있다. 그는 바울 사도가 율법 영역 안에서의 칭의론을 거부하고 그리스도의 영역 안에서의 칭의론을 받아들일 수밖에 없었던 "언약신학적 명분"을 분명하게 드러내지 못한 것으로 보인다. 그는 여러 관련 구절들의 분석을 통해서 그리스도 안에서 주어지는 여러 구원론적인 축복들을 제시하기는 하지만 왜 그것들이 율법이 아니라 그리스도 안에서만 주어지는가?

필자는 이미 첫 번째 부분에서 이 질문에 대한 해답의 단초를 다메섹 계시 사건에서 발견한 바 있다. 다메섹 사건은 율법에 대한 남다른 헌신에도 불구하고 바울 자신이 하나님을 거역하고 메시아를 핍박하는 반역적 신분에 처해 있다는 것을 드러내는 계기가 되었다. 이러한 정체성 인식의 급진적 변화는 시내산 언약의 구성원이 된 아브라함의 육신적 후손들 대부분이 참 하나님 백성이 아니라는 인식에 도달하게 만들었다. 이러한 계시적 인식으로 인해서 바울은 "율법이냐 그리스도냐"라는 대립 구도를 수립하게 된 것이 분명하다.

바울의 칭의론이 들어서는 자리가 바로 여기다. 바울은 사라/하갈 알레고리에서 시내산 율법 아래서는 "육체를 따라 난 자들"(갈 4:23, 29)만을 생산할 뿐이며 이들은 모두 지상적인 예루살렘 중심성을 붙들고 있는 자들이다. 그들은 언약사의 표층구조에 존재하는 가시적이고 외피적인 요소들만을 의지하면서도 사실은 언약사의 심층구조에 나타난 하나님의 보다 근본적인 요구를 간과한 "피상성" 차원에만 머문 자들이었다.

바울은 왜 그들이 아브라함의 참 가족이 아닌가를 칭의를 가지고 논증하고 있으며 구약과 중간사 시대의 유대교 문헌에 나타난 "남은 자" 신학과 "새 언약" 사상을 끌어들여 아브라함의 참 가족이 누구인가를 재정의하는 데 활용한다. 바울은 그들이 새 언약의 속죄인 그리스도의 사건과 새 언약의 영인 성령을 통해서 형성될 뿐이며, 그들의 존재와 삶을 특징 짓는 것은 새로운 인식과 새로운 순종이 가능해진 변화된 존재라는 것이다.

최 교수가 그들을 "제3의 종족"으로 묘사한 것은 이 점에서 정당성이 있지만, 그들은 율법을 제외하고 형성된 제3의 그룹이 아니라 율법의 진정한 의도를 성취한 "회복된 이스라엘" 또는 "재정의된 이스라엘"이다(갈 6:16). 그는 율법과 그리스도를 두 상반된 칭의 영역으로 논증하는 데 지나치게 열중한 나머지 그리스도 안에서 이들 "제3의 종족"이 율법과 어떤 긍정적인 관계를 맺고 있는지를 간과한 것이 분명하다.

제 **4** 장

약속과 율법 :
율법과 복음의 상관성에 대한 연구

I. 문제 제기

율법과 약속, 또는 좀더 폭넓게 표현해서 율법과 복음의 관계에 대한 논쟁은 종교개혁자들의 중요한 논쟁거리였을 뿐만 아니라 최근의 신약 학계 내에서조차 여전히 논쟁의 중심을 차지하고 있다.

율법과 복음의 관계에 대한 가장 전통적인 해석들 중의 하나는 루터파 신학이다. 최근 루터파 신약학자들은[1] 그리스도께서 "율법의 마침"이 되셨기 때문에(롬 10:4) 율법이 그리스도 안에서 폐지되었다고 단정한다.

---

1) 루터파 전통에 서 있는 신약학자로는 F. F. Bruce, "Paul and the Law of Moses," *BJRL* 57 (1975), 259-279; R. Bultmann, *Theology of the New Testament I*, 340-345; H. Hubner, *Law in Paul's Thought* (1984); D. J. Moo, "The Law of Christ As the Fulfillment of the Law of Moses: A Modified Lutheran View," *The Law, the Gospel and the Modern Christian* (1993), 319-379 등을 참조하라. 루터파의 사상에 관한 서론으로는 G. Ebeling, *Luther* (London: Collins, 1970)를 참조하라.

그리스도께서 율법에 종지부를 찍었기 때문에 사람이 하나님께 접근하는 데 있어서 율법이 차지하는 자리는 이제 더 이상 존재하지 않는다. 성령과 자유의 시대를 대체시켰기 때문에(롬 6:14; 고후 3:6; 갈 5:1) 그리스도인은 더 이상 율법 아래 들어가 그 규범을 따라 살 필요가 없다.

이에 반해서 개혁파 전통에 서 있는 신약학자들은 이러한 루터파의 신학적 입장이 자유방임주의에 위험하게 접근하는 것으로 생각하기도 한다.[2] 이들은 모세 율법이 하나님의 법으로서 선하고 거룩하고 신령하다는 점을 강조하면서 로마서 10:4을 율법의 '목표/완성'(*telos*)이라는 뜻으로 해석한다. 그리스도는 스스로 율법을 성취하셨으며, 또한 그가 성령을 주신 것은 율법을 굳게 세우기 위한 것이다(롬 3:31, 8:2, 4). 율법을 굳게 세운다는 것은 하나님께서 그의 거룩한 뜻을 율법 속에서 은혜스럽게 계시하여 주셨다는 것을 뜻하며, 따라서 그리스도인들은 그것을 기쁘게 받아들여 자신의 삶의 지침으로 삼아야 한다. 성령의 말씀은 본질적으로 하나이기 때문에 복음과 율법도 하나이며 결과적으로 율법은 그리스도 안에서 폐지되지 않았다.[3]

이 짧은 논문에서 율법과 복음의 관계에 대해 루터파와 개혁파 사이에 벌어진 논쟁을 상세하게 다룰 수는 없다. 다만 율법과 약속을 대조하는 바

---

[2] 개혁파 전통에 따르는 학자들로는 K. Barth, "Gospel and Law," *God, Grace and the Gospel* (Edinburgh: Oliver & Boyd, 1959); "Die Stellung des Paulus zu Gesetz und Ordnung," *Evangelische Theologie* 33 (1973), 496–526; C. E. B. Cranfield, "St Paul and the Law," SJT 17(1964), 43–68; *International Critical Commentary on the Epistle to the Romans*, ICC, (Edinburgh: T&T Clark, 1979), vol II; D. P. Fuller, *Gospel and Law; Contrast or Contunuum?* (Grand Rapids: Eerdmans, 1980); R. Bring, *Christus und das Gesetz* (Leiden: Brill, 1969)를 참조하라.

[3] C. E. B. Cranfield, "St. Paul and the Law," Reprint, 167, 169; "Essay II. Concluding Remarks on Some Aspects of the Theology of Romans," *Romans II*의 마지막 부분에 실린 논문을 참조하라.

울 서신의 관련 구절들이 이러한 논쟁의 단초를 제공하였기 때문에, 필자는 그것의 관계에 대해서 바울과 유대주의자들이 어떻게 다른 언약신학적 전망을 가지고 있었는지를 밝힘으로써 우리의 역사적인 논쟁에 대한 함축들을 드러내보고자 한다.

바울은 자신의 "복음"(gospel)을, 구약의 "약속"(promise)이 그리스도 안에서 종말론적으로 "성취"(fulfillment)된 것으로 간주한다. 약속과 성취는 다른 신약 저자들뿐만 아니라 바울 사도 자신의 언약사상을 이해할 때 필수적인 "구원사 신학"(*Heilsgeschichte*)의 틀에 속한다. 그렇다면 약속의 성취 형태를 띤 바울 복음이 시내산 율법과는 어떤 관련이 있는가? 우리는 율법과 약속의 대조가 유대주의자들의 언약신학을 논박하는 문맥에서 자주 등장한다는 사실에 주목할 필요가 있다.

바울은 유대주의자들과 논쟁하는 과정에서, 자신의 복음을 구약의 아브라함 언약과 새 언약 예언에 연결시켜 그것의 정당성을 확보하려고 하기 때문에, 그의 신학적 논의들은 일차적으로 언약신학적 성격을 띨 수밖에 없다. 본 논문의 목적은 따라서 율법과 약속의 대조가 언약신학적으로 바울과 유대주의자들 사이에서 어떻게 달리 해석되었는가를 밝히고, 그것이 좀더 폭넓은 전망 속에서 율법과 복음의 관계와 어떤 상관성이 있는지를 살피는 것이다.

우리의 논의 과정에서 필자는 최근 학자들에 의해서 제기된 의심을 다룰 필요가 있다고 본다. 왜냐하면 그들은 바울 사도에게 시종일관하고 체계적인 율법신학이 존재했는가에 대해 근본적인 의문을 제기하기 때문이다. 이들 학자들은 갈라디아서와 같은 초기 서신들 가운데서 노출된 바울의 부정적인 율법 이해가 로마서에서 수정되거나, 적어도 로마서에 나타난 바울의 긍정적 율법 이해와 모순된다고 주장하기까지 한다.[4] 이것은 바울 사도가 율법과 약속의 관계에 대해서 시종일관한 견해를 갖고 있지 않았으며, 이방 교회들의 특정 상황에 적응하는 과정에서 자신의 입장을 임의적으로 조정해갔다는 것을 시사해 준다. 샌더스는 심지어 바울의 율법 이해가 초기부터 후기서신에 이르는 점진적 발달 과정을 인정하는 대신에, 로마서 자체 내에서도 율법에 대한 모순된 입장들이 발견된다고 주장하기도 한다.[5]

이들 학자들이 취하는 견해를 갖게 되면 우리는 바울에게서 어떤 논리적인 율법 신학의 체계를 수립하는 일을 포기해야만 한다. 필자는 이들 급진적인 학자들의 견해가 바울 본문들을 제대로 해석한 결과에서 나오지 않았다는 확신을 갖고 있다. 필자는 이들 학자의 문제제기에 대해서 다른 곳에서 어느 정도 충분히 살핀 바가 있으나, 우리의 논의를 통해서도 그것에 대한 합당한 답변을 하게 될 것이다.

2. 용례에 대한 분석

율법과 약속의 대조가 바울 서신에서 어떤 언약신학적 함축들을 갖는지를 밝히려면 우선 "약속"이란 술어가 어떤 문맥에서 어떤 의미로 사용되는가를 분석할 필요가 있다.

"약속"이란 단수 명사는 바울 서신에서 22회 등장하는데,[6] 그 중 15회

---

4) 많은 학자들이 이것을 인정하고 있다. Cf. H. Hübner, *Law in Paul's Thought*, 54ff.에 실린 논의들과 인용 문헌들을 보라.
5) E. P. Sanders, *Paul and Palestinian Judaism*, 442-47; *Paul, the Law, and the Jewish People*, 74-75.
6) 롬 4:13, 14, 16, 20, 9:8, 9; 갈 3:14, 17, 18, 19, 22, 29, 4:23, 28; 엡 1:13, 2:12, 3:6, 6:2; 딤전

는 주로 아브라함 언약과 시내산 율법을 대조하는 논쟁적 문맥에서 나타난다. 그것은 복수형으로 사용되기도 하는데(롬 9:4, 15:8; 고후 1:20, 7:1; 갈 3:16, 21), 그중 로마서 15:8은 할례의 수종자가 되신 그리스도께서 "조상들에게 주신 약속들을 견고케 하셨다"고 언급함으로써 아브라함 언약을 암시하는 반면, 갈라디아서 3:16, 21은 아브라함 언약과 시내산 율법을 대조하는 논쟁적 문맥에서 나온다. 또한 그것은 3회에 걸쳐 과거 시제 동사로도 사용되는데(롬 1:2, 4:21; 딛 1:2), 이들 구절 가운데 로마서 4:21만이 아브라함 이야기와 연관을 맺고 있다.

"약속"이란 술어가 등장하는 상기 용례들을 살펴보면, 율법과 약속의 대조가 분명하게 토론되는 곳은 로마서 4장과 9장, 갈라디아서 3장과 4장 등이다. 나머지 용례들은 일반적인 의미만을 담고 있기 때문에 율법과 약속의 대조를 다루려는 우리 논제와의 관련성은 간접적일 뿐이다. 그러면 바울은 "약속"이란 술어를 주로 어떤 의미로 사용하는가? 필자는 약속이란 술어가 등장하는 용례들을 다음 범주에 따라 분류하고자 한다.

1. 아브라함에게 주신 언약의 약속을 지칭할 때
   1) 아브라함의 참 후손을 "약속의 자녀"로 정의하는 경우(롬 9:8, 9; 갈 4:23, 28)
   2) 아브라함 언약의 약속들을 상속할 후사를 말하는 경우(롬 4:13, 14, 16; 갈 3:29)
   3) 아브라함이 약속을 신뢰했던 믿음을 지칭하는 경우(롬 4:20-21)
   4) 그리스도를 아브라함의 "약속된 후손"으로 지칭하는 경우(갈 3:16, 19)

4:8; 딤후 1:1. Cf. James Strong, *Exhaustive Concordance: Complete and Unabridged* (Baker Book House: Grand Rapids, Michigan, 1977), 814.

5) 아브라함에게 주신 약속의 내용을 지칭하는 경우(롬 4:14, 16, 20, 9:9; 갈 3:16, 18, 21)
6) 아브라함 언약에 "성령의 약속"이 포함된 것으로 보는 경우(갈 3:14; cf. 엡 1:13)
7) "약속으로 난" 것을 "성령을 따라 난" 것으로 동일시한 경우(갈 4:23, 4:29)

2. 아브라함 언약과 시내산 율법을 대조시켜 토론할 때
  1) 아브라함 언약은 율법으로 말미암은 것이 아님(롬 4:13-16; 갈 3:6-14)
  2) 아브라함의 참 후손은 시내산 언약의 육신적 구성원들이 아님(갈 4:21-31)
  3) 아브라함 언약의 유업은 율법에서 난 것이 아님(갈 3:15-22)
  4) 율법이 아브라함 언약의 약속과 모순되지 않는다고 말하는 경우(갈 3:21)

3. 일반적인 내용을 토론할 때
  1) "약속의 언약들"을 거론하는 경우(엡 2:12)
  2) 그리스도께서 "조상들에게 주신 약속들을 견고케 하셨다"고 말하는 경우(롬 15:8)
  3) 이스라엘이 누리는 언약의 축복들을 나열하는 경우(롬 9:4)
  4) 선지자들이 하나님의 아들에 관해서 예언한 것을 언급하는 경우(롬 1:2)
  5) 이방인들이 복음을 통해서 약속에 참여할 것을 말하는 경우(엡 3:6)
  6) 경건의 연습이 금생과 내생에 약속이 있다고 주장하는 경우(딤전 4:8)
  7) 예수 그리스도 안에 있는 "생명의 약속"을 말하는 경우(딤후 1:1)
  8) 하나님께서 영원 전부터 영생을 "약속하신" 것임을 말하는 경우(딛 1:2)
  9) 부모에 대한 순종이 "약속 있는 첫 계명"이라고 말하는 경우(엡 6:2)
  10) 하나님의 약속의 신실성을 말하는 경우(고후 1:20)
  11) 신자가 약속에 따라 성결한 삶을 살아야 한다고 교훈하는 경우(고후 7:1)

상기 항목들 가운데 우리의 관심을 끄는 것은 아브라함 언약을 시내산 율법과의 상관성 속에서 언급하는 1번과 2번 항목이다. 바울은 자주 이방인을 위한 자신의 복음의 합법성을 아브라함 언약에 내포된 약속들과 연관시키는 반면 시내산 언약과는 대립적인 관계 속에서 논하는 것이 분명하기 때문에, 우리는 이제 전자가 후자의 언약들과 어떤 연관성을 갖고 있는지 좀더 면밀하게 분석할 필요가 있다.

3. 바울 복음과 아브라함 언약의 약속

아브라함 언약의 "약속"이 이렇게 바울의 복음과 언약사적으로 깊은 연관 관계를 가지고 있다면, 전자의 핵심적 특성들을 분석하는 것이 필요하다.

3.1 복음과 약속

복음과 약속을 직접적으로 연관시키는 곳은 갈라디아서 3장이다: "하나님이 이방을 믿음으로 말미암아 의로 정하실 것을 성경이 미리 알고 먼저 아브라함에게 복음을 전하되 모든 이방이 너를 인하여 복을 받으리라" (cf. 3:8, 14, 16, 18, 19, 21절 등). 흥미로운 사실은 "복음"이 신약 시대에 와서 비로소 처음으로 존재한 것이 아니라 아브라함에게 "먼저 전파되었다"(προευηγγελίσατο)는 것이다. 말하자면, 아브라함에게 먼저 전파된 복음은 현재 이방인 가운데 전파되는 바울 복음의 "원형"(prototype)으로 간주될 수 있다.

바울의 논지는 여기서 두 가지 방면에서 이해될 수 있다.

첫째로, 바울은 창세기 12:3과 18:18에서 아브라함에게 약속한 축복을 하나님이 아브라함을 의롭다고 여기신 창세기 15:6의 이야기와 연계시킨다. 결국 하나님께서 아브라함에게 약속하신 축복은 믿음으로 의롭다 여기시는 하나님의 호의와 연관이 있다.

둘째로, 아브라함에게 주신 이 약속은 혈통적 후손과만 관계된 것이 아니라 믿음을 가진 "많은 민족"(롬 4:18) 또는 "모든 사람들"(4:16)과 관계된 것이다. 바울은 이미 아브라함처럼 믿음의 자취를 따르는 모든 자들이 아브라함의 자손이라고 주장한 바 있다(7절). 뿐만 아니라 창세기 12:3과 18:18에 약속된 아브라함의 축복권 속에 이미 "모든 이방"이 포함되어 있었기 때문에, 창세기의 본문은 결코 혈통적으로만 좁게 해석될 수가 없다. 하나님께서 아브라함과 언약을 맺으시고 그와 그의 자손에게 축복을 약속하실 때, 하나님은 처음부터 이방인들을 염두에 두고 계셨다(참조. 롬 4:13-17).[7]

이방인들의 구원은, 유대인들을 위한 하나님의 구원 계획이 실패하니까 후에 차후 조치로 새로 수립된 어떤 것이 아니라 이미 아브라함의 언약 속에 포함되었던 것이다. 이 사실은 8절에서 두 가지로 표현된다.

첫째로, 아브라함을 통해서 "모든 이방"을 축복하겠다는 약속은 '예언'으로 간주된다: "성경이 미리 알고"($προϊδοῦσα\ δὲ\ ἡ\ γραφή$). 여기서 성경은 마치 인격체인 것처럼 묘사된다. 성경이 '미리 안다'라는 개념은 랍

---

[7] J. D. G. Dunn, "'Righteousness from the Law' and 'Righteousness from Faith': Paul's Interpretation of Scripture in Romans 10.1-10," in: *Tradition and Interpretation in the New Testament Essays in Honor of E. Earle Ellis for His 60th Birthday* (Grand Rapids: Michigan 1987), 223.

비적 사상이다. 랍비 문헌은 성경이 마치 몸과 영혼이 있는 인격적 존재인 것처럼 묘사한다(cf. Philo, *Legum allegoriarum Libri* 3.118; *Cont.* 78).[8] 성경이 미리 알았다는 말은 실제로 '하나님'께서 미리 아셨다는 말로 바꾸어 이해될 수 있다(cf. 롬 9:17). 하나님께서 미리 아시고 예언하신 내용은 그가 "이방을 믿음으로 말미암아 의로 정하실($\delta\iota\kappa\alpha\iota\hat{o}\iota$) 것이라"는 것이다. 그러므로 바울의 이방 선교는 아브라함 때부터 이미 하나님께서 약속하시고 예언하신 것의 성취이다. 여기에 바울의 선교의 정당성이 있다.

둘째로, 바울은 이신칭의 교리를 '복음'($\epsilon\nu\alpha\gamma\gamma\epsilon\lambda\iota o\nu$)이라고 부른다. 아브라함에게 전파된 이 복음은 사실 바울이 지금 이방인들에게 전파하는 복음을 예견한 것이다. 바울 사도가 본문에서 말하고자 하는 것은 이방인들이 유대교로 개종할 때 아브라함의 축복을 받는다는 것이 아니라, 이방인들이 비록 할례를 받아 유대교로 개종하지 않는다고 할지라도 '믿기만 하면' 하나님께서 그들을 의롭다고 하신다는 것이다.[9]

이 점에 비추어 볼 때 아브라함에게 주어진 약속들은 이미 율법과 할례가 없는 복음을 전하는 바울의 이방선교를 합법화시킨 것이라 할 수 있다. 이미 지적한 대로, 이신칭의 사상은 바울이 이방 가운데 전파하는 복음의 핵심이다. 그가 이 복음의 진리를 깨닫게 된 것은, 1:16의 주석에서 살핀 대로, 다메섹 회심사건과 관련이 있다.[10] 그러나 이신칭의 복음은 다메섹

---

8) Cf. Strack-Billerbeck, *Kommentar III*, 538; W. Michaelis, *TDNT* 5, 381-82; G. Schrenk, *TDNT* 1, 754-55.
9) 2:14-15에서 할례를 안 받은 이방인은 유대인들에게 '죄인' 취급을 당했다는 것을 보여 준다. 바울이 칠십인경 창세기 12:3의 본문을 변경하여 '이방인'이란 말을 포함시킨 것은 할례를 안 받은 이방 죄인이라 할지라도 믿음만 가지면 아브라함의 축복의 대상이 된다는 사실을 부각시키기 위한 것이다. Cf. J. M. G. Barclay, *Obeying the Truth*, 88 n. 33.
10) S. Kim, *The Origin of Paul's Gospel*, 271ff. *Contra* G. Strecker, "Befreiung und

사건 때에 비로소 생겨난 것이 아니다. 다메섹 사건의 의의는 이신칭의 원리가 전체 구속사를 관통하는 구원론적 원리였다는 것을 바울이 그 때에야 비로소 처음으로 깨닫게 된 시점이라는 데 있다. 바울은 아마도 다메섹 사건을 계기로 해서 이신칭의 복음의 진리를 구약의 아브라함 전승과 "예수 전승"에[11] 기초하여 확증하고 또 발전시켰을 것이다.

위에서 관찰한 내용들을 요약하면 아브라함에게 먼저 전파된 "복음"은 기본적으로 다음과 같은 내용들을 담고 있다.

1. 사람은 누구든지 믿음으로 의롭다 함을 얻는다(3:8).
2. 하나님은 처음부터 이방인을 아브라함의 가족에 포함시키기로 계획하셨다(3:8하).
3. "믿음의 사람들"은 누구나 "아브라함의 아들"이다(3:7).
4. 믿음의 사람들은 따라서 아브라함의 복을 상속할 후사이다(3:9).

바울은 이 같은 원형 복음의 내용들을 예수 그리스도와 관련시켜서 발전시키기도 한다.

Rechtfertingung. Zur Stellung der Rechtfertigungslehre in der Theologie des Paulus," in: *Rechtfertigung*, E. Käsemann FS (1976), 479ff. 여기서 스트레커는 바울의 이신칭의 복음이 갈라디아의 유대주의자들과 싸우는 과정에서 후기에야 비로소 생겨난 것이라고 주장을 하였다.

11) 이신칭의 교리는 술어적으로 예수 자신에 의해 언급되지는 않지만 그의 근본적인 정신과 일치하는 원리이다. 바울은 예수께서 '세리와 죄인들'과 식탁교제를 나누시며 자신의 죄를 회개하고 그에게 나아오는 자들을 용서하고 하나님의 백성으로 영접한 사실을 잘 알고 있었을 것이다(막 2:12-17; 마 11:19; 눅 5:27-29). 이것은 이방 죄인들을 믿음이라는 조건 하에서 하나님의 백성으로 끌어들인 바울의 복음정신과 근본적으로 동일한 것이다. 이렇게 바울은 다메섹 회심 사건을 계기로 구약의 아브라함 전승과 예수 전승을 새롭게 이해하게 되었고 이를 발판으로 이방인들을 위한 선교를 신학적으로 정당화시킨 것으로 여겨진다.

5. 그리스도는 아브라함의 유일한 "씨"이다(3:16).
6. 그리스도의 죽음은 우리를 율법의 저주에서 속량하셨다(3:18).
7. 그리스도의 죽음은 아브라함의 복이 이방인에게 미치게 하였다 (3:14).
8. 그리스도께 속한 자는 아브라함의 자손이며 약속대로 유업을 이을 자이다(3:29).

바울이 어떻게 1-4번 항목에서 5-8번 항목을 추론하게 되는지에 대해서는 세밀한 주석적 분석이 필요하다. 그는 어떻게 이방 기독교인들이 육신적 아브라함의 후손이 아님에도 불구하고 그와 그의 후손에게 약속된 언약의 축복들을 이어받을 합법적인 상속자가 된다고 생각할 수 있었을까?

3.2 그리스도: 아브라함의 유일한 "씨"

상기 질문에 대한 답변 논거는 그리스도를 아브라함의 "씨"(seed)로 파악한 바울의 기독론적 해석에서 찾을 수 있다: 그리스도는 아브라함의 유일한 "씨"($\sigma\pi\acute{\epsilon}\rho\mu\alpha$)이다(3:16). 이 구절에서 바울은 아브라함의 "씨"에게 주어진 약속을 미드라쉬적으로 해석한다. 바울의 논의는 여기서 네 가지 차원에서 고려되어야 한다.[12]

1. 그리스도는 오직 "하나"인 아브라함의 씨이다; 그리스도야말로 아브라함의 유일한 자손이며 참 이스라엘이다.

---

12) 이한수, "바울의 교회론", 신학지남 제 231호 (1992년 봄호), 49-50 참조.

2. 이들에게 공통적인 것은 하나님께 대한 성실과 믿음의 태도이다. 아브라함이 하나님을 믿고 그에 대한 자신의 성실을 지킨 것처럼, 그의 씨인 그리스도도 하나님을 믿고 신뢰하였다. 결국 아브라함의 믿음은 '그리스도의 믿음'($ἡ\ πίστις\ τοῦ\ Χρίστου$, 갈 2:16; 롬 3:22; 빌 3:9)[13]을 예시한 것이다.

3. 그리스도를 신뢰하고 그의 믿음의 발자취를 따라가는 사람들은 모두 아브라함에게 주어진 축복의 약속들을 이어받는 그의 자손들이며 참 이스라엘이다(cf. 롬 4:11-12).

4. 그러므로 예수 그리스도는 아브라함에게 본래 주어진 축복의 약속들을 그를 믿는 모든 사람들에게 중개하는 유일한 상속자이다.

이러한 관점에서 볼 때 예수를 하나님의 아들과 메시아로 믿는 기독교인들의 믿음과 구약 시대의 아브라함의 믿음은 다르지 않다. 아브라함이 의롭다 하심을 받을 때 보였던 유일한 반응은 할례가 아니라 믿음이었다. 따라서 아브라함의 자손이 되는 것은 결국 그의 믿음의 자취를 따를 때뿐이다. 이러한 바울의 논지는 로마서 4장에서 충분하게 개진되지만, 갈라디아서의 본문에서는 단지 전제될 뿐이다. 갈라디아서 3:6-9에서 아브라함의 믿음과 '믿음으로 말미암은 자들'의 믿음은 대립적인 관계에 있지 않고 오히려 약속과 성취라는 구속사적 관계 속에 있다. "믿음으로 말미암은 자들"은 구약의 신자들을 지칭할 수도 있지만, 사실 일차적으로 예수를 메시아로 신앙하는 기독교인들을 지칭한다.[14] 아브라함은 하나님을 믿었고

---

13) 이 소유격 표현에 대한 많은 논쟁이 있어 왔다. 자세한 논의를 참조하려면 M. D. Hooker, "ΠΙΣΤΙΣ ΧΡΙΣΤΟΥ", *NTS* 35 (1989)를 보라.

14) Burton, *Galatians*, 155; Schlier, *Galater*, 128.

기독교인들은 예수 그리스도를 믿었다. 비록 믿음의 대상은 달라졌지만, 아브라함의 믿음 속에서 기독교인들의 이 믿음이 비로소 처음으로 예시된 것이다.[15] 아브라함에게 계시된 하나님은 이제 예수 그리스도 안에서 계시되셨다.

결론적으로, 이방인 가운데 전파하는 바울의 복음은 아브라함 언약의 "약속" 가운데 예시되어 있으며, 또한 역으로 아브라함에게 먼저 전파된 복음이 그리스도의 인격과 사역을 통해서 현재 성취된 형태로 계시되었다. 따라서 바울의 복음을 믿는 자는 아브라함 언약이 약속한 복에 참여할 수 있다.

3.3 아브라함에게 약속된 언약의 축복들

그러면 아브라함과 그의 후손에게 약속된 언약의 축복들은 어떤 것들이 있는가? 바울은 갈라디아서 3:6-29과 4:21-31에서 여러 차례 "아브라함의 복"에 대해 언급한다. 창세기에 언급된 언약의 축복들은 1) 아브라함의 이름을 창대케 하여 그를 복의 근원으로 삼는 것(창 12:2), 2) 땅의 모든 족속이 아브라함을 인하여 복을 받게 될 것(창 12:3, 18:18), 3) 약속의 땅 가나안을 아브라함과 그의 후손에게 유업으로 주신다는 것(창 12:7, 13:15, 15:7), 4) 아브라함의 후손이 "땅의 티끌같이"(창 13:16), 하늘의 뭇별처럼(창 15:5) 많아지리라는 것 등의 약속들을 포함하고 있다. 바울은 창세기에 언급된 이러한 언약의 축복들을 종말론적인 성취의 전망에서 재해석한다.

---

[15] A. Oepke, *Galater*, 120: "Im Glauben Abrahams ist dieser Glaube nur erst vorgebildet."

첫째로, 이방인이 믿음으로 의롭다 함을 얻게 될 축복을 언급한다(갈 3:8). 여기서 아브라함에게 먼저 전파된 "복음"은 이방인이 믿음으로 경험하는 칭의 구원 경험과 동일시되며, 그것은 또한 "땅의 모든 족속(이방인)이 너를 인하여 복을 얻을 것이니라"는 창세기 12:3의 약속과 연결된다. 환언하면, 이방 기독교인들이 아브라함 언약의 약속에 기초해서 참여하게 될 "복"은 이방인들이 믿음으로 말미암아 얻게 될 칭의 구원 경험을 가리키며, 바울은 그것을 아브라함에게 먼저 전파된 "복음"의 내용으로, 그리고 좀더 폭넓게는 그가 지금 이방인 중에서 전파하는 "복음"의 내용으로 동일시한다.

둘째로, 이방인이 "아브라함의 아들"이 되는 축복을 언급한다(3:7). 믿음으로 의롭다 함을 얻는 것은 이제 "아브라함의 아들" 또는 "아브라함의 자손"이 되는 것과 동일한 의미를 얻게 된다. 아브라함의 아들 또는 그의 후손은 단순히 육신적 혈통에 따라 태어난 자들이나 시내산 언약에 속한 사람들을 가리키지 않고 "믿음으로 말미암은 자들"(3:7, 9) 또는 "성령을 따라 난 자들"(4:29)을 가리킨다. 여기서 "아들" 또는 "자손"이란 술어가 사용된 것은 아브라함에게 약속된 언약의 축복, 즉 "유업"(inheritance)을 상속할 자격을 거론하기 위한 근거를 마련하기 위함이다(3:29). 아브라함 자신이 오직 믿음에 기초해서만 의롭다 함을 얻어 하나님 백성이 되는 축복을 누렸기 때문에, 아브라함의 믿음의 자취를 좇는 "믿음의 사람들"(3:7, 9)은 "믿음이 있는 아브라함과 함께 복을" 받는다(3:9).

셋째로, 아브라함이 "모든 사람의 조상"(롬 4:16) 또는 "많은 민족의 조상"(롬 4:18)이 되는 축복을 언급한다. 이런 표현들은 아브라함의 "후사"가 되는 일이 "은혜에 속하기 위하여 믿음으로 된다"는 16절의 명제를 전제로 한다. 하나님은 아브라함과 그의 후손에게 "세상의 후사가 되리라는 약속"을 주셨는데(롬 4:13), 이 언약의 축복을 이어받을 아브라함의 "모든 후손"은 "율법에 속한 자"만 아니라 "아브라함의 믿음에 속한 자"(16절하)로 구성되어 있다. 어떤 학자들은 "율법에 속한 자"가 "아브라함의 믿음에 속한 자"와 대칭되는 표현이란 점에 주목하여 불신 유대인들을 지칭하는 것으로 해석한다.[16]

이 경우에 유대인들은 기독교인들이 아브라함의 씨가 되는 것과는 다른 방식으로 아브라함의 후손의 일부로 남아있다는 뜻이 된다. 하지만 이것은 바울이 의도하는 뜻일 가능성은 없다. 그는 이미 아브라함의 후손을 믿는 자들로 분명하게 진술한 바 있기 때문에(11-12절), 16절상에 언급된 "믿음으로"(ἐκ πίστεως)란 표현이 전체 구절을 지배한다고 보아야 한다.

그렇다면 아브라함과 그의 모든 후손에게 주신 약속은 믿음을 통해 그의 씨의 일부가 된 유대 기독교인들과 아브라함의 믿음의 자취를 좇는 이방 기독교인들에게[17] 주신 것이다. 여기서 "율법에 속한"(ἐκ νόμου)이란 표현은 토라 백성인 유대인의 사회적 신분을 지칭하는 것이 분명하다.

넷째로, "성령의 약속"은 그리스도의 죽음이 이방인에게 가져다 준 "아브라함의 복" 가운데 언급된다(갈 3:14). 물론 창세기의 아브라함 이야기 속에는 성령의 선물이 약속의 내용으로 구체화되어 언급된 부분이 없다.

---

16) F. Mussner, "Wer ist 'Der ganze Samen' in Röm 4.16?," in: *Begegnung mit dem Wort. Festschrift für Heinrich Zimmermann*, ed. Josef Zmijewski and Ernst Nellessen, BBB 53 (Bonn: Peter Hansten, 1980), 213-17; Lloyd Gaston, "Abraham and the Righteousness of God," in: *Horizons in Biblical Theology 2* (1980), 58.

17) Cf. Godet, Kuss, Moo. *Contra* Käsemann. 케제만은 후자의 이 표현을 신자들 일반을 지칭하는 표현으로 해석하기도 한다.

그는 어떻게 약속의 내용 가운데 성령의 선물을 포함시키게 되었는가? 사라/하갈 알레고리(갈 4:21-31)가 그 논리적 연관성을 해설해 줄 수 있다. 아브라함에게는 두 여인에게서 난 후손들이 있었다.

24절에서 이들 두 여인은 아브라함 언약과 시내산 언약을 각각 지칭하는 알레고리로 해설된다. 계집종이었던 하갈에게서는 "육체를 따라 난" 후손(이스마엘)이 태어난 반면에, 자유하는 여인인 사라에게서는 "약속으로 말미암아 난" 후손(이삭)이 태어났다(4:23).[18]

24절에서 전자는 시내산 율법에 속해 있는 육신적 이스라엘을 지칭하고, 후자는 아브라함 언약에 속해 있는 영적 이스라엘을 지칭한다. 흥미로운 것은 "육체를 따라 난 자"와 "약속으로 말미암아 난 자"를 대조하는 23절의 반제 구조가 29절에서는 "육체를 따라 난 자"와 "성령을 따라 난 자"의 반제 구조로 변화된다는 사실이다.

이것은 약속의 본질적 내용이 성령의 사역과 깊은 연관성이 있다는 것을 시사한다. 아브라함은 아이를 낳을 수 없는 죽음의 현실에서 "네 후손이 땅의 티끌같이" 많아지리라는 하나님의 주권적 약속에 따라 이삭을 낳았기 때문에, 이삭은 "약속의 자녀"(4:28), 즉 "성령을 따라 태어난 자"라고 할 수 있다.

다섯째로, 약속의 땅 하나님의 나라를 유업으로 얻는 축복이 언급된다(5:21; cf. 3:18, 29, 4:1). 아브라함 후손에게 약속된 유업으로서 "땅"은 신약에서 종말론적인 의미를 얻게 되어 하나님 나라를 가리키게 되었다: 아브라함의 후손은 약속대로 하나님 나라를 상속할 것이다. 로마서에서

---

[18] 바울이 여기서 "이스마엘"과 "이삭", 또는 "하갈"과 "사라"라는 역사적 인물들의 이름을 거명하지 않고 일반화시킨 표현을 사용한 것은 그들이 지닌 구원사적 의의를 드러내기 위한 것으로 보인다.

땅의 약속은 좀 다른 각도에서 표현된다: "세상의 후사가 되리라고 하신 언약"(롬 4:13). 여기서 "언약"으로 번역된 말은 본래 헬라어로 "약속"(ἐπαγγελία)이다. "세상의 후사가 된다"는 말은 "약속"이란 말과 병행적 위치에 있다. 이것은 구약에서 아브라함에게 주신 어떤 약속과도 정확하게 상응하지 않지만, 그에게 주신 세 가지 핵심적 약속들을 요약해 준다.

1) 그는 "많은 민족들"을 포함하여 헤아릴 수 없는 후손들을 갖게 될 것이다(창 12:2, 13:16, 15:5, 17:4-6, 16-20, 22:17); 2) 그는 "땅"을 유업으로 얻게 될 것이다(창 13:15-17, 15:12-21, 17:8); 3) 그는 "땅의 모든 민족들"에게 복을 전하는 수단이 될 것이다(창 12:3, 18:18, 22:18). 특별히 아브라함의 씨가 "대적의 문을 얻으리라"는 창세기 22:17하의 약속을 주목할 필요가 있다. 구약 후기에 가면 약속의 땅은 온 세상을 포괄하는 내용으로 발전해 가게 되는데(cf. 사 55:3-5),[19] 실례를 들면 중간사 시대의 여러 유대교 본문들은 이스라엘이 온 세상을 유업으로 얻게 될 것으로 본다(cf. Sir 44:21; *Jub* 22:14, 32:19; *2 Bar* 14:13, 51:3). 산상설교에서 온유한 자가 땅을 유업으로 얻을 것이라고 말씀한 예수의 약속은 이러한 배경에서 이해될 필요가 있다. 바울은 아마도 하나님께서 그의 백성에게 하신 약속의 "총체성"(totality)을 염두에 두고 있는지도 모른다.[20]

이제까지 우리는 바울이 아브라함 언약의 약속이 내포한 축복들을 어떻게 종말론적으로 해석하고 있는가를 살펴보았다. 그렇다면 그는 이방

---

[19] Cf. Thomas McComskey, *The Covenants of Promise* (Grand Rapids: Baker, 1985), 34, 51-55; D. J. Moo, *Romans 1-8* (The Wycliffe Exegetical Commentary: The Moody Bible Institute, Chicago, 1991), 280.

[20] H. Moxnes, *Theology in Conflict: Studies in Paul's Understanding of God in Romans* (NovTSup 53. Leiden: Brill, 1980), 247-49.

신자들이 어떤 방식으로 아브라함 언약의 축복에 참여할 것으로 생각하였는가? 이 질문에 대한 답변은 갈라디아서 3:9에서 간단하게 진술된다: "믿음으로 말미암은 자는 믿음이 있는 아브라함과 함께 복을 받느니라." 아브라함의 복에 참여할 대상은 이미 3:8 이하에서 언급된 바 있다: "모든 이방이 너를 인하여 복을 받으리라." 8절 이하의 인용구는 창세기 12:3과 18:8에 제시된 약속들을 결합시킨 형태를 띠고 있다.[21] 유대교 신학에서 주된 관심은 "너로 말미암아" ($\acute{\epsilon}\nu$ $\sigma o\iota$) 라는 문구 해석에 쏠려 있지만,[22] 바울의 주된 관심은 "모든 이방" ($\pi\acute{\alpha}\nu\tau\alpha$ $\tau\grave{\alpha}$ $\acute{\epsilon}\theta\nu\eta$)이란 문구에 쏠려 있다.

갈라디아서 3:9은 바울이 제시한 3:6-8을 결론짓는 진술이다($\H{\omega}\sigma\tau\epsilon$). 8절의 해석이 맞는다면 다음과 같은 결과가 뒤따른다: "그러므로 믿음의 사람은 신자인 아브라함과 함께 축복을 받는다." 아브라함이 경험했던 복은 8절의 내용으로 미루어 볼 때 '의롭다 함을 받는 것'을 지칭한다. 이것은 그가 하나님을 '믿었기' 때문이다. 마찬가지 방식으로 '믿음으로 말미암은 자들'도 아브라함처럼 믿을 때 동일한 축복을 받을 수가 있다.

이 헬라어 표현은 문맥을 통해서 볼 때 일차적으로 예수 그리스도를 믿는 이방 기독교인들을 가리킨다. 여기서 '함께' ($\sigma\grave{\upsilon}\nu$) 란 말은 어떤 것을 뜻하는가? 아브라함의 복을 언급하는 LXX 창세기 12:3과 18:8을 보면 '함께' 란 술어보다는 '안에' 라는 전치사가 사용된다. 바울은 이것을 '함께' 라는 전치사로 바꾸어 놓았는데, 그에게는 전자가 그리스도와 신자의

---

21) 창세기 12:3 (LXX)에 있는 $\pi\hat{\alpha}\sigma\alpha\iota$ $\alpha\iota$ $\phi\upsilon\lambda\alpha\grave{\iota}$ $\tau\hat{\eta}\varsigma$ $\gamma\hat{\eta}\varsigma$란 표현은 창세기 18:18에 있는 $\pi\acute{\alpha}\nu\tau\alpha$ $\tau\grave{\alpha}$ $\acute{\epsilon}\theta\nu\eta$에 의해서 대체되었다.
22) 흔히 이것은 아브라함의 공적이나 율법순종을 의미하는 것으로 해석되었는데(cf. 1 *Macc* 2:52; *Mekilta Beshallah* 7.139), 유대인들은 바울이 율법을 알고 있었을 뿐만 아니라 그것을 성실하게 준수함으로써 언약 성립에 기여했다고 생각한 것으로 보인다.

관계를 더 적합하게 묘사하는 것으로 여겨진 것 같다. 환언하면, 바울은 그리스도 안에서 축복을 받는 것과 아브라함과 더불어 축복을 받는 것을 구분하고 싶어했다는 말이다. 그러면 9절을 다음과 같이 해석하는 것이 타당할 것이다: 유대인과 이방인은 육신적 혈통이나 할례와 관계없이 믿음으로 아브라함과 '더불어' 또는 그와 '마찬가지 방식으로' 축복을 받는다.[23]

4. 아브라함 언약과 시내산 율법

필자는 이제까지 이방인을 위한 바울의 복음이 아브라함 언약에 "약속"된 내용을 종말론적으로 "성취"한 것이라는 점을 살펴보았다. 이것은 바울이 창세기의 아브라함 이야기를 철저하게 "약속"과 "성취"라는 구원사 신학의 전망에 따라 해석하고 있다는 것을 시사한다. 그는 전에 전형적인 유대인으로서 아브라함 언약을 민족주의적 언약신학의 전망에서 해석하였으나, 다메섹 계시 사건을 계기로 그것을 그리스도 안에서 전적으로 새롭게 이해하게 되었다.

그렇다면 바울의 아브라함 언약 해석은 유대주의자들의 그것과 어떤 차이점이 있는가? 이 질문에 답변하려면 우선 유대주의적 논적들의 언약신학의 성격과 그것에 대한 바울의 비판적 반론을 분석한 뒤에 그가 자신의 언약신학을 어떻게 제시하는가를 밝혀야 한다.

---

23) J. Bligh, *Galatians*, 132; F. Mussner, *Galaterbrief*, 222f; contra F. F. Bruce, *Galatians*, 157. 본절에 πίστος라는 형용사는 한역성경처럼 '믿음이 있는'으로 번역하는 것이 더 낫다. 바울이 말하고자 하는 것은 아브라함이 충성스럽다든가 또는 신뢰할 만하다는 것이 아니라 그가 하나님을 믿었다는 사실이었다.

4.1 언약신학적 해석의 차이들

아브라함 언약과 시내산 율법이 극명하게 대조되는 곳은 주로 갈라디아서와 로마서 같은 논쟁적 서신들이다. 바울은 여기서 유대주의자들의 그릇된 언약신학을 논박하는 것으로 보이기는 하지만, 그의 진술들 가운데 어떤 것이 유대주의자들의 주장을 반영하는지 찾아내는 일은 그리 용이한 일이 아니다. 어떤 학자들은 율법과 관련하여 바울이 부정하는 각 진술 배후에는 유대교에 대한 비판이 전제되어 있다고 생각하는 경향이 있다. 예를 들면, "율법의 행위로서는 의롭다 함을 얻을 육체가 없다"(갈 2:16)는 부정의 진술은 율법준수 행위를 통해 스스로 의를 확보하려는 유대교 종교에 대한 비판적 진술로 이해된다.[24]

만일 이러한 비평 원리가 맞는다면, 우리는 동일한 원리를 "율법은 진노를 이루게 한다"(롬 4:15), "율법이 가입한 것은 범죄를 더하게 하려 함이라"(롬 5:20), "율법으로 말미암는 죄의 정욕이 우리 지체 중에 역사하여 우리로 사망을 위하여 열매를 맺게 하였다"(롬 7:5) 등과 같은 진술들에도 공평하게 적용해야 한다. 과연 이런 진술들이 행위 구원의 종교로 유대교를 전제하고 한 진술인가? 아니면 그것들이 유대교의 실상에 대한 관찰에서 나왔다기보다는 바울 자신의 계시적 통찰에서 나온 비판적 진술인가?

이 문제에 대해서 필자의 다른 논문에서 다룬 적이 있기 때문에[25] 여기

---

24) 김세윤, 바울신학과 새 관점 (도서출판 두란노, 2002), 247-265. 그리고 본 논문 각주 1번에 나열된 학자들의 견해를 참조하라.
25) 이한수, "로마서에 나타난 바울의 유대교 비평: 실천적 유추", 신학지남 제274호 (2003, 봄호)를 참조하라.

서 주요 논점을 되풀이할 필요는 없다. 바울의 진의를 논쟁적인 진술들 가운데서 확인하는 일은 쉽지는 않지만, "강조점"(emphasis), "빈번성"(frequency), "비친숙성"(unfamiliarity) 등과 같은 기준에 따라[26] 바울의 어떤 주장들이 유대교의 언약신학을 반영하며, 바울은 어떤 기독교적 대안을 제시하는지를 찾아보려고 한다.

4.1.1 배타적인 유일신론

로마서 3:29에 제시된 바울의 수사적 질문은 당대의 유대인들이 하나님을 유대인만의 하나님으로 생각하고 있음을 분명하게 시사한다: "하나님은 홀로 유대인의 하나님뿐이시뇨 또 이방인의 하나님은 아니시뇨." 유대교에서 하나님은 오직 "한 분"(신 6:4)이라고 믿었으며, 더욱이 그는 오직 유대인들만을 위한 민족주의적 유일신이었다.[27]

물론 유대인들은 하나님께서 이방인들도 창조하셨다고 믿었지만 그는 그의 창조사역을 통해서만 이방인들과 관계를 가졌으며, 오직 유대인들만이 언약의 하나님과 의미 있는 관계를 향유할 뿐이었다: "나는 세상에 존재하는 만물을 다스리는 하나님이지만, 내 이름을 오직 너(이스라엘)와만 결탁시켰노라; 나는 우상숭배자들의 하나님이 아니라 이스라엘의 하나님으로 불리노라"(*Exod. Rab.* 29 [88d]). 이방인은 토라를 받아들임으로써

---

[26] Cf. J. M. G. Barclay, *Obeying the Truth. A Study of Paul's Ethics in Galatians* (T.&T. Clark: Edinburgh, 1988), 36-45에 제시된 방법론적 접근들에 대하여 참조하라.

[27] Cf. N. A. Dahl, *Studies in Paul: Theology for the Early Christian Mission* (Minneapolis: Ausburg, 1977), 178ff; E. Grasser, "'Ein einziger ist Gott' (Rom 3.30). Zum christologischen Gottesverstandnis bei Paulus," in: *'Ich will euer Gott werden.' Beispiele biblischen Redens von Gott*, SBS 100 (Stuttgart: Katholisches Bibelwerk, 1981), 203-5; H. Moxnes, *Theology in Conflict*, 78-80.

만 유대인과 마찬가지로 하나님과 관계를 맺을 수 있을 뿐이며, 그렇지 않으면 그들은 "하나님도 없는 자"이며 또한 그의 생명에서 떠나 있는 자들일 뿐이다(엡 2:12).

이 점에서 유대교는 배타적이며, 언약적이며, 민족주의적인 성격의 유일신론을 옹호하였다. 바울은 유대교 랍비 시절에 유대교의 이러한 "배타적인 유일신론"(exclusive monotheism)을 추종하였으나, 다메섹에서 부활하신 예수를 영광스러운 하나님의 형상으로 조우한 이후에는 유대인과 이방인 모두를 위한 열려진 삼위일체론적 유일신론(trinitarian monotheism)을 받아들이게 되었다(고전 12:4-6; 고후 13:13).[28] 아마도 바울과 유대교 사이에 가장 현저한 차이를 드러내는 영역은 신론이 아닐까 생각된다.

4.1.2 혈통주의적 언약신학

언약백성인 이스라엘의 자기정체성 의식 근저에는 자신들을 "아브라함의 후손"으로 생각했던 유대인들의 이해가 놓여있다(마 3:9; 요 8:37; 롬 4:1, 9:7 등). 하나님께서는 아브라함과 그의 후손을 자기 백성으로 삼겠다고 약속하셨다(롬 4:13, 3:16). 자연히 아브라함의 하나님은 그의 육신적 후손의 하나님이며(롬 3:29; cf. 요 8:39, 41), 그에게 약속된 언약의 복들도 그의 육신적 후손이 상속할 복이다(cf. 롬 3:1-2, 9:3-6; 엡 2:11-12).

사실 구약이나 유대교의 언약사상에서 아브라함, 모세, 다윗의 언약들 사이에는 모종의 "혈통적 연대성의 원리"가 적용되고 있음이 분명하다

---

[28] 이한수, 신약은 성령을 어떻게 말하는가 (도서출판 이레, 2002), 387-394.

(cf. 신 5:2-3, 29:14; 시 105:8-10; 사 59:21 등).[29)] 이것은 각 언약이 이전에 수립된 언약과 긴밀하게 연결되어 있음을 시사하는 것이다. 따라서 아브라함, 모세, 다윗의 언약들은 실제적으로 한 언약의 잇따른 단계들이다.

범죄한 이스라엘을 위한 모세의 기도문을 보면 그는 아브라함에게 주신 하나님의 약속에 호소하여 기도한다(출 32:13-14); 하나님께서 이스라엘을 출애굽시킨 것도 그들에게 가나안 땅을 주시겠다는 언약을 "기억"하거나(출 6:4-5) 또는 아브라함에게 주신 언약의 "맹세를 지키는" 일에 기초한다(신 7:8). 언약의 역사는 따라서 아브라함 언약과 시내산 언약의 혈통적이며 내용적인 통일성을 뒷받침한다.

한 걸음 더 나아가 에스겔 선지자는 아브라함, 모세, 다윗, 심지어 새 언약에 이르기까지 이러한 통일성 원리를 일관되게 적용하기도 한다(겔 37:24-26). 이 흥미로운 구절에서 이스라엘 역사 속에서 베풀어진 각 언약들은 하나의 신적 질서 속에 연합되어 있다. 하나님의 모든 약속들은 마지막 언약인 새 언약에 의해서 완성을 보게 될 것이다.[30)] 아마도 유대교의 언약신학은 구약에 내재한 이러한 혈통적 연대성과 언약의 내면적 통일성 원리를 간파하고, 아브라함의 육신적 후손이며 시내산 언약의 구성원인 자신들이야말로 아브라함 언약의 축복들을 상속할 자격이 있다고 생각했을 것이다.

---

29) O. P. Robertson, *The Christ of the Covenants*; 김의원 역, 계약신학과 그리스도 (기독교문서선교회, 1999), 42-48.

30) O. P. Robertson, *Ibid*, 50: "내 종 다윗이 그들의 왕이 되리니 그들에게 다 한 목자가 있을 것이라(다윗 언약) 그들이 내 규례를 준행하고 내 율례를 지켜 행하며(모세 언약) 내가 내 종 야곱에게 준 땅 곧 그 열조가 거하던 땅에 그들이 거하되(아브라함 언약)······내가 그들과 화평의 언약을 세워서 영원한 언약이 되게 하고(새 언약)······" (겔 37:24-26).

유대인들이 아브라함 언약과 시내산 언약의 관계를 이러한 원리들에 기초해서 해석하였다는 사실은 로마서 4장의 아브라함 이야기에 분명하게 함축되어 있다(롬 4:1, 13-14). 필자는 4:1의 수사적 질문이 함축하는 바를 우선 분석하고, 다음으로 4:13-14이 함축하는 바를 주석하고자 한다. 로마서 4:1의 질문은 어떤 의미를 갖는가?: "그런즉 육신으로 우리 조상 된 아브라함이 무엇을 얻었다 하리요?"

헤이스는 이 질문에 대한 전통적 해석의 약점들을 지적하면서 그것을 바로 읽을 수 있는 새로운 방식을 제안한다. 첫째로, '그런즉 우리가 무얼 말하리요'(Τί οὖν ἐροῦμεν)란 질문 형식이 로마서에서 여러 번 사용된다는 데 주목하고(3:5, 6:1, 7:7, 8:31, 9:14, 30), 그는 바울의 논지에서 그 기능을 밝히고자 하였다.

헤이스에 따르면, 8:31만 제외하고 다른 모든 경우들은 의문 표시로 끝을 맺는 독립된 문장이며, 위의 여섯 경우 모두 선행하는 논의에서 추론을 끌어내는 다른 수사적 질문을 끌어들이고, 여섯 개 중 네 경우에 그러한 추론은 거짓된 것이었다.[31]

학자들은 완료부정사의 명기된 목적어가 빠져 있기 때문에 헤이스의 해석을 기피해 왔지만, 아브라함을 완료부정사의 주어가 아니라 그 직접적인 목적어로 취한다면 문제가 생기지 않는다. 이 경우에 선행하는 수사적 질문에 함축된 '우리'를 그 주어로 삼아야 한다. 바울은 "휴리스코" (εὑρίσκω) 동사를 로마서 7:10, 21에서 이런 식으로 사용한 바 있다. 문장

---

31) R. B. Hays, "Have We Found Abraham to Be Our Father according to the Flesh? A Reconstruction of Rom 4:1," *NovT* 27 (1985), 78-80; S. Stowers, *The Diatribe and Paul's Letter to the Romans*, SBLDS 57 (Chico, California: Scholars, 1981), 133. 여기서 Stowers는 Τί οὖν ἐροῦμεν의 질문이 잘못된 결론들을 소개하는 데 사용되는 의문문적 설명이라고 주장한다.

구성상 주어가 표현되어 있지 않지만 동사가 주격 술어나 주격 형용사를 보어로 동반하는 것은 바울에게 흔하게 나타난다(고전 4:2, 15:15; 고후 5:3, 9:4, 12:20; 갈 2:17).[32] 완료부정사를 이런 식으로 해석하면, 이렇게 번역될 수 있다: "그런즉 우리가 무엇을 말하리요? 우리는(유대인들) 아브라함이 육신으로 된 우리 조상이라는 것을 발견한 바 있느뇨?" 본 절의 질문에 대한 이런 식의 해석이 선행하는 3:27-31과 잘 어울리는 것은 사실이다.

그렇다면 '그런즉 우리가 무엇을 말하리요'라는 질문은 27-31절 전체에서 끌어낸 결론들을 변호하고 뒷받침하려는 목적을 지닌다.[33] 바울의 질문 핵심은 아브라함이 육신적으로는 이방인의 조상이 분명 아닌 때에도 과연 그의 가족의 합법적인 구성원으로 생각될 수 있는가 하는 것이다. 바울 당대의 대다수 유대인들이 생각했던 것처럼, 만일 아브라함이 유대인의 육신적 조상일 뿐이라면 그는 자연히 이방인의 조상이 될 수가 없게 된다.

하지만 만일 그가 육신적인 혈통을 뛰어넘어 어떤 다른 의미에서 유대인의 조상이 된다고 하면, 그는 동일한 의미에서 이방인의 조상도 될 수 있다. 바울이 로마서 4장에서 씨름하는 문제는 바로 이런 질문이었다. 아브라함의 믿음을 개인적으로 본받자는 것이 아니라 아브라함의 믿음이 어떻게 이방인을 하나님의 백성으로 끌어들일 수 있게 했는지를 살피는 것이 본장 논의의 핵심이다.

---

32) R. B. Hays, "Have we Found Abraham……," 82.
33) Cranfield, *Romans 1*, 223-24; Moxnes, *Theology in Conflict*, 228f; C. Rhyne, *Faith Establishes the Law*, SBLDS 55 (Chico, California: Scholars, 1981), 4장; Kuss, *Romer*, 178; Dunn, *Romans 1-8*, 198.

이러한 해석은 선행하는 3:27-31의 문맥과 잘 어울리는 것이 분명하다. 3:29에서 바울은 하나님께서 유대인만의 하나님이시며 따라서 아브라함도 유대인만의 조상이 된다는 거짓된 추론을 다룬다. 선행하는 문맥이 이런 그릇된 추론에 대한 반론을 다루고 있다면, 4:1 질문의 '육신을 따라'(κατὰ σάρκα)라는 표현은 일차적으로 유대인들의 육신적 혈통을 암시한다.[34] '아브라함이 육신으로 우리의 조상된 사람이다'는 명제는 앞서 말했듯이 유대인들간에 유행하던 추론임이 분명하다. 그들은 혈통, 할례, 율법과 같은 외적인 신분 표지들을 가지고 자신들이야말로 하나님 백성이라고 주장했을 것이다.

선행하는 논의를 4:1의 그릇된 명제와 함께 연결해 보면, 헤이스의 다음 결론은 타당하다: 편협한 민족주의적 유대교만이 하나님은 유대인에게만 배타적으로 속해 있는 하나님이며, 아브라함도 육신적 혈통을 따라 (κατὰ σάρκα) 유대인의 조상이 되었다는 식의 주장을 할 것이다. 바울은 로마서 4장에서 유대교의 이러한 편협한 언약해석의 전통을 무너뜨리고 유대인뿐만 아니라 이방인도 아브라함의 자손에 포함된다는 열려진 보편적 언약신학을 정립하고자 한다.[35] 4장 초두의 질문을 이런 의미로 읽는 것은 3:27-31과의 연결을 자연스럽게 할 뿐만 아니라 4:2 이후의 논지를 바로 이해하는 데 결정적이다.[36]

---

34) 물론 '육신적 혈통'의 개념 속에는 3:29-30에 언급된 할례도 포함된다고 말할 수 있다. 할례는 어디까지나 유대인들의 민족적 혈통을 표시해 주는 중요한 의식이었기 때문이다. 할례의식을 '육'의 개념으로 묘사하는 것은 바울에게 있어서 흔하다(갈 6:12-13 참조).

35) R. B. Hays, "Have we Found Abraham……," 88.

36) Dunn, *Romans 1-8*, 3-4장 주석; "Works of the Law and the Curse of the Law"; F. Watson, *Paul, Judaism and the Gentiles* (SNTSMS 56, 1986), 110-11; N. T. Wright, "Romans and the Theology of Paul," *SBL 1992 Seminar Papers* (Atlanta: Scholars, 1992), 184-213.

4.1.3 "만일 율법에 속한 자가 후사라면"

이제 앞에서 제기한 두 번째 논제, 즉 아브라함 언약과 시내산 언약의 내적 통일성 문제를 다루고자 한다. 앞에서 관찰한 대로, 구약이나 유대교는 개별 언약들의 혈통적 연대성 개념이 자연히 그것들 사이의 내면적 통일성 개념과 연계되어 있다고 보았다: 이것은 각 언약이 이전에 수립된 언약과 긴밀하게 연결되어 있다는 것을 시사한다.

따라서 아브라함, 모세, 다윗의 언약들은 실제적으로 한 언약의 잇따른 단계들이다. 하나님께서는 아브라함과 그의 후손에게 언약을 베푸셨다; 이스라엘을 애굽에서 해방시킨 것은 하나님께서 이스라엘을 아브라함의 후손으로 생각하셨기 때문이다. 따라서 출애굽 사건과 시내산 언약은 이전에 있었던 아브라함 언약의 약속에 기초한 것이 분명하다. 유대주의적 논적들은 구약에 내재한 이러한 혈통적 연대성과 언약들간의 내면적 통일성을 알고 있었을 것이다.

로마서 4:13-14의 조건절은 유대주의자들의 언약신학의 성격을 전제하고 있는 것이 분명하다: "만일 율법에 속한 자들이 후사이면 믿음은 헛것이 되고 약속은 폐하여졌느니라." 이 중요한 구절의 의미를 파악하기 위해서는 로마서 4장 전체의 논리적 흐름을 먼저 밝힐 필요가 있다. 최근의 학자들은 그것을 문맥의 흐름과 전혀 다른 방향에서 해석하는 것으로 보이기 때문이다.

유대교를 행위의의 종교로 이해하는 학자들은 아브라함의 칭의 경험의 성격을 다루는 로마서 4장, 특별히 2-8절을 새 관점주의자들의 해석을 반증하는 결정적인 구절로 인용하여 왔다. 여기서 믿음과 행위가 전통적인 방식으로 날카롭게 대조되고 있기 때문이다. 예를 들면, 실바는 믿음과 행위를 반립 구도로 구조화시켜 놓은 4:4-5이 구속사적 논의에 전혀 아무런 반영도 되지 않았다고 비판한다. 바울은 행위가 아니라 오직 믿음으로 의롭다 하심을 받는다고 말함으로써 전통적인 이신칭의 복음의 이해를 뒷받침하는 것으로 보이는데, 새 관점주의자들의 해석은 이 점을 의도적으로 평가절하시켰다는 것이다.[37] 그의 주장 배후에는 유대교에 대한 전통적인 이해가 깔려 있다.

하지만 전통적인 이 견해는 많은 문제점들을 지니고 있다. 성경의 인물을 너무 서구의 개인주의 전망에서 이해하는 것도 문제지만, 가장 중요한 약점은 믿음과 순종을 날카롭게 이분화시켜 놓는 것이 과연 당대 유대인 독자에게 제대로 이해될 수 있었겠는가 하는 점이다(cf. 약 2:17-24).[38] 더욱이 그것은 믿음과 순종을 밀접하게 연관시키고 있는 바울의 다른 진술들과도 상치된다(cf. 롬 1:5, 3:3).

로마서 4장에 나타난 바울의 핵심 논점은 아브라함을 기독교 신앙의 개인적인 실례로 제시하는 것이 아니라 그의 이야기를 통해 이방인들이 어떻게 하나님 백성의 합법적인 구성원이 될 수 있는가를 밝히는 것이다(갈 2:15-16). 바울은 여기서 "이방인들이 단지 아브라함처럼 축복을 받는 것이 아니라 아브라함 때문에 축복을 받는다"[39]는 명제를 논증해야만 했다. 아브라함의 경험이 어떻게 유대인들뿐만 아니라 이방인들을 구원하는 근거 역할을 하는가?

1절 초두의 접속사 가르($\gamma \dot{\alpha} \rho$)는 유대인들이 아브라함을 육신적인 근거에서만 그들의 조상으로 생각할 수 없다는 것을 소개하는 술어이다. 불행

---

[37] Moises Silva, "The Law and Christianity: Dunn's New Synthesis," *WTJ* 53 (1991), 352-3.
[38] D. J. Doughty, "The Priority of *XAPIΣ*," *NTS* (1973), 165-6.
[39] G. Howard, *Paul: Crisis in Galatia* (SNTSMS 35: Cambridge 1990), 55.

하게도 많은 주석가들이 이 점을 깨닫는 데 실패하고 있다. 일단 이렇게 발을 잘못 들여놓게 되니까 그들은 곧바로 문맥을 뛰어넘어 엉뚱한 신학적 전제를 2절에 끌어들이게 되었다. 예를 들면, 2절은 아브라함이 어떻게 공적 행위들 없이 의롭다 하심을 얻을 수 있었는가를 설명한다는 식이다. 사실 유대인들은 아브라함의 순종이 언약성립에 기여하여 언약적 특권들을 그의 육신적 후손에게 물려줄 수 있게 만들었기 때문에,[40] 유대인들이 아브라함의 후손으로 남아 있으려면 그와 마찬가지로 율법을 성실하게 지키고 자신을 부정한 이방인에게서 정결하게 지켜야 한다고 생각하였다. 따라서 유대인들에게 있어서 "아브라함이란 인물은 독특한 신분, 특권 그리고 책임이란 의미들을 상징화시켜 준다."[41]

언약적 특권을 누린다는 것과 이방인에게서 구별된다는 것은 상호 긴밀하게 연관된 개념이다. 아브라함이 언약 아래서 얻은 의란 것은 그러므로 그의 독특한 신분의 표시로서 할례 의식과 밀접하게 연계된다. 중간사 시대의 유대교에서 아브라함이란 인물은 유대인들의 특징이라고 생각되는 특권, 신분, 그리고 삶을 대변해 주는 인물이 되기 시작하였다. 아브라함의 순종은 결국 율법에 대한 순종이며, 하나님의 구별된 백성이란 신분은 할례 의식과 율법준수로 표시된다.

2절에서 아브라함의 언약적 특권과 '자랑'($καύχημα$)의 연결은 바로 이러한 배경에서 이해되어야 한다. 바울은 여기서 자랑과 유대 율법 사이의 직접적인 연관성을 내다보면서 말하고 있는 것이지 스스로의 힘과 공적으로 구원을 얻어보려는 자기 주장적 행위와 관련된 자랑을 염두에 두

---

[40] 예를 들면, 1 *Macc* 2:52; *Mekilta Beshallah* 7.139와 같은 구절들을 참조하라.
[41] F. Watson, *Paul, Judaism and the Gentiles. A Sociological Approach*. SNTSMS 56 (Cambridge: University, 1986), 137.

고 있지 않다. 유대인과 비유대인 사이를 구분 짓게 만드는 것은 유대 율법 자체이다(롬 4:14, 16). 따라서 2절의 '자랑'은 특별한 신분의 징표요 비유대인과 구별시키는 수단으로서 율법을 소유하고 있다는 유대인들의 특별한 자랑을 지칭한다.[42] 바울은 아브라함이 만일 행위에 기초해서 의롭다 하심을 얻었다면 자랑할 여지가 있다고(즉 특권을 주장할 수 있다고) 말한다. 하지만 역으로 말해서 이것은 아브라함이 행위에 기초해서 칭의를 경험한 것이 아니기 때문에, 유대인들이 상상하듯이 '행위에 기초해서' 언약적 특권을 주장할 수 없다는 뜻을 함축하고 있다.

'행위'는 여기서 유대인들의 공적 행위를 가리키는가? 크랜필드는 전통적인 해석을 따라서 2절의 '자랑'이 순종 행위에 대한 자랑을 가리킨다고 보기 때문에, 자연히 '행위들'은 일반적인 공적 행위들을 가리킨다고 보았다.[43]

하지만 선행에 대한 자랑을 거부하는 바울의 명제는 그가 다른 곳에서 자랑에 대해서 진술한 내용들과 잘 상응하지 않는다(갈 6:4). 더욱이, 아브라함은 순종했음에도 불구하고 자랑할 수 없다고 하는 반면에(4:2), 이스라엘은 그들의 불순종에도 불구하고 자랑한다고 하지 않는가?(2:23) 그렇다면 2절에서 자랑의 근거로 거절되는 것은 공적 행위가 아니라 유대인의 신분 표지의 행위, 즉 '율법의 행위들'임이 분명하다.[44] 아브라함에게는 순종이 있었고 이스라엘 편에는 순종이 없었다. 하지만 그들 모두에

---

42) H. Moxnes, "Honour and Righteousness in Romans," *JSNT* 32 (1988), 71; M. Cranford, "Abraham in Romans 4," 76f.

43) Cranfield, *Romans* 1, 227.

44) Dunn과 같은 학자들은 '율법의 행위들'을 할례, 음식법, 안식일 준수 등과 같은 유대인들의 사회적 경계선 표지들을 특별히 지칭한다고 보지만, 사실 자신이 언약 백성임을 보여 주는 일반적인 율법 준수 행위들도 포함된다고 여겨진다(갈 2:16, 3:10-12 등 참조).

게 자랑할 근거란 있을 수가 없다. 칭의 논의와 관련하여 "일하는 자", "삯", "빚" 등과 같은 상업적 언어들이 사용된 것은 공적주의 종교로서의 유대교를 비판하기 위한 것이 아니다; 그것은 단지 칭의가 일한 대가를 받듯이 얻어지는 것이 아니라는 "일반적 관찰"(general observation)에서 나온 것이 분명하다.[45]

이 점을 용인한다고 할지라도 우리가 또한 주목해야 할 점은 4-5절의 사상이 9절 이후에 "할례자"나 "율법에 속한 자"와 관련하여 전개된다는 사실이다(4:9-14). 이것은 칭의의 근거가 되지 못하는 "행위들"(4-5절)이 좀더 구체적으로 유대인의 신분 표지의 행위들과 모종의 연관성이 있는 것으로 보인다.

칭의의 은혜는 아브라함이 무할례자(=이방인)로 있을 때(4:11), 율법 백성 된 유대인의 신분과 관계없이(4:14, 16), 오직 믿음에 기초해서만 경험한 것이다; 때문에 이방인들도 아브라함의 믿음의 자취를 좇는다면 그와 마찬가지로 칭의를 경험할 수 있다. 결론적으로, 전통적인 해석은 로마서 4장의 근접문맥의 관심사와 어울리지 않는다. 순종의 행위가 있든 없든 간에 유대인들의 신분을 나타내는 행위로서의 "율법의 행위"는 칭의의 근거가 될 수 없다(3:22, 29-30).[46]

---

[45] J. M. G. Barclay, *Obeying the Truth. A Study of Paul's Ethics in Galatians* (1988), 247f를 참조하라.

[46] 물론 2-5절에서 '율법의' (του νομου)란 소유격 표현이 나오지는 않지만, '행위들'은 3장과 4장의 전체 문맥이 지시하듯이 율법 백성인 유대인들의 독특한 정체성 표지 역할을 하는 '율법의 행위들'을 가리키는 것이 분명하다. 이에 대한 반론들로는 C. E. B. Cranfield, "'The Works of the Law' in the Epistle to the Romans," *JSNT* 43 (1991), 89-101; T. R. Schreiner, "'Works of Law' in Paul," *NovT* 33 (1991), 217-44이 있다. 이들 학자들에 대한 반론으로는 J. D. G. Dunn, "Yet Once More-'The Works of the Law': A Response," *JSNT* 46 (1992), 99-117을 보라.

4.2 바울의 논지 전개의 흐름

앞에서 논의한 대로, 바울은 유대인들의 신분 표지 행위인 "율법의 행위"가 칭의의 근거가 되지 못한다고 생각하였을 뿐만 아니라, 또한 "율법에 속한 자들"이 아브라함 언약의 약속을 상속할 후사(後嗣)가 되지 못한다고 생각한다: "만일 율법에 속한 자들이 후사이면 믿음은 헛것이 되고 약속은 폐하여졌느니라"(롬 4:14). 이 조건절에는 아브라함 언약과 시내산 율법을 "내면적인 통일성"의 전망에서 파악하려고 했던 유대주의자들의 언약신학이 암시되어 있다. 그것은 또한 이러한 유대교 언약신학을 거부하고 두 언약을 분리시키려는 바울의 의도를 엿보게 해준다. 유대주의자들은 아브라함 언약의 축복들을 상속하려면 시내산 언약의 구성원이 되어야 한다고 주장하였을 것이고, 바울은 이와는 대조적으로 두 언약을 분리시키려고 했을 것이다.

바울은 왜 구약에 분명히 함축된 "혈통적 연대성의 원리"와 "언약의 내면적 통일성의 원리"를 거부하는가? 그는 왜 시내산 언약에 속한 이스라엘이 아브라함 언약의 약속을 상속할 후사가 되지 못한다고 주장하는가(14절)? 이러한 질문에 답변하려면 우리는 로마서 4장과 갈라디아서 3-4장에서 바울이 율법과 관련하여 개진한 일련의 진술들을 추적해야 한다.

첫째로, 유대인은 아브라함의 육신적 후손(롬 4:1), "할례자"(롬 4:12) 또는 "율법에 속한 자"(롬 4:14)로 불렸으며, 그들은 언약의 이러한 외적 표지들에 근거해서 하나님 백성으로서의 선민적 특권의식을 가진 자들이었다(롬 2:19-20). 그들은 율법을 범하는 자들이었음에도 불구하고 하나님의 언약적 성실성에 기대어(롬 2:4) 이방인들에 대해서 배타적 우월의식을 가졌으며(롬 2:19-20; 갈 2:15) 스스로 진노의 심판에서 면제받은 자들로 간주하였다(롬 2:1-3).

둘째로, 바울은 육신적 혈통, 할례, 율법 소유 등과 같은 언약의 표피적 요소들을 붙들면서 언약사의 보다 심층적 흐름의 요구, 즉 성령으로 마음의 할례를 받아 율법을 자발적으로 순종하는 존재가 되지 못한 대부분의 유대인들을 "표면적 유대인"에 불과한 것으로 간주한다(롬 2:28-30). "이스라엘에게서 난 그들이 다 이스라엘이 아니라"(롬 9:6-8)는 바울의 진술에서 볼 때, 그는 이 표면적 유대인들이 이방인과 마찬가지로 하나님의 진노의 심판 아래 있는 이 세상의 일부에 불과하다고 생각하는 것이 분명하다(롬 3:9, 19; cf. 요 8:44).

셋째로, 유대인은 언약사의 표층적 측면에서 보면 아브라함의 육신적 후손으로서 할례를 받은 자들이고 시내산 언약에 속한 토라의 백성들이지만, 그들이 의지하고 자랑하는 율법은 그들이 사실 이방인과 마찬가지로 "죄 아래"(롬 3:9) 있는 세상적 존재들에 불과하다는 사실을 폭로하는 수단일 뿐이다. 율법은 이스라엘이 하나님의 백성이라는 전망 속에서 주어진 것은 사실이다. 하지만 그들 대다수가 지금 세상의 일부에 불과한 것으로 드러난 상황에서 "문자언약"에 불과한 율법은(고후 3:6) 그것을 범한 사람들의 실상을 폭로하고 정죄하며 그들을 죽이는 심판의 기준과 수단이 되었을 뿐이다(롬 4:15).

넷째로, 돌비에 "문자"로 새겨진 율법은 아브라함의 육신적 후손인 유대인들에게 주어졌지만, 세상적 존재에 불과한 그들에게 "의와 생명"을 수여하여(갈 3:21) "하나님을 향하여 사는"(롬 6:11; 갈 2:19) 변화된 백성을 형성할 능력이 없었다(갈 4:21-30). 옛 언약 시대에는 "의문"으로서의 율법은 죄의 세력을 극복하기에는 "연약하고 무능한" 상태에 놓여 있었으며(롬 8:3), 율법 자체에 계시된 하나님의 의로운 요구를 성취할 능력도 없었다(롬 8:3-4).[47]

사라/하갈 알레고리(갈 4:21-31)는 율법이 그 선하고 의로운 내용에도 불구하고(롬 7:12, 14) "육체를 따라 난 자들"(갈 4:23, 29) 또는 "종의 자녀들"을 양산할 뿐이며, "성령을 따라 난 자들"(4:29) 또는 "약속의 자녀"(4:28; 롬 9:8)를 생산할 능력이 없다는 것을 분명하게 시사해 준다. 30절에서 계집종의 자녀들을 "내어 쫓으라"는 명령은 유대교와 기독교가 서로 공존할 수 없는 두 사회적 실재들이 되었다는 것을 함축하고 있다.[48] 전자는 아브라함의 육신적 후손으로서 시내산 언약의 구성원이 된 것을 중요하게 여기면서도 실상은 율법을 순종하는 백성이 되는 데 실패한 존재들인 반면에, 후자는 그리스도 안에서 마음의 근본적 변화를 경험하여 성령을 좇아 순종함으로써 율법에 계시된 하나님의 의로운 요구를 성취하는 존재들이다.

변화된 실존으로서 참 하나님 백성은 그러면 어떻게 형성되는가? 우리는 용례를 분석하는 부분에서 그리스도를 아브라함의 유일한 합법적인 "씨"로 파악한 바울의 기독론적 이해의 단면을 발견한 바 있다. 필자는 다음 장에서 아브라함 언약의 약속들이 어떻게 그의 유일한 후손인 그리스도의 인격과 사역을 통해서 성취되는가를 살피고자 한다.

---

47) 김세윤, 바울신학과 새 관점 (도서출판 두란노, 2002), 263f. 여기서 그는 율법의 이러한 연약성과 무능성을 "율법의 구조적 약점"과 연관시킨다.
48) Heung-Sik Choi, "The Truth of the Gospel": *An Exegetical and Theological Study of the Antitheses in Galatians 5.2-6*, Ph.D Dissertation, Durham University 2002, 110f.

5. 언약의 정점인 그리스도

바울 사도는 그리스도를 아브라함, 모세, 다윗, 새 언약에 함축된 모든 약속들이 성취되는 언약의 "절정"으로 간주하는 것이 분명하다.[49] 본 논문의 주된 관심은 율법과 약속의 대조에 있기 때문에 필자는 아브라함 언약의 약속과 그것을 성취한 그리스도의 복음이 시내산 율법과 어떤 상관성이 있는지 살피는 일에 초점을 맞추고자 한다.

5.1 하나의 자손, 하나의 백성

갈라디아서 3-4장에서 율법의 잠정성과 기능에 관한 바울의 논의들은 아브라함의 후손의 정체성을 다루는 보다 폭넓은 문맥 속에서 등장한다. 바울은 3:7에서 아브라함의 믿음의 자취를 좇는 사람은 누구나 "아브라함의 아들"(the sons of Abraham)이라고 주장하였고, 3:29에서도 동일한 개념이 적용된다.

바울은 "믿음으로 말미암는 칭의론"(justification by faith)을 창세기 15:6에서 묘사된 아브라함 자신의 칭의 경험에서 추론하는데, 그는 3:7에서 곧바로 그것을 "아브라함의 아들"이 되는 경험과 동일시한다. 이것은 칭의 경험의 실질적인 내용이 "하나님의 아들이 되는" 것과 같은 것으로 이해되고 있음을 시사해 준다(갈 4:5-7; 롬 8:14). 하나님께서 아브라함과 언약을 맺은 궁극적인 목적은 하나님의 아들들을 형성하는 것이다. 그들은 "믿음으로 말미암은 자들"(갈 3:7, 9)일 뿐만 아니라 후에 사라/하갈

---

[49] Cf. N. T. Wright, *The Climax of the Covenant. Christ and the Law in Pauline Theology* (Fortress Press: Minneapolis, 1993), 231-252.

알레고리에서 "약속으로 말미암아 난 자들"(갈 4:23) 또는 "성령을 따라 난 자들"(갈 4:29)로 특징화된다. 어떻게 이런 존재들이 형성되는가? 그들의 형성은 그리스도를 아브라함의 유일한 "씨"로 파악한 갈라디아서 3:16의 진술과 어떤 관련이 있는가?

사라/하갈의 알레고리는 아브라함의 참 가족의 형성이 시내산 율법의 영역 아래서 이루어지지 않고 오직 아브라함의 언약이 내포한 "약속"에 의해서만 이루어진다는 사실을 보여 준다(갈 4:21-31). 바울은 28절에서 아브라함의 참 후손을 이삭과 같은 "약속의 자녀"로 부른다. "약속"이란 말은 자손을 낳을 수 없는 죽음의 현실에서(롬 4:18-19) 이삭을 낳게 만든 "하나님의 창조적 주도권"을 함축하는데, 재미있게도 바울은 갈라디아서 4:29에서 이것을 곧바로 "성령"의 창조적 능력과 연결시킨다(갈 4:23, 29).

문자언약에 불과한 율법은 사람에게 "의와 생명"을 수여할 능력도 없으며(갈 3:21) 죄인들을 변화된 참 하나님의 자녀로 창조할 능력도 없었다. 그것은 오직 "약속하신 자손이 오실 때"(갈 3:19하)만 가능한 일이다: 그는 아브라함의 유일한 "씨"이기 때문이다(갈 3:16).

이 구절에서 복수 명사인 "약속들"(promises)이 언급되는데, 다른 곳에서는 보통 단수 명사가 사용된다(3:17-18, 22, 29; cf. 롬 4:13-14, 16, 20). 두 형태의 명사들 사이에는 특별한 사상적 차이는 없다. 이 약속들은 "아브라함과 그 자손에게" 주어진 것이다. "그 자손에게"(to his seed)라는 표현은 본래 칠십인경에서 온 인용구이다. 그것은 창세기에서 약속의 땅을 주시겠다는 약속과 관련해서만 발견된다(창 13:15, 17:8, 24:7).[50] 유대교 해석에서 단수 형태인 "씨"(*zerah*)는 집합명사로 취급되어 보통

많은 후손들을 의미한다. 하지만 유대교 후기에 갈수록 메시아 전승이 발전되어 아브라함의 약속들이 그의 "한" 탁월한 자손을 통해서 성취될 것을 시사하는 경향이 나타나기 시작한다(삼하 7:14/히 1:5하; 4QFlor. 1:10f; *Jub.* 16:17f; Ps.-Philo, *LAB* 8:3).[51]

"씨"란 말이 집합적으로 "후손들"을 지칭할 수 있는데도 불구하고, 바울 사도가 그것을 아브라함의 여러 후손들이 아니라 그리스도를 가리키는 말로 해석한 것은 이상하게 보인다. 일견 바울의 논지 전개는 다음과 같아 보인다: 그리스도는 아브라함의 씨이다(갈 3:16); 너희는 그리스도에게 속해 있다(26-29절상); 그러므로 너희는 약속들을 상속할 후사이며(29절하), 율법 아래 있을 필요가 없다(17-18, 19-22, 25절).

랍비적 평행구들을 보면 이런 종류의 미드라쉬적인 해석에 기초해 있는 것이 사실이다.[52] 하지만 근접문맥을 조심스럽게 살펴보면, 이러한 논지와 다른 뉘앙스가 발견된다. 문제의 실마리는 "통일성"(unity)의 개념에 있다. 16절에서 "씨"가 여럿이 아니라 하나라고 했고, 20절에서는 "중보자"(mediator)는 한편만을 위해 있는 것이 아니지만 하나님은 하나이시라고 했다. 그리고 전체 논의를 요약하는 구절에서 바울은 "너희는⋯⋯ 그리스도 예수 안에서 하나이니라 너희가 그리스도께 속한 자면 곧 아브라함의 자손이요 약속대로 유업을 이을 자니라"(28-29절)고 진술한다.

---

50) D. Daube, *New Testament and Rabbinic Judaism* (London: Athlone, 1956), 438.
51) M. Wilcox, "The Promise of the 'Seed' in the NT and the Targumim," *JSNT Issue* 5 (1979), 2-20; cf. D. Daube, "The Interpretation of a Generic Singular," *The NT and Rabbinic Judaism* (London, 1956), 438-444.
52) N. A. Dahl, *Studies in Paul: Theology for the Early Christian Mission* (Minneapolis: Ausburg, 1977), 175; W. D. Davies, *Jewish and Pauline Studies* (London/Philadelphia: SPCK/Fortress Press, 1984), 177.

21-29절의 문맥에서 바울의 요지는 분명하다. 율법은 모든 사람들을 죄 아래 가둠으로써 예수 그리스도를 믿는 자들에게 약속이 주어지게 하였다(21-22절). 예수 그리스도를 믿는 모든 자들은 그와 합하여 세례를 받음으로(26-27절) "하나의 단일 가족"을 형성하게 되었다.

여기서 추론되는 결론은 분명하다: 그리스도 안에서는 옛 언약 아래서처럼 유대인들과 이방인들로 구성된 *다른 가족들*이 존재하지 않는다.[53] 근접문맥의 대조는 단수 개인과 여러 인간 존재들 사이에 있는 것이 아니라, 하나의 가족이 지닌 "통일성"과 토라를 받아들일 때 생기는 분열된 가족의 "복수성" 사이에 있다. 율법은 이방인들을 유대인과 분열시킴으로써 여러 분열된 가족들을 만들어냈지만, 아브라함 언약은 인종적 차이, 사회적 신분의 차이, 성적인 차이를 뛰어넘어 세상의 모든 인류를 그의 유일한 후손인 그리스도를 통해서 하나의 통일된 가족을 형성하는 비전을 지녔다(엡 2:11-22 참조).

유대주의자들 편에서 율법은 아브라함의 약속들을 그의 육신적 후손인 한 종족(유대인)에게 제한시킨 것으로 이해되었지만, 바울은 통일된 가족 형성을 내다본 아브라함 언약이 시내산 율법과 같은 후대의 계약들에 의해서 폐지되거나 제거될 수 없다고 보았다. 율법은 어떤 특정한 목적들을 위해서 소개된 잠정적인 조치일 뿐이며(갈 3:19), 약속 가운데 언급된 통일된 하나님의 가족을 창조하는 일을 방해하지 못하고 오히려 그것을 용이하게 만들 뿐이다.[54] 이것은 19-22절이 전개하는 주제이기도 하다.

---

53) N. T. Wright, *The Climax of the Covenant*, 163f.
54) 여기서 우리는 언약의 내면적 통일성의 측면을 다시 발견할 수 있다: cf. N. T. Wright, *op.cit.*, 167.

율법은 약속을 "거스르지 않는다"(21절상); 왜냐하면 그것들은 모두 하나님에 의해서 주어진 것일 뿐만 아니라 구원사적으로 다른 수준에서 또는 "다른 영역들 속에서 작용하기"[55] 때문이다. 시내산 율법은 모든 사람들이 다 죄인이며 따라서 두 다른 가족들이 존재할 수 없고, 그들이 다 같은 치유책과 구원의 길을 필요로 한다는 사실을 드러냈다. 다른 한편, 아브라함 언약은 하나의 통일된 가족을 형성하는 일이 "예수 그리스도를 믿음으로 말미암아" "약속을 믿는 자들에게" 이루어진다는 사실을 보여 주었다(22절하).

그렇다면 "중보는 한편만 위한 자가 아니니 오직 하나님은 하나이시니라"(20절)는 진술도 이러한 맥락에서 이해될 필요가 있다. 중보자는 쌍방을 위해서 일하는 존재이다: 이것은 시내산 율법이 하나님과 이스라엘 사이에서 모세라는 인물의 "중보"(mediation)를 필요로 했지만, 아브라함 언약은 한 분 하나님에 의해서 직접 제정되었다는 것을 시사한다. 이것을 16절과 28절에 연관시켜 이해하면, 우리는 다음과 같은 결론에 도달하게 된다: 모세는 "하나의 가족"을 형성하게 만드는 중보자가 아니다. 그는 이스라엘을 위해서만 계시를 전해준 중보자였을 뿐이며, 하나님의 통일된 백성은 아브라함의 유일한 씨인 그리스도를 통해서만 형성되어진다. 그와 함께 연합하여 세례를 받은 자는 인종적, 사회적, 성적 차이를 뛰어넘어 그리스도 안에서 "하나"가 된다. 유일신론 사상은 하나의 범세계적인 믿음의 가족 형성을 요청한다. 유대인과 이방인을 창조하신 분이 한 분 하나님이라고 한다면(20절), 그가 유대인과 이방인 모두를 자기 백성에 포함시켜서 그들 모두의 하나님이 되시는 것은 당연한 일이다. 그리스도는 아브

---

55) Cf. Burton, *Galatians*, 193; Longenecker, *Galatians*, 145.

라함의 유일한 자손으로서 그들 모두를 "한 새사람"(엡 2:14)으로 창조하셨다. 여기서 바울의 사상적 전개는 "집합적인"(corporate) 성격을 띤다.[56]

5.2 그리스도의 죽음과 부활: 참 하나님 백성의 창조 사건

바울 사도는 참 하나님 백성의 형성이 그리스도 사건과 어떤 연관이 있다고 생각하였는가? 우리는 이미 2. 용례에 대한 분석에서 약속이란 술어가 십자가 사건과 깊은 연관이 있다는 사실을 살핀 바 있다(갈 3:13-14). 이제 아브라함 언약과 시내산 율법을 직접적으로 대조하는 문맥에서 그가 그리스도의 십자가와 부활을 어떻게 이해하였는지를 밝힐 차례가 되었다.

첫째로, 로마서 4장에서 아브라함 칭의 이야기에 대한 바울의 해석이 어떻게 그리스도 사건과 연결되는지 살펴보자. 4절에 언급된 아브라함의 칭의 경험은 "세상의 후사가 되리라고 하신 언약"(13절)과 연관해서 이해되어야 한다. 아브라함처럼 믿음으로 의롭다 하심을 얻은 자는 모두 아브라함의 "아들"이요(갈 3:7) "후사"이다(롬 4:13). 그들만이 "세상의 후사가 되리라고 하신 언약"을 상속할 수 있다. 이 언약의 약속은 "율법에 속한 자들"(롬 4:14, 16)이 아니라 "믿음에 속한 자들"(갈 3:7, 9)을 위한 것이다. 왜냐하면 약속의 내용은 의롭다 하심을 얻는 것 또는 아브라함의 후사가 되는 복을 포함하는데, 아브라함이 무할례시에 오직 믿음에 기초해서만 그것을 경험했기 때문이다: "후사가 되는 이것이 은혜에 속하기 위하

---

[56] B. W. Longenecker, *The Triumph of Abraham's God. The Transformation of Identity in Galatians* (Nashville: Abingdon Press, 1998), 133.

여 믿음으로 되나니 이는 그 약속을 그 모든 후손에게 굳게 하려 하심이라"(롬 4:16상).

바울은 이 점을 논증하기 위해 아브라함이 100세가 되어 육신적 후손을 낳을 수 없는 죽음과 같은 현실에서 어떻게 약속의 자녀인 이삭을 생산하게 되었는지를 설명한다. "약속의 자녀"(롬 9:8)가 갈라디아서 4장에서 "성령을 따라 난 자"(갈 4:23, 29)와 동일시되는 것을 볼 때, "약속"은 자기 백성을 형성할 수 있는 하나님의 창조적 주도권을 함축하는 술어인 것이 분명하다. "약속"으로 특징화되는 아브라함의 자녀는 이삭과 같이 하나님의 창조적 능력에 의해서 태어난 자이기 때문에, 바울은 그들의 출생을 "죽은 자를 살리시며 없는 것을 있는 것같이 부르시는"(롬 4:17하) 하나님의 창조적 "부르심"(calling)에 연결시키기도 한다(롬 9:11, 24-26; cf. 11:15).

주목해야 할 사실은 그가 이 사실을 곧바로 24-25절에서 "예수 우리 주를 죽은 자 가운데서 살리신 이를 믿는" 신앙과 연결시킨다는 점이다. 아브라함이 "죽은 자를 살리시는 자"를 믿는 신앙으로 약속의 자녀 이삭을 낳을 수 있었던 것처럼, 신약의 기독교인들도 그리스도를 "죽은 자 가운데서 살리신" 하나님을 믿는 신앙으로 의롭다 하심을 얻었고 하나님의 자녀가 되었다. 25절이 예수의 죽음과 부활을 신자의 칭의와 연결짓는다는 점은 흥미롭다. 그것은 그리스도와 "함께 죽고 사는"(dying and rising with Christ) 연합의 구원론을 전개하는 로마서 6장의 내용을 미리 지시하는 역할을 한다. 아브라함의 참 후손은 그리스도와 함께 세례를 받아(갈 3:27) 죽음의 질서에서 부활의 생명의 질서로 옮겨온 사람들이다(롬 6:1-11). 이제 그들은 예수 그리스도의 구속을 경험한 변화된 하나님의 자녀들로서 죄에 대해서 죽고 "하나님을 대하여는 산"(롬 6:11하) 자들이 되었다.

둘째로, 갈라디아서 3:6-14에서 바울은 좀 난해한 방식으로 아브라함 언약의 축복, 율법의 저주, 십자가 사건, 이방 기독교인들의 유입 사이의 신학적 연관성에 대해서 논한다.

아브라함 언약은 믿음에 기초해서 통일된 하나님의 자녀를 형성하는 목적을 지니고 있기 때문에, 이방인들도 아브라함과 같은 믿음의 반응을 보일 때 그의 후손이 되는 언약적 축복에 참여할 수 있다(갈 3:7, 9). 이러한 논지 전개 과정에서 별안간 율법의 저주에 대한 이야기가 끼어 들어온다(10-13절). 율법은 "행함"의 영역에 속해 있기 때문에(10, 12절) 그것을 행하지 않는 자들은 그 저주 아래 있다: "율법 행위에 속한 자들은 저주 아래 있나니"(10절). 율법의 영역 안에 속하여 그 저주 아래 있는 자들은 과연 누구인가? 그들은 유대인들뿐인가 아니면 이방인들도 포함되는가? 바울은 21절에서 성경(율법)이 모든 사람들을 "죄 아래 가두었다"고 말한 후에 곧바로 "우리가 율법 아래 매인 바" 되었다고 진술한다. 여기서 "죄 아래 가두어진" 상황은 "율법 아래 매인" 상황과 평행적 위치에 있고, "모든 사람들"은 "우리"와 평행적 위치에 있다.

어떤 학자들은 13절의 "우리"(we)를 배타적인 의미로 해석하여 오직 유대 기독교인들만 지칭하는 것으로 본다.[57] 하지만 이것은 갈라디아 교회의 역사적 상황을 고려하지 않은 견해이다. "율법의 행위에 속한 자들"은 일차적으로 유대인들을 지칭하지만, 유대주의자들의 선동을 받아 기꺼이 "율법 아래 있고자 원하는"(갈 4:21) 이방 기독교인들도 포함한다.

---

[57] H. D. Betz, *Galatians*, 148; T. L. Donaldson, "The 'Curse of the Law' and the Inclusion of the Gentiles: Galatians 3.13-14," *NTS* 32 (1986), 95ff; J. P. Blaswell, "'The Blessing of Abraham' Versus 'The Curse of the Law': Another Look at Gal 3:10-13," *WTJ* 53 (1991), 74f.

갈라디아서에 나타난 바울의 논의는 유대인과 이방인의 관계에 관한 일반적이고 추상적인 논의가 아니라, 이방 기독교인들이 지금 할례와 율법을 받아들이려고 하는 특정한 상황에 대한 논의이다. 그렇다면 3:13-14에 사용되는 인칭대명사 "우리"는 고립된 현상이 아니라 유대인과 이방인으로 구성된 혼합된 갈라디아 교회의 상황과 연관된 문제의 일부라고 할 수 있다. 바울은 3:13에서부터 4:10까지 두 인칭대명사인 "우리"와 "너희"를 혼용한다. 그는 율법 아래 갇힌 사람들을 "우리"라고 부르면서도 3:28에서 유대인과 이방인 모두를 "너희"라고 부른다. 죄 아래 가두어진 "모든 것"(3:22)은 모든 사람들을 지칭하는데, 3:23에서 "우리"로 불리는 그들은 율법 아래 갇힌 것으로 묘사된다. 그렇다면 바울은 "우리"를 유대인과 이방인 모두를 포괄하는 의미로 사용하고 있음이 분명하다.

바울은 모든 인류가 어떤 의미에서 "율법의 저주 아래" 있다고 생각하는가? 갈라디아서 3:10은 역사적으로 여러 다양한 의미로 해석되어 왔다. 가장 흔한 해석 가운데 하나는 다음과 같이 억압된 의미로 해석하는 것이다.

1. 온 율법을 행하는 데 실패한 모든 사람은 저주를 받는다.
2. 어떤 사람도 사실 온 율법을 행하지 못한다.
3. 그러므로 "율법의 행위에 속한" 모든 사람은 저주를 받는다.[58]

앞의 해석과 본질적으로 다르지는 않지만 10절을 약간 완화된 의미로

---

58) S. Westerholm, *Israel's Law and the Church's Faith: Paul and His Recent Interpreters* (Grand Rapids: Eerdmans, 1988), part II; D. Hill, "Galatians 3.10-14: Freedom and Acceptance," *ExpT* 93 (1982), 197f; R. H. Gundry, "Grace, Works, and Staying Saved in Paul," *Biblica* 66 (1985), 24, etc.

해석할 수도 있다:

1. 온 율법을 행하는 데 실패한 모든 사람은 저주에 떨어진다.
2. 그러므로 "율법의 행위에 속한" 모든 사람은 이러한 저주의 위협 아래 있다.[59]

상기 두 해석은 흔히 유대교를 행위의의 종교로 파악하는 전통적인 견해와 맞물려 제시되기도 한다. 10절을 이런 식으로 읽게 되면 다음과 같은 뜻이 된다.

1. "율법의 행위"에 따라 사는 것은 자기 스스로 구원을 얻으려고 시도하는 것을 뜻한다.
2. 이러한 태도는 하나님 앞에서 자기 의를 확보하려는 방자한 시도이다.
3. 그러므로 "율법의 행위에 속한" 모든 사람은 저주 아래 있다.[60]

필자는 여러 글에서 이러한 견해들이 올바르지 않다는 사실을 피력하여 왔다. 율법은 하나님의 언약 백성인 이스라엘에게 삶의 규범으로 주어진 것이다. 이것은 이스라엘을 하나님 백성으로 규정한 선택과 언약을 전제한다. 사실 이스라엘의 언약 종교는 회개와 속죄제사를 통한 죄용서의 길을 열어놓고 있기 때문에, 완벽한 율법 순종이 구원을 확보할 수 있는 전제조건이라는 개념을 허용하지 않는다. 바울은 오히려 회심 이전 자신의

---

59) C. D. Stanley, "'Under a Curse': A Fresh Reading of Galatians 3.10-14," *NTS* 36 (1990), 481-511, 특히 495.
60) 이러한 전통적 유대교 이해를 추종하는 학자들에 대해서는, S. Westerholm, *Israel's Law and the Church's Faith*, 15-32, 143-150; H. Hübner, *Paul and the Law*, 37ff.를 참조하라.

유대교 생활을 "율법의 의로는 흠이 없었다"(빌 3:5)고 말하지 않는가?

그렇다면 그는 아무도 율법을 완벽하게 지킬 자가 없다는 사실을 어떻게 알게 되었는가? 율법을 어기더라도 언약 종교는 회개와 속죄제사와 같은 치유책을 자체의 언약 제도 안에서 제시하지 않던가? 과연 유대인들 가운데 율법을 완벽하게 지키지 못함으로 인해 율법의 저주 아래 떨어져 언약 백성 중에서 쫓겨나 영원한 정죄를 받을 것으로 생각하여 평생 동안 긴 한숨과 고통 속에서 지낸 자가 있던가?[61] 오히려 그들은 하나님의 언약적 성실성을 과신하여 율법을 범하는 현실 중에서도 *진노의 심판에서 면제받은 자*로 *자처하고* 이방인들에 대해 선민적 우월의식을 나타내던 자들이 아니었던가(롬 2:1-4, 17-27; 갈 2:15; 엡 2:11-12)?

만일 유대인들의 이러한 언약적 특권의식을 인정한다면, 우리는 "율법의 행위에 속한 자들이 저주 아래 있다"는 바울의 진술을 달리 이해할 필요가 있지 않은가?[62] 아마도 신명기 27:26은 부분적으로 유대주의적 논적들의 교두보 역할을 한 것으로 보인다.[63]

그렇다면 갈라디아서 3:10에서 바울은 신명기 구절을 이용하여 역으로

---

[61] 이러한 해석은 회개가 가진 속죄 효과를 믿었던 바울 당대의 유대인들에게 불가해한 입장이 었을 것이 분명하다: cf. J. F. Moore, *Judaism in the First Centuries of the Christian Era: The Age of Tannaim* 3 Vols (Cambridge: Massachusetts: Harvard University, 1927-30), Vol. 3, 150-51; N. T. Wright, *The Climax of the Covenant*, 145 n. 28.

[62] 다양한 견해들이 최근에 제시되고 있다. 그 가운데 "저주"의 개념을 이스라엘의 확장된 "국가적인 포로 상태"와 연결시키려 하는 N. T. Wright, *The Climax of the Covenant*, 146-48을 참조하라. 하지만 그의 견해는 매력적이기는 하지만 여러 난점들을 가지고 있다. 이 견해에 대한 비판으로는, B. W. Longenecker, *The Triumph of Abraham's God*, 137-142를 참조하라.

[63] C. K. Barrett, *Freedom and Obligation: A Study of the Epistle to the Galatians* (London: SPCK, 1985), 24-25; M. Hengel, "Der vorchristliche Paulus," *Theologische Beiträge* 21 (1990), 195.

그들의 논거들을 분쇄하고 있다고 볼 수 있다. 3:10이 전제하고 있는 유대교 비평은 김세윤 교수가 주장하듯이 행위의의 종교로서의 유대교에 대한 것이라기보다는 유대교의 언약신학 이해의 "피상성"에 대한 것이 분명해 보인다. 바울은 근접문맥에서 아브라함의 자손의 정체성을 규명하는 일에 집중한다. 따라서 6-7절이 아브라함의 칭의 경험을(6절) 그의 "아들"이 되는 것(7절)과 동일시하는 것은 놀라운 일이 아니다. 이것을 사라/하갈 알레고리 비유의 전망에서 해석하면 바울의 논지는 분명해진다: 시내산 율법은 종의 자녀로서 "육체를 따라 난 자들"만을 생산할 뿐 "성령을 따라 난" 참 하나님의 백성을 생산하지 못한다(4:21-29). 30절에서 바울이 계집종의 자녀들을 "내어 쫓으라"고 명령하는 것을 보면, 그는 시내산 율법에 속한 자들 대부분이 육신을 따라 난 "표면적 유대인"(롬 2:28-29)에 불과할 뿐이며 실상은 참 하나님 백성이 아니라고 생각하고 있음이 분명하다.

그들은 아브라함의 육신적 후손으로서(갈 4:23, 29) 시내산 율법 아래서 태어났고(cf. 갈 4:4) 육신의 할례를 받은 자들이었다(갈 6:13). 하지만 참 하나님의 백성은 이러한 언약의 외피적 요소들을 통해 성격 규정되는 자들이 아니라, 이삭과 같이 하나님의 창조적 능력에 의해서 태어난 "약속의 자녀"이다(롬 4:17-22, 9:8; 갈 4:23, 28). 유대인들은 "율법에 속한 자들"로서(롬 4:14, 16) 마땅히 율법을 순종하며 살아야 했지만, 그것을 범하는 불순종 가운데서도 하나님의 언약적 성실성에 기대어 스스로를 진노의 심판에서 면제받은 자로 자처하고 "이방 죄인들"(갈 2:15)에 대해서 선민적 특권의식을 가진 자들이었다. 바울은 "남은 자" 신학과(롬 9:6-8, 27, 11:4-5) "새 언약" 신학을 끌어들여(롬 2:28-30; 고후 3:6-4:6) 하나님의 백성을 "종말론적 성취"의 전망에서 새롭게 재정의한다.

이러한 전망에서 볼 때, 아브라함의 육신적 후손인 대다수 유대인들은 이방인과 마찬가지로 하나님의 진노의 심판 아래 처한 이 세상적 존재의 일부에 불과할 뿐이다(롬 3:9; 갈 3:22-23, 6:12-14). 육신적 유대인들이 시내산 율법의 영역 안에 있는 자들인데도 불구하고 그 "저주 아래" 있으며(갈 3:10, 13) "죄 아래" 갇힌 이유는(22-23절) 그들 대다수가 "육체를 따라 난" 껍데기 유대인에 불과했기 때문이 아닌가?

율법은 어쨌든 하나님 백성이라면 마땅히 순종해야 할 "삶의 행위"를 요구하지만(10, 12절), 이들 표면적 유대인들은 그러한 율법의 요구를 따라 살 능력이 없었다. 문자언약에 불과했던 율법은 죄의 지배 세력을 극복하고 치유할 능력도 없었고(롬 8:3), 불순종의 딜레마에 빠진 표면적 유대인들에게 "의와 생명"을 불어넣어(갈 3:21) "하나님을 대하여 살 수 있는"(롬 6:11; 갈 2:19-20) 변화된 존재로 창조할 능력도 없었다. 바울이 그리스도와 율법을 "두 상반된 칭의 영역"으로 날카롭게 대조하는 명분은 이러한 하나님의 백성이 율법의 영역 안에서 형성될 수 없다는 계시적 인식에 기인한다.[64]

그리스도의 십자가 사건은 율법이 요구하는 삶의 행위의 결핍으로 인해 야기된 "저주들"을 처리한 속죄 사건이었다: "그리스도께서 우리를 위하여 저주를 받은 바 되사 율법의 저주에서 우리를 속량하셨으니"(갈 3:13). 율법의 의로운 요구에 미치지 못하여 그 저주 아래 놓이게 된 "우리"는 여기서 유대인과 이방인 모두를 포괄하는 것이 분명하다.[65] 율법은

---

64) Heung-Sik Choi, "The Truth of the Gospel": *An Exegetical and Theological Study of the Antitheses in Galatians 5.2-6* (Ph.D Dissertation, Durham University, 2002), 80-115. 그는 "율법과 그리스도"를 칭의 차원에서만 접근하다보니 그것들이 성취의 전망 안에서 다시 긍정적으로 연결된다는 사실을 소홀히 하는 것으로 보인다.

그들 모두가 죄 아래 있다는 것을 드러내었기 때문에(롬 3:9; 갈 3:21-22), 옛 언약 아래서 존재하던 할례자와 무할례자의 구분은 불필요하게 되었다: 그들은 모두 죄인들이기 때문에 동일한 치유책과 구원의 길을 필요로 할 뿐이다.

예수 그리스도는 스스로 "율법 아래" 나서서(갈 4:4) "율법의 저주"를 담당하심으로써 유대인과 이방인 모두를 "율법의 저주"에서 구속했을 뿐만 아니라(갈 3:13), 하나님 백성을 할례와 무할례로 구분하던 옛 언약 시대의 낡은 사회적 구분들을 무효화시켜버렸다(갈 5:6, 6:15). 따라서 십자가의 구속은 "아브라함의 복이 이방인에게 미치게" 함으로써 그들이 믿음으로 "성령의 약속"을 받을 수 있게 만들었다(갈 3:14):[66] 그리스도의 죽음은 죄인들에게서 "율법의 저주"를 제거하고 옛 언약의 신분적 구분을 무효화시킴으로써 유대인과 이방인 모두가 믿음에 기초해서 "아브라함의 복"에 참여할 수 있도록 만들었다. 그것은 그들 사이를 가로막는 "중간의 막힌 담"(=율법)을 허물고 그들을 그리스도 안에서 "한 새사람"으로 창조하여(엡 2:13-16) 아브라함의 복에 참여할 수 있게 만든 종말론적 사건이었다.

여기서 한 가지 흥미로운 사실을 주목할 필요가 있다. 갈라디아서

---

65) 바울은 율법의 요구를 "보편적으로" 확대하여 유대인과 이방인 모두에게 적용하는 경향을 보이고 있다(롬 3:19, 7:7-25; 갈 3:21): cf. E. P. Sanders, *Paul, the Law, and the Jewish People*, 82f. 따라서 로마서 7장에서 율법 아래서 절망적인 고투를 하는 "나"는 그리스도 밖에 있는 불신 "아담적 인류"인 것이 분명하다.

66) 여기서 바울이 언급하는 "아브라함의 복"은 14절 이하에 언급된 "성령의 약속"과 평행적인 위치에 놓여 있다. 이것은 "성령의 약속"을 이방 기독교인들에게 주시는 것이 아브라함에게 약속된 언약적 축복들 가운데 포함되어 있다는 것을 시사해 준다. Cf. N. T. Wright, *The Climax of the Covenant*, 153-55.

6:12-13에서 바울은 하나님 백성의 신분을 할례로 표시하던 방식을 "육" (flesh)의 개념과 연관시키고(12-13절; cf. 빌 3:3-4) 그것을 또한 14절의 "세상"(world) 개념과도 연관시킨다. 이것은 "세상"이 육의 질서라는 것을 시사해 준다.[67]

예수 그리스도의 십자가 죽음은 육의 질서인 이 세상에 대한 나의 죽음을 의미한다. 할례와 무할례의 구분은 이 세상의 존재 질서에 속한 것이었는데, 그리스도의 죽음과 연합한 자는 세상의 육적 질서와 가치관에 결탁되었던 나의 죽음을 경험한 사람이다. 묵시문헌에서 세상질서의 종말은 현 세대가 오는 세대에 의해서 완전히 대체될 때 이루어진다고 여겨졌지만, 바울 사도는 세상의 종말이 예수 그리스도의 십자가 죽음을 통해서 그리스도인 개인의 현재적 믿음의 경험 속에서 경험되는 것으로 생각하는 것이 분명하다.[68]

본 절에 나타난 십자가 사건에 대한 강조점을 고려할 때 바울의 묵시적 사상의 초점은 그리스도의 재림에 있지 않고 그의 죽음에 있다는 것을 알

---

[67] 바울 사도는 "육"(sarx)의 개념을 포괄적인 뜻으로 사용하는 것이 분명하다. 율법의 행위를 받아들임으로써 유대교 생활로 돌아가는 일도 "육체로 마치는"(갈 3:3) 것으로 묘사하고, 동시에 윤리적으로 타락한 행위들도 "육의 일"로 묘사한다(갈 5:21-22). 이 두 개념은 서로 상관이 없는 것 같은데, 바울이 둘을 "육"이란 개념으로 뭉뚱그려 포괄시킨 것은 아마도 신적이고 초월적이며 종말론적인 것과 대조하여 "단순히 인간적인 어떤 것"(something merely human)을 지칭하려 하지 않았나 여겨진다. 유대교 생활은 바울이 다메섹 도상에서 받은 초자연적이고 영광스러운 계시의 빛 속에서 볼 때 단순히 인간적인 종교 전통에 되돌아가는 것을 뜻하게 된다(cf. 갈 1:12의 "예수 그리스도의 계시"와 갈 1:14의 "조상의 유전"이란 표현들을 대조하라): cf. J. M. G. Barclay, *Obeying the Truth: A Study of Paul's Ethics in Galatians* (London: SPCK, 1988), *passim*.

[68] 바울의 묵시적 신학은 여러 면에서 특징적이다: 1) 세상의 종말을 신자 개인 안에서 이루어지는 경험으로 "개인화"(individualized)시키고 있고, 2) 그것을 또한 부활보다도 십자가 죽음에 연결짓고 있으며, 3) 환상과 같은 묵시적 언어들을 사용하지 않고, 4) 현 세대 속에서 세상의 종말을 이미 경험하고 있다는 점 등은 주목할 만하다. 특히 J. L. Martyn, "Apocalyptic Antinomies in Paul's Letter to the Galatians," *NTS* 31 (1985), 420을 참조하라.

수 있다. 옛 세상의 죽음을 가져온 것은 그리스도의 십자가였으며, 바로 이 십자가 사건이 옛 세상의 사고와 행위 패턴들에 대해서 "거침돌" 역할을 한다(갈 2:19-21, 3:1, 13-14, 5:11, 6:12-14). 부활의 자리를 대신해서 성령이 새 시대가 동터 옴을 보여 주는 긍정적 징표 구실을 하는 반면에, 십자가 사건에 대한 강조는 율법 아래서 생활하던 옛 시대는 지나갔다는 것을 보여 주는 부정적인 징표 구실을 한다. 십자가는 그리스도 안에서 신자들이 옛 존재 방식들에 대해서 죽었다는 것을 그들에게 적나라하게 보여 주는 사건이었다.

그리고 십자가 복음이 당대인들에게 혐오스러운 것이었음을 인식할 때, 바울이 그것을 복음의 특징적인 표지로 강조한 것은 십자가가 그리스도인들과 불신자들(또는 유대인들)을 구분하는 사회적 표지 역할을 한다는 것을 부각시켜 준다.[69]

십자가 사건은 육의 질서인 "세상"에 대한 나의 죽음을 경험하게 할 뿐만 아니라(갈 6:14), 또한 새 창조 질서를 끌어들이는 종말론적인 사건이다(갈 6:15): "할례나 무할례가 아무것도 아니로되 오직 *새로 지으심을 받은 자*뿐이니라." 예수 그리스도의 죽음은 하나님 백성의 신분을 할례 여부에 따라 구분 짓던 육신적 가치관의 질서에 종지부를 찍고 새 창조 질서를 도래시킨 종말론적인 사건이었다. 따라서 십자가 사건을 경험한 사람들은 "새 피조물"이 된 사람들이다. 그들은 이제 변화된 실존을 경험함으로써 "하나님을 향하여 살"(갈 2:19) 수 있게 되었다. 할례와 무할례 구분의 무효화를 언급하는 내용에서 볼 때 6:15은 내용적으로 5:6과 평행을 이룬다고 한다면, 이들 구절에서 "새 피조물"은 "성령으로 믿음을 좇아 의

---

69) Cf. Barclay, *Obeying the Truth*, 103.

의 소망을 기다리며"(5:5) "사랑으로써 역사하는 믿음"(5:6)을 가진 자들을 가리키는 것이 분명하다.

결론적으로, 바울의 언약신학에 따르면 변화된 실존으로서의 참 하나님 백성의 형성은 문자언약에 불과한 율법의 영역 안에서 이루어지지 않고 그리스도의 영역 안에서 이루어진다. 왜냐하면 그리스도의 사건과 그를 통해서 역사하는 새 언약의 성령이 그러한 변화를 가능하게 하기 때문이다. 칭의를 논할 때 그가 "율법과 그리스도"를 두 상반된 영역으로 대조하는 것은 바로 이런 이유 때문이다(갈 2:16, 5:2-4).[70] 그리스도의 십자가 구속은 신자들을 율법의 저주에서 속량한 사건이며 아브라함 언약에 약속된 축복을 이방인에게 미치게 한 사건이다(갈 3:13-14). 이것을 통해 유대인과 이방인은 그리스도 안에서 변화된 실존을 경험한 구속 공동체가 되고 그들의 마음에 부어진 성령을 통해서(롬 5:5; 고후 3:6) 율법의 의로운 요구, 즉 하나님을 사랑하고 이웃을 자기 몸처럼 사랑하라는 계명을 성취할 수 있게 되었다(롬 8:4). 그리스도는 이전 언약들의 비전이 성취되는 "정점"에 서 계신다.

6. 결론적 관찰

이제까지 우리는 바울 서신에서 율법과 약속의 관계가 바울 사도와 유대주의적 논적들 사이에서 어떻게 달리 해석되었으며, 그들의 그릇된 언

---

70) Heung Sik Choi, "The Truth of the Gospel," Ph.D Dissertation, Durham University, 2002, 109ff.를 보라.

약신학을 논박하는 과정에서 바울은 어떠한 성격의 언약신학을 제시하고 있는지 살펴보았다. 이제는 우리의 관찰들을 하나의 시종일관한 체계로 엮어서 결론을 지을 때가 되었다.

6.1 율법과 약속(복음)의 대립 관계

1. 칭의론과 관련하여 율법과 약속은 흔히 반립적인 대조의 관계에 놓인다(롬 3:20-28; 갈 2:16, 5:4). 바울 사도는 왜 율법 안에서의 칭의를 거부하고(약속의 자손으로서) 그리스도 안에서의 칭의를 주장할 수밖에 없었는가(갈 5:4)?

이 질문에 대한 답변은 아마도 바울이 칭의 동사의 사용을 통해서 말하고자 했던 바가 무엇이었는지 밝히는 데서 찾아야 할 것 같다. 전통적으로 개신교 학자들은 그것을 "법률적인 무죄선언"의 행위로(declare righteous), 가톨릭 학자들은 그것을 "존재론적 변화"의 행위로(make righteous), 그리고 이 술어의 언약적 배경을 고려하는 신약학자들은 그것을 하나님과의 "바른 관계 회복"의 술어로(put in the right standing before God) 해석하여 왔다.

바울에게 특징적인 것은 "의롭다 함을 받는다"는 말이 여러 곳에서 "아브라함의 아들"(갈 3:7, 29), "하나님의 아들"(갈 3:26, 4:5-7)이 되는 것을 지칭하는 뜻으로 사용된다는 사실이다. 아브라함의 칭의 경험에 대한 설명은 아브라함의 참 자손의 정체성을 해설하는 보다 폭넓은 술어들의 맥락에 놓여있다. 칭의 술어가 본질적으로 아브라함 가족의 성격을 정의할 때 사용되는 상기 표현들과 함께 사용된다는 사실을 주목할 때, 그것은 언약적이고, 존재론적이며, 법률적인 성격을 동시에 다 갖는다고 판단된

다: "의롭다 함을 받은"(갈 2:16, 3:8) 자는 곧 "아브라함의 아들," "하나님의 아들"(갈 3:7, 26)이다; 그는 사람 편에서 "믿음"으로 특징화되는 사람이지만(갈 3:7, 9), 하나님 편에서는 "성령을 따라 난 자"(갈 3:29), "약속의 자녀"(갈 4:28)이다. 그는 십자가에 못박힌 그리스도와 함께 육의 질서인 세상에 대한 죽음을 경험한 자이며 동시에 그와 더불어 새 창조 질서를 경험한 "새로운 피조물"(갈 6:15)이다.

아브라함의 자손의 정체성을 규정하는 이런 다양한 표현들이 칭의 경험의 본질을 다양한 각도에서 묘사하는 것이 분명하다면, 칭의 동사는 언약적이며, 법률적이며, 존재론적인 변화를 모두 내포하는 포괄적인 술어로 보인다. 여기서 우리는 바울 사도가 왜 율법과 그리스도를 두 상반된 칭의 영역으로 간주하고 있는지를 추정할 수 있다: 참 하나님 백성의 형성은 율법의 영역 안에서 이루어질 수 없고 오직 그리스도의 영역 안에서만 가능하기 때문이다.

2. 율법과 약속을 대조하는 진술들은 언약사를 이해하는 방식에 있어서 바울 사도와 유대주의자들이 서로 대립하고 있었다는 사실을 드러내준다. 그것은 또한 바울의 유대교 비평의 본질이 어디에 있는가를 재평가해야 할 계기를 제공해준다. 바울이 그리스도와 율법을 두 상반된 칭의 영역으로 대조하는 이유는 무엇인가?

전통적인 학자들은 이 질문에 대한 답변을 행위의 종교로서의 유대교의 오류에서 찾고자 한다: 유대교는 완벽한 율법순종 행위를 통해서 스스로 의롭다 함을 얻으려고 시도한 인본주의적 종교이다. 하지만 이런 유대교 이해는 여러 난점들을 가지고 있다.

첫째로, 그것은 유대인들의 선민적 특권의식을 시사해주는 여러 구절들과 상치한다; 그들은 율법을 범하는 불순종의 상황 속에서도 하나님의 언약적 성실성에 기대어 스스로를 진노의 심판에서 면제받은 자들로 생각한 사람들이었다(롬 2:1-4, 17-28; cf. 롬 3:28-29; 갈 2:15). 둘째로, 아브라함의 후손이라는 유대인들의 자의식은 자신들이 이미 하나님 백성이라는 것을 시사해주는데, 그들의 이러한 자의식이 전통적인 견해와 상치한다. 셋째로, 유대인들이 회개와 제사의식이 속죄효과가 있다고 믿었던 것이 분명하다면 이것은 칭의의 조건으로서 완벽한 율법순종이란 개념을 허용하지 않는다. 넷째로, 유대인들이 할례와 율법 등의 준수를 강조한 것은 그것이 의를 확보하는 수단이라고 보았기 때문이 아니라 그런 것들을 "이방 죄인들"(갈 2:15)에 대해서 언약 백성 된 유대인의 우월한 신분을 나타내는 표지들로 보았기 때문이다(갈 2:11-16; 엡 2:11-16).

만일 유대인들이 혈통, 할례, 율법 등과 같은 것들에 의지해서 자신들을 하나님 백성이라고 생각했다면, 바울은 왜 그런 것들이 칭의의 근거가 될 수 없다고 생각했는가? 유대인들은 자신들이 이미 언약 "안에"(in) 있다고 생각했지만, 바울은 그들이 여전히 "밖에"(out) 있다고 생각하는 것이 분명하다. 칭의가 아브라함의 아들 또는 하나님의 아들이 되는 것을 지칭한다면(갈 3:7, 26-29), 유대인과 관련하여 바울이 칭의 술어를 부정적으로 사용한 것은 "육신"의 혈통과 할례를 내세우고 율법을 "의문"의 수준에서 붙들고 있는 대다수의 유대인들이 "표면적 유대인"에 불과할 뿐이며(롬 2:28-29) 사실은 아브라함의 참 자손이 아니라는 인식 아래서 이해되어야 한다.

로마서 2장에서 바울은 율법을 불순종한 유대인들의 범죄 실상을 지적한다. 이것은 완벽한 율법 순종을 공적으로 생각하는 그들의 태도에 대한 비판이라기보다는 언약사를 이해하는 그들의 "피상성"에 대한 비판에서 나온 것이 분명하다. 언약사의 표층 구조에서 혈통, 할례, 율법 등이 언약 백성의 신분을 나타내는 외적 요소들이었던 것이 사실이지만, 언약사의 심층 구조는 성령을 통해서 마음의 근본적 변화를 받아 "새로운 인식", "새로운 순종"이 가능해진 변화된 실존을 지향한다(롬 2:28-30; 고후 3:6-4:6).

여기서 바울 사도는 "남은 자" 신학(롬 9:6-8, 27, 11:4-6)과 "새 언약" 사상(롬 2:28-29; 고후 3:6-4:7; cf. 히 8:10-12, 10:16-25)을 끌어들여 아브라함 가족 또는 하나님 백성의 참 성격을 새롭게 정의하는 데 활용한다. 하나님은 이러한 백성에 대해서 언약적 성실성을 포기하는 법이 없으며 그들을 버리시는 법이 없다(롬 11:1-2). 대다수의 이스라엘이 현재 버림을 받은 것처럼 보이는 것은 하나님께서 자기 백성에 대한 언약적 성실성을 포기하셨기 때문이 아니다;

그들은 단지 "표면적인 유대인", 즉 이방인과 마찬가지로 하나님의 진노의 심판 아래 있는 이 세상의 일부일 뿐이기 때문이다. 바울이 칭의의 수단으로 율법을 강하게 거부하는 이유는 "의문"에 불과한 율법이 변화된 실존으로서의 참 하나님 백성을 형성할 능력이 없다고 보았기 때문이 아닌가! 그것은 죄인들에게 "의와 생명"을 불어넣어(갈 3:21) "하나님을 향하여 사는"(갈 2:19; 롬 6:11) 존재로 변화시킬 능력이 없었다(갈 4:21-31). 율법은 토라의 백성으로서의 유대인들의 사회적 신분을 나타내는 표지이기는 했지만(롬 4:14, 16), 언약사의 심층적 흐름의 요구대로 변화된 존재로서의 참 하나님의 백성을 구성하는 참 표지는 아니었다.

3. 칭의론과 관련하여 바울이 약속과 율법을 날카롭게 대조하는 것은 기독교와 유대교가 서로 공존할 수 없는 사회적 실재들이라는 것을 보여

준다. 갈라디아서 4:30에서 계집종과 그 자녀들을 "내어 쫓으라"고 한 진술이 바로 이 점을 분명히 해준다. 옛 시대에서 율법은 유대인들의 사회적 정체성을 규정하는 요소였지만, 새 언약 시대에 기독교인들을 규정하는 신분적 표지는 십자가에 못박힌 그리스도이다(갈 6:14; 고전 2:1-4). 서로 공통될 수 없는 정체성의 표지들은 이들 두 공동체가 서로 공통되는 면이 없다는 것을 시사해 준다. 바울은 현재 유대주의자들이 기독교회를 핍박하는 것은 창세기 때에 아브라함의 두 후손들 사이에서 있었던 갈등을 통해서 예견된 것이라고 말한다: "그러나 그 때에 육체를 따라 난 자가 성령을 따라 난 자를 핍박한 것같이 이제도 그러하도다"(갈 4:29). 유대교는 "육"(σάρξ)에 기초한 종교인 반면에, 기독교는 "성령"(πνεῦμα)에 기초한 종교이다. 이들 두 종교 사회는 서로 전혀 다른 목표와 지향점을 가지고 있어서 그들간의 갈등 관계는 아브라함 때부터("그 때에") 바울 당대까지 ("이제도") 지속되고 있었다.

4. 칭의론의 관점에서 아브라함의 참 가족의 성격을 규정하는 바울의 이러한 해석은 이방선교의 정당성을 확보하는 문제와도 관련이 있다. 혈통, 할례, 율법 등과 같은 민족주의적 신분 표지들에 근거한 유대교의 언약신학은 처음부터 이방선교를 불가능하게 만든다; 바울 사도가 "의문에 속한 계명의 율법"을 가리켜 유대인과 이방인 사이를 가로막는 "중간의 막힌 담" 또는 "원수 된 것"으로 묘사한 것도 율법에 기초한 유대교 언약신학이 민족주의적인 성격이 있다는 사실을 시사해 준다. 하지만 바울은 칭의론을 가지고 아브라함 언약을 새롭게 해석함으로써 유대교의 혈통적이고 민족주의적인 언약신학에 도전한다.

첫째로, 하나님께서는 모든 이방인이 아브라함의 복에 참여할 것으로 약속하셨다(갈 3:8); 그는 "많은 민족의 조상"(롬 4:18) 또는 "모든 사람의 조상"(롬 4:16)으로 세우심을 받았다. 둘째로, 아브라함은 무할례자의 신분에 있었을 때(롬 4:11) 율법과 관계없이(갈 3:17) 믿음에 기초해서만 의롭다 하심을 얻었다. 바울은 무할례자인(=이방인) 아브라함의 신분을 칭의의 근본 표준으로 생각하고 있는 것이 분명하다. 셋째로, "믿음"과 "성령"은 이제 아브라함 가족의 참 성격을 규정하는 새로운 신분 표지가 되었다(갈 3:7, 9, 4:29). 이로써 바울은 이방 기독교인들을 아브라함 가족의 구성원 가운데 포함시킬 수 있는 근거를 마련한다.

여기서 우리는 아브라함 언약과 시내산 율법을 구분하려는 바울의 본질적 의도를 발견하게 된다. 유대주의자들은 아브라함, 모세, 다윗 언약들 간에 존재하는 "혈통적 연대성 원리"에 기초하여 아브라함 언약과 시내산 율법의 연대적 통일성을 강조한 것이 분명하다. 그들은 전자의 언약적 축복에 참여하려면 시내산 언약의 구성원이 되어야 한다고 주장했을 것이다. 율법은 어쨌든 아브라함의 육신적 후손들에게 주어진 것이며 또한 후자는 율법 아래서 난 자들이다(cf. 갈 4:4): 이것은 언약사의 표층구조 속에서 두 언약 사이에는 혈통적 연대의 원리가 적용되는 것을 보여 준다.

하지만 바울 사도는 열려진 보편언약을 지향하는 아브라함 언약이 그의 육신적 후손인 이스라엘에게 주어진 시내산 율법을 통해서 폐지되거나 무효화될 수 없다고 본다. 하나님께서는 이미 모든 이방이 그로 인하여 복을 받으리라고 약속하시지 않았는가? 그들이 아브라함의 육신적 후손이 분명히 아닌 때에도 그의 언약적 축복에 참여할 수 있다면, 아브라함의 후손을 혈통적 연대성의 전망에서만 파악할 수는 없다. 따라서 바울 사도는 언약들 사이에 존재하는 "내면적 통일성의 원리"에 초점을 둠으로써 "혈통적 연대의 원리"를 상대화시키는 것으로 보인다. 아브라함 언약은 "믿음"과 "성령"으로 특징화된 하나님 백성의 형성을 지향하며 이러한 비전은 새 언약의 속죄와 새 언약의 영을 통해서 실현된다(렘 31:31-34; 겔 36:25-28). 그러면 바울은 아브라함 언약과 시내산 언약을 분리시키고 있는가? 그것은 후자가 전자의 비전을 실현할 수 없다고 보았기 때문이다. 아브라함의 육신적 후손들 대다수가 종말론적 성취의 전망에서 볼 때 아브라함의 참 가족이 아닌 사실이 드러난 상황에서, 율법은 그들을 참 하나님 백성으로 변화시킬 능력은 없고 단지 그들의 타락한 정체성을 드러내는 수단이 되었을 뿐이다. 그러면 아브라함 언약과 시내산 율법 사이에는 아무런 "내면적 통일성"은 존재하지 않는가?

6.2 율법과 약속(복음)의 성취 관계

1. 아브라함, 모세, 다윗, 새 언약 사이의 "내면적 통일성"은 아브라함의 유일한 씨인 그리스도의 사역을 통해서 확립된다. 바울은 이미 아브라함 가족의 참 성격을 혈통이나 할례 또는 율법과 같은 민족주의적 요인들이 아니라 믿음이나 성령과 같은 초인종적이며 초문화적인 요인들에 기초해서 재정의한 바 있다. 여기서 그는 "남은 자" 신학과 "새 언약" 사상을 기독론적 전망과 접목시킨다. 그리스도는 "성취의 때"를 도래시켰다(갈 4:4); 이것은 그리스도께서 언약사의 "정점"으로서 이전 언약들의 비전과 약속들을 성취하는 분이라는 것을 시사해 준다. 복음과 율법 사이의 진정한 "내면적 통일성"은 오직 그리스도 안에서만 확보된다. 아브라함 언약은 하나님의 참 가족을 형성하는 목적을 지녔으며, 이러한 목적은 시내산 율법도 마찬가지로 공유하고 있는 것이 분명하다: "나는 그들의 하나

님이 되고 그들은 내 백성이 될 것이라"(렘 31:33; 창 17:7-8; 레 18:4-5, 19:36-37; 신 7:6 등). 율법은 이스라엘이 아브라함의 후손 또는 하나님 백성으로서 어떻게 마땅히 살아야 할지를 규정한다는 점에서 아브라함 언약과 모세 언약 사이에는 내용적 통일성을 갖고 있다.

이 점을 인정한다고 할지라도 "의문"에 불과한 율법은 아브라함 언약의 의도와 비전을 실현할 능력이 없었다. 오직 그리스도만이 아브라함의 유일하고 합법적인 자손으로서 아브라함과 모세 언약이 내포한 진정한 의도, 즉 하나님의 참 가족을 형성하는 일을 성취할 수 있다. 그는 믿음과 성령으로 특징화되는 범세계적인 믿음의 공동체, 하나의 통일된 백성의 형성을 자신의 죽음과 부활을 통해서 성취하였다. 그리스도와 율법, 또는 약속(복음)과 율법 사이에 내면적 통일성이 형성되는 지점은 종말론적 성취의 때를 도래시킨 그리스도이다.

2. 종말론적인 성취의 전망 아래서 약속과 율법, 또는 그리스도와 율법은 칭의론을 다룰 때와는 달리 다시 긍정적으로 연결되기 시작한다(갈 6:2; 롬 8:3-4). 칭의론에 의해서 규정된 아브라함의 가족은 율법과 관계없이 그리스도의 영역 안에서 형성되기 때문에, 그들은 율법을 초월하여 살아가는 "제3의 종족"처럼 보인다. 하지만 바울은 그리스도 안에서 형성된 새 언약 공동체를 옛 이스라엘 백성에게 적용되던 언약적 술어들을 가지고 묘사하곤 한다.

그들은 "하나님의 이스라엘"(갈 6:16)이며 "회복된 이스라엘"(롬 9:6-8)이며 "이면적 유대인"(롬 2:28-29)이다. 그들은 율법과 관계없이 오직 믿음에 기초해서만 하나님 백성이 되었지만 여전히 "그리스도의 법"(갈 6:2)을 성취하라고 권면을 받는 자들이다. 그들은 옛 이스라엘의 꿈과 소망을 넘겨받았으면서도 더 이상 옛 이스라엘의 신분에 머물러 있지 않는다. 그들은 "의문"으로서의 율법 아래 있지 않지만 여전히 "그리스도의 율법 아래 있는 자"(고전 9:21)이다.

그들은 옛 이스라엘에게 계시된 동일한 하나님을 믿지만, 그는 더 이상 옛 이스라엘의 울타리 안에 제한된 민족주의적인 신이 아니다; 그는 지금 이방인들도 아브라함의 참 가족으로 부르시는 "모든 민족의" 하나님이시다(롬 3:28-29). 하나님은 옛 시대에 아브라함의 육신적 후손들을 택하셔서 자신의 소유된 기업으로 삼으셨지만, 이제 긍휼의 그릇을 "유대인 중에서뿐 아니라 이방인 중에서도 부르신" 분이시다(롬 9:24).

옛 이스라엘에게 적용되었던 "선택"과 "부르심"은 더 이상 민족주의적인 범주에 머물지 않고 모든 사람들을 위한 것으로 확대된다. 성령은 오직 율법 백성인 아브라함의 육신적 후손들에게 주어지는 배타적인 선물로 여겨졌지만, 자신의 죽음으로 유대인과 이방인 모두를 율법의 저주에서 속량하신 그리스도는 성령의 약속이 이방인에게 미치게 만드셨다(갈 3:13-14). 옛 시대에는 율법이 말하는 "이웃 사랑의 계명"이 육적 이스라엘의 범주를 넘어서지 못하였지만 이제 그것은 온 인류를 포괄하는 내용으로 확대되었다(눅 10:27-36; 갈 6: 10, 14; 엡 2:11-19).

신약의 기독교인들은 이제 더 이상 옛 이스라엘의 편협한 민족주의적 범주들에 머물지 않고, 아브라함 언약의 보편적 비전과 의도를 실현하신 그리스도 안에서 새롭게 해석되고 규정된 "회복된 이스라엘"이다. 그들은 "믿음"과 "성령"으로 특징화되는 변화된 실존으로서 "열려진 공동체"이다.

결론적으로, 옛 언약의 중심 내용인 율법은 육적 이스라엘을 규정하고 지탱하는 편협한 민족주의적 전통의 틀을 뛰어넘어 아브라함의 유일한 합법적 씨인 그리스도 안에서 열려진 보편언약의 빛 아래서 전적으로 새롭게 재해석된다. 그것은 아브라함의 범세계적인 믿음의 공동체를 규정하는 새로운 삶의 표준이 되었다. 또한 그것은 "그리스도의 법"(갈 6:2), 즉 종말론적인 성취의 때에 그리스도에 의해서 새롭게 해석되고 교훈되었으며 또한 그의 십자가 죽음을 통해 실천한 계명이라는 점에서 "새 계명"(요 13:34)이다. 여기서 우리는 아브라함, 모세, 새 언약 사이의 "내면적 통일성"을 발견하게 된다. 그리스도야말로 율법의 진정한 성취자인 것이다.

6.3 바울의 언약 사상의 일치성 문제

바울의 초기서신과 후기서신 사이에 그의 언약사상이 과연 다른 내용으로 발전하는가? 최근의 학자들은 이러한 모순과 긴장의 요소들을 초기와 후기서신들 사이에서만 아니라 심지어 로마서 내에서조차 발견할 수 있다고 믿는다. 초기에 그는 율법의 정당성을 자신이 "허물었다"(갈 2:17-18)고 했다가 로마서와 같은 후기 서신에서는 자신의 이신칭의 복음이 결코 율법을 폐하지 않고 도리어 그것을 "굳게 세운다"(롬 3:31; cf. 엡 2:14-15)고 말한다는 것이다. 언제는 신자들이 "율법 아래"(갈 5:18) 있지 않다고 말하다가 다른 곳에서는 그들도 "그리스도의 율법 아래"(고전 9:21) 있다고 말하기도 하고, 갈라디아서에서는 "율법 아래"(갈 4:4) 있는 것을 "이 세상 초등 학문 아래"(4:3) 있는 것으로 동일시함으로써 전자를 후자의 한 형태로 깎아 내리다가 로마서에 가서는 율법을 "거룩하고 의롭고 선하며 신령하기까지 한" 신적 계시로 묘사한다(롬 7:12, 14).

이런 진술들이 최근의 신약학자들을 당혹스럽게 만든 것은 사실이지만, 그렇다고 "모순과 불일치"의 요소들을 나타낸다고 말해서는 안 된다. 갈라디아서에서 율법에 관한 바울의 진술들이 극히 논쟁적인 성격을 띤 것은 사실이지만, 그곳에서 개진된 많은 내용들이 로마서에서 다시 등장하거나 보다 균형 잡힌 내용으로 부연설명 되는 경우가 많다(갈 3:6-8, 롬 4:1-3; 갈 4:23, 28; 롬 9:7-8). 심지어는 갈라디아서에서 발견되는 여러 내용들이 로마서에서는 다시 등장하지 않는 경우들도 있다(cf. 갈 3:16-21, 4:21-31).

이런 현상들은 부분적으로 바울 서신들이 교회의 특정한 삶의 정황(*Sitz im Leben*)에 응답하기 위해 쓰여진 "상황적"(occasional)이고 "논쟁적인"(polemic) 성격의 서신들이기 때문일 수 있다. 또한 문맥과 상황에 따라서 바울의 율법 진술들이 부정적인 내용에서 긍정적인 내용으로 전환되는 것은 율법이 지니는 "다중적인"(multifaceted) 기능들 때문이거나, 또는 보다 중요하게 그리스도 시대를 "성취의 때"로 파악하는 바울 자신의 종말론적 전망 때문일 수 있다.[71]

옛 이스라엘의 사회적 신분 표지 기능을 하던 율법(혈통, 할례도 여기에 포함된다), 그리고 유대인과 이방인을 막론하고 모든 죄인들을 정죄하고 죽이며 심판하는 "의문"으로서의 율법은 그리스도 안에서 폐지되었으나, 하나님 백성이라면 마땅히 순종해야 할 "율법의 의로운 요구들"(롬 8:4)은 그리스도 안에서 여전히 유효하다(롬 3:31; 갈 5:14, 6:2). 전자를 칭의론과 연관시켜 이야기할 때 바울은 율법과 복음을 두 상반된 영역들로 대립시키지만, 후자를 종말론적인 성취의 전망과 연관시킬 때는 그것들을 다시 긍정적으로 연관시킨다. 이런 현상은 그리스도를 언약사의 "정점"으로 간주하는 바울의 전망에서 파악할 때만 제대로 이해할 수 있다.

---

71) 율법의 이러한 "다중적인" 기능들 때문에 필자는 다른 논문에서 이것에 대한 "삼중적인"(threefold) 접근이 필요하다고 제안한 바가 있다. 거기에 실린 본인의 논의들을 참조하라.

제 5 장

바울에 의해서 재해석된 아브라함 이야기

I. 문제 제기

아브라함 이야기는 바울 복음에서뿐만 아니라 유대교 사상에 있어서도 아주 큰 중요성을 갖고 있다. 유대인들은 아브라함이 언약 백성으로서의 유대인들의 정체성 형성에 독특하고 중요한 역할을 담당한 것으로 간주하여 왔다. 따라서 그들은 자연히 아브라함의 어떤 행위와 태도가 언약 성립에 기여했는가를 살피려는 경향을 보여 왔다. 아브라함은 유대인들에게 있어서 믿음과 순종을 생생하게 인격화시킨 상징적 인물이었다.

그런데 바울이 자신의 논의를 전개하는 핵심 과정에서 아브라함 전승을 부각시키는 것은 아마도 바울 자신과 유대인들 사이에 그에 관한 해석에 있어서 결정적인 이견이 있었던 것으로 보인다. 논쟁적인 서신들인 갈라디아서와 로마서에서 아브라함 이야기가 빈번하게, 그것도 중요한 위치에서 나타나는 것은 유대주의적 논적들이 아브라함 이야기에 대한 전통적

인 해석에 기초하여 바울 복음의 부당성을 폭로하려고 했던 것을 시사해 준다.[1]

그렇다면 아브라함 전승에 관한 해석에 있어서 바울과 그의 논적들 사이에 어떤 결정적인 차이점이 있었을까? 사실 로마서 4장에 관해 아직도 다양한 해석들이 혼재하고 있는 것도 사실이다. 필자는 그런 해석들을 여기에 상세하게 소개할 수는 없고, 다만 전통적인 해석들이 어디에 문제점이 있는가를 밝혀서 로마서에 나타난 바울의 사상적 흐름을 바르게 파악할 수 있도록 돕고자 하는 데 만족하려고 한다.

2. 두 상반된 해석들

바울은 할례와 율법 없는 자신의 이신칭의 복음을 뒷받침하기 위해 기존의 유대주의적 아브라함 해석을 거꾸로 뒤집고 창세기의 아브라함 전승을 전격적으로 새롭게 해석하려고 시도한다. 그렇다면 과연 바울의 아브라함 해석과 유대주의자들의 해석 사이에 어떤 결정적인 차이점이 있었을까?

최근에 새로운 바울 해석에 돌파구를 연 학자들이 있는데 던은 그 중 한 사람이다. 던의 새로운 해석에 따르면, 바울은 로마서 3-4장에서 언약적 특권들이 육신적인 이스라엘 백성에게만 배타적으로 귀속되어 있어서 이방인들이 그 특권에 참여할 수 없다고 본 유대인들의 선민적 배타주의를 논박하고 있다고 주장하였다.[2] 유대인들은 할례와 율법을 언약 백성의 배

---

1) C. E. B. Cranfield, *Romans* (ICC), 226.
2) J. D. G. Dunn, *Romans* (WBC), 3-4장 주석; "Works of the Law and the Curse of the

타적 표지들로 간주하여 할례와 율법 밖에 있는 이방인들을 소외시키고 죄인들로 취급한 데 반하여, 바울은 오직 믿음만이 하나님 백성된 것을 특징화하는 유일한 신분 표지가 될 뿐이라고 주장했다는 것이다.

로마서 4장은 보통 던의 이러한 사회학적 해석을 반증하는 결정적인 구절로 인용되어 왔다. 왜냐하면 이곳에서 믿음과 행위가 전통적인 방식으로 날카롭게 대조되고 있기 때문이다. 실바는 믿음과 행위를 반립 구도로 구조화시켜 놓은 로마서 4:4-5이 던의 사회학적 논의에 전혀 반영되지 않았다고 비판한다. 바울은 행위가 아니라 오직 믿음으로 의롭다 하심을 받는다고 말함으로써 전통적인 바울 복음의 이해를 뒷받침하는 것으로 보이는데, 던은 바로 이러한 점을 의도적으로 평가절하시켰다는 것이다.[3]

이들 두 대표적인 학자들의 견해 중에 어떤 것이 더 정당한가? 둘 중 어떤 것을 선택하든지 그것은 로마서 4장 본문에 대한 해석에 결정적인 영향을 미칠 수 있음을 인식하면서도, 해석학적 순환의 차원에서 필자는 본문 해석을 통해 이들의 견해 중에 어떤 것이 정당한 해석인지 거꾸로 확인해 볼 필요도 있다고 본다.

3. 육신으로 우리의 조상 된 아브라함?

아브라함이란 인물이 로마서 처음에 도입된 곳은 로마서 4:1-3이기 때

Law'"; F. Watson, *Paul, Judaism and the Gentiles* (SNTSMS 56, 1986), 110-11; N. T. Wright, "Romans and the Theology of Paul," *SBL 1992 Seminar Papers* (Atlanta: Scholars, 1992), 184-213.

3) Moises Silva, "The Law and Christianity: Dunn's New Synthesis," *WTJ* 53 (1991), 352-3.

문에 이 구절은 바울의 의도를 밝히는 데 매우 중요하다. 하지만 질문 형식으로 된 1절은 본문 비평 문제들뿐만 아니라 주석학적인 난제들까지 끼어서 번역하기가 매우 까다롭다. 구두점 문제만 아니라 어구 순서와 관련해서도 논란이 일고 있다.

여기서 문제의 핵심은 완료 부정사 "휴레케나이"(εὑρηκέναι)를 어떻게 번역하는가에 달려 있다. 전통적으로 여러 주석가들은 완료 부정사의 주어를 아브라함으로 삼아 다음과 같은 의미로 번역하곤 하였다: "그런즉 우리는 육신으로 우리 조상 된 아브라함이 무엇을 발견하였다 하리요?" 대체로 한글개역성경도 전통적인 이 해석을 따르고 있다.

미쉘은 이 문구 배후에 창세기 18:3이 반영되어 있다고 본다. 다시 말해서 '발견하였다'(εὑρηκέναι)는 말은 '하나님 앞에서 은혜를 얻었다'는 뜻이 함축되어 있다는 것이다.[4] 4:1을 만일 이렇게 해석한다면, 우리는 자연히 신자들이 마땅히 아브라함의 믿음을 모방해야 한다는 교훈을 얻게 된다. 하지만 바울 서신에서 '은혜를 얻는다'는 표현은 한번도 나오지 않을 뿐만 아니라,[5] 근접문맥에서 바울이 왜 창세기 18:3을 암시해야 하는지도 불가해하다.

헤이스는 전통적인 견해의 약점들을 상세하게 지적하면서 로마서 4:1을 읽을 수 있는 새로운 방식을 제안한다. 바울은 "그런즉 우리가 무엇을 말하리요?"란 표현을 독립된 문장으로 취하고 이 경우에 선행하는 수사적 질문에 포함된 '우리'를 그 주어로 삼아야 한다고 본다. 사실 학자들은 완

---

4) O. Michel, *Der Brief an die Römer* (1978), 161-2; Dunn, *Romans*, 198; Davies, *Faith and Obedience*, 148; U. Wilckens, *Der Brief an die Römer* (1978) I, 261.

5) R. B. Hays, "'Have we Found Abraham to Be Our Father according to the Flesh?' A Reconsideration of Rom 4:1," *NovT* 27 (1985), 77-8.

료 부정사의 명기된 목적어가 빠져 있기 때문에 헤이스가 제안한 해석을 기피해 오긴 했지만, 아브라함을 완료 부정사의 주어가 아니라 그 직접적인 목적어로 취한다면 문제가 생기지 않는다. 완료 부정사를 이런 식으로 해석할 때는 다음과 같은 번역을 얻게 된다: "그런즉 우리가 무엇을 말하리요? 우리(유대인들)는 아브라함이 육신으로 된 우리 조상이라는 것을 발견한 바 있느뇨?"

바울은 여기서 아브라함이 육신적으로는 이방인들의 조상이 분명 아닌 때에도 과연 그의 가족의 합법적인 구성원으로 생각될 수 있는가를 묻고 있는 셈이다. 바울 당대의 많은 유대인들이 전형적으로 생각했던 것처럼, 만일 아브라함이 유대인들의 육신적 조상일 뿐이라면 아브라함은 자연히 이방인의 조상이 될 수 없다. 그러나 만일 아브라함이 순전히 육신적 혈통을 뛰어넘어 어떤 다른 근거 위에서 유대인들의 조상이 된다고 한다면, 그는 동일한 근거 위에서 이방인들의 조상도 될 수 있다. 아브라함의 믿음을 개인적으로 본받자는 것이 아니라, 아브라함의 믿음이 어떻게 이방인들을 하나님 백성으로 끌어들일 수 있게 했는지를 살피는 것이 로마서 4장 논의의 핵심이다. 이런 점에서 헤이스의 주석은 로마서 3-4장 전체의 논지와 정확하게 맞아 떨어진다.

4. 믿음과 행위의 대립 구조?

바울의 유대주의적 논적들이 언약적 축복을 아브라함의 육신적 후손들에게만 제한시키려는 배타적 선민주의를 옹호하고 있다면, 그는 논의의 순서상 아브라함의 언약적 축복과 이스라엘 민족의 육신적 구성원이 된다는 것을 함께 연결시키려고 하는 논적들의 시도를 무너뜨려야만 한다. 2절 초두에 이유를 말하는 접속사 "가르"가 사용되는데, 이것은 분명히 유대인들이 아브라함을 육신적 근거에서만 그들의 조상으로 생각할 수 없다는 것을 소개하는 술어이다. 불행하게도 많은 주석가들이 바로 이 점을 깨닫는 데 실패하고 있다.

아브라함은 유대교에서 순종의 모델로 간주되어 왔고 이것은 중간사 시대의 여러 문헌에서 잘 예증되고 있다(*Jub* 16.28, 24.11; 2 *Apoc.Bar.* 57.1-2).[6] 하지만 중요한 것은 시내산에서 토라가 주어지기 전에 아브라함은 토라를 알고 있었고 또한 토라를 신실하게 준행했다는 유대인들의 해석이다. 유대인들은 아브라함이 율법에 순종하여 언약적 특권들을 후손에게 물려줄 수 있게 만들었으며, 따라서 유대인이 아브라함의 자손으로 남아 있으려면 그와 마찬가지로 율법을 성실하게 지키고 자신을 부정한 이방인들로부터 깨끗하게 지켜야 한다고 생각하였다. 따라서 전통적으로 유대인들에게 있어서 아브라함이란 인물은 독특한 신분, 특권, 그리고 책임이란 의미들을 상징화시켜 준다.[7] 언약적 특권을 누린다는 것과 이방인들로부터 인종적으로 구별된다는 것은 상호 긴밀하게 연관된 개념이다.

바울이 2절에서 아브라함의 언약적 특권과 '자랑'을 연결시킨 것은 바로 이러한 배경에서 이해되어야 한다. 바울은 여기서 자랑과 유대 율법 사이의 직접적인 연관성을 내다보면서 말하고 있는 것이지(롬 2:23) 스스로의 힘과 공적으로 구원을 얻어보려는 자기 주장적 행위와 관련된 자랑을 말하는 것이 아니다. 유대인과 비유대인 사이를 엄격하게 구분 짓게 만

---

6) H. Schlier, *Der Romerbrief: Kommentar* (HTKNT), 123; E. Kasemann, *Romans*, 106-7; M. Cranford, "Abraham in Romans 4: The Father of All who Believe," *NTS* 41 (1995), 76.

7) F. Watson, *Paul, Judaism and the Gentiles*, 137.

드는 것은 율법이다. 따라서 2절의 '자랑'은 특별한 신분의 징표요 비유대인과 구별시키는 수단으로서 율법을 소유하고 있다는 유대인들의 특별한 자랑을 지칭한다고 말할 수 있다.[8] 바울은 만일 아브라함이 행위에 기초하여 의롭다 하심을 얻었다면 자랑할 수 있다고(즉 특권을 주장할 수 있다고) 말한다(2절). 이것은 아브라함이 행위에 기초해서 의롭다 하심을 얻은 것이 아니기 때문에 많은 유대인들이 상상하듯이 '행위에 기초해서' 언약적 특권을 주장할 수 없다는 뜻을 함축하고 있다.

그런데 2절에 언급된 '행위'란 것이 스스로 구원을 확보하려는 공적 행위들을 가리키는가? 당대 유대교가 이런 식의 공적주의적 종교였는지도 매우 의심스러울 뿐만 아니라 근접문맥도 유대교의 이런 공적주의적 행위관을 비판하고 있다고 볼 수 없다. 왜냐하면 아브라함은 순종했음에도 불구하고 자랑할 수 없다고 말한 반면에(4:2), 유대인들은 그들의 불순종에도 불구하고 자랑하고 있다고 말하기 때문이다(2:23).

필자는 2절에서 자랑의 근거로 거절되고 있는 것이 일반적인 순종 행위들이 아니라 이스라엘의 육신적 구성원 된 것을 표시하는 율법의 행위들이라고 보고자 한다. 아브라함에게는 순종이 있었고 이스라엘 편에는 순종이 없었다. 하지만 그들 모두에게 자랑할 근거란 있을 수 없다. 순종이 있든 없든 간에 어느 경우에도 의롭다 하심이 행위들에 기초해서 오는 것이 아니기 때문이다. 2절 이하에 언급되는 '행위들'은 따라서 구원을 확보할 수 있는 일반적인 선행들을 가리키는 것이 아니라, 이스라엘 백성의 종교적 정체성을 표시해 주는 '율법의 행위들'을 가리키는 것이 분명하다.

---

[8] H. Moxnes, "Honor and Righteousness in Romans," *JSNT* 32 (1988), 71; M. Cranford, "Abraham in Romans 4", 76f.

5. 일하는 자에게 주는 삯

그렇다면 4-9절에 언급되는 '일하는 자에게 주는 삯'은 무엇을 뜻하는가? 루터파적인 시각을 가지고 해석하는 대부분의 주석가들은 '믿음/행위'의 반제 구조가 창세기 15:6에 내재하고 있다는 대담한 주장은 하지 않지만, 바울은 4-5절을 주석하는 과정에서 그러한 반제 구조를 추론하고 있으며 이로써 창세기 15:6에 대한 유대교적 이해를 뒤집고 있다고 주장한다.[9]

본문에 나오는 '일하는 자'라는 이미지는 자신의 노동의 대가로 마땅히 받아야 할 보수라는 개념과 연관되어 있다. 크랜필드 같은 학자들은 전통적인 입장을 따라서 일하는 자의 이미지가 아브라함의 이신칭의 경험과 대립되는 것으로 주장한다. 그렇다면 바울은 자신의 노력으로 의롭다 함을 얻으려고 하는 유대인들의 오류에 반대해서, 믿음으로 말미암아 은혜로 의롭다 함을 받은 아브라함의 의를 부각시키는 셈이 된다. 하지만 아브라함이 하나님을 믿은 것은 분명하지만, 이 믿음이 순종의 행위와 모순된다는 것은 유대인 독자들에게 불가해한 발상이다.[10] 4절의 목적이 어떠하든 간에 그것은 믿음이 순종과 모순된다는 것을 증명하지는 못한다. 이 구절은 단지 하나님께서 아브라함을 어떻게 의롭다고 선언하셨든지 간에 일하는 자가 하루가 끝날 때 자신의 보수를 받는 것과 같은 방식으로 되어지는 것이 아니라는 단순한 사실을 진술할 뿐이다. 더욱이 근접문맥이 함축하고 있는 '행위'란 것은 아브라함의 '할례'와 밀접한 관련을 맺고 있으며

---

9) Cranfield, *Romans*, 229-30; Barrett, *Romans*, 87; Moo, *Romans*, 266.
10) G. Howard, *Paul: Crisis in Galatia*, 56; Doughty, "The Priority of XARIS," 165-7.

(9-12절), 칭의와 상관이 없는 것은 할례와 같은 (율법의) 행위를 말한다.[11]

6. 할례의 의미

어떤 학자들은 앞선 구절에서 바울이 믿음과 행위를 대조하다가 별안간 할례 문제를 끌고 나오기 때문에 바울의 논의가 이탈하고 있지 않은가 의심하기도 한다. 하지만 "이를 어떻게 여기셨느뇨"라는 질문은 선행하는 바울의 논의로부터 이탈하는 것이 아니라 발전시킨 것이다. 따라서 바울은 10-12절에서 여전히 '여긴다'는 동사의 의미를 해설하고 있다고 보아야 하며, 선행하는 논의를 점증적으로 보다 구체화시켜 설명하는 것이라고 할 수 있다.

그렇다면 바울은 이전까지 믿음과 행위를 구분하다가 왜 9절 이후부터 할례 문제를 토론하고 있을까? 특별히 그는 10절에서 하나님께서 아브라함을 의롭다고 여기실 때가 "할례시냐 무할례시냐"고 질문한다. 3절에서는 행위가 아니라 믿음이 아브라함에게 의로 여겨졌다고 한 데 반해, 9절에서는 아브라함이 무할례시에 믿음으로 의롭다고 여기심을 받았다고 한다. 그렇다면 4장 초반부 2-6절에서 언급되는 '행위들'은 구원을 스스로 얻어보려고 행하는 일반적인 공적 행위들이 아니라 할례와 같이 언약에 의해 요구되는 특정한 종교적 행위들, 즉 유대인들의 특권 의식의 보루가 되는 그런 '율법의 행위들'을 가리킨다. 특별히 아브라함이 의롭다 하심

---

11) M. Cranford, "Abraham in Romans 4", 81.

을 받게 된 시점이 '무할례시'였다고 강조하는 것은 그가 법적으로 무할례자=이방인 신분에 있었을 때 언약의 축복을 경험했다는 것을 시사하기 위함이다. 6-8절에 언급된 축복은 행위와 관련 없이 부여된 축복인데, 그 축복은 10-11절에서 특별히 아브라함이 여전히 이방인으로 있었을 때 그에게 주어진 축복과 동일한 것이다. 창세기 15:6에 따르면 아브라함이 이방인으로 있었을 때 경험한 칭의는 할례와 같은 율법의 행위들과 관계없이 순전히 믿음에 기초해서 주어진 것이었다.

할례가 믿음으로 된 칭의를 인치는 '표'($\sigma\eta\mu\epsilon\hat{\iota}o\nu$)라는 바울의 주장은 창세기 17:11의 술어를 반영한다. '표'라는 말은 어떤 사물이나 인물을 확인해 주는 구별된 표시를 가리킨다고 할 수 있다. 바울은 이미 할례가 믿음의 순종을 동반하지 않을 때 언약 백성의 구성원 된 것을 보장해 주지 못한다고 주장한 바가 있다(2:25). 따라서 그는 언약과 관련하여 할례의 역할을 보다 잘 표현해 주는 다른 술어를 택하였는데 그것이 바로 '표'란 술어이다. 그렇다면 할례는 아브라함의 믿음을 확증해 주는 표시이지, 하나님께서 그를 의롭다고 칭하시는 근거를 제공해 주는 표시가 아니다. 아브라함이 이렇게 무할례자=이방인 신분에 있었을 때 오직 믿음에 근거해서만 의롭다 하심을 얻었고 할례는 이를 확증하기 위해 후에 인치는 '표'에 불과하기 때문에, 이방인들도 아브라함처럼 믿음의 발자취를 좇기만 하면 아브라함과 같이 언약의 축복에 동참할 수 있다(cf. 갈 3:8-9).

7. 약속의 상속자들

바울은 13절 이후부터 아브라함과 그의 후손들 사이의 상관성을 논한다. 그의 마음을 사로잡고 있는 근본적인 질문은 어떻게 아브라함의 의가 모든 믿는 자들에게 전가될 수 있는가 하는 것이었다. 우리는 바울이 왜 아브라함을 로마서의 중요한 전략적 지점에 끌어들이는지를 밝혀야 한다. 아브라함의 믿음이 훌륭하니까 그의 개인적 믿음을 본받으라는 의미에서 그를 실례로 제시하는가(모범설)? 아니면 아브라함은 이신칭의의 축복을 후세에 가져다 줄 수 있도록 만든 구속사의 대표적 인물인가(대표설)? 필자는 후자의 견해가 13절 이후에 함축되어 있는 바울의 의도를 반영한다고 생각한다. 아브라함은 로마서에서나 갈라디아서에서 믿음으로 칭의 경험을 한 최초의 개인으로 소개되기보다는 믿음의 모든 후손들에게 칭의의 축복을 전수할 수 있도록 만든 구속사의 대표적 인물로 소개되고 있음이 분명하다.

로마서나 갈라디아서에서 바울이 제기한 근본적인 질문은 "누가 아브라함의 후손이냐?"라는 것이다(갈 3:6 이하; 롬 4:1-17). 유대인들은 자신들만이 아브라함의 육신적 후손이기 때문에 아브라함에게 약속된 언약적 축복들이 이방인들에게 결코 주어질 수 없다고 주장한 데 반해서, 바울은 아브라함이 무할례자로 있었을 때 믿음으로 의롭다 하심을 받았기 때문에 이방인들도 아브라함의 후손이 될 수 있다고 본 데서 차이점을 발견할 수 있다. 할례와 율법과 상관없이 믿음이 그에게 의로 여겨졌다는 것은 (2:2, 6) 약속이 율법을 통해서가 아니라 믿음의 모든 후손들에게 주어졌다는 것을 함축한다(13절). 아브라함은 인종을 초월하여 모든 믿는 자들의 조상이 되었기 때문에 믿음을 가진 사람은 누구나 이방인이든 유대인이든 약속을 받을 수 있게 되었다. 바로 이러한 바울의 입장에 반기를 든 사람들이 유대인들이다. 하지만 바울은 유대인들의 이러한 선민적 배타주의를 14절에서 논박한다: "만일 율법에 속한 자들(=유대인들)이 (아브라함의 언약적 축복을 상속할) 후사이면 믿음은 헛것이 되고 약속은 폐하여졌느니라." 왜 그런가? 언약은 육신적 혈통이나 종족에 기초한 것이 아니라 믿음에 기초하기 때문이다.

8. 결론

바울은 로마서 4장에서 아브라함의 이야기를 비로소 전면에 부각시킨다. 1절에 함축된 의미에 따르면, 유대인들은 아브라함을 그들의 '육신적' 조상으로 생각하였고 따라서 아브라함에게 주어진 언약의 축복들은 마땅히 그의 육신적 후손들에게 제한되어야 한다고 주장한 것이 분명하다. 할례와 같은 의식은 육신적으로 아브라함의 후손에 속한다는 것을 표시해 주는 언약적 징표로 여겨졌다.

바울은 유대인들의 이러한 배타적 사고방식에 직면하여 창세기에 나타난 아브라함 이야기를 전격적으로 새롭게 해석하지 않을 수 없었다. 아브라함은 단지 그들의 육신적 조상이 아니라 믿는 모든 사람들의 조상이며, 따라서 이방인들이 믿음만 가지면 합법적으로 그의 언약적 축복에 동참할 수 있다. 이것은 육신적 혈통이 언약 백성이 되는 일에 중요하지 않다는 것을 시사한다(갈 3:26, 5:6; 고전 7:19). 왜냐하면 아브라함이 믿음으로 의롭다 하심을 받을 때 그는 무할례자=이방인이었기 때문이다.

4장 초반부에 이신칭의와 관련하여 '행위'가 부정적으로 언급되었기 때문에 '믿음과 행위'의 반립 구조가 너무 과격하게 해석되어 마치 바울의 이신칭의 구원론이 행위 전반을 다 부정하는 것처럼 오해된 때도 있었다. 사실 믿음은 순종의 행위들로 논증되는 어떤 것이기 때문에 믿음과 행위들을 날카롭게 분리시키는 것은 바울 당대의 유대인들에게 불가해한 일이었다. 아브라함도 믿음으로 의롭다 함을 얻은 사람이었지만 18절 이후에서 볼 수 있듯이 그의 믿음이 어떻게 구체적인 순종의 행위들로 나타났는지를 망각하면 안 된다.

바울이 부정하는 행위들은 유대인들이 자신들의 특권의식을 뒷받침하는 정체성의 표지들로서의 '율법의 행위들'을 가리킨다. 사실 칭의는 일한 무슨 대가나 보수를 받는 방식으로 주어지는 것도 아니고 단순히 유대인으로 태어났다는 사실만으로 경험되는 것도 아니다. 칭의는 아브라함이 가졌던 것과 같은 '믿음'으로 경험되는 것이며, 이 아브라함의 믿음은 전 생애에 걸쳐 나타나는 그의 순종의 삶과 행위를 통해서 논증되고 표현되었다(18절 이하). 아브라함의 믿음은 살아있는 믿음이었고 삶으로 논증되고 나타나는 믿음이었다. 하나님께서 바로 아브라함의 이러한 믿음을 보시고 그를 의롭다고 여기신 것이다. 바울은 아브라함의 이러한 살아있는 믿음에 기초해서 그의 위대한 이신칭의 원리를 정초시킨다.

제 **6** 장

바울의 율법신학 :

율법에 대한 삼중적 접근

　　율법이 과연 무엇인가를 밝히는 일은 매우 어려운 일이다. 왜냐하면 바울은 어떤 때는 율법에 대해서 매우 부정적으로 말하다가도 어떤 때는 대단히 긍정적으로 말하기 때문이다. 예를 들면, 바울은 "의는 율법으로부터 주어지지 않는다"(갈 2:16, 3:11, 21; 롬 3:28), "율법은 약속보다 열등하다"(갈 3:15ff), "율법은 범죄를 증가시킨다"(롬 5:20; 갈 3:19), "율법은 생명을 가져다주지 못한다"(갈 3:21), "신자는 율법에 대해서 죽었으며 (갈 2:19; 롬 7:4) 율법으로부터 해방되었다"(갈 3:25; 롬 7:6), "그리스도는 율법의 마침이 되신다"(롬 10:4)고 말한다. 하지만 또한 "율법은 거룩하고 신령하다"(롬 7:12, 14), "계명은 생명을 위한 것이다"(롬 7:10; 갈 3:12), "신자는 믿음을 통하여 율법을 도리어 굳게 세운다"(롬 3:31)고 말하기도 한다.

　　이렇게 상반되는 듯이 보이는 율법에 대한 이중적인 진술들 때문에 학자들은 큰 혼란과 당혹감을 느껴왔다. 학자들의 견해를 여기서 자세히 개진하기는 어렵고, 몇 가지 중심적인 견해들만 간략하게 제시하고자 한다.

많은 학자들은 바울의 율법 술어의 사용을 조심스럽게 구분함으로써 율법주의적으로 오해된 율법과 하나님의 뜻의 표현으로서의 율법을 구분하기도 한다(Burton, Cranfield, Moule, Ladd 등).[1] 어떤 학자들은 제의적 율법과 도덕적 율법 사이를 구분하거나(Haufe, Kaiser, Schreiner 등),[2] 또는 모세의 토라와 메시아적 토라 사이를 구분하여(Davies, Longenecker)[3] 율법에 대한 이러한 불일치 현상들을 해결해 보려고 시도한다.

다른 학자들은 율법에 대한 바울의 사상이 갈라디아서와 같은 초기서신에서 로마서와 같은 중기서신에 이르면서 사상적인 발전이 있었다고 전제하면서 문제를 해결하려고 하기도 한다(Hübner).[4] 갈라디아에서 유대주의자들과의 논쟁에서 율법에 대하여 극단적인 부정적 입장에 섰다가 예루살렘 교회로부터 심한 비판을 받고 율법 문제를 재고하지 않을 수 없게 되었고 그 결과로 로마서에서 율법에 대한 긍정적 평가를 내리게 되었다

---

1) E. D. Burton, *Galatians*(ICC), 443-60; C. E. B. Cranfield, "St. Paul and the Law," *SJT* 17 (1964), 43-68; C. F. D. Moule, "Obligation in the Ethic of Paul," in: *Christian History and Interpretation : Studies Presented to John Knox*, 1967, 389-406; G. E. Ladd, "Paul and the Law," in: *Soli Deo Gloria: New Testament Studies in Honor of William Childs Robinson*, 50-67, etc.

2) C. Haufe, "Die Stellung des Paulus zum Gesetz," *TLZ* 91 (1966), 171-78; W. C. Kaiser, *Toward Old Testament Ethics*(Grand Rapids: Zondervan, 1983), 307-14; T. R. Schreiner, "The Abolition and Fulfillment of the Law in Paul," *JSNT* 35 (1985), 47-74.

3) W. D. Davies, *Paul and Rabbinic Judaism : Some Rabbinic Elements in Pauline Theology* (London: SPCK, 1948), 71-72, 136-46; R. Longenecker, *Paul Apostel of Liberty: the Origin and Nature of Paul's Christianity* (Grand Rapids : Baker, 1964/76), 128-32, 183-96.

4) H. Hübner, *Law in Paul's Thought*, 48-149; U. Wilckens, "Zur Entwicklung des paulinischen Gesetzverständnisses," *NTS* 28 (1982), 154-90.

는 것이다.

이와는 대조적으로 샌더스는 휘브너처럼 갈라디아서에서 로마서에로의 직접적인 사상적 발달을 인정하지 않고 대신에 로마서 자체 내에서조차 내적인 긴장과 불일치를 발견할 수 있다고 보았다. 이렇게 내적인 긴장과 불일치가 존재하게 된 것은 바울이 문제에서 해답을 찾기보다는 '해답에서 문제로' 신학적 추론을 해나가는 접근방식을 취했기 때문에 기인된 것으로 보았다. 다시 말해서 바울의 율법 이해는 인간 문제에 대한 분석에서 유래된 것이 아니라 그리스도만이 유일한 구원의 길이라는 결론을 미리 내린 다음 그 빛 속에서 인간의 문제를 분석했기 때문이라는 것이다.[5]

샌더스와 달리 레이제넨은 바울의 율법 이해는 근본적으로 모순에 가득 차 있다고 보고 그러한 모순들은 율법에 대한 이방 기독교적 관점을 바울의 선교 맥락에서 내면화한 데서 유래한다고 보았다.[6]

던은 사회학적인 접근방식을 취하면서 율법에 대한 바울의 일반적 이해는 긍정적이지만 율법에 대한 유대인들의 오해들이 바울에 의해 공격을 받고 있다고 본다. 예를 들면, 민족적 배타주의, 할례, 음식법, 절기 등이 '율법의 행위들'이 될 때 바울은 오해된 유대인들의 그러한 율법 이해들을 단호하게 비판한다는 것이다.[7]

마지막으로 웨스터홈은 기본적으로 루터적 관점에 서서 율법과 복음의 반립 관계를 옹호한다. 어떤 사람도 율법을 온전히 지킬 수가 없기 때문에 모세의 율법은 인류에게 구원의 길이 될 수 없다. 율법은 인류에게 생명

---

[5] E. P. Sanders, *Paul and Palestinian Judaism*, 442-47; *Paul, the Law, and the Jewish People*, 74-75.

[6] H. Räisänen, *Paul and the Law* (WUNT: Tübingen 1983), 11-12.

[7] J. D. G. Dunn, "The New Perspective on Paul," *BJRL* 65 (1983), 95-122; "Works of the Law and the Curse of the Law (Galatians 3:10-14)," *NTS* 31 (1985), 523-42.

의 축복이 되기는커녕 저주가 되었기 때문에 그리스도 안에서 진정한 구속을 발견한 바울이 율법에 대해서 부정적인 자세를 취할 수밖에 없었다는 것이다. 따라서 그리스도인은 더 이상 율법의 계명들을 준수해야 할 의무를 갖지 않으며 오직 내적인 성령의 가르침을 따라서 살아야 한다.[8]

필자가 보기에 위에 제시된 학자들의 견해들은 부분적으로 진리의 요소를 가지고 있는 것들도 있으나 대체로 만족스럽지 못한 견해들이다. 휘브너와 레이제넨과 같은 학자들의 견해는 바울이 유대교와 율법에 대해서 근본적으로 잘 이해하고 있지 못하다는 극단적인 방향으로 나갔기 때문에 받아들이기가 어렵다. 사회학적 접근방식을 취하는 던의 견해는 참신한 통찰력을 지니고 있기는 하지만, 바울의 율법 이해를 통괄적으로 이해하기에는 그 자체로 한계에 부딪힐 수밖에 없다. 웨스터홀름의 전통적인 루터주의적 견해도 던의 사회학적 접근 방식이 발견한 통찰들을 놓쳐버리기 때문에, 바울의 율법 이해에 정당성을 기하기가 매우 어렵다고 생각된다.

따라서 필자는 율법에 대한 바울의 진술들이 복잡하고 다양한 만큼 그것들을 조화 있게 이해하기 위해서 "삼중적인"(threefold) 접근 방식을 택할 필요가 있다고 본다. 실재의 세계를 이해하기 위해서 사람들은 흔히 특정한 관점을 선택하기 마련이다. 하지만 특정한 관점을 고정하는 데 따라서 실재의 세계에 대한 접근은 제한받을 수밖에 없는 것은 자명한 이치이다. 왜냐하면 특정한 관점이나 접근 방식을 통해서만 걸러져서 얻어지는 이해란 실재의 세계에 대한 전체의 모습을 반영한다고 볼 수 없기 때문이다. 따라서 실재의 세계를 온전히 이해하기 위해서 다각도의 통괄적 전망

---

[8] S. Westerholm, *Israel's Law and the Church's Faith : Paul and His Recent Interpreters* (Grand Rapids: Eerdmans, 1988), 108, 142.

을 가질 필요가 생기게 된다. 필자는 바로 이러한 통괄적 전망을 바울의 율법 진술들에 적용해 보고자 한다.

1. 사회적 경계선 표지로서의 율법

우리는 우선 율법을 사회적 경계선 표지로서 이해한 새 관점주의자들의 견해를 주목하지 않을 수 없다. 필자가 말하는 '사회학적 이해'란 유대교가 율법의 행위들을 유대인과 이방인의 사회적 신분을 구분하는 경계선 표지의 역할을 했다고 보는 견해이다. 자연히 이 견해는 유대인들이 율법의 행위를 공적으로 삼아 스스로 구원을 얻어보려 했다고 보는 전통적인 유대교 이해를 거부한다.

1세기 일반적인 유대인들은 하나님의 은혜로운 선택에 의해서 그의 언약 백성이 되었으며, 율법을 준수하는 것은 유대인이 하나님의 언약 백성으로서 유대인답게 살아가기 위한 방편이라고 생각한 것이 분명하다. 샌더스는 이러한 유대교의 본질을 '언약적 신율주의'란 말로 설명하고자 한다.[9] 언약적 신율주의를 좀더 쉽게 풀어 설명한다면 언약에 기초한 율법 중심 종교를 가리킨다고 할 수 있다. 이스라엘 민족의 선택과 구원은 하나

---

9) E. P. Sanders, *Paul and Palestinian Judaism*, 233-37. 그가 말하는 언약적 신율주의의 패턴은 다음과 같다: (1) 하나님께서 이스라엘을 선택하셨으며, (2) 그는 그들에게 율법을 주셨다. 율법은 (3) 선택을 유지하시겠다는 하나님의 약속과, (4) 순종할 것에 대한 요구를 함축한다. (5) 하나님은 순종에 대해 보상하시며 범죄를 처벌하신다. (6) 율법은 속죄의 수단을 제공하며, (7) 속죄는 언약적 관계의 유지 내지 재확립을 맺게 만든다. (8) 순종, 속죄, 하나님의 긍휼을 통해서 언약 속에 머무는 모든 사람들은 구원받게 될 그룹에 속한다. (1)과 (8)에 대한 한 가지 중요한 해석은 선택과 구원은 궁극적으로 인간의 성취기보다는 하나님의 긍휼에 의해 주어지는 것으로 생각된다는 것이다(422).

님의 언약에 기초한 것이고, 그들은 이제 율법을 성실하게 지켜서 하나님의 언약 백성답게 살아가야 할 의무를 짊어지고 있다. 만일 하나님 백성으로서 유대인이 유대인답게 살지 않고 율법을 상습적으로 범하게 되면 하나님께서는 그를 심판하고 처벌하시게 된다.

언약적 신율주의에 있어서 할례와 율법준수는 핵심 요소이다. 바울은 로마서에서 유대인들을 가리켜 '할례자들' 또는 '율법에 속한 자들'로 묘사한다(롬 4:12, 14). 이것은 할례와 율법이 시내산 언약에 속한 백성으로서의 유대인들의 신분을 표시해 주는 '경계선 표지들'이라는 것을 시사해 준다. 그것들은 마치 울타리와 같아서 울타리 안에 있는 유대인들과 울타리 밖에 있는 이방인들을 신분적으로 또는 사회적으로 구분하는 역할을 한다. 따라서 1세기 유대교에서 할례자들은 유대인들을, 무할례자들은 이방인들을 가리키는 기술적인 술어가 되었다. 마찬가지로 율법에 속한 자들은 유대인들을, 율법이 없는 자들은 이방인들을 가리키는 기술적인 술어 역할을 한다.

헬라 제국이나 로마 제국 시절에 헬레니즘적이고 이교도적인 문화들이 팔레스타인 유대인들의 삶 속에 침투해 들어오게 될 때 할례나 음식법, 안식일 또는 율법준수 등과 같은 종교적 행위들은 더욱더 유대인이 유대인답게 살아가야 하는 삶의 패턴들이 되어버렸다. 유대인들은 로마의 식민 통치로부터 유대 땅을 독립시키고 이교도적 영향으로부터 유대 종교의 독특한 신앙과 문화를 보존함으로써 하나님의 언약 백성으로서 유대인들의 자기 정체성을 지키려고 하였다. 유대인들의 특권이나 종교적 자기 정체성이 위협받고 있다고 생각되기만 하면 그들의 거부 반응은 즉각적이고도 격렬하였다. 1세기 유대교 사회에서 발생하였던 수많은 민족주의적인 폭동들은 자연히 유대인들의 종교적이고 민족적인 유산에 헌신하는 선한 유대인들이라는 자기 정체성을 지키려는 몸부림들이라고 할 수 있다.

따라서 언약 백성으로서 이방인들의 문화 잔재들을 거부하고 선한 유대인으로서 살기를 헌신하는 많은 유대인들은 자연히 그들의 종교적 정체성을 위협하는 외부 세력에 대해서 사회적이고 종교적인 압력을 가하게 되었다. 특별히 유대 민족과 종교적 정체성을 위협하는 신앙과 행습을 따라 산다고 여겨지는 유대 기독교인들은 의심할 여지도 없이 열성적인 다른 동료 유대인들로부터 심한 사회적 압력과 심지어 핍박까지 받게 되었다.

그렇다면 할례를 받고 안식일을 성실히 지키며 부정한 음식을 먹지 않고 율법을 성실히 지킨다는 것은 유대인이 언약 백성으로서 유대인답게 살아가는 삶의 유형들이라고 할 수 있다.[10] 바울의 표현을 빌린다면 그것들은 유대인이 "유대인답게 살아가는"(갈 2:14) 신분 표지의 행위들이다.

유대교에서는 그러므로 할례와 율법준수가 유대인들이 자신들을 언약 백성으로 자랑할 수 있는 우월의식의 근거가 되었다. 그들의 우월의식은 갈라디아서 2:15에 잘 나타나 있다 : "우리는 본래 유대인이요 이방 죄인이 아니로되." 이방인들은 율법적인 관점에서나 의식적인 관점에서나 부정한 죄인들이다. 죄인이란 말은 율법을 범하거나 또는 율법을 알지 못하는 사람을 지칭하는 기술적인 술어인데, 예수께서 활동하시던 시기에는 이미 '죄인'과 '이방인'은 동의어적으로 고정화되기 시작하였다(눅 6:33

---

10) 마카비서를 읽어보면 부정한 음식을 먹지 않는 행위는 단순히 계명의 순종이라는 차원을 넘어서서 유대인들의 종교-사회적 자기 정체성을 지키는 일과 깊은 연관을 가지고 있다. 마카비 반란을 묘사하는 글에서 음식 먹는 문제는 핵심 이슈의 하나로 발견된다: "이스라엘 중에 많은 사람들이 결연한 자세로 굳게 서서 부정한 음식을 먹지 않기로 마음에 결심하였다. 그들은 차라리 죽을지언정 음식으로 자신을 더럽히거나 거룩한 언약을 더럽히지 않기로 결정하였고 또 그렇게 죽었다"(1 Macc 1.62-3; cf. 행 10:14; 막7:5=마 15:2; 갈 2:11-14).

과 마 5:47; 막14:41//마 26:45; 눅 24:7).[11] 이것은 바울이나 베드로가 기독교 믿음을 가지기 전에 다른 유대인들과 함께 공유하고 있던 그들의 전형적인 인식이었다. 베드로가 이방 기독교인들로 구성된 안디옥 교회에 이르러서 그들과 함께 식사하다가 야고보의 사람들이 온다는 말을 듣고 두려워하여 이방 기독교인들과의 식탁 교제의 자리를 떠나버린 적이 있는데, 이 안디옥 사건은(갈 2:11-14) 유대인들의 이러한 우월의식 내지 선민적 배타주의가 어떻게 이방 기독교회 안에까지 영향력을 행사하게 되었는지를 잘 보여 준다. 유대인들은 음식 규정이나 정결 의식에 헌신함으로써 이방 죄인들과 식탁 교제하는 일에 제한을 가했는데, 이것은 유대인들이 언약 백성으로서 그들의 종교적, 사회적 정체성을 성실하게 지키고 있다는 선민적 우월의식 내지 배타주의에서 나온 것이다. 유대인들의 선민적 우월의식과 배타주의의 근거가 되는 것은 바로 모세의 율법이다.

유대교에 대한 바울의 비평은 따라서 자연히 율법에 대한 부정적 진술로 이어지게 된다. 바울이 보기에 율법은 하나님께서 아브라함과 맺은 언약을 통해서 "이방을 믿음으로 말미암아 의로 정하실 것"(갈 3:8)을 약속한 구원사의 흐트러질 수 없는 대원칙에 위배되는 방식으로 사용되었다. 율법은 아브라함의 언약이 약속한 축복에서 이방인을 배제시키는 유대인들의 선민적 배타주의의 방패막이로 사용되었다. 율법은 이방인이 아브라함의 축복에 들어오지 못하도록 방해하는 '적대의 담'(엡 2:14-15)이었다. 율법의 울타리 때문에 이방 기독교인들마저도 유대인들로부터 '이방

---

11) '이방인'과 '죄인'을 동일시하는 것은 유대인들의 표준적인 인식이다. 예를 들면, 삼상 15:8; LXX Ps 9:18; PS Sol 2:1f; *Jub* 23.23f, 24:8. Cf. Rengstorf, *TDNT* 1, 324-6; Dunn, *Jesus, Paul, and the Law*, 150f; Barclay, *Obeying the Truth*, 77 n.7.

죄인들'(갈 2:15)로 취급당하게 되었다. 안디옥 사건은 바로 이 역사적 사실을 웅변적으로 증거해 준다.

물론 율법이 본래 이러한 부정적 기능을 가지고 있었는지, 아니면 유대인들의 오해 때문에 후에 그러한 부정적 기능이 부가된 것인지에 대해 논쟁이 있을 수 있다. 예를 들면, 던은 '율법의 행위들'이란 바울의 술어가 "전형적인 유대인이 신뢰하는 것, 자신이 언약백성의 구성원임을 증거해 주는 율법준수, 언약에 충성스러운 구성원으로서 그의 의를 지칭하는" 축약된 표현이라고 말한다.[12] 하지만 던은 할례, 안식일, 음식법, 율법준수와 같이 유대인의 독특한 민족적 정체성을 표시하는 '율법의 행위들'은 율법이 요구하는 참된 본질을 성취할 수 있는 방식이 아니라고 주장한다. 율법의 행위에 매달리려고 하는 것은 "율법을 약화시키고 언약을 왜곡시키며 그 약속을 효과적으로 파괴하는 것이다. 따라서 기껏해야 이차적인 중요성밖에 없는 문제들에 우선성을 부여함으로써 율법을 오해하는 것은 율법이 요구하는 것에서 멀어진 것이며 결과적으로 율법 자체의 저주 아래 떨어지는 것이다(신 27:26)."[13]

이것은 율법의 행위들이란 '율법의 참된 요구에서 동떨어진' 율법에 대한 오해, 즉 율법에 대한 유대인들의 그릇된 특정 태도를 지칭한다고 말할 수 있다. 던에 의하면, 바울이 비판하는 것은 유대인들에 의해 오해된 율법관에 대한 것이지 율법 자체에 대한 것은 아니다. 그는 율법을 여전히 신적 의지의 계시로서 여러 곳에서 긍정적으로 묘사한다는 것이다(롬 8:4; 갈 5:14, 6:2 등 참조). 믿음과 율법을 대조할 때도 바울은 그것들이 서로 배

---

12) Dunn, *Jesus, Paul, and the Law*, 216-225, 특히 221.
13) Dunn, "Works of the Law and the Curse of the Law(Gal 3.10-14)," *Jesus, Paul, and the Law*, 227.

타적인 관계에 있다는 것으로 이해하기를 원치 않는다. 더욱이 그는 '율법을 행한다'는 개념 자체를 비평하기를 원하지 않는다고 한다(cf. 롬 2:13과 2:26-27을 갈 5:14, 6:2과 비교하라).

던의 이러한 견해는 비판을 받을 여지가 있어 보인다.

첫째로, 바울은 율법 자체와 유대인들에 의해 오해된 율법을 어디에서도 구분하지 않는다. 그의 비평은 율법에 대한 '유대인들의 특정한 태도', 즉 그들에 의해 인종적 특권의 표지로 편협하게 오해된 율법에 대한 것이 아니다. 던 자신이 부정함에도 불구하고 바울은 사실 율법 자체가 지니고 있는 국가적 한계를 부정적으로 묘사하고 있다. 바울이 갈라디아서에서 부정적으로 평가하는 것은 아브라함의 보편적인 축복이 이방인에게 미치지 못하도록 선민적 배타주의의 방패막이 구실을 하는 율법 자체이다.

율법이 본래 이러한 부정적 기능을 가지고 있었는지, 아니면 유대인들의 오해로 인해 후대에 그러한 부정적 기능이 율법에 부과된 것인지에 대해서 논쟁이 있을 수 있다. 하지만 필자의 생각으로는 율법이 본래부터 그러한 편협한 전통을 지니고 있었다고 본다(갈 2:11-14, 3:22; 롬 4:14, 9:30-33; 엡 2:14-15 등).[14] 시내산에서 주어진 율법은 혼합 민족이 살고 있던 가나안에 들어가기 전에 주어진 것으로서 그것은 이교도들 가운데 하나님의 언약 백성으로서 독특한 정체성을 유지하기 위해 주어진 것이다(신 4:1-6, 13-24, 7:1-5 참조). 따라서 율법은 자연히 이방인들로부터 유대인을 구분 짓고 유대인들을 유대인답게 살도록 규정하는 사회적

---

14) 이에 대한 논의들로는 J. D. G. Dunn, *Jesus, Paul, and the Law*, 211-213; T. R. Schreiner, "The Abolition and Fulfillment of the Law in Paul," *JSNT* 35 (1989), 47-54; F. F. Bruce, "Paul and the Law in the Recent Research," *Law and Religion* (1988), 124-25; R. B. Sloan, "Paul and the Law: Why the Law Cannot Save," *NovT* 33.1 (1991) 43-45 등을 참조하라.

기능을 지닐 수밖에 없었다고 사료된다.

둘째로, 만일 바울의 비판이 유대인들에 의해 오해된 율법과 관련이 있다면 그리스도께서 우리를 율법의 저주에서 구속하신 것은 그가 "언약과 율법에 대한 오해", 이방인이 하나님의 은총과 긍휼을 경험하지 못하도록 하는 유대인들의 잘못된 태도에서 구속하셨다는 뜻이 된다. 이 견해에 따르면 그리스도의 구속은 기껏해야 사소한 의미밖에는 지니지 못한다.[15] 왜냐하면 예수의 구속적인 죽음은 유대인들의 편협하고 배타주의적인 특권과 우월의식의 기반으로서 잘못 오해된 율법을 분쇄하기 위한 죽음이라는 뜻밖에는 없기 때문이다.

물론 유대인들이 율법을 포함하여 언약사에 대해 오해한 부분이 전혀 없다고 말할 수는 없다. 공관복음서에서 예수께서는 율법에 대한 바리새인들의 오해를 비판하거나 교정하고 있는 것이 사실이기 때문이다. 문제는 던 교수가 말하는 "오해"가 무엇을 지칭하는지 우선 정확하게 규정할 필요가 있다. 그가 자주 언급하는 '할례', '혈통', '음식법', '안식일', '율법의 규정들'은 언약사의 표층구조 속에 분명히 존재하는 요소들이며 그것들이 언약백성으로서의 유대인의 정체성을 구성하는 "경계선 표지" 역할을 했다는 것도 사실이다. 만일 던 교수의 진술을 긍정적으로 이해한다면, 유대인들의 오해의 본질은 언약사의 표층적 흐름에 존재하는 이런 외피적이고 가시적 요소들을 과대평가하여 그것들을 하나님 백성의 존재를 규정하는 핵심 요소들로 삼은 데 있지 않나 생각된다. 언약사 속에서 그것들이 지시하는 참 종말론적 지향점과 목표를 놓쳐버리고 가시적이고 외적인 요소들 자체에 본질적 의의를 부여하고자 한 것이 그들의 오해가 아닌

---

15) R. B. Sloan, "Paul and the Law," 44f.

가 사료된다. 만일 던의 진술을 후자의 의미로 파악한다면 그의 주장 가운데도 진리의 요소가 있다고 볼 수 있다.

어쨌든 바울의 관심은 단순히 율법에 대한 유대인들의 오해가 아니라 율법 자체의 구원사적 한계성에 있는 것이 분명하다. 예를 들어, 율법 자체를 배타주의의 편협한 전통으로 볼 때만 우리는 에베소서 2:14-15이나 갈라디아서 3:14과 같은 구절들의 의미를 올바로 이해할 수가 있다. 이방인들은 본래 이스라엘 나라 밖의 사람이며 약속의 언약들에 대하여 외인이었다. 그들은 율법에 의해서 '이방 죄인들'로 규정된 사람들이었다. 따라서 바울은 에베소서 2:14-15에서 율법을 이방인과 유대인 사이를 분열시키는 '막힌 담' 또는 '원수된 것'으로 묘사하면서 그리스도께서 유대인과 이방인을 화목하지 못하게 만든 적대의 담, 즉 "의문에 속한 계명의 율법을 자기 육체로(곧 십자가의 죽음으로) 폐하셨다"고 말한다. 비슷한 사상이 갈라디아서에서도 발견된다. 그리스도의 십자가 죽음은 율법의 저주 아래 있는 모든 자들을 속량하신 구속 사건이며 "아브라함의 복이 이방인에게 미치게 만든" 사건이었다(갈 3:14). 이 구절도 아브라함 언약에 약속된 이방인을 위한 축복이 율법 때문에 그들에게 이제까지 미치지 못하였다는 것을 함축한다.

따라서 그리스도의 십자가의 죽음은 이방인과 유대인 사이를 가로막고 있던 적대의 담을 허물고 그들을 그리스도 안에서 '한 새 사람'으로 만든 화해 사건이었으며, 아브라함의 축복이 이방인들에게 넘쳐 흘러들도록 길을 터놓은 구속 사건이었다. 그리스도의 죽음은 할례와 율법 같은 유대인들의 배타적인 종교-사회적 울타리를 무너뜨리고 오직 믿음이란 공통 근거 위에서만 범세계적인 믿음의 공동체, 아브라함의 자손을 재창조하게 된 교회론적인 사건이었다. 이제 하나님 백성은 오직 믿음으로만 성격이 규정되는 초문화적이며 영적인 사회적 실재가 되었다. 유대교를 행위 구원의 공적주의적 종교로 보는 전통적인 견해만으로는 율법이 왜 이방인과 유대인의 화해를 가로막는 적대의 담 구실을 하였으며, 그리스도의 죽음이 유대인과 이방인 사이를 원수 되게 만드는 율법을 폐하여 그들을 모두 그리스도 안에서 '한 새 사람'으로 만드는 화해의 사건이 되는지를 적절하게 설명하지 못한다.

2. 언약적 전망에서 본 율법

언약적 전망이란 율법을 하나님과 이스라엘 사이에 맺어진 언약 관계 속에서 파악하는 시각을 가리킨다. 언약은 소위 '은혜성'과 '요구성'을 동시에 내포한 개념이다. 이스라엘은 하나님의 선택적인 사랑에 기초해서 그 백성으로 부르심을 받은 자들로서(은혜성), 이제 하나님의 백성답게 살아가야 할 언약적 책무를 짊어진 자들이다(요구성). 하나님의 백성 된 신분은 선택의 은총으로 되어지지만, 그들이 그것을 유지하는 방식은 율법을 준행하는 것이다(신 7:6-11).

주목할 만한 점은 구약은 그것을 준수하는가 아니면 범하는가에 따라 생명과 죽음을 선언한다는 사실이다(신 30:15ff). 구약 언약신학의 기본적인 메시지는 율법을 순종하는 것이 생명을 얻는 길이라고 보는 것이다(레 18:5; 신 4:1, 30:15ff; 시 119:93; 겔 18:9 등). 계명들을 "행하면 살리라"는 약속은 이스라엘의 순종 행위가 생명을 얻는 일과 긴밀한 연관 관계에 있다는 것을 보여 주는데, 특이하게도 바울은 유대주의자들과 논쟁하는 문맥에서 그것을 부정적으로 평가하는 것으로 보인다.

바울은 갈라디아서 3장에서 아브라함 언약과 모세의 시내산 언약을 날카롭게 구분 짓고 대조시킨다. 15절의 전후 문맥을 보면, 하나님 자신에 의해 약속되어진 아브라함 언약의 우월성과(cf. 8절) 천사들에 의해 제정된 시내산 언약의 열등성을 대조시키려는 바울의 의도가 분명하게 나타난다. 바울은 율법의 제한적 성격을 갈라디아서 3-4장에서 여러 각도에서 설명한다. 두 언약은 다음과 같이 대조될 수 있다.

아브라함 언약	모세 언약
하나님 자신이 직접 제정 (3:17)	천사들에 의해서 간접적으로 제정 (3:19)
중보자가 없음 (3:17)	모세의 중보가 있었음 (3:19)
430년 앞서 제정됨 (3:17)	430년 뒤에 제정됨 (3:17)
영구적인 타당성이 있음 (3:17)	약속한 자손이 오시기까지 있음 (3:19)
의와 생명의 선물을 줄 수 있음 (3:6)	의와 생명의 선물을 줄 수 없음 (3:21)
믿음, 은혜의 원리에 기초함 (3:7, 18)	행위의 원리에 기초함 (3:10, 12)
축복이 주어지게 함 (3:9, 14)	저주가 임하게 함 (3:10)
유대인과 이방인을 포괄하는 보편적 언약 (3:8)	유대인만을 언약백성으로 보는 배타적 언약 (3:10)
통일된 백성 (3:16, 28)	분열된 백성 (3:13-14)
성령을 따라 난 영적 자손 (4:29)	육체를 따라 난 육적 자손 (4:22, 29)

상기 도표에서 주목해야 할 점은 아브라함 언약과 모세 언약이 각각 다른 원리에 기초하고 있는 것으로 보인다는 사실이다. 바울은 율법이 더해진 것이 "죄를 깨닫고 날카롭게 체험하게 하고"(롬 7:7-8), "범죄를 더하며"(갈 3:19; 롬 5:20), 모든 사람들을 율법의 저주 아래 포로처럼 가두어

두기(갈 3:22-23) 위한 것이라는 부정적인 율법 이해를 나타낸다.

구약은 율법을 생명을 얻는 길로 말하고 있음에도 불구하고(레 18:5), 왜 바울은 율법이 결코 의와 생명을 줄 수 있는 능력이 없다고 말하는가(갈 3:21)? 더욱이, 율법에 기록된 온갖 일들을 행하지 않는 자는 누구든지 저주 아래 있다는 바울의 진술은 어떻게 이해되어야 하는가(갈 3:10)? 이런 진술들은 구약의 언약적 전망에서 추론된 것들인가, 아니면 바울이 행위 구원의 종교로서 유대교를 비평하기 위해 나온 것들인가, 또는 바울의 다메섹 회심 사건 이후에 계시적 통찰력을 통해 나온 것들인가?[16]

이런 질문들이 함축하는 본질을 파악하는 시범 케이스로 우리는 갈라디아서 3:10에 인용된 신명기 27:26에 대해 분석해 볼 필요가 있다.

바울은 상기 인용 구절에서 율법책에 기록된 온갖 일들을 항상 행하시 않는 자는 누구든지 저주 아래 있는 자라고 말한다. 다시 말해서, 그들에게 저주가 임하는 것은 그들이 율법책에 기록된 온갖 일들을 "행하지 않기" 때문이다. 본래 신명기의 문맥에서 27:15-26은 '세겜의 십이계명'(the Dodecalogue of Schechem)이라 불리는, 일련의 열두 저주들과 관련이 있다. 일반적으로 알려져 있기로는 전체의 저주들은 비밀리에 범해진 범죄들을 다룬다.[17] 십이계명의 처음 일곱 가지 저주들은 종교적이거나 사회적인 특정 비행에 대한 제재를 불러일으킨 것이지만, 바울이 갈라디아서 3:10에서 인용한 신명기 27:26의 마지막 저주는 어떤 특정 범죄를 언급함이 없이 앞에 언급된 저주들을 일반화시키는 요약적 진술이다. 그러

---

16) 이런 질문들에 대한 일차적인 답변은 필자의 논문, "로마서에 나타난 바울의 유대교 비평: 추론적 전망," 신학지남 제274호 (2003년 봄호), 83-126을 보라.

17) A. Alt, "The Origins of Israelite Law", ET in: *Essays on OT History and Religion* (Oxford 1966), 115.

나 바울은 칠십인경의 '이 율법'이란 말을 일반화시켜 단순히 '율법책'이란 말을 사용하였다. 그가 염두에 둔 것은 신명기 문맥에서 지칭되는 십이계명이 아니라 기록된 토라이다(cf. 신 31:26; 수 1:8). 그러므로 바울은 단지 십이계명이 아니라 기록된 율법을 행하지 않으면 저주를 유발하게 된다고 본 것이다.

물론 이스라엘 백성들에게는 율법을 범할 때 임할지도 모를 저주를 피하고 속죄를 얻을 수 있는 제의들이 있었다. 샌더스는 바울 당대의 유대인들은 희생제사와 회개와 같은 율법 자체에 의해 제시된 속죄 수단들이 그들의 범죄를 속죄하기에 충분한 것으로 믿었다고 주장하였다.[18] 사실 구약 이스라엘 백성의 경우에 율법 자체에 의해 제시된 수단들인 희생제사와 회개를 통해서 속죄가 이루어졌다는 것은 분명하다. 하지만 후기 예언서 저자들은 속죄 제의들이 번성함에도 불구하고 범죄하는 이스라엘을 향한 심판과 파멸을 피할 수 없다는 인식을 갖기 시작하였다(사 1:10-17, 58:1-7 참조).[19] 더욱이 바울은 이러한 속죄 수단들이 그리스도를 통해 나타난 하나님의 새로운 구원 행위에 비추어 볼 때 부적합하다는 사실을 깨닫게 되었다.

시내산 언약의 갱신의식에서 사용되었던 십이계명은 본래 이미 *하나님의 백성된 이스라엘 백성에게 제시된 것이었다*(신 27:9 참조). 기억해야 할 것은 율법준수가 하나님이 이스라엘과 언약을 맺기 위해 필요했던 전제조건이 아니라 이미 맺어진 언약 관계의 결과로 요구된 것이라는 점이다. 하나님께서 먼저 이스라엘을 선택하시고 출애굽 사건에 나타난 하나

---

18) E. P. Sanders, *Paul and Palestinian Judaism*, 442.
19) Cf. In-Gyu Hong, "Does Paul Misrepresent the Jewish Law?" *NovT* 13 (1993).

님의 구원 행위를 통해서 자신을 그들의 하나님으로 확증하셨으며, 그 후에야 비로소 시내산에서 그들이 거룩한 백성으로 살아갈 수 있도록 율법을 주셨다. 그러므로 율법은 신명기적 맥락에서 볼 때 언약을 세우는 일과는 무관하다: 율법에 순종하는 것은 언약 속에 들어가는 수단이 아니라 도리어 선행하는 하나님의 은혜에 대한 타당한 반응에 불과하다. 율법을 준수하고 그것에 순종하는 것은 이스라엘 백성이 언약 속에 머물고 있다는 증거이다.

그렇다면 바울이 인용한 신명기 27:26은 이러한 언약 관계 속에서 이해되어져야 한다. 하나님 백성은 언약 속에 머물기 위해서 율법책에 기록된 모든 말씀들을 '행함으로' 그 안에 머물지 않으면 안 된다. 여기서 언약 속에 머무는 원칙은 율법의 모든 말씀을 '행하는' 데 있다: 행하지 않고 율법의 말씀을 어길 때는 저주의 원리가 적용된다. 율법이 행함의 원리에 기초한다는 것은 갈라디아서 3:12에 인용된 레위기 18:5에서도 증거된다: "이를(율법을) 행하는 자는 그 가운데 살리라."[20] 바울이 12절의 본문에서 "율법은 믿음에서 난 것이 아니라"고 한 것도 율법이 아브라함 언약과는 다른 어떤 원리에 기초하고 있음을 시사하는 것이 아닐까?

물론 구약은 완벽한 율법 순종 행위를 생명을 얻는 전제조건으로 제시하지 않는다. 율법 자체 안에 속죄 제사가 제시된 것을 보면, 하나님께서 이스라엘에게 완벽한 율법 순종을 기대하지 않으신 것이 분명하다. 이렇

---

20) 여기서 율법을 행하는 자들에게 약속된 삶은 오는 세상에서 주어질 생명을 지칭하기보다는 언약 속에 머무는 삶을 지칭한다 (cf. Philo, Chong 86-87). Cf. Dunn, *Romans 9-16* (WBC; Dallas: Word Books 1988), 601; "'Righteousness from the Law' and 'Righteousness from Faith': Paul's Interpretation of Scripture in Romans 10:1-10" *Tradition and Interpretation in the NT* (Eerdman: Michigan, 1987), 219.

게 율법이 하나님과 이스라엘의 언약 관계를 전제하고 주어진 것이라면, 율법 순종은 무엇보다도 그들을 선택하신 신적 사랑에 대한 응답으로서 (신 7:6-8) 하나님을 사랑하고 신뢰하는 삶의 표현이라고 이해되어야 한다(신 30:16, 20). 신약의 예수께서도 자신을 사랑하는 자마다 그의 계명들을 지키라고 명하시고 있기 때문에, 구약의 이러한 계명 준수의 정신은 신약의 저자들에게 달리 변경되었다고 볼 수 없다(요 14:15; 요일 5:2-3). 계명들을 순종하면 "살리라"는 말씀은 하나님을 사랑하고 그에게 부종하는 자는 "살리라"는 표현과 같은 뜻이다. 말하자면, 계명 순종 행위는 하나님을 사랑하는 표현이기 때문에, 하나님은 자신을 사랑하는 마음으로 그의 계명들을 순종하는 자에게 생명을 약속하셨다. 만일 이스라엘이 하나님을 사랑하는 마음에서 떠나 그의 계명들을 순종하지 않으면, 신명기 저자는 그들이 "저주"를 받아 반드시 죽을 것이라고 경고한다. 여기서 "저주"란 말은 하나님과의 생명적 관계의 단절이 가져오는 결과를 지칭하기 때문에, 계명 순종은 어쨌든 구원론적으로 중요한 함축을 지니는 것이 분명하다.

이러한 언약신학적 전망이 갈라디아서에 나타난 바울의 율법 관련 진술들을 파악할 수 있는 패러다임이 되는가? 구약이 완벽한 율법 순종을 생명을 얻는 전제조건으로 이해하고 있지 않다면, 바울은 왜 그러한 암시를 내비치고 있는가?: "누구든지 율법책에 기록된 대로 온갖 일을 항상 *행하지 아니하는 자*는 저주 아래 있는 자라"(갈 3:10; 신 27:26).

최근의 신약학자들은 이 본문에 대한 다양한 해석들을 내어놓고 있다. 던은 "율법의 행위"가 의미하는 바를 해석할 때 사회적 해석을 적용하는데, 그것은 이러한 전망에서 보면, "이스라엘이 하나님의 언약백성으로서 다른 민족들과 구별되는 존재라는 주장에 가장 초점을 맞춘 율법의 요구들을 말하는 바울의 암호"[21]를 가리키게 된다. 율법은 본래 열방에 대한 약속을 포함하고 있는 데 반하여, 유대인들이 그것을 민족주의적인 것으로 왜곡시켜 버렸기 때문에, 바울은 그렇게 민족주의적으로 곡해된 율법을 행하게 되면 저주 아래 있게 된다고 주장했다는 것이다. 던의 이러한 해석은 자신의 사회학적 해석에 상응하는 견해라는 점에서 논리적 일관성은 있을지 몰라도 기껏해야 기발한 해석에 불과하다.

던의 견해를 비판하고 전통적인 해석을 취하는 학자는 김세윤 교수이다. 그는 신명기 27:26이 레위기 18:5에 인용된 원리를 부정적 형태로 인용한 것으로 보고, 율법을 행하는 자는 그 안에서 생명을 얻을 테지만(레 18:5) 율법에 기록된 온갖 일을 행하지 않는 자는 저주 아래 있게 된다는 전통적 해석의 정당성을 재확인한다. 결국 율법의 행위에 속한 자들이 저주에 떨어지는 이유는 율법에 대한 그들의 헌신에도 불구하고 그 안에서 명령되는 "온갖 일"을 행하지 않았기 때문이다.[22] 말하자면, 율법은 그것에 대한 완전한 순종 행위를 전제조건으로 삼아 생명 또는 죽음, 축복 또는 저주를 약속한다는 것이다.

김 교수는 여기서 한걸음 더 나아가 갈라디아서 3:10의 인용 배후에는 행위의의 종교로서의 유대교에 대한 비판이 담겨있다고 본다: "전통적인 해석이 갈라디아서 3:10에 대해 전제하고 있는 유대교는 바로 이와 같은 종류의 유대교인 것 같다."[23] 바울은 그리스도인이 된 이후에 "레위기

---

21) J. D. G. Dunn, "Works of the Law and the Curse of the Law(Gal 3.10-14)", in: *Jesus, Paul, and the Law* (Louisville: Westminster/Knox, 1990), 225-32; *The Theology of Paul the Apostle* (Grand Rapids: Eerdmans, 1998), 361-2.
22) 김세윤, 바울신학과 새 관점(도서출판 두란노, 2002), 232f.

18:5의 약속이 도달할 수 없는 것처럼 보이기 시작했으며, 따라서 율법 아래 있는 자들에 대한 신명기 27:26의 위협이 실제적인 것으로 보이기 시작했다"(252쪽). 바울은 이 구절에서 율법을 완벽하게 지켜 스스로 의를 확보하려는 유대교의 공적주의 신학을 전제하고 있고, 신명기 27:26을 인용하여 그러한 유대교를 비판하고 있다는 것이다. 왜냐하면 신명기 27:26은 완벽한 율법 순종에 의해서 의와 생명을 얻는 것이 불가능하다는 것을 함축하고 있는데도 유대교가 그렇게 하려고 시도했기 때문이다. 김 교수의 관찰이 맞는다면, 바울 사도는 신명기 구절을 통해서 그들의 이러한 거짓된 환상을 비판한 셈이다.

김세윤 교수의 해석에는 한 가지 결정적인 약점이 있다. 만일 갈라디아서 3:10의 인용이 전제하고 있는 유대교가 행위의의 종교라고 한다면, 구약 이스라엘 종교 자체도 그러한 종교라고 비판받아야 하지 않을까? 그는 유대교에 대한 비판을 전개하면서 사실은 신명기 27:26과 같은 구약 구절들을 비평 근거로 삼음으로써 결국은 구약의 종교와 유대교를 다 같은 종류의 행위 구원의 종교로 비판한 셈이다. 하지만 구약의 종교가 과연 완전한 율법 순종을 조건으로 생명을 약속하고 있는가?

구약의 저자들은 일반적으로 하나님의 뜻으로서 율법을 순종하는 행위를 결코 부정적으로 평가하지 않는다. 시편 1편이나 119편과 같은 구절들이 그 전형적인 실례이다. 시편 1편의 저자인 다윗은 완벽한 율법 순종 행위로 의와 생명을 얻은 사람이 아니었다. "내가 주의 법도를 영원히 잊지 아니하오니 주께서 이것들로 나를 살게 하심이니이다"(시 119:93)라고 말한 그의 고백은 생명을 얻기 위한 전제조건으로서 완벽한 순종 개념을

---

23) 김세윤, *Ibid.*, 248.

염두에 두고 있지 않다. 더욱이, 이러한 개념은 율법이 하나님의 택하신 언약 공동체에게 주어진 은총의 선물이라는 사실을 망각한 것일 뿐만 아니라(신 7:6-8),[24] 구약이나 유대교가 회개와 희생제사를 죄용서의 길로 간주하고 있었다는 사실과 상충된다. 그렇다면 완벽한 율법 순종 행위가 의와 생명을 얻기 위한 전제조건이었다는 김 교수의 주장은 설 자리가 없지 않은가?

이전 입장과는 달리 그는 유대교를 일단 언약적 신율주의 종교로 인정한다는 점에서 진일보한 자세를 보인다. 하지만 그는 여전히 그 안에서 "행위의"의 요소를 찾으려고 한다. 그는 유대교에서 의, 생명, 하나님의 언약적 성실성 등이 인간의 율법 순종 행위에 조건지어진 개념으로 간주한다.[25] 이스라엘은 본래 하나님 백성이었지만 율법을 온전하게 지키는 데 실패했기 때문에 언약백성으로서 그들의 본래 신분을 상실하였다. 이것은 유대인들이 하나님의 언약백성이라는 자의식을 가지고는 있었지만, 언제라도 언약 밖으로 떨어져 나갈 수도 있다는 생각에서 율법을 가능한 한 완전하게 지키려다 보니 행위의의 종교를 받아들였다는 소리로 들린다. 하지만 로마서 2장에 언급된 유대인들은 죄악 중에서도 진노의 심판에서 면제받은 자들처럼 느긋하게 생각할 정도로 하나님의 언약적 성실성을 과신하는 자들이 아니던가?

필자는 갈라디아서 3:10을 "실천적 유추" 또는 "종말론적인 성취"의 전망에서 해석할 것을 제안하고 싶다. 이것은 신적 주권과 종말론적 성취의

---

24) W. Kaiser, *OT Theology*, 113.
25) 첫 번째 견해와 두 번째 견해는 서로 일치된 면을 갖고 있다. 다만 완벽한 율법 순종을 아직 얻지 못한 구원을 얻기 위한 전제조건으로 보는가(hard legalism), 아니면 이미 얻은 구원을 상실하지 않기 위한 조건으로 보는가(soft legalism)에 따라 전자와 후자로 나뉘게 될 뿐이다.

전망에서 사람들의 책임의 실재를 해석하는 관점을 지칭한다.

일단 우리는 "율법"이 언약백성인 이스라엘에게 주어진 삶의 규범이라는 사실에 먼저 주목할 필요가 있다. 율법을 소유한다는 것은 자연히 그들이 언약백성이란 사실을 나타내는 사회적인 신분 표지였다(롬 4:14, 16). 유대인들이 율법 소유에 기대어 선민적 우월의식과 특권의식을 나타냈던 것은 바로 이런 이유 때문이다(롬 2:17-23). 유대인들의 이러한 자의식 속에는 율법에 대한 완벽한 순종이 의와 생명을 얻는 전제조건이라는 개념이 들어설 자리가 없다. 그들은 어쨌든 회개와 희생제사와 같은 속죄의 수단들을 가지고 있었기 때문이다.

하지만 동시에 주목해야 할 것은 율법 언약이 그것에 대한 순종 여부에 따라서 "생명이나 죽음", "축복이나 저주"를 제시하고 있다는 사실이다. 이러한 언약적인 전망에서만 보면, 구약의 이스라엘 종교는 구원이 율법 순종 행위에 조건지어진 종교인 것처럼 보인다.[26] 언약의 테두리 안에 들어온 자라고 할지라도 율법 순종 여부에 따라 생명과 사망, 축복과 저주의 갈림길이 그의 앞에 열려져 있는 것처럼 보이기 때문이다. 엘리옷이 신명기의 언약신학도 "매우 개인적이고 조건적"[27]이라고 평가한 것도 이런 현상 때문에 기인한 것으로 보인다.

언약백성으로서 이스라엘의 신분은 "선택과 언약"(신 7:6-8)과 같은 "은혜성"에서 시작하였으면서도 "율법 순종"(demand)의 여부에 따라 생명과 죽음, 복과 저주의 경험이 각각 열려져 있다. "저주"(curse)는 언약

---

26) 신명기의 종교도 "매우 개인적이고 조건적"이라고 평가하는 학자로는, M. A. Elliot, *The Survivors of Israel. A Reconstruction of the Theology of Pre-Christian Judaism* (Eerdmans: Grand Rapids, 2000), 263.

27) M. A. Elliot, *The Survivors of Israel*, 263.

밖으로 쫓겨나 하나님과의 생명적 관계에서 끊어지는 것을 의미하기 때문에 어쨌든 법률적이며 구원론적인 의미를 지니는 것이 분명하다. 갈라디아서 3:10이 인용한 신명기 27:26은 일차적으로 이러한 "언약신학적 전망"에서 이해될 필요가 있다.

하지만 이 구절은 또한 바울 사도 자신이 취하는 "종말론적인 성취의 전망"에서 해석되어야 한다. 그렇지 않으면 그의 논지는 수수께끼로 남을 가능성이 많다. "종말론적 성취의 전망"이란 그리스도 안에서 도래한 "성취의 때"의 전망에서 하나님 백성의 정체성을 되돌아보는 관점을 말한다. 이렇게 되면 신명기 자체 안에서 분명하게 드러나지 않은 것이 성취의 때를 살아가는 바울에게 분명하게 드러날 수 있다.

언약석 선상에서 보면 율법은 아브라함의 육신적 후손이며 언약백성인 이스라엘에게 주어진 것이지만, 바울은 종말론적인 성취의 전망에서 "이스라엘에게서 난 그들이 다 이스라엘이 아니요"(롬 9:6)라는 사실을 깨닫게 되었다. 그는 여기서 "남은 자" 신학과 "새 언약" 사상을 끌어들여 하나님 백성의 참 성격을 재정의한다.

사라/하갈 알레고리는 시내산 언약 아래서 태어난 대부분의 유대인들이 "육체를 따라 난 자들", "종의 자녀들"에 불과하다는 사실을 시사한다. "내어 쫓으라"는 갈라디아서 4:30의 명령은 율법 아래서 태어난 육신적 유대인들이 사실은 아브라함의 참 가족이 아니기 때문에 교회와 유대교의 공식적인 분리를 권하는 말로 들린다. 모세는 시내산 율법 아래 있는 자들이 언약백성이라는 전제를 가지고 신명기 27:26과 같은 구절을 언급하지만, 바울은 그들 대부분이 "표면적 유대인"일 뿐이며(롬 2:28-29) 참 이스라엘이 아니라는 인식을 가지고 그것을 인용한다.

참 하나님 백성의 형성은 어쨌든 율법의 영역 안에서 이루어질 수 없다(갈 4:21-30). 율법의 영역 안에서는 "육체를 따라 난 자들"만 생산할 뿐이다(23, 29절). 율법 종교인 유대교는 본질적으로 "육의 종교"이다(갈 3:2-3, 4:23, 29, 6:12-13; 빌 3:3-4). 바울이 유대교에 있었을 때 헌신하던 대상도 지금 예수 그리스도의 초자연적인 계시의 빛 속에서 볼 때 "조상들의 유전"에 불과했고(갈 1:14), 그것에 대한 열심은 "지식을 좇은 것이 아니었다"(롬 10:2).

그러면 율법의 행위 또는 율법 아래 있는 자들이 "저주 아래" 있는 이유가 무엇일까? 시내산 언약 아래 있는 유대인들이 언약백성인데도 율법을 완벽하게 지키는 데 실패했기 때문에 저주 아래 있는 것인가? 김세윤 교수가 주장하듯이, 그들이 완벽한 율법 순종 행위를 공적으로 삼아 자기의를 확보하려 했으나 실상 그들이 그렇게 행하는 데 실패했기 때문에 저주 아래 떨어진 것인가? 우리는 이미 바울의 유대교 비평의 본질이 거기에 있지 않고 그들의 언약 이해의 피상성에 있다는 사실을 지적한 바 있다. 유대인들은 혈통, 할례, 율법 등과 같은 언약의 외피적인 요소들에 기대어 하나님 백성이라는 자의식과 특권의식을 가졌지만, 바울은 그들 대다수가 이방인과 마찬가지로 진노의 심판 아래 있는 세상적 존재에 불과하다고 생각하는 것이 분명하다.

갈라디아서 3:10은 바로 이러한 종말론적 성취의 전망 아래서 읽혀져야 한다. 율법은 어차피 아브라함의 육신적 후손들에게 주어졌지만, 그들은 명목상으로만 이스라엘로 불렸을 뿐이지 참 이스라엘이 아닌 자들로 판명되었다. 그들이 율법의 "저주 아래" 있는 것은 아브라함의 참 가족이 아니었기 때문이다. 그들은 율법이 요구하는 하나님 백성으로서의 "삶"이 결핍된 자들이며, "율법책에 기록된 모든 일들"을 행하는 데 실패한 자들이었다. "율법의 행위 아래" 있는 것은(갈 3:10) "율법 아래" 있는 것과 (갈 4:4, 21, 5:18) 같다; 유대인들은 율법 아래서 태어난 자들이기에 그것이 요구하는 행위 아래 있는 자들이다. 하지만 그들은 율법이 요구하는 행위의 표준에 따라 사는 데 실패한 자들이었다. "표면적 유대인들"에게 율법은 그들의 외적 신분을 나타내는 사회적 표지 구실을 한 것은 사실이지만(롬 4:14, 16), 하나님 백성의 정체성을 구성하는 필요 충분 요소는 되지 못한다. 율법은 기껏해야 그들이 "율법의 저주 아래"(갈 3:13) 또는 "죄 아래" 있으며(갈 3:22; 롬 3:9) 결국 심판 아래 있는 세상적인 존재라는 것을 드러내는 엄격한 잣대일 뿐이다.

갈라디아서에서 "믿음으로 의롭다 함을 받는다"(갈 3:6)는 말은 "아브라함의 아들" 또는 "하나님의 자녀"가 되는 것을 지칭하는 의미로 사용된다(갈 3:7). 이들은 또한 "성령을 따라 난 자들"(갈 4:29)을 가리키며 새 창조 질서를 경험한 "새 피조물"(갈 6:15)로 묘사된다. 그렇다면 "하나님 앞에서 아무나 율법으로 말미암아 의롭게 되지 못할 것이 분명하다"(갈 3:11상)는 진술은 율법의 영역 안에서는 이런 변화된 하나님의 참 자녀의 형성이 이루어질 수 없다는 것을 시사하는 것으로 보인다(갈 5:4, 4:21-31). 율법은 결코 죄인들에게 "의와 생명"을 불어넣어(갈 3:21) "하나님을 향하여 사는"(갈 2:19; 롬 6:11) 참 하나님의 백성으로 변화시킬 능력이 없다.

결론적으로, 율법을 바라보는 바울의 전망에는 두 상반된 시각이 존재하는 것이 분명하다. 그리스도의 영역 밖에서 율법은 (하나님 백성에게 요청되는) 그 의로운 요구들을 성취하는 데 실패한 세상적 존재들에게 - "표면적 유대인"이든 이방 죄인들이든 간에 - 엄격한 심판의 잣대로 작용할 뿐이다.[28] 하지만 일단 그리스도의 영역 안에 들어오게 되면 율법은 변화된 실존을 경험한 하나님 백성에게 여전히 생명의 길로 유효하다(갈 6:2, 8, cf. 5:14, 16; 롬 8:4). 십자가의 구속으로 인해서 그들은 율법의 정죄나 저주에서 벗어났을 뿐만 아니라(롬 8:1-2), 이제 그리스도 안에서 성령의 능력을 힘입어 율법의 의로운 요구를 성취하게 되었다(롬 8:4).

그렇다면 율법에 대한 바울의 부정적 진술들은, 김세윤 교수가 주장한 대로, 행위 구원의 종교로서 유대교를 비판하는 전망에서 나온 것이라고 할 수 없다; 그것들은 오히려 언약사의 심층적 흐름에 나타난 하나님의 근본적 요구, 즉 성령 안에서 변화된 실존이 되어 율법에 계시된 하나님 사랑, 이웃 사랑의 정신을 순종하지 못하고 언약의 외피적 요소들만 붙들고 있는 유대인들의 "피상성"에 대한 비판에서 나온 것이 분명하다.

3. 종말론적 성취의 전망에서 본 율법

우리는 이미 앞에서 이제 언급할 내용들을 어느 정도 살핀 바 있다. 이제 필자는 종말론적인 성취의 관점에서 율법과 복음의 구속사적 상관성을

---

[28] 바울이 갈라디아서 3:10, 5:6, 6:15 등의 구절에서 함축하는 내용은 예레미야 9:25-26의 것과 거의 정확하게 일치한다. 이방인이 하나님의 심판의 대상이 된 것은 그들이 본래 "할례를 받지 않은" 죄인들이기 때문에 그렇고, 이스라엘이 하나님의 심판의 대상이 되는 것은 육신의 할례는 받았어도 마음의 할례를 받지 못한 죄인들이기 때문이다; "여호와께서 말씀하시되 날이 이르면 할례받은 자와 할례받지 못한 자를 내가 다 벌하리니 곧 애굽과 유다와 에돔과 암몬 자손과 모압과 및 광야에 거하여 그 머리털을 모지게 깎은 자들에게라 대저 열방은 할례를 받지 못하였고 이스라엘은 마음에 할례를 받지 못하였느니라 하셨느니라." 바울이 로마서에서 유대인과 이방인 모두가 하나님의 심판의 대상이 된다고 말하는 것은 그들 모두가 죄악된 세상적 존재들에 불과하다는 인식에 기초한다(cf. 롬 2:12, 25).

밝히고자 한다.

바울은 때로 율법을 '헐었다'고 하거나(갈 2:18) '폐하였다'고 한다(엡 2:15). 갈라디아서의 구절은 율법의 계명을 어긴 자들을 범법자로 규정하는 율법의 정죄 기능이 무너졌다는 뜻일 것이고, 에베소서의 구절은 이방인과 유대인 사이를 분리시키는 율법의 기능을 폐하였다는 뜻으로 여겨진다. 하지만 바울은 로마서에서 이와는 반대로 이신칭의 복음이 율법을 폐하는 것이 아니라 사실은 '굳게 세운다'($ἰστάνομεν$)고 말하기도 한다(롬 3:31). 이것은 그리스도인과 율법 사이에 모종의 적극적이고 긍정적인 관계가 존재한다는 것을 암시하는 말일 것이며, 더 나아가 복음의 기초가 되는 아브라함 언약과 율법을 내용으로 하는 시내산 언약 사이가 언제나 반립 관계만 존재하는 것이 아니라는 것을 시사할 수도 있다.

바울은 갈라디아서 5:14에서 "온 율법은 네 이웃 사랑하기를 네 몸같이 하라 하신 한 말씀에 이루었나니"라고 말함으로써 율법의 근본정신이 결국은 이웃사랑의 계명에 있다는 것을 말해준다. 이 구절에서 주목할 것은 '이루다, 성취하다'는 뜻의 독특한 동사의 사용이다. 바울은 그리스도인과 율법의 적극적인 관계를 묘사할 때 율법을 '행하고', '지키다', 율법에 '머문다' 등의 전통적인 술어들을 사용하지 않는다. 이들 동사들은 유대교 문헌에서 율법에 대하여 흔히 쓰이던 술어들인데, 바울이 이것들을 사용하지 않은 것은 이것들이 율법의 개별 계명들을 정확하게 또는 엄밀하게 준수하고 실천해야 한다는 계율주의적인 암시를 내포하고 있기 때문일지도 모른다. 바울은 그러므로 이들 전통적인 술어들을 피하고 유대교 문헌에서 거의 쓰이지 않는 '이루다, 성취하다'는 독특한 동사를 의도적으로 사용한다. 최근의 연구 결과에 따르면 헬레니즘 유대교 문헌에서 이 동사는 율법과 함께 결코 쓰인 적이 없는 기독교에서만 독특하게 사용되는 술어라고 한다(마 5:17; 갈 5:14, 6:2; 롬 8:4)[29] 바울이 이 술어를 사용한 것은 율법의 의로운 요구가 새로운 메시아 시대에 성령을 통해 성취될 종말론적인 '성취의 때'(갈 4:4)와 관련이 있는 것이 분명하다.[30] 더욱이 어느 정도 모호한 이런 술어를 사용함으로써 한편으로는 율법의 개별 요구들이 행해지지 않았다는 유대주의자들의 비난을 무마하면서, 다른 한편으로는 율법의 도덕적 표준들이 성령을 따르는 그리스도인들의 삶 속에서 충분히 실현되어진다는 점을 보여 주려고 한 것 같다.[31]

"성취하다"(fulfill)는 동사는 아마도 옛 시대와 새 시대 사이에 불연속성과 연속성이 동시에 존재한다는 사실을 가장 잘 표현해 주는 동사로 생각된다.

죄를 정죄하고 폭로하며 죽이는 정죄적 율법 기능은 그리스도 안에서 폐지되었다. 이방인과 유대인 사이를 갈라놓고 그 둘을 원수 관계로 만들어 놓은 율법의 배타적 기능도 폐지되었다. 그리스도의 구속의 도래로 옛 시대에 그림자로 존재했던 모든 제의적 율법 기능들도 그리스도 안에서 폐지되었다. 바울은 주로 이런 기능들을 이야기할 때는 단호하게 부정적으로 진술한다.

하지만 율법은 하나님의 거룩하고 선하고 의로운 신적 의지의 계시 내용으로서 그리스도인들에게 폐지된 것은 아니다. 앞에서도 언급하였지만,

---

[29] J. M. G. Barclay, *Obeying the Truth*, 138f; S. Westerholm, "On Fulfilling the Whole Law (Gal 5.14)," *SEA* 51-2 (1986-7), 235. 특히 바울의 용법이 예수 자신에게서 온 것인가에 대해 관심을 갖는 학자들도 있다. Cf. R. Banks, *Jesus and the Law*, 208-213; J. P. Meier, *Law and History in Matthew's Gospel: A Redactional Study of Mt 5:17-48*, Rome 1976, 73-81; U. Luz, "Die Erfüllung des Gesetz bei Mattäus (Mt 5.17-20)," *ZTK* 75 (1978), 398-435.

[30] J. C. Fenton, "Paul and Mark," in: *Studies in the Gospels* (1955), 89-112.

[31] S. Westerholm, "On Fulfilling the Whole Law," 235.

율법의 본질은 이웃 사랑의 계명 속에서 성취되듯이(갈 5:14), 성령을 좇아 사는 그리스도인의 삶도 사랑으로 대표되는 9가지 덕목들을 나타낸다(갈 5:22-23). 특별히 5:23에서 바울은 성령의 9가지 덕목들을 '금지할' 율법이 없다고 말한다. "카타"(κάτα) 전치사의 뜻이 함축하듯이, 23절 이하에 함축된 바울의 요점은 성령을 좇아 행하는 그리스도인의 삶의 패턴이 율법의 근본정신과 모순되지 않는다는 것을 밝히는 것이다.

옛 시대에서는 율법이 육신의 세력 때문에 연약하여 그것을 극복하지 못하고 도리어 죄와 육신의 세력에 협력하는 기현상이 나타났지만, 이제 새 시대에 들어서서 그리스도인이 성령의 보다 강한 힘의 영역(*Machtbericht*) 속에서 살아갈 때 율법의 요구를 성취할 수 있다(롬 8:4). 이것은 율법의 참된 본질이 복음 안에서 계승되어지고 점진적으로 성취된다는 것을 시사한다.

선하고 신령하고 의로운 율법의 계시 내용은 따라서 새 시대를 살아가는 그리스도인들의 삶에도 여전히 타당성을 지닌다. 그리스도인들은 율법에 종노릇하는 자처럼 계율주의적으로 개별 계명들을 순종하지 않고 성령의 내면적인 안내와 충동을 따라 자유롭게 율법의 요구를 성취하는 자들이다. 아마도 바울이 로마서 3:31에서 이신칭의 복음이 율법을 '굳게 세운다'고 말한 것은 이런 뜻에서 나왔을 것이다.

특별히 흥미를 끄는 것은 갈라디아서 5:14의 인용 배후에 예수의 말씀이 놓여 있다는 사실이다. 예수께서 하나님 사랑과 이웃 사랑이 '온 율법과 선지자의 대강령'이라고 말씀하신 바가 있는데, 사랑의 계명으로 율법의 근본정신을 요약하는 바울의 입장은 따라서 예수에게서 온 것으로 여겨진다. 갈라디아서 6:2에서는 "너희가 짐을 서로 지라 그리하여 그리스도의 (율)법을 성취하라"는 진술이 언급된다. 바울은 다른 곳에서 율법과 그리스도를 날카롭게 분리시키면서도(갈 5:4), 6:2에서는 그리스도를 율법에 직접 연결시킨다.

몇몇 학자들이 여기서 바울의 율법관의 모순을 찾으려고 시도하지만 전자의 구절은 율법이 칭의와 연결되어 있고 후자에서는 이웃 사랑의 행위와 연결된다는 점을 소홀히 해서는 안 된다. '짐을 짊어지다'는 동사는 로마서 15:1에서 약한 형제들의 약점을 대신 담당하는 행위에 대해서도 사용되는데, 바울은 형제의 약점들을 짊어지는 행위를, 죄인들을 대신하여 십자가를 '짊어지신' 그리스도를 본받는 것으로 묘사한다(롬 15:3). 그렇다면 "그리스도의 (율)법"이란 "그리스도와 관계를 맺고 있는 율법, 즉 사랑 안에서 그리스도에 의해 재정의되고 성취되어진 율법"[32]을 가리킨다고 말할 수 있다. 죄인들의 약점과 허물을 대신 짊어지신 그리스도의 십자가는 율법의 근본정신을 성취한 사건이다. 이렇게 그리스도인들도 십자가에 못박히신 그리스도를 본받아 연약한 형제들의 약점을 대신 짊어질 때 율법을 성취하는 자들이다.

4. 결론적 관찰

언약 신학과 관련하여 바울은 겉보기에 매우 복잡한 논의의 과정을 밟는 것으로 보인다. 하지만 바울의 입장은 분명하다. 구원사 속에서 인류의 구원을 위해 시종일관 이어져 온 노선은 아브라함 언약/그리스도의 복음

---

[32] J. M. G. Bayclay, *Obeying the Truth*, 134.

이다. 아브라함 언약에 예시되고 그리스도의 복음 속에서 실현된 믿음의 원리 또는 은혜의 원리는 구원사 속에서 한 번도 변경된 바가 없다. 아브라함 언약에서 새 언약, 그리고 바울의 복음으로 이어지는 구원사의 흐름 속에서 율법은 부정적이며 긍정적인 기능을 동시에 갖고 있는 것으로 보인다. 구약에서 율법은 하나님의 언약백성에게 생명의 길로 의도된 것이기는 하지만, "문자" 언약으로 존재할 뿐인 율법이 변화된 실존으로서 참 하나님 백성을 형성하거나(갈 4:21-30) 죄인들에게 생명을 불어넣어 하나님을 향하여 살아가게 할 능력은 없었다(롬 8:3-4). 그리스도 밖의 전망에서 그것은 생명과 의를 제공하기보다는 인류의 보편적 죄악상을 드러내어 아브라함 언약 속에 예시되고 그리스도의 복음 속에 실현된 그리스도의 구속의 유일 충족성을 부각시키는 역할을 담당한다. 시내산 율법 언약은 이렇게 아브라함 언약과는 다른 차원에서 하나님의 경륜을 이루기 때문에, 아브라함 언약과 시내산 율법 언약을 직접 연계시켜 이해하거나 또는 그것들을 대립적인 관계에서만 파악하는 것은 잘못된 것이다. 전자의 길은 유대주의자들이 걸어갔고, 후자의 길은 루터파가 걸어갔던 길이다.

우리의 논의 과정 속에서 아브라함 언약과 시내산 언약 사이에 몇 가지 중요한 차이점들이 노정되었다. 아브라함 언약은 믿음과 은혜의 원리에 기초한 반면, 시내산 언약은 행위의 원리에 기초한다. 전자는 유대인과 이방인을 모두 포괄하는 보편 언약이지만, 후자는 유대인들의 배타적 특권을 뒷받침하는 특수 언약이다. 전자는 의와 생명을 줄 수 있지만, 후자는 인류를 죄의 통치 아래 가두어 놓고 말았다. 두 언약 사이의 이러한 대조들은 그것들을 함께 연결 지어 생각하려는 유대주의자들의 선동에 직면하여 율법에 대한 바울의 부정적인 진술들을 끌어내게 만들었다. 하지만 그리스도 안에서 성취된 전망에서 보면 바울의 율법관은 긍정적으로 변화되기 시작한다. 부정적인 율법관에서 긍정적인 율법관으로 넘어가는 중간 경계선은 그리스도와 그 안에서 주어진 성령이다. 바울의 이러한 역동적인 사상적 전개 과정이 좀 복잡하게 느껴지기는 하지만, 그것은 율법이 가지고 있는 다양한 측면들 때문에 기인한 것으로 보인다. 그래서 필자는 그것들을 시종일관한 패턴 속에서 이해하기 위해 율법에 대한 삼중적 접근을 제시한 바 있다.

첫째로, 던에 의해 제안된 사회학적인 율법 이해가 기여한 점에 주목할 필요가 있다. 그리스도께서는 이방인과 유대인을 원수처럼 갈라놓는 율법의 울타리를 자신의 죽음으로 허물어 버리셨다(엡 2:11-16). 이로써 그는 믿음이라는 초문화적인 공통 근거 위에서 범세계적인 믿음의 공동체를 세우고자 하셨다.

둘째로, 전통적인 율법 이해가 기여한 점에 주목할 필요가 있다. 문자언약으로 주어진 율법은 그것을 행하는 자들에게 생명을 약속하고 그것을 범하는 자들에게 죽음을 선고한다. 그것은 아브라함의 육신적 후예들에게 주어진 것이기는 하지만 완악한 그들의 불순종 문제를 치유할 능력이 없었고, 도리어 그것을 폭로하고 정죄하여 모든 범죄자들을 마치 포로들처럼 그 아래 가두어 놓았다(갈 3:21). 율법은 아브라함의 육신적 후손인 이스라엘에게 주어졌기 때문에, 그들은 시내산 언약에 속한 구성원으로 간주된다. 하지만 바울은 언약의 외피적 요소들만 붙들고 있는 그들 대다수를 참 하나님 백성이 아닌 "표면적 유대인"으로, 환언하면 이방인과 마찬가지로 하나님의 진노의 심판 아래 있는 이 세상의 일부라고 간주하는 것이 분명하다(롬 2:28-29). 율법은 이들 껍데기 유대인들에게 엄정한 심판의 잣대일 뿐이다.

셋째로, 율법은 종말론적인 성취의 전망에서 볼 때 그리스도 안에 있는 참 하나님의 자녀들에게 비로소 생명의 길 역할을 한다. 성령은 율법에 생명을 불어넣어 그들로 하나님을 향하여 살 수 있는 존재로 변화시켜 율법의 의로운 요구를 성취하게 만드시기 때문이다(롬 8:4; 갈 6:2). 칭의 문제와 관련하여 그리스도와 율법은 서로 상반된 영역으로 제시되지만(갈 5:4), 바울은 종말론적 성취의 전망 안에 들어오면 그것들을 서로 긴밀하게 연관시켜 "그리스도의 (율)법을 성취하라"(갈 6:2)고 명령한다. 율법은 새로운 메시아 시대에 믿음과 성령을 좇아 행하는 신자들에게 적극적으로 성취된다. 신자들이 그리스도께서 친히 교훈하신 대로 이웃 사랑을 실천하고 십자가 정신을 따라 살아갈 때 율법의 참된 본질은 복음 안에서 승화되어 계승되어지고 전진적으로 성취된다.

바울이 이렇게 율법에 대해 부정적인 진술과 긍정적인 진술을 동시에 하는 것은 그가 모순된 율법관을 가지고 있었기 때문이 아니다. 어떤 학자들이 주장하듯이 갈라디아서에 나타난 바울의 부정적 율법관이 로마서에서 수정되거나 긍정적 율법관으로 변경된 것이 아니다(*Contra* H. Hübner). 이러한 현상은 하나의 율법이 지니는 '이중적인'(twofold) 기능에 기인한 것이다.

율법은 하나님의 거룩하고 선하고 의로운 계시를 담고 있다. 그것을 통해 하나님 백성은 그들에게 요구되어지는 그의 거룩한 뜻을 알 수 있다. 하지만 다른 한편으로 하나님의 거룩하고 의로운 뜻이 계시됨으로써 인간들의 모든 죄와 악들이 적나라하게 드러나고 폭로된다. 그래서 율법은 죄를 날카롭게 인식하고 체험하게 만들며 범한 죄와 악들을 정죄하게 된다. 그리스도의 십자가 사건은 율법의 이러한 정죄 기능을 그리스도 안에서 무효화시키고 폐지시켰지만, 율법 자체가 지니고 있는 거룩하고 신령하며 선한 계시로서의 본질적 내용이 무효화되거나 폐지된 것은 아니다. 율법의 의로운 요구들은 오히려 성령을 좇아 살아가는 그리스도인들에게 적극적으로 성취된다는 의미에서, 바울은 여전히 그리스도인과 율법 사이의 긍정적인 관계를 인정하는 셈이다.

그렇다면 아브라함 언약과 시내산 언약의 관계, 좀더 좁게는 율법에 대한 바울의 이해들은 삼중적이고 통괄적인 접근을 요청한다고 판단된다.

제 7 장

율법과 생명:
구약, 복음서, 바울 서신에 나타난 율법 이해들의 비교

1. 문제 제기

율법 문제는 신구약을 연결하는 성경신학의 틀을 세울 때 아직도 해결되지 못한 상태에 있다. 오늘날 여러 신학자들은 율법에 대한 부정적 진술들을 많이 담고 있는 바울 서신과 율법에 대해 긍정적 진술을 하는 신약의 다른 저술들을 대조하면서 이들 저술들간에 존재하는 어떤 긴장 내지 모순의 요소들을 찾으려고 한다. 그들은 신약의 어떤 저술들, 예를 들면, 마태복음과 같은 공관복음서들 가운데서 유대주의적 기독교 내지 유대 율법주의적 기독교인들의 사상적 족적을 발견하고, 그것을 은총의 기독교를 전파하고 대변했다고 여겨진 바울적 이방 기독교와 대조하려고 한다.

베츠는 이러한 분석을 내어놓은 대표적인 학자이다. 그는 마태를 '반바울주의자'(anti-Paulinist)로 간주하고 그의 보수주의적 율법관과 바울의 진보주의적인 율법관 사이에 모순이 존재한다고 주장한다.[1] 베츠는 산상설교가 본질적으로 유대교 내부의 운동에 속한다고 관찰하고 그것은 율법 폐지를 선언한 바울의 이방 기독교와의 "기독교 내부의 갈등"(an inner-Christian conflict)을 보여 주는 분명한 본보기라고 보고 있다(92-93쪽). 이 견해는 율법의 영원한 타당성을 옹호하는 마태의 주장으로 인해 강화되기도 한다(마 5:17-19). 마태는 바울주의 신학에 정면으로 맞서서, 예수야말로 토라의 진정한 해석자로서 율법의 근본정신을 해설하려고 했지만, 결코 그것을 제거함으로써 토라의 궁극적 권위를 넘어서려고 하지 않았다는 것이다. 이러한 해석에 동조하는 최근의 신약 학자들은 반바울주의적이고 유대주의적인 신약 저술들 가운데 야고보서나 때로는 누가의 저술들까지 포함시키려 한다.[2]

베츠의 대부분의 주장은 본문에 대한 균형성이 있는 주석에 기초한 것으로 보이지는 않는다. 다만 우리가 주목해야 할 부분은 그의 문제제기 방식에 있다. 겉보기에 율법에 관한 공관복음서 저자들의 이해가 바울 서신에 나타난 율법 이해와 달리 보이는 것도 사실이기 때문에, 우리는 그들이 제기한 문제 제기를 일단 심사숙고할 필요가 있다고 본다.

---

[1] H. D. Betz, *Essays on the Sermon on the Mount* (ET by L. L. Welborn: Philadelphia: Fortress Press, 1985), 91f.

[2] 베츠의 이러한 견해는 별로 신빙성이 없다. 그는 마태복음에서 발견되는 유대적 경향성을 너무 과장하고 있다. 사실 그는 산상설교의 주제와 마태가 묘사한 예수가 모세적 범주들을 초월하고 있다는 사실을 애써 간과하려고 한다. 예수는 한편에서는 자신의 요청과 행위를 통해 율법의 궁극적인 의미를 드러내는 자로서 모세 율법과의 연속성을 유지하면서도, 동시에 또한 모세의 율법을 초월하는 윤리적 요청을 하기도 한다. 심지어 예수는 그것을 자신의 권위로 폐기하기까지 한다. 이 점에서 예수의 교훈은 모세의 율법과 모종의 불연속성을 나타내기도 한다: cf. R. A. Guelich, *The Sermon on the Mount* (Waco, 1982), 27-28. 누가복음까지 보수적 율법관을 취하는 신학적 범주 속에서 파악하려는 학자들에 대한 소개와 비판으로는, cf. R. Maddox, *The Purpose of Luke-Acts* (T&T. Clark: Edinburgh, 1982), 36-42를 참조하라.

공관복음서 저자들과 바울의 율법 이해들을 포괄적으로 비교하고 분석하는 일은 다각도의 분석을 필요로 하는 만큼 상당히 포괄적인 과제이다. 필자는 짧은 지면에 그러한 포괄적 주제를 다룰 수 없기 때문에, 누가복음 10:28과 갈라디아서 3:12에 인용된 레위기 18:5의 본문에 초점을 두어 공관복음서 저자들의 율법 이해와 그것과 대조되는 것처럼 보이는 바울 서신의 율법 이해를 비교 분석하고자 한다. 동일한 레위기 본문을 인용하면서도 마태나 누가는 생명의 길로서 율법의 기능과 역할을 적극적으로 평가하는 것처럼 보이는 반면에, 바울은 율법이 결코 생명의 길이 될 수 없다는 것을 논증하는 과정에서 레위기 18:5을 인용하는 것처럼 보이기 때문이다.

구약은 일반적으로 율법의 계명들을 지키고 준수하는 삶과 행위에 대해 긍정적인 태도를 보이고 있고 율법에 순종하는 삶을 생명에 이르는 길로 평가하고 있는 것이 분명하다. 마태와 누가는 구약 저자들의 이러한 긍정적인 정서를 반영하고 있는 것이 분명하다. 반면에 바울은 율법의 충족성을 옹호하는 유대주의자들과의 논쟁 문맥에서 율법이 생명의 길이 될 수 있다는 생각에 대해서 단호하게 거부한다(갈 3:21).

겉보기에 자명하게 보이는 이러한 긴장과 충돌의 문제를 해소하는 것이 본 논문의 주된 과제이다. 우리의 주제를 어떻게 다루는가에 따라 신구약성서신학의 근본 틀을 달리 조정해야 하는 문제가 발생할 뿐만 아니라 심지어 신약 저자들 간의 관점의 차이를 좁히거나 아니면 더 확대하는 결과를 초래하게 되기 때문에, 우리의 논제가 성서신학을 수립하는 일에 있어서나 신약의 구원론을 정초하는 일에 있어서 아주 커다란 의의와 중요성을 갖는다고 할 수 있다.

2. 구약에서의 율법과 생명

누가와 같은 복음서 저자와 바울 사도가 인용하는 레위기 18:5은 율법을 준수하는 삶을 생명을 얻는 길로 파악한다: "너희는 나의 규례와 법도를 지키라 사람이 이를 행하면 그로 인하여 살리라." 필자는 구약의 일반적인 율법 이해보다는 율법과 생명을 연관시키는 구절들에 초점을 두어 그 구절들이 함축하는 바를 분석하고자 한다. 이렇게 율법과 생명을 연관시키는 구약의 구절들을 일차적으로 분석함으로써 다음 장에서 공관복음서 저자들과 바울이 그러한 구약 구절들을 어떤 전망에서 해석하였는지를 살필 수 있는 주석적 토대로 삼고자 한다.

2.1 은총의 선물로서의 율법

구약 학자들은 일반적으로 율법을 긍정적으로 평가한다. 율법은 하나님의 선물이기 때문에 그 자체로 선한 것이다. 율법이 선한 것은 우선 그것이 선하신 하나님의 신적 성품을 반영한 것이기 때문이다. 하나님은 이러한 율법을 따라 삶으로써 이스라엘이 자신의 성품을 닮은 자녀들로 살아가기를 원하셨다. 이런 의미에서 율법이 하나님의 뜻을 드러내주었다고 말한 아히로트의 관찰은 정당하다. 토라의 말씀은 하나님이 이스라엘에게 무엇을 기대하시는지를 알려주었다. 이교도의 신들은 변덕스러운 존재들인 반면에, 이스라엘의 하나님은 신실하시고 인자하심이 풍성하신 신이시다. 이방 세계를 짓누르는 두려움은 제멋대로 행하는 변덕쟁이 신이라는 생각에서 비롯되었지만, 구약에서 이러한 신 개념은 철저하게 배제된다.[3] 아히로트의 관찰에 따르면, 이스라엘의 율법은 고대 근동의 법들과 비교할 때 몇 가지 독특한 특징들을 나타낸다: 율법은 시종일관 유일한 여호와 하나님을 강조하고, 종교적 명령들 가운데는 윤리적 계율들이 내포되어 있으며, 사람의 삶에 대해 높은 가치를 부여하고 있으며, 공의를 집행하는 기초로서 계층간의 구별들을 거부한다.[4]

차일즈 역시 토라를 하나님의 뜻과 긴밀하게 연관시킨다. 에덴동산에 나타난 하나님은 자신의 뜻을 사람에게 전달하기를 원하는 존재로 묘사된다. 하나님을 안다는 것은 그의 뜻을 인식하는 것과 구별된 과정이 아니다; 하나님의 뜻을 가장 충만하고 직접적으로 표현한 것이 바로 시내산 율법이다.[5] 따라서 차일즈는 율법을 이렇게 평가한다: "하나님의 율법은 언약백성에게 기쁨을 주고 덕을 세우기 위해 제정된 하나님의 선물이었다. 그것은 짐이 아니라 가장 가치 있는 보물이며 신의 은총을 보여 주는 가장 분명한 징표였다."[6]

아히로트와 차일즈는 모두 율법을 통해서 하나님을 만나는 길을 피력한 셈이다. 율법을 통해서 이스라엘은 그들의 하나님에 관해 가장 중요한 어떤 것들을 알게 되었다.

구약의 본문을 직접 인용해 보자: "여호와께서 우리에게 이 모든 규례

---

[3] W. Eichrodt, *Theology of the Old Testament*. 2 Vols. ET by J. A. Baker (London/Philadelphia: SCM/Westminster Press, 1961, 1967), Vol. I, 38.

[4] *Ibid.*, 74ff.; cf. also M. Lind, "Law in the Old Testament," *Monotheism, Power, Justice: Collected Old Testament Essays*. Elkhart, IN: Institute of Mennonite Studies, 1990, 61–81.

[5] B. Childs, *Old Testament Theology in a Canonical Context* (Philadelphia: Fortress Press, 1985), 53.

[6] *Ibid.*, 57; cf. Paul Hanson, "Commands and prohibitions were not presented to the community as harsh and onerous impositions, but as loving protections safeguarding this space for fellowship with God," *The People Called: The Growth of Community in the Bible* (San Francisco: Harper & Row, 1986), 87.

를 지키라 명하셨으니 이는 우리로 우리 하나님 여호와를 경외하여 항상 복을 누리게 하기 위하심이며"(신 6:24). 시편 119편은 율법을 칭송할 합당한 이유를 이렇게 기록한다: "주의 규례는 선하심이니이다"(시 119:39; cf. 97); "여호와의 율법은 완전하여 영혼을 소성케 하고"(시 19:7). 율법은 이렇게 하나님의 뜻을 계시한다는 점에서 그의 신적 인격을 드러내준다. 이스라엘은 토라의 말씀을 통해 하나님이 어떤 분인가를 알 수 있게 되었다는 점에서 그것은 이스라엘의 선을 위해 주어진 위대한 선물인 셈이다.

2.2 율법과 언약 공동체

율법은 이스라엘을 하나님 백성으로 성격 규정하는 가장 핵심 요소이다. 하나님께서는 이스라엘과 언약을 맺고 그들에게 율법을 주심으로써 그들이 언약백성으로 살아갈 수 있게 하셨다. 그렇다면 율법은 이스라엘 백성의 삶의 규범이면서 동시에 그들의 정체성을 규정하는 중심 요소이다. 이스라엘은 본질적인 의미에서 토라의 백성이다. 율법의 중요성은 일차적으로 언약과의 연관성에 있다. 선택과 언약을 통해서 하나님과 이스라엘의 연대성이 성립되었다. 언약과 율법은 언약백성 이스라엘을 규정하는 중심 요소들이다.

이 사실은 다음 사실을 통해서 분명해진다:

첫째로, 선택과 율법은 이스라엘을 언약백성으로 구획짓는 역할을 한다. 클레멘트가 지적한 대로, "이스라엘이 토라에 순종하는 백성이 된 것은 야훼 하나님의 택하신 백성에 속한 결과이다."[7] 모세는 "오늘 내가 너희에게 선포하는 이 율법과 같이 그 규례와 법도가 공의로운 큰 나라가 어디 있느냐"(신 4:8)고 묻는다.

둘째로, 율법을 무시하는 것은 여러 형벌 조치들을 동반하는데, 그것들 중에 가장 엄중한 것은 약속의 땅에서 쫓겨나 포로 생활을 하는 것이다. 이스라엘에 있어서 가나안 땅은 선택된 그들의 신분을 나타내는 지정학적 정체성의 표지인 셈이다.

셋째로, 예언자들은 토라를 범하는 이스라엘의 죄악을 경고할 때마다 그들의 반언약적 범죄들이 언약 안에 머물고 있는 그들의 신분을 위태롭게 하는 것으로 묘사한다.[8] 간단히 말해서, 율법은 언약을 구성하는 핵심 요소이며, 야훼 하나님이 택하신 백성을 구별하는 최상의 표지인 셈이다.

토라는 언약 공동체를 구성하고 규정할 목적으로 주어졌다. 이스라엘은 야훼 하나님의 선택 행위의 결과로 존재하게 되었다면, 율법에 대한 순종은 이스라엘 공동체를 규정하는 기능을 갖는다. 헨슨의 관찰은 아주 적절하다: "그러므로 십계명은 창조하고, 구속하며, 보존하고, 거룩하게 하는 하나님의 행위들에 대한 응답과 반응으로서 이스라엘 공동체가 자신의 정체성을 정의하는 수세기 동안의 긴 과정의 정점에 놓여있다."[9]

정체성을 확립하는 일은 정확하게 말해서 언약 법전, 제의적 십계명(출 34장), 거룩 법전(holiness code)을 통해서 이루어진다. 이런 법전들은 사회적이든, 제의적이든, 도덕적이든 간에 인간 행위의 폭넓은 영역을 포괄

---

7) R. E. Clements, *Old Testament Theology. A Fresh Approach* (Atlanta: John Knox Press, 1978), 109.
8) *Ibid.*, 125.
9) P. Hanson, *The People Called: The Growth of Community in the Bible* (San Francisco: Harper & Row, 1986), 54.

하고 있으며, 언약 공동체의 성격을 규정하는 역할을 한다. 율법은 이런 의미에서 공동체를 공고히 하는 역할을 한다(cf. 스 7:25-26). 토라를 받아들이든지 아니면 그것을 거부함으로써 개인들은 자신들을 언약 공동체 안에 있거나 또는 밖에 있는 것으로 정의하게 된다.[10]

2.3 생명의 길로서의 율법

이 세 번째 주제가 필자의 논제와 보다 직접적인 관련이 있다. 구약의 구절들을 조심스럽게 들여다보면 율법을 '생명'(life)과 긴밀하게 연관시키는 경우가 많다. 대표적인 구절들만 인용하면 다음과 같다.

> "너희는 나의 규례와 법도를 지키라 사람이 이를 행하면 그로 인하여 살리라"(레 18:5).

> "이스라엘아 이제 내가 너희에게 가르치는 규례와 법도를 듣고 준행하라 그리하면 너희가 살 것이요 너희의 열조의 하나님 여호와께서 너희에게 주시는 땅에 들어가서 그것을 얻게 되리라"(신 4:1; cf. 5:33, 8:1, 30:16, 19).

> "내가 주의 법도를 영원히 잊지 아니하오니 주께서 이것들로 나를 살게 하심이니이다"(시 119:93).

> "내 율례를 좇으며 내 규례를 지켜 진실히 행할진대 그는 의인이니 정녕 살리라 나 주 여호와의 말이니라"(겔 18:9).

---

10) *Ibid.*, 293.

상기 구약 구절들에 깊은 관심을 기울인 대표적인 학자들은 폰 라드와 카이저이다. 카이저는 구약신학을 다루는 자신의 저술에서 율법 문제를 "약속의 백성: 모세의 시대"라는 부분에서 다룬다. 율법 개념 규정에 관한 상세한 토론을 한 뒤에 카이저는 율법에 관한 전망을 주로 레위기 18:1-5을 통해서 제시한다: "너희는 나의 규례와 법도를 지키라 사람이 이를 행하면 그로 인하여 살리라 나는 여호와니라." 카이저는 족장들과 맺은 언약들이 먼저 주어진 상태에서 레위기 저자가 과연 조건적인 언약 개념으로 뒷걸음질치는가를 묻는다. 그는 상기 인용 구절들을 이러한 조건적 언약 개념의 범주에서 해석하는 것을 단호하게 거부한다. 이들 구절들은, 어떤 학자들이 생각하듯이, 율법을 완벽하게 지키기만 하면 하나님께서 구원을 주실 수도 있다는 가설적인 상황을 염두에 두고 있지 않다는 것이다.

카이저와 같은 학자들은 시내산 언약이 은혜에 기초하여 수립된 언약이라는 것을 강조한다. 말하자면, "나는 너희 하나님 여호와니라"는 말씀이 레위기 18:5을 둘러싸고 있기 때문에 그것은 이스라엘의 구원보다는 성화의 방향을 지시하고 있다. 이 구절은 "하나님의 구원의 은총을 경험했다고 주장하는 자들"[11]에게 순종의 필요성을 부각시켜 준다. 카이저의 해석을 어떻게 받아들이든지 간에 그의 공헌이 있다면 율법과 생명을 연관시키는 구절들을 언약적 전망에서 드러낸 데 있다고 할 수 있다.

폰 라드 역시 자신의 저술에서 특정한 계명들을 다루기 전에 우선 "계명들의 중요성" 문제를 다룬다. 그는 토론하기에 앞서 우선 아주 중요한 질문을 던진다: "십계명은 구약신학 중에서도 가장 중요한 질문들 가운데

---

11) Kaiser, *OT Theology*, 113. 하지만 카이저는 레위기 18:5이 영생의 문제를 다룬다고 해석하는 것을 기피한다.

하나를 제기한다—이스라엘을 향한 하나님의 이 뜻이 신학적으로 어떻게 이해되어야 하는가?"[12] 그의 답변에 따르면, 하나님께서 계명들을 계시해 주신 것은 우선적으로 구원사건으로 이해되어야 한다는 것이다(I:193). 계시된 하나님의 뜻을 깨닫는 것은 곧 생명을 얻게 하는 은총의 구원사건이다. 이스라엘은 하나님의 계시의 뜻을 알게 됨으로써 생명이라는 구원의 선물을 경험하게 된 것이다. 출애굽과 같은 구원사건을 경험한 이스라엘에게 토라의 계시가 주어졌다는 사실은 후자를 전자의 빛 속에서 이해해야 할 토대를 제공해 준다. 구원의 선물은 생명의 선물인 셈이다. 폰 라드는 계명과 생명의 약속을 함께 연관시키는 신명기의 권면들을 다수 인용하면서(cf. 신 5:33, 8:1, 16:20, 22:7, 30:15-29) 다음과 같은 사실을 관찰한다: "계명들을 선포하는 일과 생명을 약속하는 일은 아주 이른 초기 시대부터 이스라엘 예배문 속에서 밀접하게 연관되어진 것이 분명하다"(I:194).

동일한 현상이 후기 예언서들 가운데서도 등장한다(겔 18:5-9). 에스겔 선지자는 13개의 토라 규정들을 나열한 뒤에 율법을 지키고 준수하는 사람이 곧 의인이며 이러한 사람만이 "정녕 살리라"고 선포한다(18:9). 과연 "정녕 살리라"는 표현은 도대체 어떤 의미를 갖는가? 그 의미를 제대로 알려면 그 반대 표현에 주목해야 한다: "범죄하는 그 영혼은 죽을지라"(겔 18:20). 모든 사람은 언젠가 죽게 되어 있기 때문에 이 표현이 단지 생명의 연장이나 장수와는 다른 어떤 것을 뜻한다고 볼 수 있다. 폰 라드와 침멀리는 모두 '생명'의 의미를 좀 다른 맥락에서 다룬다. 침멀리는 몇 가

---

12) G. von Rad, *Old Testament Theology*, ET by D. M. G. Stalker (New York/San Francisco: Harper & Row, 1965), Vol 1:192.

지 제안을 한다: 생명은 우선 경건한 자들이 예루살렘 멸망에서 생존하게 될 것을 가리키거나, "산다"는 것은 최후 심판을 넘어 얻게 될 영광의 상태를 지칭한다고 보거나, 또는 가나안 땅으로 돌아가는 것을 지칭할 수 있다.[13]

폰 라드는 '생명'의 의미를 시편과 연관하여 검토한 끝에 그것이 성소에 들어가도록 허락받는 것을 가리킨다고 해석한다. 그는 이보다 한 걸음 더 나아가 생명이 함축하는 의미를 하나님의 임재 안에서 얻을 수 있는 모든 축복, 말하자면 "하나님께서 너와 함께하시리라"는 약속이 동반하는 모든 축복들까지 포함시킨다.[14] 이러한 축복들은 단지 물질적인 것에 국한되지 않는다. 시편 기자가 선포한 대로, "주의 교훈으로 나를 인도하시고 후에는 영광으로 나를 영접하실"(시 73:24) 것이다. 시편 36:9의 말씀에는 신비적인 뉘앙스까지 함축되어 있다: "대저 생명의 원천이 주께 있사오니 주의 광명 중에 우리가 광명을 보리이다."

침멀리는 '생명'이 함축하는 의미를 찾으려고 시편을 탐구하면서 결론짓기를, 환란과 고난 중에서 시편 기자는 항상 여호와께서 그의 자비하신 얼굴을 자신에게 돌리시기를 호소한다고 보았다. 생명은 바로 여기에 존재한다는 것이다.[15] 에스겔 선지자도 생명은 단지 생존하는 것 이상이며 신적인 성격을 띠기 때문에 그것을 최상의 성질의 생명으로 볼 것을 시사해 준다. "산다"는 것은 하나님과 함께한 생명을 향유하는 것이며, 이것이 바로 신약 저자들이 소위 '충만한 생명' 또는 '영생'으로 부르는 것에 해

---

13) W. Zimmerlie, *Ezikiel I* (Fortress Press, 1979), 381.

14) G. von Rad, "'Righteousness' and 'Life' in the Cultic Language of the Psalms," in: *The Problem of the Hexateuch and Other Essays*, ET by E. Trueman Dicken (New York: McGraw-Hill, 1966), 253ff.

15) W. Zimmerlie, *The Old Testament and the World* (Atlanta: John Knox, 1976), 118.

당한다.

카이저의 중심 본문인 레위기 18:1-5, 그리고 폰 라드와 침멀리가 자주 인용하는 에스겔 18:5-9의 본문은 같은 술어들을 사용하여 동일한 신학사상을 표현한다. 레위기가 '율례'(huggoth)와 '법도'(mishpatim)를 언급한다면(18:4-5) 에스겔서도 동일한 술어들을 사용한다(18:9): "내 율례를 좇으며 내 규례를 지켜 진실히 행할진대 그는 의인이니 정녕 살리라."

더구나 상기 두 구약 본문들은 모두 '지키다'(shamar), '행하다'(halak)와 같은 동사들을 사용한다. 마텐스 교수는 '행하다'(walk), '지키다'(keep)와 같은 동사들의 참 의미에 접근하려면 영어 단어의 '포옹하다'(embrace)는 동사에 주목해야 한다고 제안한다.[16] 그에 따르면, 구약 저자들은 율법을 포옹하는 것을 생명과 긴밀하게 연관시킨다. 환언하면, 율법을 포옹한다는 것은 그것을 계율주의적으로 지키고 행하는 것이 아니라 하나님을 사랑하는 마음으로 율법을 순종하는 삶의 태도를 지칭한다.

폰 라드는 신명기의 설교자가 경고하는 위험이 있다면 그것은 율법을 성취하는 데 실패하는 것이 아니라 그렇게 하기를 거부하는 것이라고 말한다.[17] 구약의 저자들은 이스라엘이 율법을 포옹하는 마음으로 그것을 지킬 수 있다고 본다. 율법 제도는 이스라엘의 약함을 전제하고 있기 때문에 부지불식간에 율법을 범한 죄들을 속죄할 수 있는 길을 열어놓고 있다.

---

16) E. A. Martens, "Embracing the Law: A Biblical Theological Perspective," in: An Essay read as the special lecture for the M.Div students of Chongshin Theological Seminar on the Yangji Campus (1991.5.28), 14.

17) G. von Rad, OT Theology, II:393.

따라서 하나님께서 이스라엘에게 요구하신 것은 율법을 계율주의적으로 완벽하게 지키는 행위라기보다는 하나님을 사랑하는 마음으로 율법을 순종하는 삶이다.

이것이 바로 마텐스 교수가 말한 율법을 포용하는 것이다. 이것은 온 마음으로 율법에 헌신하는 것을 뜻하는 것이지, 자로 재듯이 율법의 모든 규정을 지키려는 율법주의적인 시도를 뜻하지 않는다. 율법을 포용하는 것은 그것을 자신의 삶의 중심에 놓고 그 인도하는 대로 순종하고 지키는 삶의 태도를 가리킨다. 사실 율법은 하나님께서 이스라엘에게 주신 선물이기 때문에 그것을 포용하는 것은 결국 하나님을 포용하는 것이다(렘 32:23).

율법을 받았을 때 이스라엘은 이런 응답을 했다. "언약서를 가져 백성에게 낭독하여 들리매 그들이 가로되 여호와의 모든 말씀을 우리가 준행하리이다"(출 24:7). 하나님은 그들의 이러한 결심에 대해 이렇게 대답하셨다: "이 백성이 네게 말하는 그 말소리를 내가 들은즉 그 말이 다 옳도다 다만 그들이 항상 이 같은 마음을 품어 나를 경외하며 나의 모든 명령을 지켜서 그들과 그 자손이 영원히 복 받기를 원하노라"(신 5:28-29).

구약을 조심스럽게 읽어보면, 개별 계명들을 지키는 것보다 우선하는 것은 하나님을 사랑하고 경외하는 마음이다. 계명들을 지키는 일은 "여호와를 사랑하는"(신 30:16) 삶의 표현이다. 이것이 구약 저자들이 뜻한 본래 의미라는 것은 그 반대 상황을 묘사하는 신명기 30장에도 함축되어 있다: "네가 만일 마음을 돌이켜 듣지 아니하고 유혹을 받아서 다른 신들에게 절하고 그를 섬기면"(30:17).

예레미야는 범죄한 이스라엘에게 심판을 선포할 때마다 자주 "저희가 나를 버렸도다"(렘 2:13, 17, 19, 5:7, 19, 16:11, 17:13 등등)라는 표현을 되풀이한다. 여호와를 버리는 행위의 정반대는 그에게 '부종하는'(cling to) 행위이다: 어린아이가 엄마에게 달라붙는 것처럼, 이스라엘이 여호와 하나님께 부종하는 길은 그의 율법의 말씀을 신실하게 순종하는 것이다. 율법을 포옹하는 것은 여호와 하나님을 포옹하는 것이다. 에스겔 선지자는 바로 그러한 사람이 "의인이니 정녕 살리라"(겔 18:9)고 말한다.

율법에 대한 순종은 이런 의미에서 온 마음을 다해 "여호와를 사랑하는"(신 6:5) 삶의 표현이다. 에스겔은 이러한 정신으로 율법을 포옹하는 자가 '의인'이며 그러한 사람이 "정녕 살 것이라"고 강조한다. 구약의 다른 구절들도 바로 이점을 확인해준다: "내가 주의 법도를 영원히 잊지 아니하오니 주께서 이것들로 나를 살게 하심이니이다"(시 119:93); "보라 내가 오늘날 생명과 복과 사망과 화를 네 앞에 두었나니 곧 내가 오늘날 너를 명하여 네 하나님 여호와를 사랑하고 그 모든 길로 행하며 그 명령(*mizwoth*)과 규례(*huggoth*)와 법도(*mishpatim*)를 지키라 하는 것이라 그리하면 네가 생존하며 번성할 것이요……"(신 30:15-16); "너희 자녀에게 명하여 이 율법의 모든 말씀을 지켜 행하게 하라 이는 너희에게 허사가 아니라 너희의 생명이니……"(신 32:46하-47). 구약 저자들은 율법을 포옹하는 일이 결국 생명을 가져다준다고 생각했음이 분명하다.

결론적으로, 생명은 다음 두 가지 방식으로 이해될 수 있다. 첫째로, 생명은 약속의 땅 가나안에서의 생활을 뜻한다. 율법과 생명을 연관시키는 신명기 구절들은 모두 그것에 초점을 두기 때문에 그렇다: "네 하나님 여호와께서 네가 가서 얻을 땅에서 네게 복을 주실 것임이니라"(신 30:16, 20, 32:47). 생명을 얻는 것에 반대되는 것은 가나안 땅에 들어가서 망하

는 것이다: "내가 오늘날 너희에게 선언하노니 너희가 반드시 망할 것이라 너희가 요단을 건너가서 얻을 땅에서 너희의 날이 장구치 못할 것이니라"(신 30:18).

둘째로, 하지만 구약의 저자들은 단지 가나안 땅에 들어가 생존하는 것 이상의 것을 함축하고 있음이 분명하다. 왜냐하면 이들 저자가 생명을 선택하라고 호소할 때(신 30:19) 여호와는 "네 생명이시요"(신 30:20)라고 덧붙이기 때문이다. 율법준수가 가져다주는 '생명'은 여호와 하나님과 연계된 생명이다. 폰 라드는 이미 생명을 가리켜 영원한 하나님의 임재 속에서 사는 실존 형태라고 해석한 사실을 기억할 필요가 있다. 구약 저자들은 하나님을 사랑하는 마음으로 율법을 포용하는 자들에게 한결같이 "하나님과 함께한 생명"을 약속한다. 시편 기자는 이러한 생명의 길을 '기쁨', '희락', '자유', '평강' 등과 같은 다양한 술어들로 묘사한다(시 119:14, 24, 35, 45, 47 등).

3. 공관복음서에서의 율법과 생명

구약에서 눈길을 돌려 공관복음서를 살필 때, 구약에서 발견되는 긍정적인 율법 이해들을 공관복음서의 예수의 교훈들 가운데서도 발견하게 된다. 마태는 율법의 근본정신이 예수의 천국복음과 일치한다고 생각할 뿐만 아니라, 후자가 전자를 성취한 것이라고 주장한다(마 5:17-18). 말하자면, 예수는 율법을 폐하러 오신 분이 아니라 그 참된 의미를 성취하러 오신 분이시다. 따라서 아무리 천국의 때가 도래했다고 할지라도 예수의 제자들은 율법의 교훈을 과소평가해서는 안 되며(마 5:19), 지혜로운 천국의 서기관은 옛것과 새것을 그 곳간에서 내어오는 자가 되어야 한다(마 13:52). 마태의 이러한 긍정적 율법 이해들은 다른 공관복음서 가운데서도 동일하게 발견된다.

필자의 주된 관심은 공관복음서에서 율법과 생명을 연관시켜 언급하는 구절들을 주석하고 그 함축된 의미를 밝히는 데 있다. 앞서 이미 지적한 대로, 율법에 관한 예수의 말씀들은 일반적으로 긍정적일 뿐만 아니라 예수의 중심 교훈들과 본질적으로 일치하는 것으로 간주된다. 구약의 일반적 분위기와 마찬가지로, 하나님을 사랑하는 마음으로 율법의 계명들을 지키는 일은 사람들에게 생명을 가져다준다. 이 점에서 예수는 율법에 관한 구약의 긍정적 교훈들을 되풀이한다. 율법과 영생의 관계를 설명하는 예수의 교훈은 어느 부자 관원의 질문에 대한 답변 형식으로 주어지는데, 세 공관복음서 저자들은 모두 그것을 약간 다른 형태로 보도한다(막 10:17-22; 마 19: 16-22; 눅 18:18-23): "선한 선생님이여, 내가 무엇을 하여야 영생을 얻으리이까?" 예수께서는 대답 형식으로 그에게 계명들, 특별히 십계명의 일부 계명들을 언급하셨다. 세 복음서 보도 가운데 평행되는 점은 예수께서는 율법을 영생을 얻는 길로서 긍정적으로 평가한다는 사실이다.

하지만 세 복음서 보도들 가운데는 약간의 차이점들이 존재한다. 첫째로, 마가는 예수께 접근하여 질문을 던진 사람을 '한 사람' 또는 '재물이 많은 자'로, 마태는 그를 '어떤 사람' 또는 '재물이 많은 청년'으로 묘사한 반면, 누가는 그를 '어떤 관원' 또는 '큰 부자'로 묘사한다.

둘째로, 질문자에 대한 예수의 답변을 다루는 마태의 보도에는 마가나 누가의 보도에서 발견되지 않는 한 가지 표현이 덧붙여져 있다: "네가 생명에 들어가려면 계명들을 지키라"(마 19: 17하). 이로써 마태는 다른 복음서 저자들보다 더 분명하게 계명들에 대한 순종을 영생 또는 생명에 '들어가는' 길로 파악한다. 더구나, 그는 술어적으로 17절에서 "생명에 들어가는" 일을 23-24절에서 "하나님의 나라에 들어가는" 일과 동일시하며 (cf. 눅 18:24) 더 나아가 29절에서 그것은 "영생을 상속하는" 일과도 연관되어 있다.

셋째로, 마가복음의 질문자는 "영생을 유업으로 얻는 일"(inheriting eternal life)에 관해서 질문을 던졌는데, '유업'이란 술어는 본래 언약적이면서도 종말론적인 뉘앙스를 지닌 술어이다. 이와는 대조적으로 마태복음의 질문자는 "영생을 얻는 일"(having eternal life)에 관해서 질문을 제기하였다. 아마도 마태는 영생을 지금 여기서 소유되는 어떤 현재적 실재로 암시한 것으로 보인다. 누가는 마태와 동일한 표현을 사용하기는 하지만 30절에서 "내세에 영생을 받는다"는 술어를 사용함으로써 종말론적 해석의 여지를 남겨놓았다. 그러면 우리 논제와 관련하여 다음 몇 가지 사항들을 검토해 보자.

3.1 영생의 의미

우선 우리가 살필 것은 '영생'의 의미이다. 위에서 살핀 대로, 공관복음서에서 '영생'이란 하나님의 백성 또는 예수의 제자들이 지금 여기서 소유할 수 있는 현재적 실재이면서도 동시에 마지막 날에 소유하게 될 미래적 축복이기도 하다. 마태나 누가는 모두 영생에 들어가는 일을 하나님 나라에 들어가는 일과 긴밀하게 연관시키고 있고, 두 저자 모두 하나님 나라를 현재적 실재, 말하자면 예수의 제자들이 예수의 인격과 사역을 통해서 현재 경험할 수 있는 실재로 파악하고 있다(마 4:17, 5:3, 10:7, 11:11-14; cf. 눅 16:16, 17:21). 하지만 예수께서는 마가복음의 보도에서처럼 '하늘의 보화'에 관해 말씀하심으로써 현재적 뉘앙스를 넘어서서 종말론적 의미를 부각시킨다.[18]

따라서 영생은 부분적으로는 현재적 생명으로 정의될 수 있지만, 또한 종말론적으로 하늘에 있는 보화이기도 하다. 복음서에서 생명은 때로는 하나님 나라에 들어가는 것으로나 또는 영생을 상속하는 것으로 묘사되기도 하고, 좀더 구체적으로는 구원을 얻는 일과 동일시되기도 한다. 복음서 저자들이 생각한 기본사상은 일차적으로 "죽음 뒤에 하나님과 함께한 생명"[19]을 가리킨다. 영생은 현재뿐만 아니라 미래 세계에서 하나님과 함께한 생명으로서 그의 임재 안에서 누리는 최상의 축복의 상태를 가리킨다.

3.2 영생의 길로서의 율법

다음으로 우리는 영생과 율법을 긴밀하게 연관시키는 현상을 검토해야 한다. 영생을 어떻게 하면 얻을 수 있는가를 묻는 관원에게 예수께서는 "네가 계명들을 아나니"(막 10:19)라고 답변하셨다. 마태의 평행 보도를 보면, 예수의 대답은 율법을 영생을 얻는 길로 묘사하는, 보다 분명한 진술을 담고 있다: "네가 생명에 들어가려면 계명들을 지키라"(마 19:17). 비슷한 내용을 담고 있는 사건이 율법사와 예수의 대화를 보도하는 누가복음 10장에 나온다. 율법사는 예수께 어떻게 하여야 영생을 얻을 수 있는가를 물었고, 예수는 그에게 "율법에 무엇이라 기록되었는가"를 되물었다

---

18) R. H. Fuller, "The Decalogue in the New Testament," *Interpretation* 43 (1989), 246.
19) I. H. Marshall, *Commentary on Luke* (Grand Rapids: Eerdmans, 1972), 442.

(눅 10:26). 율법사는 신명기와 레위기에서 나온 말씀들을 인용함으로써 대답하는데, 그는 이로써 하나님 사랑과 이웃 사랑의 계명들, 의심할 여지 없이 율법의 가장 본질적인 정신에 해당하는 계명들을 준수하는 것이 영생을 얻는 길이라고 파악한 것이 분명하다(10:25-27). 예수께서는 율법사의 이러한 대답을 "옳다"고 시인하고 레위기 18:5에서 나온 구약의 구절을 통해 자신의 답변을 뒷받침한다: "이를 행하라 그러면 살리라"(눅 10:28). 마태복음과 누가복음의 두 구절에서 예수께서는 모두 율법과 영생을 긴밀하게 연관시킨다(마 19:17; 눅 10:25-28).

율법과 영생이 어떻게 연관되는가를 요약하면서 윌슨은 이런 결론을 내린다: "누가에게 있어서 율법은 두 위대한 계명들로 적절하게 요약될 수 있었으며, 그러한 계명들에 대한 순종은 하나님 나라에 들어가는 충분한 자격요건(sufficient qualification)인 셈이다."[20] 마태나 누가가 묘사한 예수는 구약의 교훈이 어떤 것인지, 다시 말해서 율법을 온전히 포용하는 일이 생명을 얻게 한다(life-giving)는 사실을 잘 해설해준다. 이로써 우리는 예수께서 구약의 기본 정신을 따라 율법을 순종하는 일에 대해 긍정적이었다는 사실을 확인할 수 있다.

3.3 영생을 얻기 위한 전제조건인가?

한 가지 더 관찰할 점이 있다. 마태복음에서 예수는 부자 관원에게 "생

---

[20] S. G. Wilson, *Luke and the Law* (Cambridge: Cambridge University Press, 1983), 15. 윌슨은 부자 관원의 이야기에서 율법이 급진적인 가난에 관한 교훈으로 보충될 때 어느 정도의 애매성이 독자에게 나타나지만, 이러한 지침은 그것이 곧 이웃을 사랑하라는 의미라는 설명일 수 있다는 점을 정확하게 관찰한다.

명에 들어가려면 계명들을 지키라"(마 19:17)고 말했고, 누가복음에서 예수께서는 율법의 근본정신을 '하나님 사랑, 이웃 사랑'의 계명들로 요약한 율법사의 대답에 대해서 옳다고 긍정하셨다. 누가가 보도한 율법사와의 대화에 독특한 점이 있다면 예수께서 "이를 행하라 그러면 살리라"(눅 10:28)는 레위기 18:5의 인용을 통해 자신의 답변을 뒷받침한다는 사실이다.

상기 두 구절 모두 조건절들을 담고 있기 때문에, 혹자는 예수께서 과연 영생이나 생명을 인간의 순종 행위에 조건지어진 구원론적 실재로 간주하는 것은 아닌지 의심할 수도 있다: 사람이 율법을 지킨다는 조건이 성취될 때, 하나님은 그에게 영생을 보상하시는가? 엘리옷은 율법과 생명을 연관시키는 신명기의 구절들이 "매우 개인적이고 조건적"[21]이라고 평가했는데, 만일 그의 관찰이 맞는다면, 그러한 구절들을 긍정적으로 인용한 예수의 교훈들도 "매우 개인적이고 조건적"이라고 평가해야만 한다.

하지만 우리가 앞에서 살펴보았듯이, 카이저는 구약의 관련 구절들을 조건주의적으로 해석하려는 시도를 단호하게 거부한다. 그는 족장들과 맺은 언약들이 먼저 주어진 상태에서 레위기 저자가 과연 조건적인 언약 개념으로 뒷걸음질칠 수 있겠는가 하고 반문한다. 이스라엘이 하나님 백성으로 간주될 수 있었던 것은 그의 무조건적인 선택 행위에 기초하며(신 7:6-8), 하나님은 출애굽 구원사건을 경험한 이스라엘에게 율법을 수여하셨다: 하나님은 그들의 조상, 아브라함과 이삭과 야곱에게 하신 언약의 맹세를 기억하시고 그들을 애굽의 종살이에서 구원하셨다. 또한 이러한 구원사건을 경험한 자들에게 율법을 주셔서 자신의 언약백성답게 살게 하

---

21) M. A. Elliot, *The Survivors of Israel. A Reconstruction of the Theology of Pre-Christian Judaism* (Eerdmans: Grand Rapids, Michigan, 2000), 263.

셨다(출 3:6-7, 4:5, 6:3; 신 7:8). 율법은 이스라엘의 선택보다 선행하는 개념일 수 없다; 그것은 언약을 세우는 일에는 아무런 기여를 하지 못하고, 하나님의 주권적 선택만이 언약 성립의 기초이다. 그렇다면 레위기 18:5과 같은 구절들을 조건주의적으로 이해하려는 시도는 잘못된 것이다.

우리는 이 점을 공관복음서 저자들에게서도 발견할 수 있는가? 빈디쉬는 마태복음에 나타난 예수의 천국교훈들을 조건주의적 범주에서 해석하고자 시도했던 대표적인 학자이다. 그에 따르면, 예수는 산상설교에서 천국에 들어가는 '허락 조건들'(EinlaBbedingungen)에 대해 가르쳤다: "산상설교의 모든 윤리적, 종교적 교훈들은 사람들이 하나님 나라에 들어갈 자격을 얻기 위하여 전력을 다해야 한다는 것을 목표로 삼고 있다."[22] 예수의 교훈은 전혀 새로운 어떤 계시가 아니라 유대인들에게 주어진 율법 계시를 확인하고 완성한 것이다. 빈디쉬는 한 걸음 더 나아가 예수는 모세 율법 대신에 새롭고 더 나은 하나님의 법을 계시했다고 보고, 이러한 전망에서 그는 예수의 교훈이 천국을 위한 '새로운 율법 제정'이라고 불렀다(*Ibid.*: 11f, 96f).

보른캄도 역시 예수의 교훈을 천국의 허락 조건들로 부른다는 점에서 빈디쉬를 추종한다. 그는 천국의 도래를 오직 미래적 실재로만 파악했기 때문에,[23] 예수의 천국 교훈은 영광스러운 하늘나라의 실제적 축복들 가운데 어떤 것도 아직은 세상에 전달해주지 못하는, 단지 비밀스러운 미래의 천국 출현을 알려주는 예수의 '확실성' 안에만 존재할 뿐이다. 따라서 보르캄에게는 은혜와 계명 사이에 긴장관계가 존재하지 않는다. 예수께서는 단지 사람들이 "미래를 염두에 두고 시대를 이해하며 시간을 쓸모없게

---

22) H. Windisch, *Der Sinn der Bergpredigt* (Leipzig, 1929), 10.
23) G. Bornkamm, *Jesus von Nazareth* (Stuttgart, 1983), 61.

허비하지 않도록"(*Ibid.*: 84) 경고하셨을 뿐이다. 천국을 이렇게 철저하게 미래적 실재로만 파악했기 때문에 예수의 교훈들과 율법에 관한 그의 가르침들은 미래 천국에 들어가기 위해 준비해야 할 자격조건들로 간주될 수밖에 없었다.[24]

하지만 이들의 견해는 마태복음에 강하게 전제되어 있는 천국의 현재적 실재성을 간과하거나 과소평가하였다. 예수는 자신의 인격과 교훈 그리고 사역을 통해 천국을 도래시킨 주체이며, 그가 도래시킨 천국은 세리와 죄인들이 현재 믿음으로 들어갈 수 있는 은총의 질서인 것이 분명하다: 천국의 출현은 회개를 요청하며 회개하는 죄인들에게 죄용서의 축복을 가져다준다(마 4:17, 11:20-24, 12:41-45). 빈디쉬와 보른캄은 과연 마태복음에 풍부하게 등장하는 "은혜에 관한 강한 표현들"[25]을 제대로 설명할 수 있을까? 예수의 인격 속에서 이미 도래한 은총의 질서의 관점에서 볼 때 예수의 윤리적 명령들은 당연히 천국 복음의 메시지에 속한다. 구약의 율법도 출애굽 구원사건을 경험한 자들에게 주어진 은총의 계시라는 점을 인식할 때, 예수의 윤리적 명령들도 그의 인격 속에서 도래한 천국이라는 은총의 질서를 경험한 자들에게 주어진 계시인 것이 분명하다. 예수의 교

---

[24] 마태복음 전체를 '언약과 계명'이란 틀 속에서 전부 설명하려고 시도한 학자는 프랑케뮐레이다. 그는 그리스도와 교회의 관계를 오직 은혜(*sola gratia*)로 말미암는 언약관계로 규정하면서 이 언약은 제자들 편에서 언약의 의무들을 내포한다고 보았다. 예수의 계명들은 구원선언에 대한 의무로서만 아니라 구원의 지속을 목표로 하기도 한다. 그는 이것을 천국개념과 관련하여 설명하였다. 하지만 그는 "교회가 천국에 들어가는 것은 이스라엘 만큼이나 확실하지 않다"(272)고 보고, 마태가 '의'(righteousness)라는 술어로 지칭하는 바른 행동(*orthopraxy*)은 제자도의 특색이면서도 동시에 "천국의 조건"(268, 280) 내지 "천국의 허락조건"(282)이 된다. 이 점에서 프랑케뮐레의 마태복음 해석도 조건주의적 해석 노선으로 기울고 말았다: H. Frankemölle, *Jahwe-Bund und Kirche Christi: Studien zur Form und Traditionsgeschichte des 'Evangelium' nach Matthäus* (Münster, 1984), 264-280.

[25] R. Pregeant, *Christology beyond Dogma* (Philadelphia, 1978), 90. 그는 율법 자체를 하나님의 은혜로 보았다.

훈에는 그를 통한 실제적인 축복 선언이 들어있으며 새로운 구원시대와 하나님의 새로운 구원사역의 시작이 선언되고 하나님의 주권, 통치, 하나님의 의 등이 선포된다.[26]

3.4 율법과 예수의 천국복음

마태복음에서 예수께서 계시한 하나님의 뜻은 자신의 천국 복음 메시지의 중심을 차지하는데, 그것은 구약의 율법을 배제한 새로운 계시가 아니라 후자를 완성한 형태를 띠고 있다(마 5:17-18).[27] 따라서 율법에 대한 순종은 예수 안에서 계시된 하나님의 뜻을 행하는 것, 좀더 구체적으로 예수의 천국 복음의 교훈을 순종하는 것과 다른 것이 아니다. 겉보기에 마태는 사람들이 천국에 들어가는 일을 보장받기 위한 조건들을 성취하기 위해 예수의 계명들을 준수해야 한다고 보는 '신율법주의'(new legalism)로 흘러가는 경향을 나타내는 것처럼 보인다. 우리는 하나님 나라 또는 영생에 들어가기 위한 필요조건들의 존재를 보여 주는 여러 증거 본문들을 끌어다댈 수도 있다(cf. 마 5:20, 7:13, 21-23, 24-27, 25:1-46 등). 하지만 귤리히의 지적을 귀담아들을 필요가 있다: 하나님 나라에 들어가기 위한 필요조건으로 선언하는 것처럼 보이는 그런 행위들은 "메시아 되신 예수의 인격과 하나님께서 예수의 사역을 통해 자기 백성과 맺으

---

26) 정훈택, 열매로 알리라: 마태복음에 나타나는 믿음과 행위의 관계 연구 (총신대학출판부, 1993), 450f.

27) 예수께서 어떤 의미에서 율법을 완성하셨다(fulfill)고 보았는지에 대해 학자들마다 다양한 견해들을 피력한 상태다. 전통적으로는 예수의 십자가와 같은 구원사건이 율법을 성취했다는 의미로 해석하기도 하고, 최근 여러 다른 학자들은 예수의 천국 복음의 말씀이 율법의 근본정신을 성취했다고 보는 견해를 제시하기도 한다. 이에 대한 자세한 논의로는, 정훈택, 열매로 알리라, 249-259를 참조하라.

신 새로운 관계"[28]에 본질적 뿌리를 두고 있다.

몰랑은 따라서 마태가 율법에 대한 순종을 강하게 명하는 것은 하나님의 구속의 약속과 예수 안에 나타난 죄 용서라는 은혜의 맥락 속에서 해석되어야 한다는 정당한 제안을 한다.[29] 이것은 천국에 들어가는 일이 의로운 행위로 얻어지는 것이 아니라 하나님의 은혜로 얻는 것임을 시사한다. 율법을 순종하는 삶은 천국에 들어가는 조건이 아니라 은혜로 이미 들어선 천국에 머물기 위한 조건인 셈이다(*Ibid.*: 17).

우리는 앞에서 예수의 천국복음이 율법의 근본정신을 성취한 것이라는 점을 지적한 바 있다. 예수께서는 율법을 성취하러 오신 분이며, 그가 천국복음 속에서 계시하는 하나님의 뜻은 율법의 근본정신과 일치한다. 물론 예수의 천국복음은 서기관과 바리새인들이 가르쳤던 율법 해석들을 문자적으로 넘겨받은 것이 아니다; 그것은 율법의 근본정신을 자신의 메시아 사역의 테두리 안에서 종말론적으로 새롭게 드러낸 것이기 때문에, 당시대 사람들에게 예수의 율법 해석은 때로 급진적인 것으로 보이기도 했다.[30] 예수께서 교훈하신 율법 교훈들은 이제 자신의 천국복음의 중심을 차지하고, 그것을 순종하는 것은 서기관과 바리새인들보다 "더 나은 의" (better righteousness)를 구성한다(마 5:20). 예수께 나아와 인격적으로 그를 믿고 신뢰하는 것은 그가 교훈하고 계시한 하나님의 뜻에 대한 순종을 필연적으로 요청한다. 이로써 믿음과 순종은 천국 백성의 정체성을 구

---

[28] R. A. Guelich, *The Sermon on the Mount* (Waco, 1982), 30f.

[29] R. Mohrlang, *Matthew and Paul: A Comparison of Ethical Perspective* (Cambridge, 1984), 17.

[30] 정훈택, 열매로 알리라, 437: "예수의 가르침은 율법의 완성이요 완성된 율법이기 때문에, 그리고 이것은 구약 계명들과 똑같지 않고 완전히 새로운 요소를 내포하고 있기 때문에 이 '더 나은 의'를 '새로운 의'라고 불러도 좋을 것이다."

성하는 필연적인 요소가 된다. 공관복음서에서 율법 또는 하나님의 뜻에 대한 순종을 영생에 들어가는 길로 묘사한 구절들은 이러한 맥락에서 해석되어질 필요가 있다. 다음 구절들의 사상적 평행 현상에 대해 주목하라:

"너희 의가 서기관과 바리새인보다 더 낫지 못하면 결단코 천국에 들어가지 못하리라"(마 5:20).

"나더러 주여 주여 하는 자마다 천국에 다 들어갈 것이 아니요 다만 하늘에 계신 내 아버지의 뜻대로 행하는 자라야 들어가리라"(마 7:21).

"네가 생명에 들어가려면 계명들을 지키라"(마 19:17).

"내가 너희에게 이르노니 하나님의 나라를 너희는 빼앗기고 그 나라의 열매 맺는 백성이 받으리라"(마 21:43).

인용된 이들 본문에 공유되는 중심 사상은 천국에 들어감, 하나님 나라를 받음, 생명에 들어감 또는 영생을 상속함(마 19:29) 등이 모두 "서기관과 바리새인보다 더 나은 의"를 갖추는 것, "하늘에 계신 내 아버지의 뜻대로 행하는 것", "계명들을 지키는 것", "열매를 맺는 것"에 밀접하게 연관되어 있다는 사실이다. 사실 마태의 사상에서 계명들을 지키는 것과 하나님의 뜻을 행하는 것, 그리고 열매를 맺는 삶 등은 천국 백성의 정체성을 드러내 주는 삶의 실재들이다. 중요한 것은 이런 삶의 실재들이 "오는 하나님의 나라에 참여하기 위한 전제조건" 또는 "예수께서 오심으로 시작된 하나님의 영원한 축복을 받는 준비조건" 또는 "천국에 들어가기 위하여 요구되는 필수적인 증명서"(정훈택, 472)로 간주될 수 있는가 하는 것이다.
이런 표현들은 마태의 윤리신학을 "조건주의적"으로 해석할 수 있는 여지를 내포할 수도 있기 때문에, 필자는 그것을 마태복음 7:20의 표현, "그의 열매로 그들을 알리라"는 진술에 비추어 해석되어야 한다고 본다(cf. 눅 6:43-44). 마태는 천국에 들어가거나 영생을 얻는 일을 예수께서 해석한 율법 또는 그가 계시한 하나님의 뜻에 대한 순종 여부에 조건지어져 있는 것으로 생각하기보다는 후자와 같은 삶의 실재들은 천국에 들어갈 하나님 백성의 정체성을 드러내준다고 생각하는 것이 분명하다. 마태는 여기서 다른 신약 저자들과 마찬가지로 "실천적 유추", 즉 "열매로 그 나무를 안다"는 진술에 함축된 추론방식을 채택하고 있는 것이 분명하다. 예수의 참 가족은 "하나님의 뜻대로 하는 자"(막 3:35) 또는 "하나님의 말씀을 듣고 행하는 자"(눅 8:21)이다. 천국은 이러한 사람이 들어가는 나라이다.

3.5 레위기 18:5의 전통적 해석에 대한 반론

이 논의를 끝맺기 전에 우리는 누가복음 10:28을 바울의 율법신학의 전망에서 해석하려는 전통적인 시도들에 대해 비판할 필요가 있다. 율법에 대한 예수의 긍정적 태도는 공관복음서, 특히 누가복음에서도 마찬가지로 발견된다. 율법사와의 대화에서 예수께서는 레위기 18:5을 인용하심으로써 신명기 6:5과 레위기 19:18과 같은 율법의 근본 계명들을 행하는 것이 영생을 얻는 길이라는 것을 강조하셨다: "네 대답이 옳도다 이를 행하라 그러면 살리라."

최근의 몇몇 주석가들은 율법을 영생을 얻는 길로 간주한 예수의 이러한 대답에 대해서 당혹감을 느끼는 것이 분명하다. "율법의 행위로서는 의롭다 함을 얻을 육체가 없다"(갈 2:16)는 바울의 주장을 구원론의 근본원리로 삼는 이들은 율법 순종을 영생을 얻는 길로 파악한 예수의 말씀이 바울의 구원론과 정면으로 배치되는 것으로 파악하는 듯하다.[31] 모리스와 같은 주석가는 율법사가 잘못된 신학적 기초 위에서 질문을 했다고 본다. 율법사는 율법을 행하는 일을 공적으로 삼아 영생을 확보하려는 유대교의 전형적인 "율법주의"의 전제 속에서 질문하지만, 예수는 그가 추구한 율법주의의 종말을 내다보셨다. 말하자면, 율법사는 율법을 스스로 행하여 영생을 확보할 수 있는 길을 물었지만, 예수께서는 그러한 길이 존재할 수 없다는 "암시적 전제"하에서 레위기 18:5을 인용하셨다는 것이다. 이런 해석을 취하게 되면, 문맥 표면에 나타난 율법에 대한 긍정적 태도 이면에 함축된 예수의 "암시적 전제", 다시 말해서, 율법준수를 통해 영생을 얻을 자가 없다는 전제가 본문 주석을 통제하는 원리가 될 수밖에 없다. 모리스 자신의 주장을 한번 들어보자.

> 예수께서는 옛것과 어느 정도 다른 어떤 새로운 율법주의 제도를 명령하고 계신 것이 아니라 모든 율법주의의 종말을 지시하고 있다. 율법사는 자신이 지킬 수 있고 그렇게 해서 영생을 공적으로 얻을 수 있는 어떤 규칙들의 체계를 원했지만, 예수께서는 그에게 영생은 결코 규칙들을 준수하는 문제가 아니라는 것을 말씀하고 계신다.[32]

헨드릭슨은 모리스와 달리 율법 자체의 요구라는 점에서 본문을 주석한다. 예를 들면, 만일 사람이 율법을 완벽하게 지킬 수만 있다면 영생을

---

31) 이러한 해석 노선을 채택하는 최근 학자들로는, N. Geldenhuys, *Luke* (NICNT: Grand Rapids; Eerdmans, 1983), 311; L. Morris, *Luke* (Tyndale; IVP, Leicester/Eerdmans, Grand Rapids, 1990), 206; W. Hendriksen, *The Gospel of Luke* (NTC; The Banner of Truth Trust; Edinburgh, 1978), 592 등이 있다.

32) L. Morris, *Luke*, 206.

확보할 수는 있을 것이며, 율법의 이러한 지고한 기준과 요구는 그 자체로 잘못된 것이라고 할 수 없다. 이런 의미에서 예수께서 인용한 레위기 18:5, "율법을 행하라 그러면 살리라"(28절)는 율법의 원리는 율법주의에 기초한 원리라기보다는 율법 자체의 요구이다. 하지만 문제는 완전한 순종이 영생을 얻게 한다는 원리에 있는 것이 아니라 그것을 완벽하게 지킬 수 없는 인간의 타락성에 있다. 헨드릭슨은 율법사와의 대화에서 암시적이나마 바로 이러한 진리를 피력하고 있다고 봄으로써 그의 기묘한 심리적 해석을 정당화하고자 한다.

> 문제는 완전한 율법 순종이 영생을 가져다준다는 신적 원리에 있는 것이 아니다. 그러면 무엇이 잘못되었는가? 바울은 이런 말로 대답한다: "우리가 율법은 신령한 줄 알거니와 나는 육신에 속하여 죄 아래 팔렸도다"(롬 7:14). 만일 율법사가 지금 이것을 인정하기만 하면 된다. 그가 "오 하나님, 나 같은 죄인에게 긍휼을 베푸소서!" 하고 외칠 수만 있다면 말이다. 만일 그가 이 일을 행하기만 한다면, 주는 "수고하고 무거운 짐 진 자들아 다 내게로 오라 내가 너희를 쉬게 하리라"고 답변하실 것이다.[33] 하지만 율법사는 정반대의 길을 택하였다. 물론 그는 자신이 결코 "도달하지" 못했다는 사실, 즉 완전을 요구하는 율법의 요구에 미치지 못했다는 것을 알고 있다. 그래서 그는 자신의 정당성을 변명하려고 했다. 그는 이런 생각을 한 것으로 보인다: "율법은 아주 분명하지 않은데, 특별히 이웃을 사랑하는 문제에 있어서 그렇다. 어쨌든 누가 내 이웃이란 말인가? ……당신은 이 어려운 질문을 결코 대답할 수 없을 것이다. 그는 다시금 예수를 속여서 빠져나올 수 없는 실수를 범하게 하려고 하고 있다. 동시에 그는

---

[33] 헨드릭슨은 자신의 관찰을 뒷받침하기 위해 마 11:28; cf. 요 3:16, 36, 5:24, 6:51, 7:37, 10:27-28; 계 22:17 등의 구절을 인용한다.

자신을 죄책에서 벗어나게 하려고 시도한다(Hendriksen, 592).

아마도 모리스와 헨드릭슨의 주석은 최근의 주석가들이 빠질 수 있는 전형적인 주석적 오류가 무엇인가를 웅변적으로 보여 주지 않나 싶다. 겉으로 드러난 문맥의 의미를 찾기보다 그들은 자신이 찾고 싶어하는 "암시된 주석적 전제"를 찾으려고 율법사의 유대교를 공적주의적 율법주의 종교로 매도하든지, 아니면 헨드릭슨처럼 본문 어디에도 발견할 수 없는 기묘한 심리적 해석을 전개하기도 한다.

이들이 생각하는 것처럼, 예수께서는 공적주의적 유대교 종교의 오류를 무너뜨리기 위해서나 또는 자기 정당성을 찾으려고 예수께 어려운 질문을 던져 올무에 빠뜨리려는 율법사의 심리적 방어기재를 무너뜨리려고 레위기 18:5과 같은 구약 본문을 인용하셨는가? 예수께서는 율법사에게 "율법을 완전하게 지켜서 네 스스로의 힘으로 영생을 한번 얻어봐! 하지만 사실 그렇게 하는 일은 불가능할걸?" 하고 암시된 비난조로 레위기 18:5을 인용하셨을까?

이러한 전통주의적 해석들은 마태복음뿐만 아니라 공관복음서 전반에 걸쳐 등장하는 예수의 긍정적인 율법이해들을 과소평가하거나 의도적으로 눈감아버릴 때만 가능한 해석이다. 아니면 바울의 부정적 율법이해에 너무 압도당한 나머지 그의 신학을 충분히 소화도 하지 못한 채 후자를 공관복음서의 본문 주석에 기계적으로 끌어들여 바울주의 일변도의 해석을 전개할 때만 가능한 해석이다.[34]

---

[34] 성경의 본문들을 조화시키려는 시도 자체가 잘못된 것은 아니다. 하지만 각자의 독특한 교훈을 먼저 정립하기도 전에 전자를 후자의 시각에서 일방적으로 해석해 버리는 것은 "본문에서 저자의 의도를 끌어내는 주석"(exegesis)이 아니라 "본문에다 주관의 의미를 집어넣는 주석"(eisegesis)일 뿐이다.

레위기 18:5을 인용하는 누가복음 10:25-28의 에피소드는 모리스와 헨드릭슨이 주석한 의미들을 허용하지 않는다. 원접문맥이나 근접문맥에 비추어 볼 때, 이들 전통주의적 주석가들이 제시한 해석적 의미들을 허용할 여지를 남겨두지 않는다.

첫째로, 율법이나 계명들에 대한 순종을 매우 긍정적으로 평가하는 예수의 일반적 교훈은 그들의 주석을 신빙성이 없게 만든다. 이 점에 대해서 필자는 앞에서 이미 충분하게 검토했다고 본다.

둘째로, 본문의 문맥 흐름 자체가 그러한 해석을 허용하지 않는다. 영생을 얻는 길에 대해 물은 율법사의 질문에 대해서 예수는 십계명 후반부에 언급된 개별 계명들을 지적하셨고, 율법사는 이런 계명들을 "내가 어려서부터 다 지키었나이다"(막 10:20) 하고 답변했다. 예수께서 만일 공적주의적 율법주의를 공격하려는 의도가 있었거나(Morris) 율법사의 자기 방어기재를 공격하려는 의도가 있었다면(Hendriksen), 율법사의 답변에 대해서 예수께서는 마땅히 부정적인 태도로 나왔어야 한다. 예를 들면, 바울의 주장처럼 "율법의 행위로서는 의롭다 함을 얻을 육체가 없느니라"(갈 2:16)고 대답했어야 하지 않을까? 하지만 비슷한 사건을 보도하는 마가복음에서 예수는 부자 청년을 "보시고 사랑하셨다"(막 10:21상)고 했고 그에 대한 어떤 부정적 태도를 암시하고 있지 않다. 같은 사건을 보도하는 마태복음의 보도에서도 예수는 부자 청년에게 "생명에 들어가려면 계명들을 지키라"(마 19:17)고 교훈하셨고 그러한 계명들을 다 지켰다고 말한 그에게 "네가 온전하고자 할진대" 소유를 팔아 가난한 자에게 주고 와서 자신을 좇으라고 하셨다. 마태복음에서 예수는 모리스와 헨드릭슨이 내세운 "암시된 전제들"을 공격하지 않는다; 그는 도리어 계명 준수를 영생에 들어가는 길로 적극 평가하고 있으며, 그것을 구원 확보를 위한 전제조건으로보다는 "온전에 이르는 길"로 간주한다.

셋째로, 누가복음 10:25-28의 에피소드는 곧이어 선한 사마리아인의 비유로 연결되는데, 이 비유는 "내 이웃이 누구오니이까?"라는 율법사의 질문에 대한 실질적인 답변 형식으로 주어진다. 율법사가 예수를 "시험하려고" 접근한 진짜 동기는 아마도 이 질문에 있는 것이 분명하다. 예수는 율법의 관점에서 이웃이 결코 될 수 없다고 여겨진 사람들, 예를 들면, "세리와 죄인들"(막 2:13-17) 또는 이방인들과 어울리고 그들의 이웃이 되셨는데, 율법의 배타적인 이웃관으로 물들어 있었던 율법사는 예수의 이러한 태도에 대해 못마땅하게 생각한 것이 분명하다. 때문에 그는 예수에게 율법이 규정한 "이웃"이 누구인지 묻고 있고 암시적으로나마 예수가 왜 이웃이 될 수 없는 죄인들과 어울리는지 비난하는 것으로 보인다. 그렇다면 예수는 유대인들이 공유하고 있는 배타적인 선민주의 이웃관을 새로운 천국시대에 일치하도록 재해석하거나 수정하고 있다고 보아야 한다. 이 점은 유대 종교 지도자들보다 선한 사마리아인을 비유 속의 영웅으로 내세운 예수 자신의 의도를 통해 확인된다.

그렇다면 예수는 율법사의 숨겨진 동기로서 공적주의적 율법주의를 공격한 것도 아니고 그의 자기방어 기재를 무너뜨리려는 것도 아니다. 율법을 영생을 얻는 길로 긍정 평가한 예수의 진술, "네 대답이 옳도다 이를 행하라 그러면 살리라"는 레위기 18:5의 인용은 선한 사마리아인의 비유에서 도출된 실천적 결론, "가서 너도 이와 같이 하라"(37절)는 긍정적 명령에 비추어 해석되어야 한다. 예수는 하나님을 사랑하고 이웃을 사랑하는 정신으로 율법을 실천하는 것이 결국 하나님 나라의 생명을 사는 것임을 교훈하고 있다.[35]

예수의 교훈은 율법에 대한 완전한 순종을 말하기보다는 신뢰와 헌신의 관계를 말해준다. 그는 하나님에 대한 이 사랑과 헌신의 관계가 율법을 지키는 기본 정신이 되어야 하며, 바로 그러한 정신으로 율법을 포용하는 것이 생명을 준다고 말씀한다. 하나님 백성의 중심 목적은 그를 온전히 사랑하는 것이다. 그리고 하나님을 사랑하고 신뢰하는 관계는 율법을 지키는 행위보다 선행하는 개념이다.[36]

이렇게 사랑과 신뢰의 관계 속에서 율법을 순종하고 하나님의 뜻을 행할 수 있는 사람들의 형성은 예수의 인격과 사역을 통해 도래한 은총의 천국질서와 깊은 연관을 맺고 있다. 하나님 나라는 "죄인을 불러 회개시키러 온"(눅 5:32) 예수의 사역을 통해 도래했으며, 그를 믿고 신뢰하는 자에게 천국시대의 최대 축복인 죄용서가 허락된다(눅 5:20); 인자 되신 예수는 "잃어버린 자를 찾아 구원하러"(눅 19:10) 오셨다.

율법을 단순히 행했다고 천국백성이 되는 것이 아니다; 믿음과 회개를 통해 사람들은 은총의 천국질서를 경험하고 하나님 백성이 되는 축복을 누린다. 그들은 이미 경험한 구원의 은혜를 통해 삶의 변화를 경험하게 되고, 변화된 실존에서 귀결되는 새로운 순종의 삶은 천국백성 된 사람의 신분을 나타내고 논증하는 역할을 한다: "나무는 각각 그 열매로 아나니"(눅 6:44상).

공관복음서 저자들은 이렇게 변화된 하나님 백성의 형성이 일차적으로

---

[35] L. Morris, *Luke*, 206: 그는 예수께서 율법사가 지닌 공적주의 전제를 공격하고 있다는 그릇된 주석을 하기는 하지만, 율법을 포용하는 것을 율법사의 그릇된 전제에 대한 답변으로 제시했다고 생각하는 점에서 주석의 균형을 다시 찾는다.

[36] D. L. Bock, *Luke* (IVP NTC Series: IVP, Downers Grove, 1994), 196; R. A. Stein, *Luke* (NAC: Broadman Press, Nashville, 1992), 319.

는 성령의 능력을 힘입은 예수의 말씀 사역에 기인하는 것으로 생각하고 (눅 4:1, 14, 18, 7:22), 궁극적으로는 십자가 구원 사건에 기인하는 것으로 생각하는 것이 분명하다(막 12:10-11, 14:58; 눅 20:17-18, 22:19-20 등); 십자가와 부활 사건은 "손으로 짓지 아니한" 새로운 성전 공동체, 즉 열매를 맺는 참 하나님 백성을 형성하는 결정적 계기가 되었고 예수는 새로운 이 성전의 머릿돌이 되셨다(마 21:42-43; 막 12:10; cf. 막 14:58).[37]

누가는 "새 언약"이 예수의 피로 세워진 사실을 언급함으로써 동일한 진리를 가르친다(눅 22:20). 공관복음서에서 생명을 얻는 길로서 율법을 긍정적으로 평가한 예수의 진술들은 바로 이러한 전망 속에서 해석되어야 한다.

4. 바울 서신에 나타난 율법과 생명

이제까지 필자는 율법을 생명을 얻는 길로 간주하는 구약과 공관복음서의 예수의 교훈들을 살펴보았다. 눈길을 돌려 율법에 관한 바울의 진술들을 살펴보면 우리는 그의 부정적 율법관에 직면하여 혼란을 느끼기까지 한다. 왜냐하면 바울은 율법을 통해서 "의"와 "생명"을 얻을 수 없다고 못박는 것으로 보이기 때문이다(갈 2:16하, 2:21). 그것은 도리어 율법 아래 있는 자들에게 정죄와 저주를 가져다 줄 뿐이며 그들 모두를 사망을 위하여 열매를 맺게 만든다(롬 7:5). 바울 사도가 왜 이런 주장들을 하는지를

---

[37] 이에 대한 보다 상세한 논의를 참조하려면, 이한수, 누가 예수의 제자들인가(도서출판 대장간, 1992), 137-159를 보라.

알려면 그것들을 보다 폭넓은 그의 율법신학의 구조 속에서 살펴야 한다. 그리고 필자는 바울이 실제로 말하려는 의도가 심층적으로 구약이나 공관복음서의 교훈과 다른 것이 아니라는 사실을 논증하고자 한다.

4.1 율법은 참 하나님 백성을 형성할 수 없다

바울이 아브라함 언약과 시내산 율법 언약을 날카롭게 대조함으로써 전자의 우월성을 강조하는 대표적인 구절은 갈라디아서 4:21-31이다. 여기서 그는 아브라함의 두 여인들을 두 종류의 "언약"으로 비유한다. 계집종 하갈은 24-25절에서 "시내산"과 동일시되는 것을 보아서 시내산 율법 언약과 동일시되는 것이 분명하고 그녀는 "육체를 따라 난 자들"(이스마엘)을 생산하는 자로 묘사된다. "육체를 따라 난 자들"은 아마도 여기서 시내산 율법 언약 밑에서 살아가는 불신 유대인들을 지칭하는 것으로 보인다.

이와는 대조적으로 자유하는 여인(사라)은 아브라함 언약, 또는 "성령"이 언급되는 것을 보아서, 그것을 계승한 새 언약과 동일시되는 것이 분명하고 그녀는 "약속의 자녀" 또는 "성령을 따라 난 자들"(이삭)을 생산하는 자로 묘사된다. 아브라함이 백 세가 되어 육신적 자손을 낳을 수 없는 죽음과 같은 상황에서 하나님의 약속을 따라 이삭을 낳았기 때문에(롬 4:18-19), 여기서 "약속의 자녀" 또는 "성령을 따라 난 자들"은 참 아브라함의 영적 자손, 다시 말해서 예수의 십자가 사건을 통해 형성될 새 언약 공동체를 가리킨다. 바울의 이러한 알레고리적 비유는 시내산 율법 언약이 변화된 참 하나님 백성을 형성할 수 없으며 기껏해야 육체를 따라 난 종의 자녀들만 생산한다는 것을 함축하는 것이 분명하다.[38]

바울은 갈라디아서 4:30에서 계집종의 자녀들이 자유하는 여인의 자녀들과 더불어 유업을 얻을 자격이 없다는 사실을 강조한다(cf. 창 21:10-12). "유업"이란 말은 창세기 이야기에서 약속의 땅을 유업으로 얻는 일과 연계되어 있지만, 갈라디아서에서는 종말론적인 의미로 발전되어 "하나님 나라를 유업으로 얻는다"는 뜻을 갖게 되었다(갈 5:21). 그러면 유업을 상속한 아브라함의 참 후손은 누구인가(30절 참조)? 계집종의 자녀들은 이미 앞절에서 "육체를 따라 난 자들" 또는 시내산 언약 아래 있는 불신 유대인들을 지시하는 내용으로 묘사되었기 때문에, 여기서 우리는 아브라함 언약과 시내산 언약을 따로 떼어놓으려는 바울의 의도를 읽을 수 있다.

동일한 언약신학적 입장이 아브라함 언약과 율법을 대조하는 로마서 4:12-14에서도 발견된다. 하나님께서는 아브라함과 그의 후손에게 "세상의 후사가 되리라는 언약"을 세우셨다(13절상). 아브라함과 맺은 언약은 율법과 상관없이 세워진 언약이기 때문에, 아브라함에게 약속된 언약의 축복들을 상속할 권한을 가진 그의 참 후손들은 "율법에 속한 자들"(those who are of the law)일 수 없고 오직 "믿음에 속한 자들"(those who are of faith)일 뿐이다(14절; cf. 갈 3:9).

여기서 "율법에 속한 자들"은 시내산 언약에 속한 토라의 백성, 즉 유대인들을 가리킨다. 14절의 조건절이 함축한 명제, 즉 만일 율법에 속한 자들이 아브라함 언약의 축복을 상속할 자들이라는 명제가 성립된다면, 바울은 "믿음은 헛것이 되고 약속은 폐하여졌다"는 심각한 결과가 초래된다고

---

38) 이한수, 갈라디아서(도서출판 횃불,1997), 424-34; cf. C. K. Barrett, "The Allegory of Abraham, Sarah, and Hagar in the Arguments of Galatians," in: *Rechtfertigung*, FS for E. Käsemann, ed. J. Friedrich, W. Pohlmann and P. Stuhlmacher (Tübingen: Mohr-Siebeck, 1976), 6ff.

본다. 왜냐하면 아브라함 언약의 축복이 율법에 속할 때만 상속할 수 있다면, 그가 무할례자로 있을 때 오직 믿음에 기초해서만 의롭다 함을 얻은 아브라함 자신의 경험이 무너지는 것이 되기 때문이다. 하지만 아브라함이 하나님을 믿음으로 의롭다 함을 얻고 그의 언약백성이 되는 복을 경험했을 때 사실은 율법도 존재하지 않았고(갈 3:17) 할례 계명도 아직 주어지지 않은 상태에 있었다. 따라서 아브라함과 그의 후손에게 약속된 언약의 축복들은 아브라함 자신처럼 오직 믿음에 기초해서만 얻을 수 있을 뿐이다(갈 3:9; 롬 4:16).

결론적으로, 바울은 시내산 언약을 아브라함 언약과 구분함으로써 전자가 "성령을 따라 난" 참 하나님 백성을 형성할 능력이 없으며 또한 아브라함에게 약속된 언약의 축복들을 경험하게 할 수 없다고 확신하고 있음이 분명하다. 율법은 도리어 "진노를 이루게 하며"(롬 4:15), "범죄를 더하게 하며"(롬 5:20), 죄의 정욕이 사람들의 지체 중에 역사하게 하여 결국은 사망을 위해 열매를 맺게 할 뿐이다(롬 7:5, 10).

4.2 율법은 생명을 줄 수 없다

누가복음 10:28과 마찬가지로, 레위기 18:5을 인용하여 율법이 생명을 주는 길이 될 수 없음을 가장 분명하게 언급하는 구절은 갈라디아서 3:12이다: "율법은 믿음에서 난 것이 아니라 이를 행하는 자는 그 가운데서 살리라 하였느니라." 바울은 바로 앞절에서 이미 "하나님 앞에서 아무나 율법으로 말미암아 의롭게 되지 못할 것이 분명하다"고 못박으면서 "의"와 "생명"은 오직 믿음을 통해서 온다는 사실을 하박국 2:4을 인용하여 뒷받침한다: "의인이 믿음으로 살리라."

근접문맥에서 믿음으로 말미암는 의와 생명을 약속한 하박국 2:4의 인용은 율법을 행함으로 의와 생명을 약속한 레위기 18:5의 인용과 반립적이고 대치적인 위치에 있으며, 바울은 전자를 통해 후자를 부정하고 있음이 분명하다.

이러한 대조는 보다 넓게는 아브라함 이야기와 율법을 대조하는 문맥 속에 놓여 있다. 아브라함은 하나님을 믿음으로 의롭다 함을 얻었다(갈 3:6, 창 15:6). 바울은 바로 이 사실에 기초해서 "믿음으로 말미암은 자들"이 모두 "아브라함의 아들"이라고 천명한다.

그가 아브라함의 아들을 믿음의 백성으로 성격 규정한 것은 8절에서 "이방 기독교인들"을 끌어들이려는 목적을 갖는다. 유대인이든 이방인이든 간에 "믿음의 백성"은 아브라함에게 약속된 언약의 축복에 참여할 자격을 갖는다(갈 3:9, 14). 6-9절에서 바울은 이렇게 아브라함 언약에 대한 자신의 해석을 전개하다가 10-13절에서 율법에 관한 문제를 중간에 삽입한다. 후자의 구절은 아브라함 언약과 율법 언약을 대조하는 의도에서 9절과 14절 사이에 삽입된 것이다.

두 언약들 사이에 대조되는 항목들은 다음과 같다.

아브라함 언약 (6-9, 14절)	율법 언약 (10-13절)
"믿음으로 말미암은 자들" (7, 9절)	"율법의 행위에 속한 자들" (10절)
"믿음에 기초한 언약" (6, 7, 8, 11절)	"행위에 기초한 언약" (10, 12절)
"믿음으로 살리라" (11절하)	"행하는 자는 살리라" (12절)
"아브라함과 함께 복을 받음" (8, 9, 14절)	"율법의 저주 아래 있음" (10, 13절)
"의와 생명을 줄 수 있음" (6, 8, 11절)	"의와 생명을 줄 수 없음" (11, 21절)
"복을 이방인에게 미치게 함" (14절)	"복을 이방인에게 미치게 못함" (10절)

앞의 대조표 가운데 우리의 논제와 직접적인 관련이 있는 것은 4번째 항목이다. 아브라함은 믿음으로 의롭다 함을 얻었고 그로 인해 생명의 축복을 경험한 반면, 율법은 어떤 사람도 의롭다 하지 못하며 생명을 줄 능력도 없다. 이 사실을 보다 분명하게 함축하는 곳은 21절이다: "만일 능히 살게 하는 율법을 주셨더면 의가 반드시 율법으로 말미암았으리라." 이 조건절에 함축되어 있는 명제는 하나님께서 율법을 통해서 "의"와 "생명"을 줄 수 있도록 의도하신 적이 없다는 것으로 들린다.[39] 왜냐하면 첫 번째 조건절의 문장은 명시된 "조건"이 사실이 아니라는 것을 가정하는 문장이기 때문이다.[40] 조건절에 함축된 바울의 목적은 그렇다면 무엇인가? 그것은 율법이 본래 하도록 의도된 것을 성취하는 데 실패했기 때문이 아니라 하나님께서 그것을 통해 의와 생명을 주도록 의도하신 적이 없다는 것을 밝히는 것으로 보인다. 그렇다면 율법은 아브라함 언약과 마찬가지로 생명을 수여하는 두 경쟁적인 구원사의 원리가 아니다.[41] 사실 유대교에서는 율법이 이스라엘에게 영생을 제공하는 길로 생각되었음을 시사하는 분명한 경향들이 존재하지만(cf. *Aboth* 2.8; 6.1ff; *Sir.* 17.11; *Bar.* 3.9; 4.1),[42] 바울은 유대교에서 율법에 부여한 이러한 역할을 부정한다.

---

[39] "의"는 흔히 "생명"으로 인도하기 때문에 후자와 대등한 의미를 지니게 된다(cf. E. P. Sanders, *Paul and Palestinian Judaism*, 503; F. F. Bruce, *Galatians*, 180). 바울이 11절과 21절에서 언급하는 생명은 영적인 생명을 의미하며(cf. 롬 8:11; 고전 15:22; 고후 3:6, 6:63), 갈라디아서는 그것을 또한 "영생"으로 부른다(갈 6:8).
[40] 이한수, 갈라디아서 (도서출판 횃불, 1997), 323: cf. 1:10하; 고전 2:8; 요일 2:19.
[41] 그렇다면 율법을 온전히 지키기만 한다면 의와 생명이 주어질 수도 있지만, 인류는 본성상 그것을 온전히 성취하는 데 무능력하다는 전통적인 견해는 틀린 것으로 보인다. 이러한 전통적 견해를 옹호하는 학자들로는, R. Bultmann, H. Hubner, C. K. Barrett, C. E. B. Cranfield, D. J. Moo, P. Stuhlmacher 등을 들 수 있다.
[42] Cf. Bultmann, *TDNT* 2. 855-72; Strack-Billerbeck, *Kommentar* III, 129-31, 498ff.

바울 사도는 로마서에서 갈라디아서와는 약간 다른 입장을 취하는 것처럼 보인다: "*생명에 이르게 할 그 계명이 내게 대하여 도리어 사망에 이르게 하는 것이 되었도다*"(롬 7:10). 헬라어 표현에 들어있는 에이스($\epsilon\iota\varsigma$, "이르게 할") 전치사는 의미를 정확하게 규정하기가 어렵다. 바울은 계명이 (아직 소유하지 못한) 생명을 얻게 하기 위해 의도된 것으로 생각하는가, 아니면 (이미 소유한) 생명을 통제하고 증진하기 위해 의도된 것으로 생각하는가? 평행적인 표현인 "사망에 이르게 하는"이란 표현은 분명히 전자의 해석을 선호하게 만든다. 그렇다면 율법은 '본래' 생명을 주기 위해 의도된 것인가?

바울은 갈라디아서 3:21에서 이미 그 가능성을 부정한 바 있다. 가장 개연성이 있는 해석은 로마서 7장의 논의에 담긴 아담 암시 구절들을 조심스럽게 고려하는 것이다. 만일 아담이 계명에 따라서 살았더라면(창 2:16-17) 생명나무에 자유롭게 접근할 수 있었을 것이다(창 3:22 참조). 죄가 없었더라면 계명은 어쨌든 하나님과의 관계 속에서 생명에 이르게 만들었을 것이다. 하지만 죄의 세력이 개입되면서 율법은 실제로 범죄한 사람들에게 저주와 사망을 가져다주었고 하나님의 생명에서 소외되도록 만들고 말았다($\epsilon\upsilon\rho\eta\theta\eta$).[43]

갈라디아서 3:21의 조건절에는 생명을 줄 수 없는 율법의 "무능성"을 함축하는 표현이 사용된다: "만일 능히 살게 하는 율법을 주셨더면……." 바울은 로마서 8:3에서도 죄의 세력을 극복할 수 없는 율법의 "연약성"

---

[43] 헬라어로 "휴레떼"(*hyrethe*) 동사는 "발견되다, 판명되다"(BDB; BGD)라는 뜻을 갖는다. 로마서의 논의에서 아담의 타락 이전에 존재했던 "계명"이 후에 모세에게 주어진 "율법"과 연계되어 있다는 것이 눈에 띈다. 이 점에서 아담은 율법의 "prototypical recipient"라고 볼 수 있다(J. D. G. Dunn, *Romans 1-8*, 384; E. Kasemann, *Romans*, 196).

(weak)과 "무능성"(unable)을 부각시킨다. 그렇다면 바울은 왜 율법이 능히 생명을 줄 수 있는 능력이 없다고 생각하였는가? 왜 그것은 사람들의 지체 속에 역사하여 사망을 위하여 열매를 맺게 할 뿐인가(롬 7:5)? 이러한 질문에 답변하기 위해서는 율법을 "의문"(γράμμα)으로 간주할 뿐만 아니라 그것이 "죽이는" 효과를 지녔다고 진술한 바울의 본문들을 조심스럽게 분석해야 한다.

4.3 "의문은 죽이는 것이요"

바울 사도가 "의문"으로서의 율법을 새 언약의 질적 중심 규정인 "영"(πνεῦμα, spirit)과 대조하는 본문은 고린도후서 3:6-11이다. 바울은 여기서 율법의 수여자인 모세와 복음의 내용인 그리스도를 옛 언약과 새 언약의 신학적 틀 속에서 대조시킨다(cf. 3:3-4:6). 고린도후서 3장의 근저에 놓인 바울의 해석학적 출발점은 "새 언약"에 대해서 언급하는 예레미야 31:31-34이다. 예레미야서 본문에는 성령에 관한 언급이 없기 때문에 바울은 고린도후서 3장의 이야기를 진행하면서 자신의 해석 과정에서 새 언약과 성령의 사역을 연결시키는 에스겔 36:25-28을 예레미야서의 본문과 결합시켰을 것이다. 이것은 3절에서 "돌비"라는 이미지에 도달하자 "돌 같은 마음"(the heart of stone)과 "육의 마음"(the heart of flesh)을 대조하는 에스겔서의 이미지를 끌어들이는 데서도 나타난다(겔 11:19, 36:26).[44]

3장에서 "의문"과 "영"의 대조는 율법과 성령의 단순한 대조를 넘어서

---

[44] A. Plummer, *2 Corinthians* (ICC), 82.

사실은 구원사적 대조를 함축한다; 예수 그리스도 안에서, 율법을 돌비에 '글자'로 새겨 넣은 옛 언약 시대로부터 율법을 마음에 '영'으로 새겨 넣은 새 언약 시대로 시대가 결정적으로 바뀌었다. 바울은 옛 언약과 새 언약을 단계적이고 대립적으로 대조한다. 옛 언약과 새 언약은 영광상의 차이에 있어서나(9-11절), 은폐성과 개방성의 대비에 있어서나(14-17절), 사망과 생명의 대비에 있어서나(6-7절), 정죄의 직분과 의의 직분의 대비에 있어서(9절) 차이점을 드러낸다.[45]

우리의 눈길을 끄는 대목은 바울이 율법과 복음을 직접적으로 대비하기보다는 두 언약의 "직분"(ministry)을 비교하면서 "의문"과 "영"을 대비한다는 점이다: "의문은 죽이는 것이요 영은 살리는 것임이니라"(고후 3:6하). 헤이프만의 분석에 따르면, 바울은 율법이 "문자"로 작용하던 옛 언약의 직분과 율법이 "영"으로 작용하던 새 언약의 직분을 대조한다.[46] 좀 달리 표현한다면, "성령이 없는 율법"(the law without the Spirit)과 "성령과 함께한 율법"(the law with the Spirit)을 구원사적으로 대조하는 것이 바울의 본래 의도라는 것이다. 사실 바울이 인용한 예레미야서의 새 언약 본문은 바로 이 점을 극명하게 잘 설명해 준다; 예레미야는 율법이 필요했던 옛 언약 시대에서 율법이 더 이상 필요 없는 새 언약 시대로의 이전을 예언하지 않는다. 그는 옛 언약 아래서 고질화된 이스라엘의 불순종에 직면하여 율법을 더 이상 돌비에 문자로 새겨 넣지 않고 마음에 영으로

---

[45] G. Theissen, *Psychologische Aspekte paulinischer Theologie* (FRLANT 131, 1983), 124; J. Lambrecht, "Structure and Line of Thought in II Cor 2:14-4:4," *Biblica* 64 (1983), 344-380, 특히 358-380; W. C. van Unnik, "'With Veiled Face': An Exegesis of 2 Corinthians iii.12-18," *NovT* 6 (1963), 153-169.

[46] S. J. Hafemann, *Paul, Moses, and the History of Israel: The Letter/Spirit Contrast and the Argument from Scripture in 2 Corinthians 3* (Hendrickson, 1996), 454.

직접 새겨 넣는 새 언약 시대를 예언한 것이다. 사람의 인격의 중심인 "마음"을 근본적으로 변화시키지 않고서는 그들의 불순종의 문제를 해결할 수 없다고 보았기 때문이다.

그렇다면 바울이 "의문은 죽이는" 효과를 갖는다고 말한 이유는 자명해진다. 우리는 이미 앞에서 바울 사도가 두 언약의 "직분들" 사이를 대조하는 데 초점을 두고 있다고 지적한 바 있다. 그가 "의문은 죽이는" 효과를 가졌다고 말한 것은 바로 율법의 근본 내용보다는 글자언약으로서 율법이 갖는 "기능"을 염두에 두었기 때문이다. 성령의 도움 없이 돌비에 외적인 "글자" 또는 법조항으로만 주어진 율법이 완악하고 부패한 이스라엘의 마음을 근본적으로 변화시켜 순종할 줄 아는 참 하나님 백성으로 살아가게 할 능력이 없었다. 그것은 이스라엘의 죄악된 마음을 치유하기보다는 도리어 범죄할 수밖에 없는 딜레마에 빠진 그들을 정죄하고 저주를 선언하며 "사망을 위하여 열매를 맺게 하는"(롬 7:5) 도구가 되었다. 하나님의 뜻에 순종할 수 있다는 것은 이미 변화된 실존에게만 있을 수 있는 가능성인데, 이러한 가능성은 마음이 부패한 이스라엘의 가능성도 아니요 문자언약으로 주어진 율법의 가능성도 아니다. 그것은 하나님의 은총의 능력만이 줄 수 있는 가능성이다.

따라서 예레미야나 에스겔 선지자는 마음의 근본적 변화를 경험한 참 하나님 백성의 형성은 새 언약의 효과적인 속죄와 그것을 통해 역사하는 새 언약의 성령을 통해서 가능해질 것임을 예언하였다. 율법은 하나님의 백성이 살아가야 할 숭고한 삶의 표준을 담고 있다; 새 언약 시대가 도래한 뒤에도 그것은 여전히 참 하나님의 백성이 살아야 할 표준으로 남아있다(cf. 갈 5:14, 21-22, 6:2; 롬 8:3-4). 하지만 율법이 외적인 "문자"로 작용하는 한 그것은 마음과 행위가 부패한 이스라엘을 변화시켜 그 표준대로 살아가게 할 수 없는 구원사적 한계를 지녔다; "문자"로 성격 규정된 율법은 죄의 세력이 개입된 상태에서 그 자체의 지고한 표준, 즉 하나님 백성이라면 헌신된 마음으로 하나님을 사랑하고 이웃을 사랑하라는 "율법의 의로운 요구"를 성취하기에는 "연약했고" 또는 "무능력했다"(롬 8:3-4). 따라서 그것은 죄의 세력이 개입된 상황에서 죄를 지을 수밖에 없는 딜레마에 빠진 사람들을 정죄하고 "죽이는" 도구가 되었을 뿐이다.

4.4 율법은 "표면적 유대인"을 심판하는 도구이다

"의문"과 "영"의 대조가 나타나는 또 다른 구절은 로마서 2:27-29이다. "육신"과 "마음", 또는 "의문"과 "영"의 대조가 등장하는 것으로 보아서 바울 사도는 여기서 예레미야 31:31-34에 언급된 새 언약 사상을 암시하고 있는 것이 분명하다.[47] 의문과 영의 대조가 유대인들을 비판하는 문맥에서 등장하는 이유가 무엇인가? 2장에서 유대인들은 육신의 혈통이나 할례 그리고 율법 소유와 같은 언약의 외적 표지들을 붙잡고 언약백성으로서의 특권의식을 가진 자들로 묘사된다. 그들은 율법을 의지하고 자랑하는 자들이었으며(17, 23절) 이방인들에 대해서 선민적 우월의식을 가진 자들이었다(18-20절). 그들은 다른 사람들을 판단하는 재판자의 자리에 앉기를 좋아했지만 실상은 그들이 정죄하는 동일한 죄를 범하는 모순에 빠져 있었고(2-3절), 그러면서도 자신들을 하나님의 진노의 심판에서 면제받은 자들로 생각하였다(3절). 유대인들이 왜 심판에서 피할 줄로 생각

---

[47] Cf. J. Fitzmyer, *Romans: A New Translation with Introduction and Commentary* (New York: Doubleday, 1993), 323; 이한수, 로마서 I (도서출판 이레, 2002), 259.

했는지를 보여 주는 근거 구절이 4절에 함축되어 있다; 그들은 하나님의 언약적 성실성을 믿었다. 말하자면, 그들은 "인자하심과 용납하심과 길이 참으심에 풍성하신" 언약의 하나님을 믿었다.

유대인들이 자신들을 하나님의 언약백성으로 생각하였으며 인자하시고 긍휼과 오래 참으심이 풍성하신 여호와께서 그들의 하나님이라고 생각한 것은 분명하다. 사실 바울도 유대인들과 마찬가지로 언약적으로 성실하신 하나님을 믿었으며, 하나님께서 자신의 백성을 버리실 수 없다고 확신하였다(롬 11:1-2). 그렇다면 하나님의 언약적 성실성의 개념은 바울과 유대인 모두가 공유하는 신학적 명제인 셈이다. 하지만 로마서 2장에서 바울과 유대인들이 결정적으로 갈라서는 지점은 그것을 이해하는 방식에 있다; 유대인들은 그들이 비록 율법을 범할지라도 하나님은 자기 언약백성에 대해서 성실하시기 때문에 자신들을 버리실 수 없으며 따라서 진노의 심판에서 면제받았다고 생각하는 반면, 바울은 유대인들이 비록 하나님의 언약적 성실성을 믿었을지라도 율법을 범하는 그들의 범죄 행위들의 실상을 지적하면서 그들도 하나님의 진노의 심판을 피할 수 없다고 주장한다(2:1-3, 3:9).

바울은 로마서 1장에서 이방 세계가 다 하나님의 진노의 심판 아래 있다고 선언하였다. 이것은 바울과 유대인들이 다 동의하고 있는 명제일 것이 분명하다. 하지만 2장에서 그는 보다 논증하기 어려운 주제, 즉 유대인들도 하나님의 진노의 심판 아래 있다는 주제를 다룬다. 그것은 하나님의 언약백성이기 때문에 진노의 심판의 대상이 될 수 없다는 유대인들의 자의식에 도전하는 일이었다. 그럼에도 바울은 왜 유대인들을 이방인들과 마찬가지로 하나님의 진노의 심판 아래 있다고 선언하는가? 그는 하나님께서 자기 백성에 대한 언약적 성실성을 포기했다고 생각했는가, 아니면 하나님의 언약적 성실성을 율법 순종 행위에 조건지어져 있는 것으로 이해했는가?

상기 질문들에 대한 실마리는 로마서 2:28-29과 9:6-8에서 발견된다. 전자의 구절은 "표면적 유대인"과 "이면적 유대인"을 구분하는 구절이고, 후자의 구절은 하나님 백성의 정체성을 재정의하는 구절이다: "이스라엘에게서 난 그들이 다 이스라엘이 아니요……육신의 자녀가 하나님의 자녀가 아니라." 바울은 아브라함의 육신적 후손이라고 해서 다 참 하나님 백성이 아니며 그들 가운데 많은 수가 "표면적 유대인"에 불과하다고 판단한다. 그들은 혈통이나 할례 같은 언약의 외적 표지들을 내세우는 사람들이요 율법을 "의문"의 수준에서만 붙들면서 실상은 그것을 범하는 껍데기 유대인들일 뿐이었다. 그들도 심판 아래 있다고 간주한 것은 바울이 그들을 "이 세상의 일부"라고 보았기 때문이다.[48]

우리가 이미 관찰한 대로, "의문"과 "영", 또는 "육신"과 "마음"의 대조는 예레미야와 에스겔 선지자들이 언급한 새 언약 사상을 함축하고 있다. 그렇다면 "표면적 유대인"은 "육신"과 "의문"으로 대표되는 언약사의 외피적 요소들만 붙들고 있는 자들이다. "표면적"이란 표현은 육신적 유대인들이 언약사의 심층적 흐름, 즉 성령을 통한 마음의 근본적 변화를 지향하는 하나님의 근본적 요구를 놓쳐버린 그들의 "피상성"을 드러내준다. 율법을 "의문"으로 규정한 일도 역시 두 가지 차원을 지닌다: 첫째로, 그것은 외적인 글자로 작용하는 한에서 변화된 참 하나님 백성을 형성할 수 없는 율법의 피상성 내지 무능성을 함축하고 있고; 둘째로, 그것은 율법을 자신들의 육신적 신분 표지로 자랑하면서(롬 2:17, 23) 실상은 하나님을

---

[48] 이한수, "로마서에 나타난 바울의 유대교 비평: 실천적 유추의 전망에서 본 접근", 신학지남 제274호 (2003, 봄호), 83-126.

사랑하는 마음으로 율법을 순종하지 못하는 그들의 삶의 피상성을 드러내 준다. "의문"으로 규정된 율법은 마음의 근본적 변화를 경험한 순종하는 참 하나님 백성을 형성할 수 없다. 때문에 그것은 범죄할 수밖에 없는 그들의 딜레마 속에서 그들에게 생명이 되기보다는 정죄와 사망의 도구가 될 뿐이다.

바울이 율법에 대해서 부정적인 진술을 한 대부분의 경우는 그리스도와 성령 안에서 변화된 실존을 경험하기 전의 전망 속에서 이해될 필요가 있다. "의문은 죽인다"고 말할 때 바울은 그리스도 사건 안에서 도래한 새 언약 시대의 전망에서 말한 것이 아니다. 율법은 변화된 실존을 경험하지 못한 "표면적 유대인들"에게 그들의 정체성, 다시 말해서 세상적 존재의 일부로서 하나님의 진노의 대상이 된 그들의 정체성을 폭로하는 도구일 뿐이다. 율법은 그들에게 생명을 얻는 길이 아니라 사망을 위하여 열매를 맺게 하는 도구일 뿐이다(롬 7:5, 10).

바울은 로마서 2장에서 유대인들이 처음에는 하나님의 백성이었는데 율법을 범했기 때문에 그의 언약백성 된 신분을 상실했다고 말하려는 것이 아니다. 그는 도리어 율법을 범하는 그들의 삶의 실상을 살필 때 그들이 기껏해야 "표면적 유대인들"일 뿐이라는 것, 즉 하나님의 진노의 심판 아래 있는 세상적 존재에 불과하다는 사실을 말하고자 한다. "의문"으로서의 율법은 그들을 "죽이는" 정죄의 수단일 뿐이다. 그것은 타락한 "표면적 유대인들"을 변화시켜 생명을 불어넣을 수 없다. 그들을 변화시킬 수 있는 것은 "의문"으로서의 율법이 아니라 새 언약의 성령뿐이다. 새 언약 시대가 내다본 비전은 율법과 할례를 "의문"과 "육신" 차원에서 붙들고 있는 자들이 아니라 "성령"을 통해 마음의 할례를 받아 율법을 자발적으로 순종하게 된 자들을 형성하는 일이다.

4.5 그리스도와 성령만이 율법을 생명의 길로 만든다

구원의 시대에 사람들이 변화된 실존이 되는 것은 십자가 사건과 새 언약의 영을 통해서 가능할 뿐이다. 공관복음서에서 예수께서는 자신의 십자가와 부활 사건을 통해 "손으로 짓지 아니한" 새로운 성전 공동체, 즉 열매를 맺는 참 하나님 백성을 형성할 것을 예고하셨던 것처럼(마 21:42-43; 막 12:10; cf. 막 14:58), 바울 역시 새로운 순종이 가능해진 참 하나님의 백성이 예수의 십자가와 부활 사건을 통해 형성되기 시작했다고 가르친다(롬 6:1-23; cf. 갈 6:14-15; 엡 2:11-21).

십자가와 부활 사건은 2천 년 전에 신자들과 관계없이 일어난 어떤 중립적인 사건이 아니라, 믿음을 통해서 신자들이 함께 참여한 "신비적 연합의 사건"이다. 그것을 통해 사람들은 죄와 옛 사람에 대한 자신의 "죽음"을 경험하고 부활하신 그리스도와 함께 부활의 "새 생명"을 경험하게 되었다.

바울이 말하는 구원은 그리스도의 죽음과 부활에 연합하여 "죽음"의 질서에서 "생명"의 질서로 옮겨가는 사건이다. "의문"으로 작용하던 율법은 과거에 이러한 일을 할 수 있는 능력이 없었다(롬 8:3). 하지만 하나님은 그리스도 안에서 신자들을 죄에 대해서 "죽고" 하나님에 대하여 "살게" 만드셨다(롬 6:11).

예수 그리스도의 십자가와 부활 사건은 옛 사람에 대한 죽음을 경험하게 함으로써 "새 생명 가운데서 행하게 하려는"(롬 6:4) 목적을 지향한다(cf. 갈 2:19-21). 그리스도 안에서 새 생명을 경험한 신자들은 이제 "하나님을 대하여 사는 자"(갈 2:19-21), 다시 말해서 하나님께 순종하는 변화된 존재가 되었다. 순종은 자신이 얻은 새 생명이 나타난 삶의 구체적인 표현이다. 구원 얻은 신자들은 하나님의 뜻에 대한 순종의 삶을 통해서 "하나님에 대하여 산 자"가 되었다는 것을 논증하는 자들이다. 그들은 구원을 얻은 결과로 "거룩함에 이르는 열매"를 맺게 되었으며, 그들은 이러한 점진적인 성화(聖化)의 과정을 통해서 마지막 "영생"에 들어가도록 작정된 사람들이다(롬 6:22).[49]

율법에 대한 바울의 긍정적 평가들이 들어서는 자리가 바로 여기에 있다. 율법은 옛 언약 시대에 죄의 세력을 극복하기에는 "연약했고" 또한 "무능력했다"(롬 8:3). 하나님은 이제 그리스도 안에서 율법이 전에 할 수 없었던 그것을 하신다. 하나님은 아들을 육신을 입은 존재로 세상에 보내셔서 십자가에 못박으심으로써 육의 질서를 지배하고 있는 죄의 세력을 단번에 처리하셨다. 십자가 사건은 이제 육을 좇지 않고 성령을 좇아 행하는 신자들의 순종의 삶 속에서 율법의 의로운 요구들을 성취할 수 있는 길을 열어놓았다(롬 8:4).

"율법의 요구"라는 말은 하나님께서 자기 백성들에게 기대하는 삶의 요구를 가리킨다. 그것은 공관복음서에서 예수께서 인용한 "크고 첫째 되는" 율법의 계명들(마 22:36-40), 즉 하나님을 사랑하고 이웃을 사랑하라는 근본 계명들 가운데서 잘 나타난다. 바울은 사랑을 "율법의 완성"(롬

---

[49] 개혁신학자들은 이 점에서 신자의 순종적 삶이 영생과 연결되어 있다는 사실을 분명하게 인정한다.: cf. J. Calvin, *Institutes of the Christian Religion*, Vol. II (The Westminster Press: Philadelphia), III.14.20-21: "자신의 긍휼로 영생을 유업으로 얻도록 작정하신 사람들을 주는 평상적인 섭리 방식을 따라, 즉 선행을 수단으로 (by means of good works) 영생을 얻도록 하셨다."; 박형룡, 박형룡박사저작전집 VII: 종말론, 338: "성도들의 선행은 그들의 그리스도를 믿는 신앙의 과실이기 때문에 그리스도의 공로의 전가를 받아 그들의 구원과 상을 위한 근거로 된다."; Chul Won Suh, *The Creation-Mediatorship of Jesus Christ. A Study in the Relation of the Incarnation and the Creation*, (Ph.D Dissertation Amsterdam, 1982), 93; A. A. Hodge, 웨스트민스터 신앙고백 해설 (김종흡 역: 크리스챤 다이제스트, 1998), 290.

13:10)이라고 불렀다; 이웃을 자기 몸처럼 사랑하는 사람은 온 율법을 다 성취한 것이나 다름이 없다(갈 4:14). 그런데 예수 그리스도의 죽음과 부활과 연합하여 죽음의 질서에서 생명의 질서로 옮겨온 신자들은 이제 성령을 통해 "새 생명 가운데서 행함"으로써 율법의 의로운 요구대로 하나님을 사랑하고 이웃을 사랑할 수 있게 되었다. 그들이 성령을 좇아 행함으로써 나타내는 "성령의 열매"는 율법의 근본정신과 결코 모순된 것이 아니다(갈 5:22-23).[50]

특별히 성령의 열매 가운데 가장 전형적인 사랑은 율법의 가장 근본이 되는 계명이다. 바울 사도는 신자들이 서로의 짐을 짊어지는 사랑의 삶을 통해서 "그리스도의 법을 성취하라"(갈 6:2)고 교훈한다. 여기서 "그리스도의 법"이란 말은 그리스도께서 자신의 십자가의 희생적 사랑으로 성취하신 율법(롬 5:8; cf. 요 3:16), 또는 그러한 정신으로 재해석하고 교훈하신 율법을 가리킬 수 있다.[51] 그리스도께서 교훈하시고 실천하신 방식대로 율법을 성취하는 것은 바로 성령을 좇아 행하는 그리스도인의 삶과 모순된 것이 아니다.

최갑종 교수의 진술은 이 점에서 옳다: "'사랑으로 율법을 성취하라'는

---

50) 한글개역성경에 "금지할"이란 말로 번역된 술어는 본래 헬라어 전치사 카타(*kata*)를 의역한 것인데, 이 전치사는 다양한 의미로 번역될 수 있다: 1) "…에 관련하여"(concerning)란 뜻으로 번역될 수 있다 (G. M. Styler, "The Basis of Obligation in Paul's Christology and Ethics," in: *Christ and Spirit in the New Testament* (1973), 175-85); 2) "…에 반대하여" (against, in contradiction to)로 번역될 수 있다 (Cf. Burton, *Galatians*, 318; R. Bring, *Galatians*, 267-8; Mussner, *Galater*, 389). 전자의 해석은 흔치 않은 의미를 적용하는 약점이 있으며 더욱이 온 율법이 이웃 사랑의 계명에서 성취된다는 5:14의 진술과 정면으로 모순된다. 따라서 후자의 의미로 해석하는 것이 정당하다: cf. 이한수, 갈라디아서 (도서출판 햇불회, 1997), 537ff.

51) Cf. J. M. G. Barclay, *Obeying the Truth: A Study of Paul's Ethics in Galatians* (T. & T. Clark:Edinburgh, 1988), 131-32; In-Gyu, Hong, *The Law in Galatians* (JSOT Press, 1993), 173-83을 참조하라.

말과 '성령을 좇아 행하라'는 말은 서로 상반된 말이 아니라 사실상 서로 동일한 의미를 지녔다".[52] 성령을 따라 행함으로써 사랑을 실천하는 사람은 사실은 율법을 다 성취한 것이나 다름이 없다. 이로써 율법은 그리스도 사건과 성령을 통해 변화된 실존을 경험한 하나님의 백성에게 비로소 생명의 길이 된다. 율법에는 참 하나님 백성의 삶이 어떠해야 되는가를 밝힌 하나님의 의도가 담겨 있는데, 율법에 담긴 하나님의 이 의도가 "새 언약의 중심 내용인 그리스도"와 "새 언약의 능력인 성령"을 통해서 비로소 성취된다.

5. 결론적 관찰들

신약의 저자들은 그들의 저술 속에서 "생명과 죽음" 또는 "복과 저주"와 같은 특징적인 언약적 술어들을 사용하고 있지만, 그런 술어들은 시간이 흐르면서 특정한 의미의 신학 술어로 탈바꿈하거나 본래의 문맥에서 떨어져 나와 상당한 의미 변화를 겪게 되었다. 더구나, 최근의 학자들은 그것들이 본래의 문맥 속에서 어떤 언약신학적 의의와 중요성을 갖고 있는지 간과하는 경향이 있다.

한 훌륭한 본보기가 "생명"이란 술어이다. 이것은 최근의 신약신학에서 (본래는 언약 안에 약속된 축복들을 요약하는) 그 중요한 언약적 문맥에서 떨어져 나와 다른 의미로 사용되는 경우가 많다. 이 술어가 갖는 언약적 함축들을 억압해버리고 "자연적 또는 신적 세력"을 가리키는 헬라철학의

---

52) 최갑종, 바울연구 II (기독교문서선교회, 1997), 355; cf. 홍인규, "갈라디아서와 로마서에 나타난 율법의 완성과 마지막 심판", 개혁신학 2 (1995), 40-48.

조에(zoe)의 의미로 파악하는 것은 잘못된 것이다.[53] 이것은 오히려 히브리적 의미로 하나님과 연계된 생명, 즉 생명의 근원이신 하나님의 임재 속에서 누리는 최상의 삶의 질을 가리킨다.

구약과 공관복음서는 율법 순종과 생명 개념을 긴밀하게 연관시킨다. 이에 반해서 바울 서신은 그러한 연관성을 강하게 부정하는 것으로 보인다. 단적인 예로, 예수는 율법을 생명에 이르는 길로 제시하려고 레위기 18:5을 긍정적으로 인용하는 반면에, 바울은 그것을 부정하는 차원에서 레위기 18:5을 인용한다. 율법과 생명의 관계를 파악하는 일에 있어서 과연 예수와 바울은 다른 이해를 가지고 있었는가? 구약, 공관복음서, 그리고 바울 서신 사이에 나타나는 이러한 긴장은 본질적으로 언약신학의 구조적 성격, 즉 언약을 '은혜'로 보는 개념과 그것을 '요구'로 보는 개념 사이의 균형성 문제와 밀접하게 연관되어 있는 것이 사실이다. 이러한 균형성 차원에서 볼 때 우리는 이제 구약, 공관복음서, 그리고 바울 서신이 율법과 생명의 관계를 어떻게 파악하고 있는지, 과연 그들 사이에 본질적인 전망 차이가 있는지 관찰할 필요가 있다.

5.1 결론적 요약과 관찰

필자는 구약, 공관복음서, 그리고 바울 서신에서 율법과 생명의 관계에 대하여 지금까지 논의한 결과들을 요약함으로써 결론을 맺고자 한다:

첫째로, 구약에서 율법이 생명을 얻는 길로 간주된 것은 신적인 선택과 출애굽 구원사건을 전제한 것이다. 이런 사건들에 기초해서 이스라엘이

---

53) M. A. Elliot, *The Survivors of Israel*, 246.

언약백성 된 신분을 갖게 되었으면서도 동시에 "생명과 사망", "복과 저주"가 율법 순종 여부에 달려있는 것처럼 묘사된다(레 18:5; 신 30:16-29; 겔 18:9). 구약의 이러한 언약 개념 때문에 엘리옷은 그것을 "매우 개인적이고 조건적인" 성격을 띤 것으로 평가하기까지 하였다(*The Survivors of Israel*, 263). 하지만 "조건"이란 개념은 신분이 행위에 의해 결정된다고 보는 개념이기 때문에 조상들과 맺은 언약을 전제하는 구약 언약신학을 해석할 수 있는 합당한 술어로 보이지는 않는다.

둘째로, 언약의 표층적 전망에서 보면 이스라엘은 일단 언약 "안에" 들어와 있는 하나님 백성으로 간주된다(출 4:22; 호 11:1). 하지만 계속되는 이스라엘의 범죄와 배교에 직면하여 후기 선지자들은 육신적인 이스라엘 전체를 다 참 하나님 백성으로 간주하기를 거부하고 소수의 "남은 자"만을 참 이스라엘로 간주하기 시작한다(사 10:22; cf. 롬 11:4-6). 이들은 여호와 하나님에 대한 헌신과 순종으로 특징화되는 사람들이다. 중간사 시대의 분파운동들은 바로 이러한 남은 자 신학의 패턴을 좇아가고 있고, 예수와 바울의 신학은 기본적인 사고 틀에서 그들의 신학패턴과 유사한 점이 많다. 이로써 율법 순종과 관련해서 하나님의 참 백성이 누군가에 대한 재정의 작업이 이루어진다.

셋째로, 후기 선지자들은 율법 언약이 이스라엘의 불순종과 배교의 문제를 해결할 능력이 없음을 깨닫고 이스라엘의 마음의 근본적 변화를 가져올 새 언약 시대를 예고하였다(렘 31:31-34). 그들은 그러한 변화가 효과적인 속죄와 새 언약의 영을 통해 가능해질 것으로 보았다(겔 36:25-28). 새 언약의 속죄는 성령을 통한 인간 마음의 근본적인 변화를 지향하며, 중간사 시대의 어떤 유대교 문헌들은 새 언약의 성령을 통해 이러한 근본적 변화를 겪은 자들이 비로소 참 하나님의 아들들로 불릴 것이라고 주장하였다(*Jubilees* 1:23-25).[54] 신약에 와서 남은 자 신학이 새 언약 사상과 만나는 지점이 바로 여기에 있다. 육적인 이스라엘은 외형적으로는 언약 "안에" 있는 자들로 간주되기는 하지만(cf. 롬 9:1-6; 엡 2:11-12), 문자언약에 불과한 율법이 그들을 참 하나님의 아들로 변화시킬 능력이 없고 성령만이 그것을 하실 수 있다(롬 8:3; 갈 4:21-30). 따라서 요한과 바울은 참 하나님 백성의 형성을 심지어 예정론적 사고와 연결시킨다는 점에서 언약의 은혜성 차원을 그대로 유지한다(요 6:37-40, 44; 롬 11:1-2).

넷째로, 공관복음서와 바울 서신은 모두 참 하나님 백성이 예수의 메시아적 천국 사역과 십자가 죽음과 부활, 그리고 그를 통해 역사하는 새 언약의 성령을 통해 형성되기 시작하였다고 본다. 예수께서는 율법을 자신의 천국복음의 메시지와 대립적인 관계 속에서 보지 않는다. 예수는 율법을 폐하러 오신 분이 아니라 그 근본 의도를 성취하러 오신 분이시다(마 5:17-18). 그는 율법에 담긴 근본정신을 종말론적으로 새롭게 재해석하시고 그것을 자신의 천국복음의 메시지 속에 수렴하셨다. 율법은 서기관과 바리새인들이 해석하고 교훈한 그런 방식이 아니라 예수의 메시아 사역 속에서 새롭게 해석될 필요가 있었다. 그렇다면 율법이 지향하는 근본 의도는 예수의 천국복음 가운데서 계시되어 나타났으며 성취되었다. 예수의 말씀 사역을 통해서 천국을 경험한 사람들은 변화된 실존 속에서 율법의 근본정신을 실천하고 순종하는 자들이다. 그들이 바로 예수의 참 가족인 것이다(막 3:34-35).

---

54) 요한이 어떻게 십자가 구속과 새 언약의 성령을 절묘하게 연관시키는 가에 대해서는 본인의 저서, 신약은 성령을 어떻게 말하는가 (도서출판 이레, 2002), 306-12를 참조하라.

하나님의 뜻을 행할 줄 아는 예수의 가족 또는 참 하나님 백성의 형성은 예수의 지상사역을 통해 형성되기 시작하였지만 그 결정적인 계기는 예수의 십자가와 부활 사건이다. 예수께서는 자신의 십자가와 부활 사건을 통해 "손으로 짓지 아니한" 새로운 성전 공동체, 즉 열매를 맺는 참 하나님 백성을 형성할 것을 예고하셨다(마 21:42-43; 막 12:10; cf. 막 14:58). 예수 안에서 하나님 나라와 십자가 구속을 경험한 자들만이 "생명"을 소유한 변화된 하나님 백성이다. 그들은 예수 안에서 비로소 "생명"을 소유한 자들로서 율법의 근본 의도를 성취할 수 있게 된 자들이다. 천국은 바로 이런 사람들이 들어가는 나라이다.

바울도 역시 십자가 구속을 경험한 자들만이 "생명"을 소유한 변화된 하나님 백성으로 본다. 그들은 예수 그리스도와 함께 연합하여 옛 사람에 대해 죽고 부활의 새 생명을 소유한 자가 되었기 때문에 이제 비로소 "새 생명 가운데서 행하게 된"(롬 6:4) 자들이다. 그들은 "하나님을 대하여 산 자"(롬 6:11; 갈 2:19)가 되어 "거룩함에 이르는 열매"를 맺음으로써(롬 6:22) 율법의 의로운 요구를 성취할 수 있게 된 자들이다(롬 8:3-4). 그리스도인들은 거룩함에 이르는 열매를 맺고 성령을 통해 율법을 성취하는 과정에서 마지막 영생을 얻도록 작정된 자들이다. 바울에게 있어서 성령을 좇아 행하는 것과 사랑을 실천함으로써 율법을 성취하는 것은 다른 것이 아니다(롬 3:31). 그렇다면 사랑을 실천함으로 율법을 성취하는 신자의 삶은 그리스도의 구속이 가져온 변화의 결과이며, 영생은 그러한 사람이 들어가는 축복이다.

다섯째로, 그렇다면 바울은 왜 율법을 생명 얻는 길로 간주하기를 거부하는가? 피상적으로만 보면, 바울은 구약과 공관복음서가 교훈한 율법 이해들을 정면으로 도전하는 것처럼 보인다. 이러한 문제를 올바로 풀기 위해서는 율법을 "의문"으로 규정한 바울의 의도를 파악해야 한다.

"의문"과 "영"의 대조는 일차적으로 구원사적 대조의 의미를 갖는다. 그리스도 안에서 율법을 돌비에 문자로 새겨 넣는 시대에서 율법을 마음에 직접 새겨 넣는 시대로 결정적으로 바뀌었다. 두 시대를 대조하는 전망 속에서 볼 때 "의문"과 "영"의 대조는 여러 가지 중요한 함축들을 가지고 있다. "의문"으로서의 율법은 성령을 따라 난 참 하나님 백성을 형성하지 못하며(갈 4:21-31) 그들에게 "생명"을 불어넣어 변화된 존재가 되게 할 수도 없다. 유대인들은 육신의 할례와 혈통을 내세우고 외적인 "글자" 수준에서 율법을 의지하고 자랑하면서도 사실은 율법백성답게 사는 데 실패한 "표면적 유대인"에 불과하였다(롬 2:28-29). 바울은 그들을 참 하나님 백성으로 보지 않고 단지 심판 아래 있는 이 세상의 일부로 간주할 뿐이다. "의문"으로서의 율법은 표면적 유대인에 불과한 유대인들의 정체를 드러내고 정죄하여 결국은 "죽이는" 도구가 될 뿐이다.

바울은 여기서 공관복음서와 다른 전망을 취하고 있음이 분명하다. 율법에 대한 바울의 부정적 진술들은 기독론과 성령론의 테두리 밖에서 "의문"으로서 파악된 율법의 기능과 관련이 있다면, 율법을 생명 얻는 길로 언급하는 예수의 긍정적 진술들은 은총의 질서인 하나님 나라의 도래와 그의 십자가 구속을 전제한다. 마찬가지로, 공관복음서의 예수는 레위기 18:5을 그러한 전제 속에서 긍정적으로 접근하고 있는 데 반해서, 바울은 레위기 18:5을 그리스도 밖에서 문자언약으로 작용할 뿐인 율법 자체의 전망에서 접근한 것이다. 이들 사이의 전망의 차이를 인정하기만 한다면, 예수와 바울은 모두 그리스도 안에서 성취된 율법을 생명과 긴밀하게 연관시킨다(롬 8:12-13 참조).

5.2 은혜성과 요구성의 균형성

우리는 앞에서 신구약의 언약신학을 수립하는 일이 본질적으로 은혜성과 요구성의 균형성을 어떻게 정립하는가에 달려있다고 지적한 바 있다. 언약신학의 과거 발자취를 살펴보면 "은혜성"과 "요구성"의 균형이 한쪽을 강조하기 위해 다른 쪽을 희생시키거나 평가절하시키는 방향으로 깨어지는 경향을 보여 왔다.

언약의 "은혜성" 측면을 강조하면, 하나님은 이스라엘 민족과 언약을 맺으셨기 때문에, 언약과 그 축복들은 이스라엘의 국가적이고 민족적인 소유가 된다. 이러한 언약적 사고방식에는 '국가주의적인 언약적 사고'가 자리를 잡게 된다.[55] 자연히 하나님과 이스라엘의 언약 관계는 "무조건적이며", "깨질 수 없고", "영구적이며", "변개 불가능하며", "궁극적이며", "국가적이며", "정체된" 성격을 띨 수밖에 없다. 최근의 학자들 가운데는 언약의 "은혜성" 측면을 일방적으로 강조하여 이러한 민족주의적이고 무조건적인 언약 개념을 옹호한다. 대표적인 학자가 샌더스이다; 그는 하나님께서 이스라엘을 민족적으로 선택하셨기 때문에 *b. Sanhedrin* 10.1과 같은 유대교 문헌을 인용하면서 "온 이스라엘은 다 오는 세대에 참여하게 될 것이라"고 보았다.

이와는 반대로, 언약의 "요구성" 측면을 강조하면, 언약은 이스라엘 백성에게 요구되는 의무들을 실행하는 것에 조건지어진 것으로 여겨진다. 고대 근동의 계약 관습들에 따르면, 종주권자가 계약 당사자들과 계약을 맺어 그들에게 규정들을 준수하고 지킬 것을 요구한다. 이러한 계약 규정

---

55) Cf. B. Longenecker, "Ethnocentric Covenantalism," in: *Eschatology and the Covenant: A Comparison of 4 Ezra and Romans 1–11* (JSNT 57: Sheffield: JSOT, 1991), 174ff.

들을 준수하는 데 실패하면 언약은 깨어지고 자연히 무효화가 된다. 따라서 언약의 법률적인 측면들이 강조된다. 언약 준수 여부는 개인들이 결정할 문제이기 때문에, 이러한 언약 개념은 자연히 "개인적이고 조건적인" 성격을 띠게 된다. 하지만 개인들이 이러한 조건들을 지킬 것인가는 불확실하기 때문에, 언약을 갱신하는 수단들이나 또는 실패한 언약을 대체하는 다른 언약을 제정할 가능성이 제기된다. 따라서 이러한 언약 개념은 자연히 첫 번째 개념과는 달리 "역동적이고", "개인적이며", "조건적이고", "법률적이며", "갱신 가능하고", "계시적"인 성격을 띠게 된다.[56]

논문을 맺기 전에 한 가지 더 언급할 주제가 있다. 율법 백성인 육신적 이스라엘은 아브라함과 맺은 언약과 출애굽 구원사건으로 인해서 하나님의 언약백성으로 불리는 자들이지만, 구약에서 "생명과 사망"이 그들의 율법 순종 여부에 달려있는 것처럼 묘사되기도 한다. 어떻게 보면 은혜성의 범주 속에서 조건적 요소들이 공존하는 것처럼 보인다. 사실 율법 아래 있었던 과거 이스라엘의 역사는 반역과 불순종의 역사였고, 그들의 불순종에 대한 하나님의 징계와 심판의 역사였다. 이것은 구약의 언약신학에서 이스라엘의 삶의 책임이 얼마나 준엄한가를 여실히 보여 준다.

예레미야와 같은 후기 예언자들은 문자언약으로 주어진 율법이 그들에게 생명을 불어넣어 율례와 법도를 자발적으로 순종할 줄 아는 참 하나님 백성으로 변화시킬 능력이 없다는 사실을 서서히 인식하기 시작한 것으로 보인다. 따라서 그들은 시내산 언약 아래 있었던 육신적 이스라엘 모두를 참 하나님 백성으로 보지 않고 오직 순종하는 삶으로 특징화되는 남은 자만을 참 이스라엘로 간주하기 시작한다. 하나님께서 자신의 창조적 주도

---

56) M. A. Elliot, *The Survivors of Israel*, 248.

권에 의해서 그들을 형성한다는 점에서 후기 예언자들 역시 새 언약의 "은혜성" 측면을 여전히 유지하고 있고, "요구성" 차원은 바로 전자의 직접적인 결과로 해석되는 것이 분명하다. 새 언약의 영을 통해 변화된 실존이 된 자들은 이제 새로운 인식과 새로운 순종이 가능해진 존재이기 때문이다.

은혜성과 요구성의 이러한 균형은 예수와 바울에게 와서 좀더 분명한 방향으로 세워진다. 그들은 모두 구약의 남은 자 신학의 패턴을 따르면서 거기에다 새 언약 사상을 접목한다. 남은 자들의 종말론적인 형성은 새 언약의 속죄와 성령을 통해서만 가능할 뿐이다. 그들은 마음의 근본적 변화를 경험하고 하나님 나라에 합당한 열매를 맺게 된 자들이다. 요한과 바울은 그들의 존재를 예정론적 시각을 가지고 접근한다(요 6:37-40, 44-45; 롬 11:2). 그들의 존재는 하나님의 주권적 선택에 있으며, 그들의 신분은 단지 순종하는 삶으로 드러날 뿐이다. 여기서 예수와 바울은 모두 "실천적 유추", 즉 "열매로 그 나무를 안다"는 진술에 함축된 추론방식을 채택한다(마 7:21-22; 살전 1:3-4). 이러한 추론적 지식은 하나님이 소유한 것과 같은 절대적 지식이 아니기 때문에 참된 신앙 고백과 참된 사랑의 실천은 참 하나님 백성의 신분 정체성을 논증해주는 방식이 된다.

이러한 추론방식은 역사적 그리스도인들의 범죄에 대해서는 강한 경고 형식으로 나타나기도 한다. 바울은 육체의 일들을 행하는 갈라디아 기독교인들에게 "하나님의 나라를 유업으로 받지 못한다"(갈 5:21; cf. 고전 6:8-11)고 경고하기도 하고, 신명기 저자처럼 "생명과 사망"의 선택과 같은 언약적 주제를 사용하여 육체를 따라 살지 말 것을 권하기도 한다(롬 8:12-13). 이러한 경고와 권면들은 신자들도 불순종하는 삶으로 인해 이미 얻은 영생을 언제라도 상실할 수 있다는 의미로 해석되어서는 안 된다.

하나님이 자기 백성을 버리시는 일이 없다고 확신했던(롬 11:1-2) 바울이 그러한 조건주의적 사고로 뒷걸음질할 수 없음이 분명하다. 그것들은 참 하나님 백성이라면 순종하는 삶을 통해 그들의 진정한 정체성을 논증하라는 의미로 해석되어야 한다. "하나님의 뜻대로 행하는 자라야 천국에 들어간다"는 예수의 말씀(마 7:21)도 "그의 열매로 그들을 알리라"는 진술의 빛 속에서 해석되어야 한다. 달리 표현한다면, 천국은 "하나님의 뜻대로 행하는 자" 또는 "열매를 맺는 자"가 들어가는 나라이다. 그들이 바로 예수의 참 가족이기 때문이다(막 3:35). 만일 어떤 신자가 육체적인 삶을 습관적으로 지속하며 회개하지 않는다면 사실 그가 처음부터 구원을 경험한 참 신자인지를 의심해야 한다(갈 4:19-20; cf. 요일 2:19). 어떻게 이보다 더 절묘한 균형이 존재할 수 있는가? 예수와 바울은 때로 율법 순종을 생명을 얻는 것과 연결시키기는 하지만, 그것을 철저하게 은혜성 차원에서 해석함으로써 균형성을 잃지 않는다.

예수와 바울의 신학 가운데서 발견되는 은혜성과 요구성의 균형은 구약의 언약신학의 구조를 해석할 때 역으로 적용될 필요가 있다. 구약의 언약신학은 선택과 출애굽 구원사건을 전제한다는 점에서 은혜성에서 출발하면서도, "생명과 사망" 또는 "축복과 저주"가 율법 순종 여부에 달려 있는 것처럼 말한다. 사실 율법 아래 있었던 이스라엘의 과거 역사는 불순종과 배교의 역사였으며 지속되는 하나님의 심판의 역사였다. 바울은 로마서에서 하나님께서 과연 자기 백성 이스라엘을 버리셨는가를 질문할 정도로 마음의 큰 고통을 느끼기까지 한다(롬 9:1-2, 11:1-2). 하지만 바울은 하나님의 언약적 성실성이라는 신학적 큰 원리를 희생시키지 않고 하나님 백성의 정체성을 재정의함으로써 문제를 돌파한다. 이스라엘에게서 난 사람들이라고 해서 다 참 이스라엘이 아니며 아브라함의 육신의 후손이라고 해서 다 참 하나님 자녀가 아니라는 것이다(롬 9:6-8). 후자는 하나님의 은혜로운 선택에 의해서 존재하게 된 "남은 자들"로 제시되며, 그들은 모두 엘리야 시대에 "바알에 무릎을 꿇지 않은" 순종으로 특징화된 사람들이었다(롬 11:4-6). 하나님의 언약적 성실성은 불순종하는 "표면적 유대인"에게 해당되지 않고 "그의 미리 아신 백성" 또는 "은혜로 택하심을 받은 남은 자"에게 해당될 뿐이다. 하나님은 그들을 버리시는 법이 없다.

바울의 이러한 언약사 해석은 구약에서 조건절 형태로 자주 나타나는 명령들을 해석할 때 적용될 필요가 있다. 육신적 이스라엘은 언약의 표층구조에서 볼 때 언약 "안에" 있는 자들로 간주되지만(엡 2:11-12; 롬 9:1-6), 예수와 바울은 그들 모두를 참 하나님 백성으로 보지 않는다. 그들 가운데는 불순종으로 인해 율법의 저주 아래 처해진, 즉 하나님의 생명에서 떠난 "죽음"의 존재들이 많았다(엡 4:18 참조). 이 점에서 "언약"(言約)은 버림받은 자들과 택함받은 자들을 분리시키는 "중간길"(*medium quiddam*)이라고 파악한 칼빈의 진술은 시사하는 바가 많다.[57] 결국 육신적 이스라엘 가운데 불순종함으로써 율법의 저주 아래서 "사망"에 처해진 자들은 참 하나님 백성이었다가 떨어져 나간 자들이 아니라 사실은 처음부터 "표면적 유대인"에 불과한 자들이었다(롬 2:28-29). 이렇게 해서 바울은 하나님의 주권과 그의 언약적 성실성에 나타난 은혜성 차원을 희생시키지 않으면서도 동시에 인간의 책임의 실재를 강조할 수 있었다.

---

57) J. Calvin, *Institutes of the Christian Religion*, III.21.7; cf. 이한수, "로마서에 나타난 바울의 유대교 비평: 실천적 유추의 전망에서 본 접근", 신학지남 제274 호 (2003년, 봄호), 124-5.

제 **8** 장

율법과 성령 :

구원사적 대조 속에 나타난 그 실천적 의의들

율법의 중요성은 유대교에 헌신하던 이스라엘 백성들의 신분과 삶을 이해하는 데 있어서 그것이 어떤 중심적 자리를 차지하고 있는가를 살펴보면 금방 드러난다. 율법은 사실 유대교의 정체성과 삶의 형태를 규정하는 중심일 뿐만 아니라, 유대인들의 신분과 행위를 특징짓는 데 있어서 필수적인 요소이기도 했다. 따라서 바울 서신에서 유대인들이 "율법에 속한 자들"로 불리어지는 것은(롬 4:14) 유대인들의 정체성이 바울 시대에 율법과 관련하여 어떤 방식으로 특징지어졌는가를 웅변적으로 잘 보여 준다: 유대인은 토라에 그 존재의 기반을 두고 있고 그들의 삶과 행위가 그것에 의존해 있는 사람들이다. 때문에 유대인들은 바울이 지적한 대로 "율법을 의지하며"(롬 2:17) "율법을 자랑하는"(롬 2:23) 자들이었다.

유대인들이 이렇게 율법을 통해서 자신들만의 민족적 독특성을 자랑하게 된 것은 그것이 열방 중에서 자신들에게만 주어진 배타적이고 독특한 하나님의 선물이라고 이해한 데 기초한다. 때문에 바울 서신을 보면 유대인들과 이방인들을 구분하는 전형적인 방식의 하나로서 토라의 소유를 조건으로 내세우기도 한다: 유대인은 '율법을 가진 자들'이며, 이방인은 '율법이 없는 자들'이다(롬 2:12). 이러한 구분 방식은 곧바로 율법 언약 *안*에 있는 이스라엘 백성과 율법 언약 *밖*에 있는 이방인들을 구별 짓는 것을 의미했기 때문에 율법은 자연히 그 안에 있는 자들에게 하나님의 백성이라는 우월한 자의식을 부여해 주었고, 율법 없이 지내는 이방인들을 '죄인' 취급하는 근거 역할을 하게 되었다(갈 2: 15). 율법을 기초로 한 유대인들의 이러한 전형적 우월의식은 공관복음서 여기저기에 잘 나타나 있다(마 9:9-13, 15:24-28; 막 7:24-30). 바울의 전도여행에서 율법 없는 그의 복음에 대해 가장 극렬한 반대와 핍박을 가했던 사람들이 유대인들이었다는 사실은 바울이 율법 없이 오직 믿음만으로 하나님 백성이 될 수 있다고 선포함으로써 유대인들의 이러한 배타적 우월의식의 근거를 공격했기 때문이었다.

바울 편에서 보면 율법이 제공하는 유대인들의 이러한 배타적 우월의식은 복음이 이방인에게로 넘어가는 일에 걸림돌과 방해가 되었을 것이 분명하다. 따라서 십자가 사건은 유대인과 이방인을 그리스도 안에서 새로운 한 인류로 만드는 일을 가로막는 '중간에 막힌 담' 또는 '원수 되게 하는 것', 다시 말해서 '의문의 율법'을 단번에 허물어버린 교회사적인 사건이었다. 왜냐하면 바울은 십자가를 통해서 유대인과 이방인이 그리스도 안에서 하나되는 일이 비로소 가능해졌으며 율법이 이제까지 그것을 가로막아 왔다고 선포하기 때문이다(엡 2:11-19).

이것은 그리스도 사건이 옛 시대를 특징지었던 율법의 자리에 혁명적인 변화를 가져왔다는 것을 시사해 준다. 만일 율법이 옛 시대의 이스라엘 백성들이 당면했던 제반 문제들을 성공적으로 해결해 주었다면, 그리스도는 아마도 오실 필요가 없었을 것이다. 만일 율법이 이스라엘 백성들이 씨름하던 죄의 세력 문제를 능히 해결할 수 있었다면 그리스도의 구속은 필요하지 않았을 것이다. 바울의 표현을 빌린다면, 만일 율법이 '의'(義)와 '생명'(生命)을 능히 줄 수 있었다면 그리스도로 말미암는 '믿음의 의'가 필요하지 않았을 것이다(갈 3:21). 바울의 이러한 표현은 옛 이스라엘 시대를 특징짓던 율법이 죄 문제를 해결하는 데 실패하였으며, 이로 인해서 그리스도의 구속의 근본적 필요성이 전면에 부각될 수밖에 없다는 것을 시사해 준다고 하겠다.

따라서 바울 서신에는 옛 시대를 특징짓는 율법과 새 시대를 특징짓는 그리스도 사이에 반정립적(antithetical) 대조 관계가 자주 등장한다. 할례와 율법준수와 같은 배타적 신분표지들을 내세우던 유대주의자들의 침투로 인해서 형성된 논쟁적 상황에서, 바울의 '율법인가, 그리스도인가'(the Law or Christ) 둘 중 하나를 선택하라는 양자택일의 도전이 때로 심각하게 등장하는 이유는(갈 2:19-21, 5:1-4), 그리스도 안에서 결정적인 시대 전환이 이루어졌는데도 여전히 옛 시대의 신분과 삶의 배타적 표지들로 돌아가려는 교회적인 위기 상황이 전개되었기 때문일 것이다.

결정적인 시대적 전환 속에서 옛 시대와 새 시대 사이의 반정립적 대치 관계를 형성하는 것은 단지 '율법과 그리스도' 사이에서만 나타나는 것은 아니다. 그것은 때로 '율법과 복음' 사이에서 또는 '율법과 성령' 사이에서 나타나는 대치 관계이기도 하다. 본 논문이 초점을 맞추려고 하는 것은 바로 후자, 즉 '율법과 성령' 사이에 존재하는 대치 관계가 어떤 구속사적 함축을 지니고 있으며 그것이 바울 서신에서 신약의 그리스도인들에게 어떤 신분적, 실천적 함축을 지니고 있는지 살피고자 하는 것이다.

따라서 본 논문의 주제는 구속사적인 전망에서뿐만 아니라 교회론적이고 구원론적이며 심지어 윤리적인 관점에서 지대한 의의를 지니고 있고, 필자는 아무쪼록 본 논고가 바울 서신을 연구하는 학도들에게뿐만 아니라 한국교회의 일반 목회자들과 평신도들에게도 적으나마 도움이 되었으면 한다.

1. 율법과 성령의 대조: 그 구원사적 의의

성령과 율법 사이의 대치 관계와 관련하여 그리스도 안에서 이루어진 구속사적 시대 전환의 의미를 올바로 다루기 위해서는 옛 시대에서 율법이 가졌던 의의와 기능을 먼저 살펴보아야 한다. 그래야만 그것들을 그리스도 안에서 주어진 새 시대의 성령의 역할들과 비교할 수 있을 것이다. 율법은 옛 이스라엘 시대를 특징지었던 중심 요소였고, 성령은 새 언약 시대를 성격 규정하는 중심 요소인 것이 분명하다. 두 시대를 규정짓는 중심 요소들이 그리스도의 오심으로 바뀌었기 때문에, 그것들이 시대 전환 속에서 왜 바뀔 수밖에 없었는지를 살피고 각 시대 속에서 어떤 구속사적 의의와 기능들을 담당하는지 살필 필요가 있다.

바울 서신에서 '율법과 성령' 간의 대조는 주로 갈라디아서, 로마서, 고린도후서와 같은 서신들의 논쟁적 문맥 속에서 자주 등장한다. 유대주의자들의 침투로 인해 형성된 교회적 긴장 속에서, 구속사적인 시대 전환의 전망에서뿐만 아니라 개인적인 회심의 결정적인 전환의 전망에서 "그 때에"와 "그러나 이제" 사이의 대조가 자주 나타난다(롬 6:21-22, 8:1; 갈 3:23-27, 4:1-11).

특별히 로마서 8:1에 있는 "그러므로 이제"란 말은 바울의 신학적 논의에서 새로운 논의 단계의 출발을 나타내는 술어들로서 로마서 7:14 이하에서 묘사되고 있는 죄와 율법의 통치 아래 있던 사람에게 자유를 선포해 준다. 타초는 바울이 그의 저술에서 "이제"란 술어를, 그리스도 안에 나타난 구원 사건의 직설법에서 새 생명의 근거를 발견하는 신자의 새로운 구속사적 상황과 밀접하게 연관시킨다는 사실을 설득력 있게 논증한 바 있다.[1]

옛 시대를 지배하던 율법의 세력으로부터의 해방이란 새 언약 시대를 끌어들인 그리스도를 통해서 가능해졌다는 것을 뜻하며, 따라서 새 언약 시대를 살아가는 그리스도인들의 신분과 삶도 그리스도를 통해서 주어진 새 시대의 성령을 통해 규정되고 지배를 받아야 한다는 것을 시사한다.

바울 사도는 왜 율법에서 성령으로의 이전이 구속사적으로 불가피했다고 생각할 수밖에 없었을까? 바울 서신에 나타난 관련 구절들의 해석이 복합적이고 간단하지 않으므로 이 질문에 답변하기란 결코 쉬운 일이 아닐 것이다. 아마도 우리의 질문은 몇 가지 다른 방식으로 답변되어져야 할 것 같다. 또한 우리의 답변은 바울이 때때로 진술하는 '율법의 구속사적 한계'와 관련하여 제시되어야 한다:

율법의 구속사적 한계란, 첫째로 완악한 인간의 마음을 덮고 있는 수건을 벗겨내고 종말론적인 인식의 새로움을 줄 수 없는 인식론적인 한계(고

---

[1] P. Tachau, *"Einst" und "Jetzt" im Neuen Testament* (Göttingen: Vandenhoeck & Ruprecht, 1972), 113-28, 특히 127 n. 163.

후 3:11-4:6), 둘째로 인류의 죄 문제를 극복할 수 없는 무능성의 한계(롬 8:3-4), 셋째로 언약적 축복을 율법 백성이라는 민족적 배타성의 울타리 안에 가두어 두려는 민족적 한계(엡 2:11-16)와 관련되기도 한다. 첫째와 둘째 한계는 주로 인류가 당면한 윤리적 죄악성의 위기와 연관되어 있고, 셋째 한계는 하나님 백성의 정체성을 제한적으로 규정하려는 신분 규정의 혼란과 연관되어 있다. 위에 제시된 두 종류의 한계가 새 언약 시대를 특징짓는 성령의 역할과 어떤 연관성을 갖는지 살펴볼 필요가 있다.

1.1 옛 언약과 새 언약의 대비: 구약적인 배경

인류가 당면한 죄 문제를 극복할 수 없는 율법의 연약성의 한계는 바울 서신에서 흔히 '의문과 성령' 사이의 대조 속에서 분명하게 시사된다. 바울이 율법을 약간 부정적인 뉘앙스 속에서 '의문'으로 지칭하는 이유는 어디에 있는가? 유대주의자들과의 논쟁적 문맥 속에서 자주 등장하는 부정적 뉘앙스를 지닌 이러한 술어는 그리스도 사건에 비추어 율법의 자리를 평가하는 바울의 태도를 잘 드러내 준다.

바울은 논쟁적 문맥 속에서 율법에 대한 다양한 부정적 진술들을 한다: "율법은 진노를 이루게 한다"(롬 4:15); "율법이 가입한 것은 범죄를 더하게 하려 함이라"(롬 5:20); 율법은 죄를 폭로하고 "죄로 심히 죄 되게 한다"(롬 7:13); 율법은 그것을 범한 자에게 사망을 가져다준다(롬 7:13, 8:1); 율법은 범죄한 인류를 종노릇하게 한다(롬 5:14, 17); 율법은 그 행위에 속한 자들을 저주 아래 있게 만들고(갈 3:10, 13) 인류를 죄 아래 포로처럼 가두어 두었다(갈 3:22; 롬 7:14).

구약에서 율법을 생명의 길로(cf. 레 18:5; 신 5:33), 또는 의의 길로(cf. 신 6:25) 간주하는 여러 구절들을 고려할 때 율법에 대한 바울의 이런 부정적 인식은 도대체 어디에서 온 것일까?

율법에 대한 바울의 부정적 사상의 출처로 흔히 지적되어 왔던 것은 유대교의 중간사 시대의 문헌 가운데 하나인 제4 에스라서이다. 이 특이한 문헌은 율법에 대해서 긍정적인 태도를 견지하는 다른 유대교 문헌들과 다르다. 제4 에스라서의 저자는 인간의 죄악성과 율법을 성취할 수 없는 인간의 무능력을 보다 깊이 인식하고 있고(7.65ff; 11.6f; 8.35; 9.36, etc), 이러한 인식은 쿰란 문헌에서도 동일하게 등장한다(cf. 1QH 1.21ff; 3.23f; 4.29ff; 1QS 9.26-11, 22; 특별히 11.9ff).[2] 바울이 이들 중간사 시대의 유대교 문헌에 영향을 받았을 가능성을 논리적으로 부정하기는 어려울 것 같다.

하지만 필자는 바울의 부정적 율법관이 이들 유대교 문헌보다는 오히려 구약 선지서들, 특히 예레미야나 에스겔과 같은 후기 예언서들의 사상에 깊은 영향을 받았다고 보고 싶다.

주지하다시피 신명기적 율법관의 핵심은 하나님의 백성이 율법을 순종하기만 한다면 그것이 그들의 생명과 의의 길이 될 것이라는 종교적 확신에 기초해 있다(레18:5; 신 5:33). 바벨론 포로기 전까지 이러한 확신은 근본적으로 변함이 없었던 것이 분명하다. 하지만 바벨론 포로기 시대의 예레미야와 에스겔은 점차로 옛 언약의 중심인 율법이 이스라엘이 처한 죄악상을 극복하기에는 역부족이라는 인식에 이르면서 이것은 곧바로 새

---

[2] H. S. Lee, *Divine Grace and the Christian Life: A Study of Paul's Teaching on the Tension between Divine Sovereignty and Human Responsibility* (Aberdeen Ph.D dissertation, 1990), 208.

언약을 선포하게 된 역사적 정황을 이루게 된다.[3]

이들 선지자들은 인간이 비록 타락한 이스라엘이라도 돌이켜 순종할 가능성을 가졌다는, 포로기 이전 시대의 예언자들의 인식을 포기하고 옛 언약의 한계를 넘어서서 '새 마음'과 '새로운 순종'을 가능케 하는 새 언약 사상을 선포하기에 이르렀다. 다시 말해서 새 언약은 성문화된 율법을 가졌으면서도 그것을 순종할 수 없었던 옛 이스라엘 백성의 한계를 교정할 수 있는 '마음의 근본적 변화' 또는 새 창조를 지향한다고 할 수 있다. 새 언약 시대가 되면 하나님은 "오래되어 돌처럼 경직되어버려 지극히 둔감해진 마음을 제거하고(cf. 슥 7:12) 살처럼 매우 부드러운 새 마음을 주실 것이다."[4]

율법을 '의문'으로 규정한 바울의 사상은 후기 예언자들의 이러한 역사적 정황 속에서 이해될 필요가 있다. 율법에 대한 바울의 부정적 진술들이 문자적으로 구약의 특정한 구절들의 표현에서 발견되지는 않지만, '의문과 영'의 대조를 말하는 구절들이 새 언약 사상을 담고 있는 예레미야와 에스겔과 같은 후기 예언서들의 사상을 반영한다는 사실을 보여 주는 분명한 본문적 증거들이 존재한다(롬 2:27-29; 고후 3:3-11). 의문과 영의 대조를 언급하는 첫 번째 구절(롬 2:27-29)에 나타난 대조는 다음과 같다.

---

3) 예레미야와 에스겔 선지자의 이러한 역사적 인식의 전환에 대해 잘 관찰한 논문으로는 김의원, "선지서에 나타난 언약신학 연구", 신학지남 253호 (1997, 겨울호), 50-85를 참조하라; cf. F. H. Sailhammer, "The New Covenant in Jeremiah 31:31-34 and Its Place in the Covenant-Treaty Tradition of Israel and the Ancient Near East" (Unpublished Ph.D dissertation, Dropsie University, 1971), 263ff.
4) 김의원, *Ibid*, 82. 여기서 김 교수는 옛 시대나 새 시대의 대조가 하나님의 뜻을 순종하는 마음의 변화의 여부에 근거해 있다고 주장한다.

표면적 유대인(28절)	이면적 유대인(29절)
육신의 할례(28절)	마음의 할례(29절)
의문으로(29절)	성령으로(29절)
칭찬은 사람에게서(29절)	칭찬은 하나님에게서(29절)

로마서 2:27-29에 나타나는 이러한 대칭적 구조는 우리에게 몇 가지 사항을 시사해 준다. 첫째로, 첫 번째 대조는 유대교와 바울이 각각 이해한 하나님 백성의 성격을 규정해 주는데, 그것은 다음 같이 부연해서 성격 규정된다.

바울 사도에 따르면, 유대인들의 하나님 백성 이해는 육신적 할례나 율법 소유와 같은 외적 신분 표지들을 통해서 사람들에게 하나님 백성으로 인정받기를 원하는 것이기에 피상적인 이해에 기초한 것일 뿐이다. 바울은 유대인들의 이러한 피상적이고 외면적일 뿐인 하나님 백성의 이해를 거부한다. 진정한 하나님 백성은 마음의 근본적 변화를 지향하는 새 창조에 기초해 있고, 그것은 외적인 법조항일 뿐인 율법에 의해서 이루어지는 일이 아니라 성령에 의해서 이루어지며, 진정한 하나님 백성으로 인정받는 것은 유대인들이 의지했던 할례나 율법과 같은 외적 신분 표지들에 기초해서 사람들에게서 나오는 것이 아니라 성령을 통한 마음의 근본적 변화를 경험하게 하는 하나님에게서 나오는 것이다. 바울의 이러한 사상은 분명히 예레미야와 에스겔의 새 언약 사상에 근거한 것이다. 예레미야는 새 언약 시대가 되면 돌비에 새겨진 외적인 법조항, 바울의 표현에 따르면 '의문' 대신에 우리 육신의 심비에 기록되는 종말론적 사건이 이루어질 것으로 내다보았다. 하나님께서는 율법을 자기 백성들의 마음에 직접 기록하여 여호와가 하나님인 줄 알게 만들 것이며 그들의 마음에 하나님을 경외함을 두어 그를 떠나지 않게 하실 것이다. 이런 의미에서 새 언약이 옛 언약과 다른 결정적인 차이점은 계명의 '내면화'(internalization)에 있다. 목이 곧은 이스라엘 백성은 여전히 하나님께 반역할 수밖에 없는 딜레마 속에서 율법은 여전히 단순한 외적인 문자로 존재할 뿐이기 때문에 그것은 이스라엘의 죄악성을 치료할 수 있는 능력이 없었던 것이다.

그러면 자발적으로 계명을 순종할 수 있는 마음의 근본적 변화는 어디에서 오는 것인가? 예레미야 선지자는 새 언약과 마음의 근본적 변화를 연결지을 뿐 그 가능성을 성령과 직접 관련시키지 않는다. 새 언약과 성령의 사역을 보다 직접적으로 연관짓는 것은 에스겔 선지자이다(겔 36:26-28). 하나님께서 반역하는 이스라엘 백성에게 새 마음을 주시고 그들의 육신에서 돌 같은 마음을 제하고 부드러운 마음을 주시는 것은 그가 먼저 그들에게 '새 영'을 주셨기 때문이다. 새로운 영, 하나님의 신을 그들 속에 두신 결과는 그들이 하나님의 율례를 자발적으로 행하게 되는 것이다. 에스겔서의 본문에서 '새 영을 준다'는 표현은 '새 마음을 준다'는 앞의 표현과 평행을 이루기 때문에 새로운 마음의 선물은 새 언약의 성령이 주시는 선물이라는 것을 시사해 준다.

예레미야의 새 언약 사상과 에스겔서의 새 언약의 영이 함축적으로 연관되어 나타나는 바울 서신의 한 본문이 있다(고후 3:3-11). 이 본문에서 바울은 자신의 사도직 권위에 도전하는 유대주의적 적대자들의 공격에 직면하여 자신의 복음을 모세의 율법과 날카롭게 대조시키고 있다. 그는 겉보기에 독백적인 진술을 계속하지만 고린도 교회에 침투한 유대주의적 대적들과의 논쟁을 통해서 자신의 복음의 뿌리와 기원이 되는 구약의 새 언약 사상의 내용을 서술하려고 한다.

바울은 여기서 자신의 사도직 직분을 세 가지 면에서 묘사한다. 첫째는 복음의 말씀이 고린도 교회에 어떤 효력을 나타냈는지를 설명하고(3:1-3), 둘째는 자신의 복음의 출처가 되는 새 언약을 출애굽 사건을 통해 주어진 옛 언약의 중개자로서 모세의 율법과 대비시켜 설명하고(3:4-18), 셋째는 구약에서 말씀으로 빛을 창조하신 하나님의 창조 행위와도 같이 새 언약의 중심이신 그리스도를 통해 사람들 마음속에 새로운 인식을 창조하시는 새 창조 행위를 기술한다(4:1-18). 여기서 우리는 바울이 자신의 새 언약적 복음과 사역을 출애굽 사건과 대비해서, 그리고 새 창조 사건과 견주어서 묘사하려는 의도를 엿볼 수 있다.

3장 초반부는(1-3절) 새 언약의 복음과 직분을 가지고 고린도 교회에서 사역한 바울의 사도직 사역이 그들에게 어떤 효과를 나타냈는지 서술해 주는데, 이것은 다음에 이어지는 신학적 주장들의 전개를 가능케 하는 배경적 도입부 역할을 한다.

고린도 교회에 침투한 대적들은 바울의 사도적 진정성을 의심하고 공격했던 것이 분명하다. 그들은 아마도 예루살렘 교회의 지도자들이 주었을 추천서 같은 것을 가지고, 그런 것을 가지지 못한 바울의 사도적 진정성과 권위를 폄하시켰을 것이다(3:1). 하지만 바울은 자신의 사도성이 그의 사도적 활동의 결과이지 다른 사도들에 의한 이차적인 심부름꾼이 아니라는 사실을 주장한다. 그가 추천서를 가지지 않았어도 진정한 사도가 된다는 사실은 그가 고린도 교회에 선포한 사도적 복음의 효과를 통해서 자명해지는 것이다. 바울이 예수 그리스도의 사도라는 증거는 그가 전파한 새 언약의 복음을 통해 변화를 받은 고린도인들 자신이지 않는가? 그들이야말로 예수 그리스도의 편지인 것이다. 다만 이 편지는 눈에 보이는 글로 기록된 것이 아니라 고린도인들의 마음에 쓰여진 편지이다. 이 편지의 저자는 그리스도시고 바울은 그의 필사자이며 종일 뿐이다(고후 4:5 참조).

바울은 이 편지에 대해 설명하면서 예레미야와 에스겔 선지자의 새 언약 사상을 끌어들인다. 그리스도의 편지는 먹이 아니라 살아 계신 하나님의 영으로 기록되었으며, 돌판이 아니라 사람의 마음에 직접 새겨진 것이다.[5] 자신의 사도적 복음과 직분을 변호하려는 논쟁적 문맥 속에서 바울은 6-7절에서 다시 한번 '의문과 영'의 구원사적 대조를 부각시킨다. 앞에서 언급한 로마서 2장에서 바울은 의문과 영의 대조를 할례와 관련하여 서술한 바 있다. 참된 유대인은 육체의 할례를 받은 사람이 아니라 성령을 통해 마음의 할례를 받은 사람이다. 이러한 논리는 본 절에서도 그대로 적용될 수 있다. 다시 말해서 성령으로 마음에 기록한 것이 참된 편지요 추천서이지, 바울의 대적자들이 지닌 먹으로 쓴 외적인 글자들이 아니다.

그러면 참된 편지의 내용은 무엇인가? 고린도후서 2:14에 따르면 그것은 예수 그리스도에 대한 인식이다. 바울은 이것을 옛 언약과 새 언약의 대조를 통해서 서술하고 있다. 즉 모세의 율법과 영의 말씀을 대조시킨다.[6] 이와 같은 새 언약 사상은 이미 앞에서 지적한 대로 구약 후기 선지자들에게서 언급된 바 있다(렘 31:33; 겔 36:26). 구원사적인 측면에서 바울 사도는 새 언약의 효력과 능력을 옛 언약의 그것과 대조시켜 설명하는데 다

---

[5] G. Theissen, *Psychologische Aspekte paulinischer Theologie* (FLANT 131, 1983), 122 n. 2. 여기서 그는 '먹과 돌, 그리고 육체의 마음'을 상호 대립적으로 비교함으로써 자신의 새 언약적 복음과 직분을 옛 언약의 메시지와 직분에 대비시키고 그 차이를 드러내며, 결국 유대주의적 적대자들을 옛 언약과 결부시키려는 의도를 드러냈다고 지적한다.

[6] H. Windisch, *Der zweite Korintherbrief* (KEK 6, 1970), 178.

음과 같이 대조할 수 있다.

	옛 언약 (3:14)	새 언약 (3:6)
성 격	의문(3:6) 없어질 것(3:11)	영(3:6) 길이 있을 것(3:11)
효 과	죽이는 것(3:6)	살리는 것(3:6)
장 소	돌비에(3:3, 7)	인간의 마음에(3:3)
매 개	먹으로(3:3)	영으로(3:3)
명 칭	모세의 직분(3:7, 9) 1) 죽음의 직분(3:7) 2) 정죄의 직분(3:9)	바울의 직분(3:8-9) 1) 영의 직분(3:8) 2) 의의 직분(3:9)
신 인식	1) 얼굴에 쓴 수건: 은폐의 기능 (3:7, 13) 2) 마음을 완악케 만듦(3:14-15) 3) 모세 외에는 신의 영광에 참여한 이스라엘이 없음(3:13)	1) 복음의 개방성(3:12) 2) 자유의 영을 통해 수건을 벗김 (3:16) 3) 모든 신자가 그리스도와 함께 영광에서 영광으로(3:18)

위의 도표에서, 바울은 옛 언약과 새 언약을 단계적으로, 대립적으로 대조하고 있다는 것을 알 수 있다.[7] 단계적이라고 말한 것은 신의 영광 상의 차이에 있어서 비교되고 있기 때문이고, 대립적이라고 말한 것은 옛 언약과 새 언약의 효과에 있어서 그렇다는 말이다. 옛 언약과 새 언약은 영광 상의 차이에 있어서나(3:9-11), 은폐성과 개방성의 대비에 있어서나 (3:14-17), 사망과 생명의 대비에 있어서나(3:6-7), 정죄의 직분과 의의 직분의 대비에 있어서나(3:9) 차이점을 드러낸다.

---

7) G. Theissen, *op.cit.*, 124; cf. 김지철, "새 언약이신 예수 그리스도(고후 3:4-4:6을 중심으로)", **教會**와 **神學** 제22집 (1990), 144.

우리의 주제와 관련하여 주목을 끌 만한 대목은 두 언약은 질적 규정에 있어서도 본질적인 차이점을 드러낸다는 점이다. 옛 언약의 중심인 모세 율법은 "의문"(3:6)으로 지칭되고 있고, 새 언약의 내용인 예수 그리스도의 복음은 "영"(3:6)의 사역으로 지칭된다. 모세의 율법은 인간의 본질적 변화와 관계없이 단지 외적인 법조항으로 존재할 뿐이기 때문에 그것은 이스라엘의 죄악된 본성을 변화시킬 능력이 없고 도리어 범죄하는 이스라엘에게 정죄와 사망만을 가져다주었을 뿐이다. 더욱이 모세 율법은 십계명을 받을 때 모세의 얼굴을 덮었던 수건처럼 구약을 읽는 이스라엘 백성의 마음을 여전히 덮고 있어서 그들은 그들의 완악한 마음을 덮고 있는 수건으로 인해 참된 하나님 인식에 도달할 수 없었다(3:14-15). 이것이 바로 '의문'으로서 율법이 가지고 있는 구원사적 한계라고 할 수 있다. 율법이 가지는 이러한 구원사적 한계는 그것이 사람의 마음의 근본적 변화를 지향하지 못하고 '돌비에 쓰여진'(3:3, 7) 외적인 법조문에 불과했기 때문이다.

새 언약의 위대성은 옛 언약의 이러한 한계를 뛰어넘어 하나님의 법을 "인간의 마음판에"(3:3) 새겨 넣음으로써 하나님의 법의 '내면화'를 지향한다는 점이다. 이스라엘 백성은 성문화된 모세의 율법을 소유했음에도 불구하고 하나님에 대한 올바른 인식에 도달하지 못하고 도리어 마음이 완고해지고 고질적인 범죄에 빠져들게 되었다. 3절에서 바울은 옛 언약의 이러한 한계와 그것을 능히 극복할 수 있는 새 언약의 우월성을 예레미야 선지자의 새 언약 사상을 끌어들여 설명한다(렘 31:33). 하지만 예레미야의 새 언약 본문은 '성령'에 대한 명시적인 언급이 없기 때문에 이와 평행을 이루면서 '성령'을 언급하는 에스겔서의 새 언약 본문을 결합시킨다

(겔 36:26f). 이 두 본문을 결합시킨 것은 성령을 '새 언약의 영'(the Spirit of the New Covenant)으로 성격 규정하려는 바울의 분명한 의도를 시사해 준다.

바울은 새 언약의 성격을 서술하면서 출애굽 전승을 끌어들여 대비시킬 뿐만 아니라, 창세기의 창조 전승을 끌어들여(고후 4:4-6) 보다 직접적으로 새 언약과 바울의 복음 그리고 새 창조를 연결짓는다. 창세 때 하나님이 어둠 속에서 빛을 창조하신 것처럼 이제 동일한 하나님께서 복음의 빛을 통해 신자들 마음속에 "하나님의 영광을 아는 빛"을 창조하신다(6절). 예레미야와 에스겔이 예언한 새 언약은 마음의 근본적 변화를 지향하는데, 바울이 지금 이방인 가운데 전파하는 복음 역시 "예수 그리스도의 얼굴에 있는 하나님의 영광을 아는 빛을 우리 마음에 비추었다." 복음 선포는 마음을 변화시켜 하나님에 대한 올바른 인식을 창조하는 새 창조 사건일 뿐만 아니라(고후 4:6), 그리스도 안에서 그러한 인식의 새로움을 경험한 사람들을 '하나님의 형상'으로 변화시키는 새 창조 사건이다(고후 3:18).

이렇게 마음의 근본적 변화를 지향하는 새 창조 사건은 오직 새 언약의 영이신 성령을 통해서만 가능해진다(고후 3:18). 성령은 '그리스도의 영'(롬 8:9) 또는 '주의 영'(고후 3:17)으로서 새 언약의 내용인 예수 그리스도의 복음을 듣는 사람들의 마음을 새롭게 창조하여 그들을 하나님의 형상으로 변화시키는 구원론적인 영이시다. 바울은 여기서 '아담 기독론'(Adam Christology)을 끌어들여 새 언약의 영을 통해 신자가 하나님의 형상으로 변화될 수 있는 근거를 하나님의 형상이신 그리스도에게서 찾는다(고후 4:4). 새 언약의 영은 예수 그리스도의 영으로서 그를 소유한 사람들의 마음속에 하나님의 형상이신 그리스도의 모습을 재현시키시는 분이시다.

1.2 옛 언약의 한계들: 율법의 연약성

우리는 여기서 한 가지 중요한 질문을 제기해야 한다: 바울은 우월한 새 언약과의 대비 속에서 옛 언약의 중심인 율법의 한계를 어떤 전망에서 바라보는가? 죄 문제를 극복하지 못하는 것은 율법 자체의 한계 때문인가 아니면 인간 내면의 죄악성 때문인가? 김의원 교수는 "선지서에 나타난 언약신학 연구"라는 논문에서 실패의 원인을 율법에서 찾기보다는 인간 자신에게서 찾는다.

> 또 새 언약에는 옛 율법을 대체할 새로운 "율법"(토라)이 주어지지 않는다. 앞으로 만들어질 약정에서도 율법은 옛 언약의 율법과 동일한 것으로 시내산에서 주어지고 역사상 여러 번 재확인된 똑같은 책무들과 조항들로 하나님과 그의 백성들 사이에 주어진 새 언약 관계에 포함되고 함축된 동일한 책무와 조항들이다. 예레미야는 옛 언약에 내재된 것 이상으로 새 언약의 규정에 어떤 변화를 예언하지 않았다. *왜냐하면 율법이 옛 언약의 실패의 원인이 아니기 때문이다. 실패의 원인은 인간 내부에 있었지 율법에 있었던 것은 아니다.*[8]

김 교수의 명제 가운데 우리의 주목을 끌 만한 대목은 "율법이 옛 언약의 실패의 원인이 아니라" 실패의 "원인은 인간 내부에 있었다"는 주장이다. 옛 언약이 왜 실패했는가? 그것은 선하고 훌륭한 율법에도 불구하고 인간이 악했기 때문이라는 말이다. 바울 사도는 자신의 복음이 예레미야와 에스겔이 예언했던 '새 언약'을 성취한 것이라고 확신했고 또 그의 서

---

8) 김의원, "선지서에 나타난 언약신학 연구", 신학지남 253호 (1997, 겨울호), 70.

신 중의 어떤 진술들은 그것을 강하게 함축하고 있다. 김 교수의 주장이 맞는다면 바울도 옛 언약의 실패의 원인을 인간 자신에게만 돌려야 하는데, 바울의 그러한 입장을 그의 서신들 중에서 발견할 수 있는가? 아마도 이 질문에 대한 답변을 해줄 수 있는 관련 구절은 로마서 8:1-4일 것이다. 인간의 죄 문제를 해결할 수 없는 율법의 무능성과 연약성을 가장 극명하게 보여 주는 구절은 3절이다: "율법이 육신으로 말미암아 연약하여 할 수 없는 그것을 하나님은 하시나니 곧 죄를 인하여 자기 아들을 죄 있는 육신의 모양으로 보내어 육신에 죄를 정하사."

바울은 상기 구절에서 그리스도의 구속 사건이 가져온 구원사적 시대 전환의 성격에 대해서 설명한다. 8:1 초두에 나오는 "그러므로 이제"란 말은 신자가 그리스도 안에서 처해 있는 종말론적 새로운 상황의 전개를 시사해 준다. 예수 그리스도 안에 있는 자들은 죄와 사망을 산출하는 율법에서 해방받았기 때문에 이제 그들은 정죄를 당하지 않는 새로운 은총의 질서하에 놓이게 되었다. 그리스도의 구속 사건이 바로 이러한 시대적 전환을 가져왔는데, 그것은 율법으로 대표되는 옛 언약 시대에서 성령으로 특징화되는 새 언약 시대로의 전환을 뜻한다. 왜 이러한 시대적 전환이 필요했는가? 그것은 위에서 인용한 3절 표현에 함축되어 있다: 율법은 육신의 세력을 극복하기에는 너무 "연약했고"($ἠσθένει$) "무능력"했지만 ($ἀδύνατον$), 그것이 이룰 수 없었던 것을 하나님은 이제 그리스도 안에서 성령을 통하여 하실 수 있다.[9] 바울은 여기서 두 가지 점을 분명히 한다.

---

9) $ἀδύνατον$이란 헬라어 술어가 능동태의 뜻을 갖는지(unable), 아니면 수동태의 뜻을 갖는지(impossible) 많은 논쟁이 있어 왔다. 후자를 뒷받침해 주는 많은 교부적 논의들이 있음에도 불구하고 전자의 뜻을 취하는 것이 좋을 것 같다. 그러면 문장 속에서 더 좋은 의미를 지니게 되고 그것은 헬라어 성경의 용법과도 일치한다(Cranfield, *Romans 1*, 378f).

첫째는 율법이 무능력하고 연약할 수밖에 없는 객관적 상황으로서의 인간 내면의 죄악성이고, 둘째는 이러한 인간의 죄악성을 극복할 수 없는 율법 자체의 연약성과 무능성의 한계이다. 바울의 이러한 주장은 옛 언약의 실패의 원인의 일부를 율법 자체의 한계에도 돌리고 있음을 시사해 준다.

물론 바울은 율법 자체의 신령하고 의로우며 선한 신적 성격을 부정하지 않는다(롬 7:14, 16); 바울에 따르면, 율법은 모세의 중재로 천사들을 통해 주어진 간접적인 계시이기는 하지만(갈 3:19)[10] 하나님 자신이 "주신"[11] 신적 계시임에는 틀림이 없다. 그럼에도 불구하고 옛 언약의 중심인 율법은 단순한 외적인 법조항으로 존재할 뿐이었기 때문에 범죄에 빠져있는 이스라엘의 죄악상을 반전시키지 못하고 도리어 그들의 죄를 더 날카롭게 인식하게 만들고(롬 7:7f), 폭로하게 만들며(13절), 죄를 더 많아지게 만들었고(5:20), 결국 그것을 범한 자들을 정죄하고 저주를 선언하며(8:1; 갈 3:10), 죄의 세력과 사망의 권세하에 포로처럼 가두어 놓고야 말았다(5:17, 7:1, 14; 갈 3:22).

어떻게 보면 급진적일 정도로 부정적인 바울의 이런 진술들은 구약의 어떤 구절들 속에 명시적으로 발견되거나 암시되어 있지는 않다. 더욱이 정통적인 노선에 서 있는 어떤 경건한 유대인도 로마서 7장에서 발견되는 것과 같이 율법을, '죄를 많아지게 하는' (spur to sin) 어떤 것으로 부정적으로 이해하였을 법하지는 않다.[12] 이 점에서 바울의 율법관은 구약이나

---

10) 이 난해한 구절에 대한 주석으로는 본인의 저서, 갈라디아서, 도서출판 햇불회, 1997, 307-319를 참조하고 거기에 인용된 논문들을 보라.
11) 이 동사는 신적 수동태로(divine passive) 이해되어야 한다(cf. Betz, *Galatians*, 174 n. 102; R. B. Sloan, "Paul and the Law: Why the Law Cannot Save?" *NovT* 33,1 <1991>, 35-60).
12) 물론 랍비들도 사람이 율법에 헌신하면 할수록 악한 충동의 공격을 받기 쉽다는 것을 인식하고 있기는 했지만(Suk. 52a; Ab. Zar. 17a; Kid. 40a), 율법 자체가 죄를 짓도록 부추기고

중간사 시대의 유대교 사상보다 더 부정적인 태도를 취하고 있는 것은 사실이다. 아마도 바울은 예레미야와 에스겔과 같은 후기 선지자들의 새 언약 사상을 넘겨받으면서도 특별히 다메섹 회심 사건 이후에 인식하게 된 그리스도의 구속 사건에 비추어 율법하에 있는 인류의 절망적인 상황을 새롭게 간파하는 과정에서 이런 부정적인 율법 이해를 가지게 된 것으로 보인다.[13]

더욱이 바울은 때때로 "히나"(ἵνα) 목적절을 사용하여 하나님이 율법을 주신 목적 자체를 바로 이런 부정적인 진술들과 연계시키기도 한다. 율법이 구원사 중간에 가입한 것은 "범죄를 더하게 하려는"(롬 5:20; cf. 갈 3:19) 목적을 지닌 것이며, 율법이[14] 모든 사람을 죄의 세력 아래 포로처럼 가두어 두게 된 것도 "예수 그리스도를 믿음으로 말미암은 약속을 믿는 자들에게 주려"(갈 3:22)는 목적을 지녔다. 이런 목적절은 '신적인 목적'(divine purpose)을 나타내려는 바울의 의도를 지시하는 것이 분명하다.

하나님이 율법을 주신 것은 구약의 관련 구절들이 표현하는 표면적인 의미들에도 불구하고(cf. 레 18:5; 신 5:33, 6:25) 본래부터 의(義)와 생명(生命)과 복(福)을 주려는 목적이 없었고 또한 그렇게 할 만한 능력도 없었다(갈 3:21). 이 헬라어 조건절은 율법이 본래 주도록 의도된 것을 성취

충동질한다는 것은 정통적인 유대교 사상에서 낯선 것이다(cf. C. G. Montefiore & H. Loewe <ed>, *A Rabbinic Anthology* <1938>, 302; cf. H. S. Lee, *Divine Grace and the Christian Life*, 207).

13) 최근에 바울의 다메섹 회심 사건이 그의 신학 사상에 미친 다양한 영향들에 대해서 분석해 놓은 여러 학자들의 글들이 발표된 바 있다: R. N. Longenecker (ed), *The Road from Damascus: The Impact of Paul's Conversion on His Life, Thought, and Ministry* (Grand Rapids/ Cambridge: 1997), 특히 102-124, 125-146, 147-165 등을 참조하라.

14) 갈라디아서 3:22 초두에는 율법이 아니라 '성경'(ἡ γραφή)이란 말이 나오지만, 22절은 23절과 평행되는 구절이기 때문에 그것을 23절의 율법과 동일시할 수 있다.

하는 데 실패했다고 말하기보다는 그것이 본래부터 의와 생명을 주는 목적으로 의도된 것이 아니라는 바울 편의 이해를 잘 보여 준다. '의'는 흔히 '생명'으로 인도하기 때문에 바울에게 있어서 종말론적인 생명과 대등한 뜻을 지니게 되었다.[15] 따라서 이 생명은(cf. 3:11, 21; 6:8) 율법에서 나올 수 없고 믿는 자들에게 은총의 선물로 주어진 '의'에 근거한 것이며 또한 종말론적인 생명의 영인 성령을 통해서 주어지는 것이다.[16]

이러한 사실에 기초해 볼 때 바울은 의와 생명이 배타적으로 '믿음'과 '성령'에 근거해서 주어지는 것이라는 점을 분명히 살필 수 있다. 아마도 방금 전 앞에서 인용한 갈라디아서 구절들 배후에는 하나님께서 영생을 얻는 길을 제공하려는 목적으로 율법을 이스라엘 백성에게 주셨다는 유대교 사상이 전제되어 있는 것으로 보인다. 하지만 바울은 율법을 의와 생명의 출처로 보려는 유대교적 사상을 분명하게 거부한다. 의와 생명은 옛 언약의 테두리 속에서 발견되지 않고 오직 새 언약을 성취한 그리스도의 복음을 믿는 데서 주어질 뿐이다. 왜냐하면 그리스도의 복음 안에서 의와 생명을 창출하는 새 언약의 영 또는 새 창조의 영인 성령이 역사하기 때문이다(고후 3:6, 18; 롬 8:2).

이러한 사실을 깨닫지 못한 채 불신 유대인들과 유대주의적 거짓 형제들의 선동을 받은 이방 기독교인들이 여전히 율법을 의와 생명의 길로 추종하다가 정죄와 사망으로 떨어질 뿐만 아니라 모세의 얼굴을 덮었던 수건이 그들의 "마음을 덮어" 하나님에 대한 참된 인식에 이르지 못하게 만들었고 결국 그들의 마음은 완악하게 되고 말았다(고후 3:14-15). 이 구

---

15) E. P. Sanders, *Paul and Palestinian Judaism*, 503; F. F. Bruce, *Galatians*, 180.
16) cf. 고린도후서 3:6, 로마서 8:2 등의 구절은, 믿는 자들에게 생명을 베푸는 것은 성령의 사역임을 보여 준다.

절은 율법 자체가 하나님의 참된 인식에 이르지 못하게 하는 은폐의 기능이 있어서 율법 아래 있는 이스라엘 백성의 마음을 완악하게 만들었는지, 아니면 사람들의 마음이 완악하여 선한 하나님의 율법을 깨달을 수 없게 되었는지 분명하게 시사하는 것 같지 않다. 14절 이하는 이스라엘이 처음부터 완악해져 있었다는 주장을 암시하고 있다(cf. ἄχρι γάρ τῆς σήμερον ἡμέρας).

바울의 논의는 황금 송아지를 우상으로 섬겼던 사건 때문에 모세가 수건을 쓸 수밖에 없었던 *과거* 이스라엘의 완악한 상황에서(13-14절상) 구약을 읽을 때 마음을 덮었던 *현재* 이스라엘의 상황으로(14절하) 옮겨간다.[17] 그는 수건이 덮여 있는 장소를 지시할 때 목적어를 동반하는 에피(ἐπί) 전치사를 사용하는데(15절), 이것은 가리어져 있는 것이 옛 언약(=구약)이 아니라 이스라엘 자신이라는 것을 시사해 준다.[18] 그리고 신명기 29:4에 있는 "오늘날까지"란 표현과 고린도후서 3:14과 3:15의 표현들 사이에 거의 정확한 평행이 존재한다는 것은 우연이 아니라 광야 이스라엘 백성의 완악함을 선지서들에 나타난 이스라엘의 완악함의 개념적 대응물로 간주하는 바울의 이해를 반영해 준다.[19]

이스라엘이 모세 시대와(신 29:3f) 선지자들의 시대에(사 6:9f; 렘 5:21-24; 겔 12:2, 3, 9) 완악해진 것처럼, 이스라엘은 바울 당대에도 옛 언약 밑에서 계속 완악한 채로 남아 있었다. 이스라엘의 반역의 역사는 광야 시대에 그들이 황금 송아지를 섬겼던 이스라엘의 불순종으로 거슬러

---

17) Cf. O. Hofius, "Gesetz und Evangelium nach 2. Korinther 3," in: *Paulusstudien*, WUNT 51 (1989), 114.

18) S. J. Hafemann, *Paul, Moses, and the History of Israel: The Letter/Spirit Contrast and the Argument from Scripture in 2 Corinthians 3* (Hendrickson, 1996), 370f.

19) V. P. Furnish, *2 Corinthians*, 208; O. Hofius, "Gesetz und Evangelium," 105.

올라가곤 하는데(cf. 고후 3:14하; 롬 11:7-10; 히 3:7ff), 바울은 아마도 광야 시절의 황금 송아지 숭배 사건을 이스라엘의 거듭되는 완악함을 야기시킨 '원죄'로 간주하는 듯하다.[20] 모세가 율법을 받으러 올라간 사이에 산 아래서 벌어진 우상숭배로 인해서 십계명이 새겨진 돌판을 깨트린 사건은 이스라엘의 죄를 극복할 수 없는 율법의 운명을 미리 시사하는지도 모른다.

중요한 것은 바울이 율법 자체가 이스라엘의 마음을 완악하게 만들었다는 직접적인 시사를 하지 않는다는 사실이다. 그는 앞서 율법을 '의문'으로 지칭한 바가 있다. 이스라엘의 완악한 상태는 광야 시대 이후로 줄곧 지속되어 왔는데, 외적인 문자로서의 율법은 회당에서 늘 읽혀지기는 했지만 그것을 읽을 때마다 이스라엘의 "완악해진" 마음을 덮고 있던 수건을 제거하지 못했다. 말하자면 바울이 말하고자 하는 결론은 황금 송아지 우상숭배 사건 이후에 "목이 곧은 이스라엘의 상태로 *인해*"[21] 모세 얼굴에 수건이 덮여졌던 것처럼, "동일한 수건"(*τὸ αὐτὸ κάλυμμα*)이 구약(=율법)을 읽을 때마다 이스라엘의 마음에 계속 덮여 있다고 본다는 것이다. 일차적인 책임은 완악한 이스라엘의 마음 상태, 즉 할례받지 못한 마음에 있지만, 외적인 '문자'일 뿐인 율법은 이스라엘의 완악한 마음 상태를 극복하고 그들에게 참 하나님 지식을 수여할 능력이 없었기 때문에 바울은 여기서 다시 한번 율법의 한계를 지적하는 것이 분명하다.

고린도후서 4:4에서는 보다 직접적으로 이스라엘의 마음을 혼미케 하고 그들이 복음을 깨닫지 못하도록 가리운 세력이 "이 세상 신"으로 지시

---

20) S. J. Hafemann, *Paul, Moses, and the History of Israel*, 377.
21) *Ibid*.

된다. 복음을 깨닫지 못하도록 가리고 사람들의 마음을 혼미케 하는 세력은 현 악한 세상을 지배하는 사탄이다. 율법은 하나님이 주신 선한 계시임에도 불구하고 외적인 '문자'에 불과하다보니, 인간이 처한 이 근본적인 딜레마를 극복할 능력이 없었고 도리어 그들의 죄를 폭로하고 정죄하고 죄를 더 많아지게 만들며 범죄한 인류에게 사망을 선고하는 부정적인 역할을 맡게 되었다. 다시 말해서 율법이 의롭고 신령하고 선한 신적 계시임에도 불구하고 죄의 세력이 작용하는 영역에서 그것의 폭군적 지배를 도와주는 협조자 역할을 하게 되었다는 것이다(롬 7:10-13).

결론적으로, 바울은 율법의 충족성을 주장하는 유대주의자들의 도전에 직면하여 옛 언약의 한계와 새 언약의 우월성을 날카롭게 대조시키는 계기를 갖게 되었다. 율법에 대한 부정석 진술들은 나메섹 회심을 세기로 율법 아래서 실패와 불순종으로 점철된 이스라엘의 반역의 역사를 그리스도 사건에 비추어 새롭게 인식하는 과정에서 생겨난 것으로 보인다. 구약적인 맥락에서 율법은 비록 이스라엘 백성에게 의와 생명을 약속하기는 했지만 계속되는 이스라엘의 반역의 역사는 점차 예레미야와 에스겔과 같은 후기 선지자들을 통해서 옛 언약의 한계를 드러내는 단초가 되었고, 바울은 이들 선지자들의 언약 사상에 깊은 영향을 받아 옛 언약의 연약성과 무능성을 날카롭게 인식하게 되었다.

그에게 있어서 율법은 여전히 선하고 의로운 신적 계시이지만 계속적인 반역의 딜레마에 빠진 이스라엘의 죄악성에 직면하여 단순한 외적 문자 또는 법조항으로 존재하다보니 그들의 반언약적인 범죄와 불순종을 내면적으로 치료할 효과적인 처방책이 되지 못하였다. 여기서 바울이 간파한 율법의 한계는 두 가지 관점에서 결론지을 수 있다.

1. 이스라엘이 처한 딜레마 속에서 육신의 세력이 너무 크고 고질적이다보니 그것을 타개하고 극복하기에는 '연약' 했고 '무능력' 할 수밖에 없었다(롬 8:3).

2. 황금 송아지 사건 이후 고질화된 이스라엘의 완악함을 인하여 율법은 '문자'로서 회당에서 늘 읽혀지기는 했지만 그들의 마음에 덮여진 수건을 제거하고 참 하나님 인식을 가져다줄 수 있는 능력을 가질 수 없었다. 전자는 죄의 세력을 극복할 수 없는 능력의 한계이고, 후자는 참된 신지식을 가져다줄 수 없는 인식의 한계이다.

새 언약을 성취한 그리스도의 복음은 이러한 한계들을[22] 극복할 수 있는 하나님의 능력이요, 효과적인 처방책이었다. 새 언약을 질적으로 규정할 때 그것은 하나님의 영에 의해 성취되고 움직여진다. 따라서 바울의 성령론은 일차적으로 예레미야와 에스겔이 말한 '새 언약의 영'으로 특징화될 수 있다. 새 언약의 영은 문자로만 존재하는 옛 언약의 한계를 극복하여 계명의 내면화 또는 마음의 근본적 변화를 지향한다. 이미 앞에서 살폈듯이 옛 언약을 읽는 이스라엘 백성의 마음(고후 3:15)과 영의 말씀을 읽는 그리스도인들의 새 마음 사이에(고후 4:6) 차이가 존재한다. 마음의 이런 변화는 오직 주되신 그리스도에게로 "돌아갈 때"($\epsilon\pi\iota\sigma\tau\rho\epsilon\psi\eta$)[23] 경

---

[22] 율법의 구원사적 한계들, 즉 종말론적인 새로운 인식을 줄 수 없는 "인식론적 한계", "죄의 세력을 극복할 수 없는 무능성의 한계", "민족주의적 한계"에 대해서는 이한수, 신약은 성령을 어떻게 말하는가 (도서출판 이레, 2002), 75-91을 참조하라.

[23] 이 헬라어 표현은 출애굽기 34:34(LXX)을 암시하는 중요한 구절이다. 모세가 성소에 하나님을 만나러 '들어갈 때'($\epsilon\iota\sigma\epsilon\pi o\rho\epsilon\upsilon\epsilon\tau o$) 수건을 벗고 있다가 나와서 백성에게 말할 때는 수건을 썼다는 출애굽기의 이야기를 바울은 회심 언어로 바꾸어 누구든지 주님께로 '돌아가면'($\epsilon\pi\iota\sigma\tau\rho\epsilon\psi\eta$), 즉 회심하기만 한다면 모세의 얼굴에 덮인 수건이 벗겨질 것이라고 말한다(cf. 김지철, "새 언약이신 예수 그리스도"〈고후 3:4-4:6을 중심으로〉, 151).

험할 수 있다. 참된 계시적 인식을 방해하는 두 가지 요소가 있다. 하나는 모세의 얼굴에 덮인 수건인데, 그것은 하나님의 형상이신 그리스도 안에서 제거될 수 있고, 다른 하나는 불신 유대인들의 마음에 덮인 수건인데 그것은 회심, 즉 그리스도를 믿을 때 제거될 수 있다. 구약에서 빛을 창조하신 하나님께서 이제 새 언약의 내용인 복음을 믿는 모든 사람들의 마음 속에 하나님의 영광을 아는 빛을 창조하시고 그들을 하나님의 형상으로 재창조하신다. 이제 그들은 복음 속에서 역사하는 새 언약의 영을 통해 하나님에 대한 참된 계시적 인식에 도달하게 되고 그의 능력을 통해 죄의 세력을 극복할 수 있는 마음의 근본적 변화를 경험한 새 피조물이 된다(고후 5:17). 결국 새 언약의 영을 좇아 변화된 마음에 따라 자발적으로 하나님을 인식하고 그의 뜻에 순종할 수 있다는 것이 바울이 간파한 새 언약의 우월성이다.

2. 율법과 성령의 대조: 신분 원리로서의 의의

이제까지 우리는 옛 언약과 새 언약의 대비가 구원사적으로 어떤 함축들을 지니고 있는지 살펴보았다. 이제 언약신학이 갖는 구원사적 함축들이 개인의 신분 또는 정체성을 규정할 때 어떤 영향을 미치는지 살펴볼 차례다. 구원사를 신자 개인의 신분이나 삶으로부터 분리시켜 이원화시키는 것은 잘못이다. 그렇다면 옛 언약의 중심인 율법과 새 언약의 중심인 성령의 대비가 유대주의 논적들과의 논쟁 상황에서 율법 백성과 믿음의 백성의 정체성을 규정하는 일에 각각 긴밀한 관련성을 지닐 수밖에 없을 것이다. 따라서 우리가 분석할 문제는 구원론적인 지향점을 갖는다.

2.1 신분을 규정하는 사회적 표지

율법은 이스라엘 백성의 삶과 행위를 지도하는 지침일 뿐만 아니라 그들의 정체성과 신분을 규정하는 표준이 된다. 율법은 그들의 존재 근거이며 정체성 확인의 준거이다. 이스라엘 백성은 따라서 '율법 백성'(the people of the law)으로 불린다; 그들은 율법으로 특징화되는 독특한 백성이다. 전통적인 유대교 연구가 율법이 신분 규정의 표준으로서 지닌 이러한 측면들을 소홀히 하고 오로지 삶의 방편으로만 접근했던 것은 잘못이 아닐 수 없다. 이런 잘못된 접근으로 인해 유대교는 행위로 구원을 확보하려는 '행위구원의 종교' 또는 행위로 하나님 앞에서 의를 얻어내려는 공적주의적 '행위의(行爲義)의 종교'로 간주될 수밖에 없었다. 이 견해는 율법이 유대인들의 특권적 신분을 위한 논쟁적 기초로(cf. 롬 2:17ff) 사용된 언약적 기능을 인식하는 데 실패한 것이다.

바울의 유대교 비평은 모세 율법에 기초한 옛 언약과 그리스도 사건으로 도래한 새 언약의 관계를 그가 다메섹 도상에서 얻은 계시적 인식에 비추어 새롭게 평가한 데서 비롯된다. 한때 바울은 조상들의 율법 전승들에 열심당이었지만, 그의 열심은 결과적으로 하나님과 메시아를 만나게 하기보다는 하나님의 교회를 핍박하도록 유도하고 말았다. 나무에 달려 저주받은 존재로 알았던 예수가 다메섹 도상에서 영광스러운 하나님의 아들로 나타났기 때문에 그는 그리스도 사건에 비추어 유대교와 율법을 재평가하지 않을 수 없었을 것이며,[24] 또한 언약 체계에 대해 전반적으로 재평가하게 만들었을 것이다. 최근에 바울의 회심 사건이 그의 언약신학에 미친 영

---

24) S. Kim, *The Origin of Paul's Gospel*, 46-48.

향에 대해 롱게네커의 논문은 시사하는 바가 크다.[25]

바울 서신의 관련 구절들을 살필 때 유대주의적 논적들은 율법에 기초한 옛 언약을 아브라함의 언약과 연장선상에 놓인 것으로 간주하고 전자가 후자를 넘겨받아 완성시킨 것으로 이해한 것이 분명하다. '누가 아브라함의 자손인가' 라는 언약백성의 정체성과 자격들에 관한 질문은 갈라디아서 3-4장과 로마서 4, 9장에서 바울의 논의의 핵심 주제에 속하는데, 이들 장들이 유대주의자들과의 논쟁 문맥 속에서 나타난다는 것은 주목할 만하다. 이 논쟁적 서신에서 아브라함에 관한 창세기 이야기가 빈번하게 등장한다는 점을 고려할 때, 유대주의 논적들은 모든 사람이 동일한 믿음에 기초해서 의롭다 함을 얻을 수 있다는 바울의 이신칭의 교리를 반대하는 수장을 하기 위해 성경의 전승들과 당대의 유대적 전승들을 사용한 것으로 보인다.[26]

그들은 당시대의 아브라함 전승들을 사용하여 아브라함의 참된 가족은 시내산 언약에 속해 있는 유대인들 이외에 다른 사람들일 수 없다는 주장을 하였을 것이다. 어떤 랍비 문헌들을 보면 아브라함은 이미 율법을 알고 있었고 그것을 성실하게 준수했다는 언급들이 나온다(cf. 1 Macc 2.52; Mek. Besh. 7, 139ff).[27] 유대인들은 언약 성립에 기여한 아브라함처럼 동

---

[25] Bruce W. Longenecker, "Contours of Covenant Theology in the Post-Conversion of Paul," in: *The Road from Damascus: The Impact of Paul's Conversion on His Life, Thought, and Ministry* (1997), 125-146.

[26] J. M. G. Barclay, *Obeying the Truth. A Study of Paul's Ethics in Galatians* (T&T. Clark : Edinburgh:1988), 86; D. Foerster, "Abfassungszeit und Ziel des Galaterbriefes," in *Apothoreta* (FS for E. Haenchen, 1964), 139; J. L. Martyn, "A Law-Observant Mission to Gentiles: The Background of Galatians," *MQR* 22 (1983), 317-23.

[27] Cf. F. Mussner, *Galaterbrief*, 218; S. Sandmel, *Philo's Place in Judaism. A Study of*

일한 방식으로 율법을 지켜야 하며 따라서 아브라함의 자손들로서 그들의 신분을 논증해야 한다. 바울 서신의 많은 구절들은 이렇게 모세 율법을 아브라함 언약과 연장선상에 놓고 같은 것으로 간주하려는 경향을 분명히 해준다.

로마서와 갈라디아서에서 '할례자들'(οἱ ἐκ περιτομῆς) 또는 '율법에 속한 자들'(οἱ ἐκ νόμου)이란 헬라어 표현들이 아브라함의 가족에 대한 유대주의적 정의와 관련하여 자주 등장한다(cf. 롬 4:12, 14; 갈 2:12, 3:18).

이 구절들은 유대인들이 자신들의 신분을 할례나 율법과 관련하여 성격 규정함으로써 그들 자신만이 아브라함 언약과 그 축복들을 합법적으로 상속한 참된 후사들로 간주하였음을 시사해 준다. 특별히 로마서 4:14의 구절은 이 점을 뒷받침 해준다: "만일 율법에 속한 자들이 후사이면 믿음은 헛것이 되고 약속은 폐하여졌느니라." 이 구절은 할례와 율법으로 특징화되는 옛 언약을 아브라함에게 주신 하나님의 언약적 약속과 축복에서 분리시킨다. 비슷한 주장이 갈라디아서 3:18에도 나타난다: "만일 그 유업이 율법에서 난 것이면 약속에서 난 것이 아니리라 그러나 하나님이 약속으로 말미암아 아브라함에게 은혜로 주신 것이라."

바울은 아브라함에게 약속하신 유업이 율법에 기초한 것이라는 유대주의자들의 생각을 논박한다. '유업'이란 말은 로마서와 갈라디아서의 논쟁적 문맥에서 아주 중요한 의미를 지닌 술어이다. 언약적 축복을 요약해 주

Conceptions of Abraham in Jewish Literature, Michigan Quarterly Review 22 (1983), 317-28. 유대교내 한 흐름에서는 율법이 영원하며 (cf. Sir 24; Wis 18:4; 2 Esdr 9:37; 1 En 99; Ass. Mos. 1:11ff; Josephus, *Apion* 2:38) 창조 이전부터 선재하던 것으로 (cf. Strack-Billerbeck, *Kommentar II*, 353-57) 간주되었다.

는 이 술어는 창세기에서 '약속의 땅'을 상속하는 일과 관련되지만, 바울서신에 와서 그것은 종말론적인 의미를 갖게 되어 "하나님 나라를 유업으로 받는" 것을 뜻하게 되었다(갈 5:21; cf. 고전 6:9-10; 엡 5:5). 그렇다면 아브라함의 언약을 이어받을 후손이 된다는 신분적 문제는 결국 하나님 나라를 유업으로 받느냐 못 받느냐 하는 구원론적 문제와 직결된 것이라 할 수 있다. 그런데 아브라함에게 약속된 이 '유업'은 결코 율법에 기초해서 주어지는 것이 아니라 약속에 기초한 것이며 은총의 선물로 주어지는 것이다. "은혜로 주신다"는 말은 아브라함 언약이 은총의 원리에 근거한다는 사실을 보여 준다.

이에 반해서 유대주의자들은 할례와 율법에 기초해서 언약백성 된 그들의 특권적 지위를 주장하였다. 그것은 말하자면 율법과 할례 백성인 유대인들만이 아브라함에게 약속된 유업을 합법적으로 상속할 권한을 소유했다는 배타적인 주장인 셈이다. 하지만 바울은 모세 율법과 아브라함 언약을 분리시킴으로써 유대인들의 이러한 배타적인 주장을 근거 없는 것으로 주장하였다. 왜냐하면 그 둘은 각각 구원사 속에서 다른 원리에 기초해 있고(cf. 갈 3:10, 12, 3:18) 다른 목적을 지향하기 때문이다(갈 3:19-22; 롬 5:20).

동일한 주장의 실례가 갈라디아서 4:22-31의 '사라-하갈 알레고리'에서 발견된다. 여기서 바울은 구원사의 두 줄기의 흐름을 지적하면서 유대인들을 여종 하갈, 이스마엘, 시내산, 지상의 예루살렘, 육신을 따라 난 자손들로 이어지는 구원사 흐름에 귀속시킨다. 갈라디아서 4:22-31의 구조는 다음과 같다.

       A (시내산 언약 = 모세의 율법)
        B 하갈
         C 육체를 따라 난 자손(이스마엘)
          D 시내산
           E 종
            F 지상적인 예루살렘
            F′ 천상적인 예루살렘
           E′ 자유
          D′ (시온산)
         C′ 약속을 따라 난 자손(이삭)
        B′ 우리의 어머니(사라)
      A′ (새 언약 = 그리스도의 복음)

    교차대귀법적 이 구조는 아브라함 언약과 그리스도의 복음을 토라에 의해 대표되는 시내산 모세 언약과 다른 수준에 위치시키려는 바울의 의도를 보여 준다. 구원사에는 두 줄기의 흐름이 존재하였는데, 예루살렘 중심성을 주장하고 율법을 자랑하며 아브라함의 육신적 혈통을 주장하는 불신 유대인들은 종에 불과했던 하갈-이스마엘 계통의 구원사 흐름에 속하고, 천상적인 예루살렘을 지향하고 혈통보다 약속을 더 중시하고 그리스도의 복음 안에서 자유를 갈망하는 자들은 자유의 어머니였던 사라와 그 아들 이삭 계통의 구원사 흐름에 속한다. 이러한 교차대귀법적 구조는 전자의 구원사 노선을 주장하는 유대교에 대한 비평을 담고 있다.

    유대교 신학을 옹호하는 자들은 육신적 혈통, 할례와 율법준수, 민족주의적 우월의식 등을 가졌을 것이다. 그들의 신학에 대한 바울의 논박은 어떤 것인가? 아브라함이 믿음으로 의롭다 함을 받았을 때(창 15:6) 그는 사실 무할례자의 신분에 있었고(롬 4:11), 율법은 그 후 430년 이후에 시내산에서 주어진 것이기 때문에 율법은 아브라함의 언약적 축복을 규정하는 데 개입될 수 없는 요소이다. 따라서 아브라함에게 약속된 언약적 축복은 율법에 기초해서 주어지는 것이 아니라 약속에 근거해서 은총의 선물로 주어지는 것이다. 바울의 복음은 아브라함의 약속을 계승한 것이고(창 12:1-3, 15:6; cf. 갈 3:8), 그 축복들은 오직 믿음과 은총의 원리에 의존할 뿐이며, 믿는 모든 자들에게 주어진다.

구원사에 대한 바울의 이 해석은 결과적으로 인류를 두 진영의 사람으로 구분시켜 놓는다. 하나는 "육체를 따라 난 자"이고 다른 하나는 "성령을 따라 난 자"이다(갈 4:29). 사라-하갈 알레고리의 문맥에서 볼 때 전자는 일차적으로 이스마엘을 가리키고 후자는 이삭을 가리킨다. 하지만 이들은 개인적인 의미에서 인용된 것이 아니라 그들이 각각 대표하는 두 종류의 인류를 지칭하는 알레고리적 또는 모형론적인 상징성을 갖는다. 그렇다면 '육체를 따라 난 자'는 현재 예루살렘 중심성을 주장하면서 육신적 혈통을 내세우고 자신이 할례받은 율법 백성인 것을 자랑하는 불신 유대인들을 상징하고, '성령을 따라 난 자'는 천상적인 예루살렘을 대망하고 혈통보다는 그리스도 안에서 믿음과 성령을 좇는 그리스도인들을 지시한다. 바울은 이들 두 그룹의 사람들에 대해서 달리 표현하기도 한다.

a) 할례자들(롬 3:30)
b) 율법에 속한 자들(롬 4:14, 16)   a'/b') 믿음으로 말미암은 자들(갈 3:7, 9)
c) 육체를 따라 난 자들(갈 4:23, 29)   c') 성령을 따라 난 자들(갈 4:29)

위의 표현들은 모두 아브라함의 참된 자손이 누구인가를 묻는 논쟁적 문맥에서 등장한다. 왼쪽 항목들은 유대주의자들의 주장을 반영하고, 오른쪽 항목들은 그들의 주장을 교정하는 바울 자신의 입장을 반영한다. 오른쪽 항목들은 아브라함 자손의 정체성을 할례와 율법 그리고 육신적 혈통에 근거해서 성격 규정하려는 유대주의자들의 의도를 엿보이고, 왼쪽 항목들은 '믿음과 성령'에 근거해서 참 하나님 백성의 정체성을 성격 규정하려는 바울 자신의 의도를 엿보인다.

물론 '육체를 따라 난 자'라는 표현은 일차적으로 아브라함의 육신적 자손이라는 사실을 옹호하던 유대인들의 우월한 자의식을 지시할 수 있지만 이 특별한 단어를 논쟁적인 문맥에서 선택한 것은 그 이상의 것을 시사할 수 있다. 바울은 이미 갈라디아서 3:2-3에서 율법을 의지하려는 갈라디아인들의 태도를 "육체로 마치려는" 행위로 비난한 바 있다. 때문에 바울이 의식의 어떤 수준에서 유대인들의 율법준수 행위를 '육'(肉)의 개념과 연관짓는다는 것을 부인할 수 없다.

그렇다면 여기서 우리는 몇 가지 의문을 제기할 수 있다. 첫째는 어째서 바울이 할례나 율법준수와 같은 유대인들의 신분표지들을 '육'의 개념과 연관짓고자 하는가 하는 질문이고, 둘째는 아브라함의 참 자손의 정체성을 규정하는 데 있어서 바울의 전형적인 '영육 이원론'(spirit-flesh dualism)이 어떤 함축을 지니는가 하는 질문이다.

이 질문들에 답변하려면 논쟁적 문맥에서 갖는 바울의 육의 개념의 성격을 먼저 살필 필요가 있다. 바울은 육의 개념을 그의 유대교 비평에서 다양하게 활용한다: 유대교는 '육'(肉)의 종교이다. 예를 들어, 율법의 행위로 돌아가는 것은 '육체로 마치려는' 시도에 불과하다(갈 3:3). 사라-하갈 알레고리에서 바울은 하갈의 아들 이스마엘을 '육체를 따라 난 자들'

로 지칭한다(4:29). 그는 개인적인 의미로 인용되기보다는 논쟁적인 문맥에서 자신들의 육신적 혈통을 자랑삼아 의지하고 바울의 복음을 핍박하는 불신 유대인들을 지시하는 의미로 인용된다.

이들은 또한 다른 곳에서 "육체를 신뢰하고"(빌 3:3-4) "육체를 자랑하며"(갈 6:13) "육체의 모양을 내려는"(갈 6:12) 자들로 비평받는다. 빌립보서에서 '육체를 신뢰하는' 것은 아마도 회심 이전 유대교 시절에 바울이 가졌던 율법에 대한 열심, 육신적 혈통, 할례, 바리새인 경력 등에 대한 자랑을 지칭할 것이다.

비평조의 이런 진술들은 결코 유대인들이 자기 능력과 힘으로 구원을 확보해보려고 시도했다는 것을 말하지 않는다. 바울은 흔히 묵시적 주제들을 논의하는 문맥에서 '영육 이원론'을 채용하는데, 이것은 그리스도의 십자가와 성령의 선물 속에 나타난 하나님의 행위들을 유대교의 육신적 성격과 의도적으로 대조시키려는 목적을 지닌다. 말하자면 유대교는 하나님과의 바른 관계를 육신적 혈통, 유대인의 민족주의적 우월의식, 조상들의 유전, 그리고 인종적 배타주의 등과 같은 인간적인 삶의 유형들에 근거시키려는 육신적 종교에 불과하다는 말이다.[28]

이런 인간적인 삶의 유형들은 결코 누구에게도 칭의의 근거가 될 수 없다(갈 2:16). 바울이 한때 하나님의 교회를 핍박할 정도로 율법에 열심이었으나, 바리새인 시절에 그가 의지하였던 그 율법은 다메섹 도상에서 받은 초자연적이고도 영광스러운 계시에 비교하면 단지 '인간 전승들'(갈 1:11-14)에 불과하다.[29] 이런 인간 전승들은 결코 아브라함의 참된 자손

---

[28] J. M. G. Barclay, *Obeying the Truth*, 206.
[29] 갈라디아서 1장의 문맥에서 바울이 열심이었던 율법 전승을 '조상들의 유전'으로 폄하한 것은 16절 이하에서 언급할 다메섹 도상의 초자연적인 신적 계시와 대조시키려는 바울의 의도

의 정체성을 규정할 수 있는 근거가 되지 못한다.

그러면 아브라함 언약에 속한 그의 참 자손의 성격을 규정할 수 있는 결정적인 요인들은 무엇인가?

첫째로, 아브라함이 하나님께 의롭다 함을 얻었을 때 그는 무할례자의 신분에 있었다(롬 4:9-12). 바울 서신에서 '무할례자' 란 말은 이방인을 지칭하는 기술적인 술어이기 때문에, 여기서 자연히 이방인도 아브라함처럼 믿음의 발자취만 따르면 의롭다 함을 얻고 언약적 축복을 상속한 후사가 될 수 있다는 논지가 추론되어 나온다. 바울의 이신칭의 논증에서 아브라함의 이방인 신분은 심지어 규범적인 성격을 지니는 듯하다.

둘째로, 율법은 아브라함이 믿음으로 의롭다 함을 받은 후 거의 430년 후에나 주어진 것이기 때문에 구원사 후기에 뛰어든 율법이 먼저 성립된 아브라함 언약의 성격을 규정하는 요인이 될 수 없다. 따라서 아브라함 언약과 그 축복들은 할례나 율법과는 관계가 없다.

셋째로, 아브라함이 의롭다 함을 받았을 때 그의 신분을 규정했던 유일한 요소는 하나님의 약속을 신뢰했던 '믿음' 밖에 없었다(창 15:6). 뿐만 아니라 창세기 12:3에서 아브라함 언약은 모든 이방 세계에도 개방된 보편적 언약이었다: "이방이 너를 인하여 복을 받으리라"(갈 3:8). 아브라함이 약속받은 '복' 은 갈라디아서에서 믿음으로 의롭다 함을 얻는 축복과 연계된다. 이 언약적 축복은 혈통이나 할례 또는 율법 소유와 관계없이 오직 믿음을 가진 자는 누구나 경험할 수 있는 보편적이고 개방적인 축복이다.

넷째로, 창세기의 이야기에는 아브라함 언약과 '성령의 약속' 이 명시적

를 명백히 해준다(*Ibid.*, 178-209).

으로 언급되어 있지 않다. 하지만 바울은 아브라함의 언약 속에 '성령의 약속'이 내포되어 있는 것으로 해석한다(갈 3:14). 어떻게 이런 해석이 가능한가? 사라-하갈의 알레고리에서 바울은 이스마엘과 이삭을 '육체를 따라 난 자'와 '성령을 따라 난 자'로 대조시킨 바가 있는데(4:29), 바로 몇 절 앞에서(23절) 그들은 "육체를 따라 난 자"와 "약속을 따라 난 자"로 각각 대조되었다. 그렇다면 성령을 따라 난 자는 약속으로 말미암아 난 자와 평행을 이루는 표현이라는 사실이 분명해진다. 약속을 따라 났다는 말은 아브라함이 육신적인 생산 기능과 관련하여 이미 죽은 것이나 다름이 없었던 상황에서 자손이 하늘의 별과 같이 많아지리라는 하나님의 약속을 믿었던 아브라함의 정황을 전제한다. 죽음과 같은 현실에서 명년 이 때에 아들을 낳겠다는 하나님의 약속은 곧 생명을 창조할 수 있는 하나님의 능력을 함축한다. 바울은 약속을 통해 나타난 하나님의 창조 능력을 '성령'으로 해석하였다. 29절에서 "그 때에"란 말과 "이제도"란 말이 평행적으로 사용된 것은 아브라함 시대에나 바울 당대에서나 육체를 따라 난 자들과 성령을 따라 난 자들 사이의 대립은 변함이 없다는 것을 시사해 준다. 이것은 구약이나 신약이나 하나님 백성의 정체성을 규정하는 표준으로서 '믿음과 성령'이 변함없이 지속적으로 적용되어 왔다는 것을 의미하는 것이나 다름없다.[30]

2.2 성령 경험의 보편성: 유대인과 이방인을 위한 선물

성령은 구약 아브라함 시대에도 그의 참 자손의 기원을 규정할 때 없어

---

30) 이한수, 갈라디아서 (도서출판 햇불회: 서울, 1997), 442f.

서는 안 될 근본 요인이다. 이 점에서 하나님 백성의 신분을 결정짓는 구원론적인 성령이 구약에서도 활동해 오셨다고 보아야 한다. 그렇다면 구원론적인 측면에서 신약의 신자들 속에 오신 성령은 구약의 성도들 가운데 계셨던 성령과 어떤 차이가 있는가? 여기서 성령의 구원론적 사역의 연속성의 존재를 말해야 하지만, 신약 성령의 독특성을 인정해야만 하는 또 다른 측면도 존재한다.

바울은 갈라디아서 3:14에서 그 차별성을 "성령의 약속"이란 술어로 설명한다. '약속'이란 '성취'라는 개념과 더불어 구원사의 구조를 지시하는 술어다. 그것은 구원사가 점진적으로, 연속적으로 발전한다는 사상을 배경에 깔고 있는데, 구약의 성령과 신약의 성령 사이에는 이러한 연속성이 존재하면서도, 구원사 속에서 부분적으로 경험되어지거나 약속되어진 것이 이제 그리스도 안에서 '충만하고도 힘있게' 성취되어진다는 점진적 발전 개념이 배후에 놓여 있다. 구약의 성도들 가운데서 하나님의 영으로 체험되어지던 성령은 십자가의 구속에 근거하여 신약의 성도들 가운데 충만하고도 강력하게 경험되어지지만, 이제 그 성령은 그리스도의 구속 사역에 기초해서 그리스도의 형상을 재현하시는 영이시기 때문에 '그리스도의 영'이라 불린다. 그래서 "하나님의 영"은 바울 서신에서 자주 '그리스도의 영'과 동일시되기도 한다(롬 8:9). 성령은 따라서 자연히 기독론적 방향성을 얻게 된다. 성령 경험과 관련한 이런 식의 구원사적 발전은 바울 서신 이곳저곳에서 발견된다(cf. 롬 8:3-4; 갈 4:6-7).

중요한 것은 구약에서 아브라함의 육신적 후손들 가운데 제한적으로 경험되어지던 성령이 그리스도의 구속 사건으로 인해서 유대인뿐만 아니라 이방인에게도 보편적으로 경험되어지는 실재가 되었다는 사실이다(갈

3:13-14). 바울은 여기서 율법과 그리스도의 십자가 그리고 성령의 선물과의 관계를 유대인과 이방인의 관계라는 맥락에서 설명한다. 아브라함 언약은 본래 믿음에 기초해서 이방인에게도 약속된 보편언약이었다(갈 3:8). 하지만 율법으로 인해서 아브라함 언약의 보편적이고 개방적인 축복들, 그 중에서도 특별히 성령의 약속이 이제까지 이방인들에게 미칠 수가 없었다. 율법은 여기서 아브라함의 언약적 축복이 이방인에게 넘어갈 수 없도록 방해한 장애물 역할을 한 것으로 간주되고 있는 것 같다. 율법의 저주에서 "우리를"[31] 속량한 그리스도의 십자가 구속은 말하자면 아브라함에게 약속된 성령의 약속이 이방인에게 넘어가도록 만든 종말론적인 사건이었다.

비슷한 사상이 에베소서 2:14-16에서도 발견된다. 십자가 사건은 유대인과 이방인 사이를 가로막았던 '적대의 담'인 율법을 자신의 죽음을 통해 허물어버림으로써 시내산 언약 아래 존재했던 그들 사이의 옛 구분을 무너뜨리고 그들을 한 새 인류로 화해시킨 교회론적인 사건이었다. 다만 갈라디아서가 에베소서의 사상과 다른 점이 있다면 십자가 사건을 통해서 이방 기독교인들이 율법으로 인해 이제까지 경험할 수 없었던 성령의 선

---

31) '우리'의 지시 대상에 대해서 두 가지 해석이 제기되어 왔다. 첫 번째 견해는 '우리'를 포괄적인 의미로 해석하여 유대인과 이방인 신자들 모두를 포함하는 것으로 해석하는 것인데 (Bruce, *Galatians*, 166f; S. Kim, *The Origin of Paul's Gospel*, 309; Schlier, *Galater*, 136f), 이 해석을 취하게 되면 예수의 십자가 사건은 유대인과 이방 기독교인들 모두를 율법의 저주에서 구속한 사건이 된다. 두 번째 해석은 '우리'를 배타적인 의미로 해석하여 오직 유대 기독교인들만 지칭하는 것으로 보는 것이다(Betz, *Galatians*, 148; T. L. Donaldson, "The 'Curse of the Law' and the Inclusion of the Gentiles: Galatians 3.13-14," *NTS* 32 <1986>, 95ff). 이 경우에 예수의 십자가 사건은 유대 기독교인들을 율법의 저주에서 구속한 사건이 되며 이방인의 구속은 유대 기독교인의 구속에 이차적으로만 의존한다(cf. I. Hong, "The Perspective of Paul in Galatians," 10). 전후 문맥에서 볼 때 전자의 해석이 훨씬 의미가 잘 통한다. 이에 대한 보다 자세한 논의로는 이한수, 갈라디아서, 278ff를 참조하라.

물을 이제 합법적으로 경험할 수 있게 되었다는 점을 지적한다는 사실일 것이다.

이제까지 진행되어온 우리의 논의들을 다음 몇 가지로 요약할 수 있다.

첫째로, 옛 언약의 중심 내용인 율법은 바울 당대에 할례와 더불어 유대인들의 정체성을 가름하는 신분표지들로 사용되었다. 율법은 그것을 소유한 유대인들에게 율법 백성으로서의 우월한 자의식을 각인시켜 주는 결정적인 요소였다.

둘째로, 바울 당대의 유대인들은 모세 언약을 아브라함 언약과 같은 성질의 어떤 것으로 간주하였기 때문에 아브라함 언약에 속한 모든 축복들은 당연히 모세 언약에 속한 율법 백성들에게 귀속되어야 한다고 간주하였다. 바로 이 점 때문에 유대인들은 할례와 율법 없는 바울 복음을 유대교의 중심성을 무너뜨리는 이단적 주장으로 여기고 그의 복음과 사역을 핍박하게 되었다. 하지만 바울은 창세기의 아브라함 전승을 그리스도 사건에 비추어 전격적으로 새롭게 해석함으로써 아브라함 언약과 모세 언약을 분리시켜 놓았다. 아브라함이 의롭다 함을 받았을 때는 할례나 율법과 같은 요소들은 존재하지 않았으며, 도리어 그가 무할례자로서 이방인 신분에 있었을 때 믿음으로 의롭다 하심을 얻었다. 결국 아브라함 언약을 성격 규정할 수 있는 요소는 육신적 혈통이나 할례 또는 율법 같은 유대적인 편협한 전통의 신분표지들이 아니라 초문화적이고 초인종적인 '믿음'뿐이다. 아브라함 자신이 무할례자 신분에 있었을 때 믿음으로 의롭다 함을 얻었기 때문에 믿음의 발자취를 좇는 모든 이방인들도 그의 언약적 축복에 동참할 수 있다.

셋째로, 바울의 해석에 따르면 아브라함의 언약적 축복 속에는 '성령의 약속'이 포함되어 있었다. 그는 구원사의 흐름을 두 가지로 구분하는 과정에서 전형적인 '영육 이원론'을 도입한다. 육신적 혈통이나 할례 그리고 율법과 같은 것들을 내세우는 불신 유대인들은 하갈-이스마엘 계통을 따라 육체를 따라 난 자들이고, 바울의 복음을 믿고 성령을 좇아 행하는 신자들은 성령을 따라 난 자들이다. 아브라함이 하나님의 주권적인 약속을 신뢰하여 이삭이 태어난 것처럼, 참된 아브라함의 자손은 자신의 존재의 기원을 오직 성령에만 근거시키는 자들이다.

넷째로, 율법은 유대인들의 배타적인 신분과 특권의식을 뒷받침하는 너무나 편협한 전통으로 작용해왔기 때문에 아브라함 언약이 내포한 보편적 축복들이 신약 시대에 이방인들에게 적용되는 데 도리어 장애물 역할을 하게 되었다. 십자가 사건은 유대인과 이방인 중간에 막힌 담, 즉 원수되게 하는 '계명의 율법'을 허물어버림으로써 아브라함에게 약속된 성령의 약속이 이방인에게 미치도록 만든 종말론적인 사건이었다. 사도행전에서 고넬료와 같은 이방인이 성령을 경험했다는 소식이 예루살렘의 유대 기독교인들에게 큰 파문을 일으킨 것은(행 11:1-17) 이러한 유대신학적 배경에서 이해되어야 한다. 율법은 유대교의 편협한 전통을 반영한다면, 성령은 아브라함 언약이 함축한 보편성을 반영한다. 성령 경험은 유대 민족주의적 배타주의의 장벽이 허물어지고 아브라함 언약에 예시된 대로 범세계적인 믿음의 공동체를 세우려고 했던 하나님의 보편적 비전이 성취되었음을 논증한다.

3. 율법과 성령의 대조: 삶의 원리로서의 의의

율법과 성령의 대비를 실천적인 관점에서 논구하려면, 본 논문의 첫 번째 장에서 밝힌 대로 그것이 지닌 구원사적 의의들을 다시 한번 상기할 필요가 있다. 필자는 바울의 언약신학의 체계 속에서 율법의 세 가지 구원사적 한계들을 드러내고자 하였다.

첫째는, 완악한 이스라엘 백성의 마음을 덮고 있는 수건을 벗겨내고 하나님에 대한 지식의 빛을 던져줄 수 없었던 율법의 인식론적인 한계이고(고후 3:12-18), 둘째는, 죄의 세력을 극복하게 할 수 없었던 율법의 무능성의 한계이고(롬 8:1-4), 셋째는, 언약적인 축복들을 유대인들에게만 국한시키고자 하는 율법의 배타적 민족주의의 한계이다(엡 2:11-18; 갈 3:6-14). 옛 언약 시대에서 율법이 지녔던 이러한 구원사적 한계들이 새 언약의 중심 내용이신 그리스도를 통해, 특별히 새 언약의 질적 규정인 성령을 통해 어떻게 극복되는가를 살필 필요가 있다. 필자는 옛 언약의 한계들이 새 언약을 계승한 바울 복음을 통해 어떻게 극복되는가를 차례대로 살피고자 한다.

3.1 인식의 새로움을 주는 '새 언약의 영'

고린도후서 3장의 분석에서 필자는 옛 언약의 중심인 모세 율법이 거룩하고 의로운 신 의지의 계시임에도 불구하고 완악한 이스라엘의 마음을 덮고 있던 수건을 벗겨내지 못하는 인식론적인 한계에 대해 피력하였다. '문자'로 규정된 율법은 안식일마다 회당에서 이스라엘 백성들에 의해 읽혀지기는 했지만 그들의 완고한 마음을 덮고 있는 수건을 벗겨내지 못하고 참된 인식을 전해주지 못하였다.

여기서 참된 계시적 인식을 방해하는 두 가지 요소가 존재한다. 하나는 모세의 얼굴에 덮인 수건으로 그것은 하나님의 형상이신 그리스도 안에서 제거될 수 있고, 다른 하나는 불신 유대인들의 마음에 덮인 수건으로 그것은 "주께로 돌아가면"(고후 3:16), 즉 회심하면 벗겨질 수 있다. 바울에 의하면 이스라엘의 마음에 덮인 수건을 제거하고 그들에게 인식의 새로움을 줄 수 있는 것은 '새 언약의 영'이 하는 사역이다(18절). 바울은 이러한 인식론적 반전(反轉)을 설명할 때 모세 언약과 새 언약을 날카롭게 대조시키기도 하지만, 인식의 새로움을 주는 새 언약의 사역을 창조전승과 긴밀히 연결시켜 설명하기도 한다. 빛을 창조하신 하나님께서 이제 새 언약의 내용인 복음을 믿는 모든 사람들의 마음속에 "하나님의 영광을 아는 빛을"(고후 4:6) 비추이시고 그들을 하나님의 형상으로 창조하신다. 이로써 복음의 광채를 받은 신자들은 새 언약의 영을 통해 하나님에 대한 참된 계시적 인식에 도달하게 되고 인식의 좌소인 마음의 근본적인 변화를 경험한 새 피조물이 된다(고후 5:17). 이것이 바울이 간파한 새 언약의 우월성이다.

옛 언약 시대에도 율법은 신의지(神意志)의 계시로서 일상생활에서 이스라엘 백성들의 도덕적 안내자 역할을 해왔다. 이러한 율법의 기능을 단적으로 잘 보여 주는 구절이 로마서 2:18이다: "율법의 교훈을 받아 하나님의 뜻을 알고 지극히 선한 것을 좋게 여기며." 한글개역성경에서 "좋게 여긴다"(δοκιμάζειν)는 동사는 바울의 윤리신학에서 중요한 의미를 지닌 동사이다. 윤리적 판단 행위를 지칭하는 의미를 지닌 이 동사는 바울 서신에서 상대적으로 자주 등장한다(롬 2:18, 12:2, 14:22; 엡 5:10; 빌 1:10;

살전 5:21). 바레트는 이 동사를 "시험하고 그것이 보장하면 시인한다"는 의미로 정의하였다.[32] 전후 문맥에서 이 동사의 사용은 이스라엘 백성들이 율법의 말씀을 참조하여 구체적인 어떤 윤리적 판단을 내렸다는 사실을 시사해 준다.

하지만 그리스도 안에서 결정적인 시대 전환이 이루어졌다. 그리스도인은 율법을 도덕적 지침과 안내자로 삼던 옛 시대에서 벗어났다(갈 5:18). 그는 이제 성령을 새로운 안내자로 삼는 새 언약 시대를 살아간다. 율법과 성령을 대비하는 가운데 성령의 이러한 인식론적 규범성을 드러내 주는 구절들이 발견된다.

"무릇 하나님의 영으로 인도함을 받는 그들은 곧 하나님의 아들이라"(롬 8:14).

"만일 성령의 인도하시는 바가 되면 율법 아래 있지 아니하리라"(갈 5:18).

두 구절에서 '성령의 인도함을 받는 것'이 평행적인 요소로 발견된다. 성령의 인도하심을 받는 것은 하나님의 자녀 된 근본적 특징으로 서술되는 반면, "율법 아래 있는 것"과는 반정립의 관계에 놓여 있다. "인도함을 받는다"는 수동태 동사는 신자들을 일상생활에서 인도하시는 성령의 주도적인 활동을 시사할 뿐만 아니라, 신자들의 도덕적 판단 활동을 인도하는 성령의 어떤 '내적 충동'(inner compulsion)을 시사해 주는 술어이기도 하다.

---

[32] C. K. Barrett, *Romans* (BNTC), 104; cf. J. D. G. Dunn, *Jesus and the Spirit*, 223; R. N. Longenecker, *Paul Apostle of Liberty*, 195.

주지하듯이 예레미야와 에스겔서는 바울의 언약 사상의 구약적 배경을 이룬다. 이들 예언서의 언약사상에 따르면 마음의 근본적 변화를 지향하는 새 언약의 영의 시대가 되면 작은 자부터 큰 자에 이르기까지 모든 자가 하나님을 알게 되는 충만하고 보편적인 신지식의 시대가 도래할 것을 예고한다(렘 31:34). 율법은 이러한 보편적 신지식을 가져다주지 못하였으나 새 언약의 영은 이를 가능케 할 것이다. 그렇다면 새 언약의 영이 가져다주는 신지식은 어떤 성격을 지닌 것일까?

첫째로, 성령의 인도하심은 규범적(normative) 성격을 지니는가? 필자는 앞에서 성령의 인도하심이 신자들의 도덕적 판단 활동을 인도하는 성령의 '내적 충동'을 포함한다고 시사한 바 있다. 어떤 종류의 내적 충동인가?

퍼니쉬는 성령이 신자에게 도덕적 충동과 능력을 제공하기는 하지만 신자의 생활을 구체적으로 방향 제시하지는 않는다고 주장한다.[33] 고린도전서 7:40이 성령께서 실천적인 행위 문제들에 직접적으로 관계되는 유일한 구절이라고 인정하기는 하지만, 이것도 바울의 사도적 통찰력과 권위를 말하기 때문에 신자의 정상적인 결정 상황들에 적용할 수 없다고 생각한다. 퍼니쉬의 이 주장은 신빙성이 없다. "나도 또한 하나님의 영을 받은 줄로 생각하노라"는 바울의 진술은 이 점에서 의미가 있다. 여기서 "나도"(κἀγώ)란 강세형 인칭대명사는 성령을 의지하여 일상적인 판단 행위를 하는 것이 바울 자신에게만 독특하게 속해 있는 특권이 아니라는 것을 시사해 준다. 바울은 고린도인들 역시 구체적인 일상생활에서 하나님의

---

33) V. P. Furnish, *Theology and Ethics in Paul* (1968), 231–233. 여기서 퍼니쉬의 주장은 술어 연구에 좁게 국한됨으로써 논의를 너무 단순화시켜버린 경향이 있다.

뜻을 알게 하는 성령을 소유한다는 점을 기정사실화한다.[34] 전에 바울은 주의 명령과 자신의 개인적 의견을 구분한 바가 있다(25절). 이 경우에 바울의 말은 사도적 권위를 지닌 명령이라기보다는 특정 상황에서 성령의 인도하심에 일치하는 개인적 충고라고 할 수 있다(2:16). 주께 받은 직접적인 명령과 계시를 소유하지 못할 때도 바울은 성령의 인도함을 받아 구체적인 문제들에 개인적인 의견을 제시한다.

퍼니쉬에 의해 인용된 두 번째 구절은 고린도전서 2:9-16이다. 그는 이 구절이 비록 성령을 '계시자'로 묘사하기는 하지만(10-13절) 성령에 의해 분별되는 하나님의 지혜는 그리스도 안에 나타난 구속계획(*Heilsplan*)에 연관된 지혜를 계시할 뿐이라고 주장한다.

이 해석의 약점은 그리스도의 구속계획에 계시된 하나님의 지혜가 그리스도인들의 구체적인 결정들과 행위들에 대해 분명한 함축들을 지닌다는 사실을 소홀히 한다는 점이다. 하나님의 구속계획에 나타난 지혜는 그 실천적 함축들로서 "모든 신령한 지혜"(골 1:9)와 날카롭게 구분되지 않는다.[35] 바울은 모든 신령한 지혜와 총명으로 채워질 때 하나님의 뜻을 알 수 있음을 인식하고 골로새 기독교인들을 위해 기도한다. 여기서 언급된 지혜는 구속계획에 관련된 하나님의 지혜가 아니라 일상생활에서 적용될 수 있는 온갖 종류의 실천적 지혜를 시사한다.

이 점은 고린도전서 2:15 상반절에서도 분명하다: "신령한 자는 모든

---

34) 이한수, 그리스도인과 성령, 총신대학출판부, 1992, 237.

35) Bauer-Arndt-Gingrich, *A Greek-English Lexicon of the New Testament and Other Early Christian Literature* (1952), 767; cf. J. A. Davis, *Wisdom and Spirit: An Investigation of 1 Corinthians against the Background of Jewish Sapiential Traditions in the Graeco-Roman Period* (University Press of America: Lanham, 1984), 129f, 137.

것을 판단한다." 신자의 판단 대상이 되는 '모든 것'은 일상생활의 실천적 문제들을 내포하는 표현이다. 이 구절을 주석하면서 바레트는 "판단한다" (ἀνακρίνει)는 동사가 탐구 조사하는 일 이상의 것을 뜻한다고 본다. 신령한 사람은 "그가 보는 것을 이해할 수 있는 영감을 받기 때문만이 아니라, 또한 모든 것들이 평가되는 도덕적 표준을 지니고 있기 때문에 모든 것들을 고려하고 판단할 수 있다."[36] '신령한 자'는 여기서 영지주의적 엘리트주의와는 달리 성령을 소유한 일반 그리스도인들을 지칭한다. 왜냐하면 바울은 신령한 지혜가 선택된 소수에게만 알려진다고 생각하는 파당적 정신을 갖고 공동체의 연합과 일치를 해치는 고린도의 신령주의자들의 모순을 비판하기 때문이다. 하나님의 지혜가 모든 신자들에게 개방되어 있는 열린 지혜라고 한다면 그들은 성령을 통해 그것이 일상생활의 문제들에 대해 갖는 실천적 함축들을 분별해내야 할 책임이 있다.[37]

물론 신자들이 모든 일을 판단함에 있어서 오류가 없다고 말하는 것은 아니다. 성령의 활동은 그들의 인지 행위와 관계없이 하나님의 뜻을 인지하게 하는 자동적 근거로 간주되어서는 안 되며, 구체적인 상황 속에서 윤리적 결단을 내릴 수 있는 그들의 자유를 무효화시키지도 않는다. 오히려 바울은 성령의 인도 속에서 그의 지시를 발견해내도록 인간에게 책임을 지운다(롬 12:1-2 참조). 신자의 판단 능력 역시 성령의 감동을 받고 있기 때문에 그는 더욱더 성령의 인도하심을 분별해내야 할 책임을 짊어지게 된다.[38] 일상적인 문제들을 올바르게 판단해야 하는 신자의 의무는 성

---

[36] C. K. Barrett, *1 Corinthians*, 77; cf. J. Calvin, *The First Epistle of Paul to the Corinthians* (Oliver and Boyd: London, 1960), 63.

[37] J. A. Davis, *Wisdom and Spirit*, 113-31 참조.

[38] H. Conzelmann, *Der erste Brief an die Korinther*, 87.

령의 활동에 의해 강압받지 않는다. 오히려 그것은 신자의 영적 상태나 또는 조건에 의해서 약해지기도 하고 고무되기도 한다(cf. 고전 3:1-4). 신령한 자들로 자처하는 고린도인들이 그들간에 발생한 세상 일 하나 분간하지 못하고 불신 세상 법정으로 끌고 간 일에 대해서 바울이 "너희 가운데 그 형제간 일을 판단할 만한 지혜 있는 자가 이같이 하나도 없느냐"(고전 6:5)고 책망한 것도 바로 그러한 사실을 역설적으로 잘 드러내 준다. 싸움과 분쟁을 일삼는 고린도인들의 상황은 그들이 성령의 인도하심 속에서 주의 마음을 발견할 수 없게 만들었다. 따라서 바울은 그들이 일상생활에서 성령의 인도하심을 좀더 잘 분별하여 "모든 일들을" 올바르게 판단하기를 기대한다(고전 3:1-2).

아마도 두 구절이 본 논문 주제에 더 큰 중요성을 지닐 것 같다(롬 8:14; 갈 5:18). 앞서 언급한 바 있는 이 두 구절은 하나님의 자녀를 성령의 인도하심을 받는 사람으로 묘사한다. 퍼니쉬는 이들 구절에 대해서도 성령을 새 생활의 능력으로 간주할 뿐이라고 주장한다: 성령은 신자에게 육의 세력을 극복할 수 있는 도덕적 능력을 제공하기는 하지만 구체적인 상황에서 어떤 구체적인 행위들을 하도록 인도하는 규범적 기능을 갖고 있지는 않다는 것이다. 많은 학자들은 이 해석을 의심한다.[39] 성령의 내적 충동이 특정한 방향지시를 결핍한 맹목적 능력이라고 생각하기 어렵다. 바울이 성령 사역의 규범적 성격을 드러내 주는 표현들은 아래와 같다.

---

39) E. Brunner, *The Letter to the Romans* (Lutterworth: London, 1959), 72; H. Schlier, *Romer*, 251; W. Schrage, *Einzelgebote*, 73-74; H. Schlier, *Galater*, 248; F. Mussner, *Galater*, 375; W. Pfister, *Das Leben im Geist nach Paulus*, 56f; J. D. G. Dunn, *Jesus and the Spirit*, 222f; N. Q. Hamilton, *The Holy Spirit and Eschatology in Paul*, 30f; S. Westerholm, "Letter and Spirit : The Foundations of Pauline Ethics," *NTS* 30, 243.

성령을 좇아(πνεύματι) 행하다(갈 5:16; 고후 12:18).

성령을 좇아(κατὰ πνεῦμα) 행하다(롬 8:4).

성령으로(πνεύματι) 산다(갈 5:25).

성령으로(πνεύματι) 행하다(στοίχειν) (갈 5:25).

성령의 인도하심을 받는다(ἄγεσθε) (롬 8:14; 갈 5:18).

슈라게는 여격(與格) 표현과 카타(κατὰ) 전치사 표현 사이에 의미상 중요한 차이가 없다고 본다.[40] 이 표현들은 모두 성령을 행위의 근거, 능력, 그리고 동기 등의 개념을 시사하는 반면, "성령 안에서"(ἐν πνεύματι)란 표현은 성령의 능력의 영역 및 통치권으로 제시한다(롬 8:9). 하지만 후자의 헬라어 표현과는 달리 전자의 표현들은 성령의 규범석(規範的) 의미를 부각시켜 준다. 특히 "걷는다"(στοίχειν) 동사는 "줄을 서서 걷는다"(walk in line)는 특별한 뉘앙스를 지닌다: 이것은 "성령께서 어떤 질서나 규칙이기 때문에 갈라디아인들이 그것에 맞추어 처신해야 한다는 것을 시사해 주는 듯하다."[41]

만일 이것이 맞는다면 바울은 성령을 구체적인 도덕 행위들의 안내자로 간주하고 있음을 분명히 해준다. 성령으로 인도함을 받는 것은 물론 외적인 어떤 조항들에 의해 법률적으로 강요될 수 있는 그런 성질의 행위가 아니다. 바울의 주장대로 신자들은 더 이상 율법 아래 살지 않고 성령의 인도함을 받아 사는 자들이기 때문이다. 옛 시대에서는 율법이 그 추종자들에게 생활의 모든 문제들에 대한 규범과 안내자 역할을 제공하였다. 그러

---

[40] W. Schrage, *Einzelgebote*, 73f; H. Schlier, *Galater*, 248.

[41] (줄을 서서 질서정연하게 행진하는) 군사적 용법을 시사하는 학자들로는 A. Oepke, *Galater*, 186; J. M. G. Barclay, *Obeying the Truth*, 155를 참조하라. 이 동사는 6:16에서 다시 한번 사용된다.

나 해밀톤이 시사한 대로, 율법의 이전 기능들은 성령에 의해 대치되어 성령이 이제 율법의 어떤 외적 규정에 의존함 없이 규정화된 행위를 하도록 인도하는 기능을 한다.[42]

둘째로, 성령의 인도에 규범적 요소를 인정한다 할지라도 여전히 풀어야 할 과제가 하나 있다. 바울은 신자가 내면적 빛에만 오로지 의존하도록 고무하는 영적 주관주의자인가, 아니면 권위 있는 지침들로서 외적 규범들에만 호소하는 계율주의적 도덕론자인가? 우리는 성령의 인도가 모종의 '내적 충동'을 포함한다는 것을 인정한 바 있다. 성령의 이 내적 충동이 규범적 성격을 지닌다 할지라도, 그것이 어떤 외적 지침들이나 규범들과 어떤 연관을 갖고 있는가?

브룬너는 바울의 윤리를 가리켜 '상황적이고' '원칙을 따르지 않는다'고 강조한다: 왜냐하면 "원칙에 따라 정의될 수 있는 것은 무엇이나-그것이 즐거움의 원칙이든 의무의 원칙이든-계율주의적이기"[43] 때문이라고 한다. 왈스트롬 역시 비슷한 노선의 주장을 피력한다.[44] 이와는 반대로 도드와 데이비스 같은 학자들은 바울의 윤리를 '계율주의적'(nomistic) 성격을 지닌 것으로 간주한다.[45] 도드는 특별히 바울의 윤리는 본질적으로 케리그마적 차원을 결여한 교훈적 윤리라고 규정하고, 바울을 새로운 형

---

42) N. Q. Hamilton, *The Holy Spirit*, 30; S. Westerholm, "Letter and Spirit : The Foundations of Pauline Ethics," 243; K. Stalder, *Das Werk des Geistes in der Heiligung bei Paulus*, 403ff.

43) E. Brunner, *The Divine Imperative*, ET by O. Whon, Lutterworth, London 1937, 82f.

44) E. Wahlstrom, *The New Life in Christ* (Philadelphia: Muhlenberg Press, 1950), 137-73.

45) C. H. Dodd. "The Ethics of the Pauline Epistles," in: *The Evolution of Ethics*, ed. E. H. Sneath, 293f; *The Apostolic Preaching and Its Developments*, 9; W. D. Davis, *Paul and Rabbinic Judaism* (1948), 112-144; *Torah in the Messianic Age and/or the Age to Come* (JBL Monograph Series VII, 1952), 70-87.

태의 계율 조항들로 그리스도인의 행위 방식을 규정하려는 새로운 율법의 선포자로 보고자 하였다. 위의 두 견해는 모두 바울의 윤리가 갖고 있는 한 측면을 일방적으로 강조한 것으로 보인다.

사실 바울이 분쟁으로 인해 도덕적 혼란을 겪고 있는 갈라디아 교회에 율법이 없는 복음을 전파한 것은 유대주의자들의 침투를 더욱 용이하게 만들었을 수 있다. 그는 율법과 성령을 날카롭게 대조시키면서 갈라디아인들이 더 이상 "율법 아래" 있지 않다고 선언한다(갈 5:18). 옛 시대에 유대인은 토라(Torah)를 통해 교육을 받아 그 해당되는 규정을 참조함으로써 어떤 상황에서든지 바른 행위를 하도록 안내를 받을 수 있었다(롬 2:18). 하지만 율법에서 해방을 받은 갈라디아인들은 이제 "성령을 좇아 행하라"(갈 5:16, 25; 고후 12:18; 롬 8:4)는 가르침을 받는다. "성령을 좇아 행하라"는 윤리적 지침(the ethic of walking by the Spirit)이 바울 윤리의 핵심인 것이다. 하지만 바울 사도는 선교 여행을 떠나고 없고 교회는 분쟁에 빠져 도덕적 혼란을 겪고 있었다. 이런 상황에서 그들은 무엇이 옳고 그른지, 무엇이 하나님의 뜻에 부합하는 행동인지 분별하는 일에 큰 어려움을 겪게 되었다.[46)]

더욱이 그들은 기독교로 개종한 후에 자신들이 속해 있는 사회나 친족들로부터 고립되어 그들의 신분적 정체성에 불안을 느꼈을 것이 분명하다. 이런 때에 선동자들의 제안들은 특별히 매력적으로 보였을 것이다. 유대적인 의식들과 명절들을 소개함으로써 그들은 하나님 백성으로서의 정체성을 보장받으려 했을 것이고, 또한 도덕적 혼란을 느끼던 분쟁 상황에서 성문화된 율법을 제시한 선동자들의 제안은 안정적인 지침들을 제공하

---

46) J. M. G. Barclay, *Obeying the Truth* (1988), 68-72.

는 것으로 보였을 것이다. 율법은 이 점에서 갈라디아인들에게 신분적 정체성을 확보해 주고 구체적인 지침들을 제시하는 일에 상당한 안정성을 보장해 주는 역할을 했을 것이다. 그렇다면 논쟁적 상황에서 "성령을 좇아 행하라"는 바울의 윤리적 권면이 도덕적 혼란을 겪던 갈라디아인들에게 효율적인 처방책이 못된다는 유대주의자들의 선동이 잘 먹혀 들어갔을 가능성이 많다. 바울의 권면은 무책임한 방종을 허용하는 신령주의적 주관주의(spiritual subjectivism)로 비쳐졌을지도 모른다.

사실 오늘날에도 바울의 윤리를 이런 식으로 규정하고자 하는 학자들이 존재한다. 그래서 웨스터홀름은, "그리스도인은 그의 마음이 '새롭게 되고' 그가 '지식'에 있어서 자라갈 때 그 뜻을 스스로 발견해야 한다는 사실은 분명히 하나님의 뜻이 더 이상 율법을 성취할 의무로 정의되지 않음을 보여 준다"[47]고 말한다. 이렇게 되면 그리스도인은 어떤 종류의 외적 도덕 원칙도 필요로 하지 않게 된다: 그의 윤리적 삶과 판단은 '영-자율적'(*pneuma-autonomous*)이며 구체적인 상황에서 무엇이 하나님의 뜻인지 자발적으로 인식할 수 있다는 말이다. 하지만 웨스터홀름의 이러한 주장은 바울 서신서들에 담겨 있는 그 수많은 권면들과 명령들의 존재를 설명할 수 없게 한다.

왈스트롬은 바울의 독자들이 비성숙한 삶을 살다보니 그가 가시적인 규칙들이나 규범들을 권면했을 뿐 그들이 성령을 좇아 성숙한 삶을 살았더라면 그러한 규칙들과 규범들조차 주지 않았을 것이라고 한다.[48] 하지

---

47) S. Westerholm, "Letter and Spirit : The Foundations of Pauline Ethics," 243.
48) E. H. Wahlstrom, *The New Life in Christ*, 158f. 비슷한 주장이 S. Westerholm Op.Cit., 245에서도 발견된다: "비록 모든 신자들이 성령을 소유하기는 하지만, 그들은 여전히 어떻게 살아야 하는가에 대한 교훈을 받아야 할 필요가 있다; 그 이유는 부분적으로 그들이 '육' 속에서 사는 한 그들의 신앙은 그들이 시험에 노출될 때 넘어질 위험이 있기 때문이고, 부분적으로

만 그의 견해는 어떻게 바울의 윤리가 근본적으로 명령법(imperative)에 연관되어 있는지를 명백하게 간과한 견해이다.[49] 직설법(直說法)과 명령법(命令法)의 구조가 바울 윤리의 근본 구조라고 할 때, 윤리적 권면의 범주에 속해 있는 명령법이 기독교인들의 비성숙된 삶에서 파생되어 나온 불필요한 현실적 요소일 뿐이라는 주장은 기독교 윤리의 자리를 크게 약화시키는 일이 될 뿐이다.

바울은 도덕적 판단을 내릴 수 있는 신자의 영적 자유를 인정하는 것이 분명하다. 특정한 말씀을 구체적인 상황에 적용할 수 없는 경우에도 바울은 믿음의 확신을 가지고 스스로 옳다고 판단하는 대로($\delta o \kappa \iota \mu \acute{a} \zeta \epsilon \iota \varsigma$) 떳떳하게 행동하는 자들에게 복이 있다고 선언한다(롬 14:22). 하지만 신자의 도덕적 판단이 일반적으로 외적인 규범 전체를 다 부정하는가? 신자의 도덕적 판단이 성령의 지도와 영향 아래 있다고 해도 그것은 단순히 도덕적 주관주의의 문제가 아니라 외적 규범들과 원리들을 전제한다. 왜냐하면 바울은 그의 독자들에게 "성령을 좇아 행하라"고 권면할 뿐만 아니라 구체적인 상황에서 예수의 말씀 자료들과 다양한 초대교회의 윤리적 전승들, 그리고 자신의 사도적 말씀들을 적극 활용하기 때문이다(cf. 빌 4:8-9).

이 구절에서 바울은 빌립보 교인들을 향하여 "너희는 내게 배우고 받고 듣고 본 바를 행하라"고 권면한다. 여기서 "배우고 받고 듣고 본 바"란 사도 바울이 전해준 전승의 내용으로서 그의 교훈, 전승, 예수의 말씀, 사도의 본보기 등을 포함한다. 비록 바울은 윤리적 결단을 성령의 인도에 귀속

는 '비성숙되고' '약한' 자들은 자연히 보다 강하고 성숙된 자들의 격려와 인도를 필요로 하기 때문이다."

[49] V. P. Furnish, *Theology and Ethics in Paul*, 224ff, 275.

시키기는 하지만, 성령의 내적 행위가 외적 권면과 규범들을 무효화시키지는 않는다.[50] 슈라게 역시 성령께서 전승과 사도적 교훈을 '외적인 권면'의 수단으로 사용하여 그리스도인을 '내적으로' 인도하는 것으로 보았다. 사람에 대한 하나님의 주장은 사도적 권면 속에서 구체화되는데, 이 사도적 권면은 또한 바울이 전통적인 윤리 교훈들을 비평적으로 재형성시킨 것을 포함한다. 따라서 성령은 외적인 사도적 권면들을 통해 신자가 구체적인 상황에서 올바른 윤리적 판단을 내리도록 인도하신다.

그렇다면 성령께서 교훈 수단으로 사용하는 사도적 권면들이 율법과는 어떤 관련이 있는가? 바울은 율법이 없는 복음을 전하고 성령을 좇아 행하라고 말해놓고는 왜 새로운 외적 규범들을 끌어들이는가? 때로 바울은 그의 독자들을 권면할 때 율법을 그리스도인의 생활을 위한 삶의 규범(*Lebensnorm*)으로 사용하기도 한다(롬 3:31, 7:12-14, 8:4, 13:8-10; 갈 5:14, 6:2). 더욱이 '그리스도의 법'은 그리스도인의 삶을 위한 규범으로 언급된다(갈 6:2; cf. 고전 9:21).

이런 질문에 답하면서 던은 그리스도의 마음(the mind of Christ, 고전 2:16)과 그리스도의 법(the law of Christ)을 바울의 윤리 교훈들의 '두 기둥'으로 볼 것을 제안한다. 이 두 요소들 가운데 그의 강조점은 전자 쪽에 더 놓여 있는 것 같다: 왜냐하면 바울 윤리의 특징적 요소가 그의 개별 권면들에 있다기보다는 "하나님의 뜻을 카리스마적으로 깨닫는 일과 사랑의 내면적 충동"[51]에 있다고 보기 때문이다. 성령의 인도를 객관적인 성경

---

50) W. Schrage, *Die konkreten Einzelgebote in der paulinischen Paränese. Ein Beitrag zur neutestamentlichen Ethik* (1961), 75ff.
51) J. D. G. Dunn, *Jesus and the Spirit*, 225.

연구의 수준으로 환원시키는 윤리적 형식주의(moral formalism)를 피하면서도, 던은 성령의 내면적 지도와 충동의 통제에 따라 모든 것들을 "시험할"(δοκιμάζειν) 수 있는 신자의 윤리적 능력과 자유에 큰 강조점을 둔다: "여기서 성령은 어떤 합리적으로 해석된 하나님의 요구이거나 또는 일반화된 윤리적 원리에 대한 사랑으로 환원되어질 수 없다. 위의 두 가지가 다 주어진 상황에서 성령의 인도는 특별한 확신과 충동을 의미하는데, 이 확신과 충동은 반드시 외적 규범들에 대해 독립해 있는 것도 아니고 또 반드시 그것들에 의존하여 있는 것도 아니다."[52] 던의 견해는 외적인 규범의 필요성을 인정하면서도 성령의 인도나 내적 충동에 의해 가능해지는 신자의 윤리적 결단이 지닌 자발적 성격에 타당한 무게를 실어준다.

여기서 우리는 구약의 율법과 기독교의 윤리 권면들의 관계라는 중요한 문제에 부딪히게 된다. 바울은 '성경'과 '교훈 전승'을 성령의 규범적 기능이 행사되는 수단에 포함시키는 것이 분명하다. 그것들은 성령의 인도와 가르침을 받아 생겨난 외적 규범들이다. 바울은 에베소서에서 하나님 말씀을 "성령의 검"으로 표현한다(엡 6:17). 성령이 하나님 말씀의 제1저자라면, 성령께서 그것을 도구와 수단으로 삼아 신자들을 내적으로 인도한다는 것은 자연스럽다. 이런 의미에서 성령의 내적인 말씀(*verbum internum*)을 외적인 말씀(*verbum externum*)으로부터 날카롭게 구분하는 것은 옳지 못하다: "성령의 활동 영역에서는 신령한 사람이 내면적으로 하나님의 뜻을 인식해야 하면서도, 또한 '밖으로부터' 다시 한번 인식되어야 할 규정된 구체적 계명이 필요하다. '우리 안에 있는' 성령은 그러한 권면들을 피상적인 것으로 만들지 않고 오히려 그것들을 의미 있게 만

---

52) *Ibid.*, 225.

든다."⁵³⁾ 성령께서 예수와 사도들을 감동하셔서서 그들로 하여금 '영의 말씀, 생명의 말씀' (cf. 요 6:63)을 하게 하셔서 기록된 전승으로 남겨 주셨다면, 성령께서 신자들을 내적으로 인도하기 위해 그런 외적 규범들을 수단으로 활용하실 필요가 있지 않겠는가? 하지만 사도들의 윤리적 권면들은 신자들을 구속하는 '율법'으로 고안된 것이 아니다. 오히려 그들은 외적 규범들과 말씀 전승들을 성령의 움직임을 분별할 수 있는 잣대와 준거로 사용해야 한다(갈 5:22-23 참조).

바울이 때때로 구약의 율법 교훈을 복음 속에 받아들이고 적용하는 이유는 무엇인가(갈 5:14 참조)? 율법과 성령을 구원사적으로 날카롭게 대비시키던 바울이 어떤 때는 율법에 대해 긍정적으로 평가한다. 물론 신자는 율법을 계율주의적으로(legalistically) 지키는 자가 아니다. 그는 오히려 성령에 의지하여 사랑의 정신으로 "성취하는"(πληροῦν) 자이다(갈 5:14; 롬 8:4). 특별한 이 동사는 율법의 전체 계명을 지키지 않았다는 유대주의자들의 공격을 피하면서도 율법의 근본정신을 성취한다는 점을 부각시키려고 바울이 의도적으로 모호하게 사용한 술어인 것 같다.⁵⁴⁾

논쟁적 상황에서 이 술어만큼 양쪽 측면을 모두 다 성공적으로 드러내는 술어를 찾기 어렵다. 그것은 '약속'과 '성취'라는 구원사적 틀 속에서 이해될 수 있는 술어이다. 특별히 예수 그리스도 안에서 성취의 때가 도래하였다는 초대교회의 종말론적인 인식을 반영한다. 율법과 그리스도인의 관계를 말하는 자리에서 '성취(成就)' 동사를 사용한 것은 의미 있다. 성령을 좇아 행하는 신자의 삶은 율법과 모순된 삶이 아니라(갈 5:23, κατὰ

---

53) W. Schrage, *Die konkreten Einzelgebote*, 76.
54) J. M. G. Barclay, *Obeying the Truth*, 140; S. Westerholm, "On Fulfilling the Whole Law," 235.

τῶν τοιούτων οὐκ ἔστιν νόμος) 오히려 율법의 근본정신을 성취하는 삶이다. 온 율법이 이웃 사랑의 계명에서 성취되는 것처럼(갈 5:14) 신자도 성령을 좇아 행하는 첫 번째 열매로 사랑을 나타낸다.

바울은 유대주의자들과 논쟁할 때 대체적으로 율법에 부정적인 태도를 취하면서도 율법과 그리스도를 직접적으로 연결시켜 "그리스도의 법"을 성취할 것을 말하기도 한다. 문맥으로 볼 때 '사랑을 통해 율법을 성취하는 것'은(갈 5:14) '그리스도의 법'을 성취하는 것(갈 6:2)이나 마찬가지 뜻을 갖는다. 그는 여기서 그리스도께서 교훈하고 본을 보이신 방식으로 율법을 성취할 신자의 의무를 인정한 셈이다. 그렇다면 '그리스도의 법'이란 "사랑 가운데서 그리스도에 의해 재정의되고 성취된 율법"[55]을 의미한다. 이로써 성령의 인도하심을 받아 신자는 율법의 근본정신을—그리스도께서 가르치셨고 십자가에서 본을 보이신 정신—성취한다는 적극적인 의미를 얻게 된다. 그리스도는 율법의 본질적인 정신을 가르치고 십자가에서 실천하셨으며 성령은 그것을 신자들의 삶 속에서 드러내시고 적용하신다. 결론적으로 율법은 기독론적이고 성령론적인 기초 위에서 비로소 사도적 말씀과 신자의 삶 가운데서 적극적인 자리를 얻게 된다.

3.2 죄의 세력을 극복하게 하는 '새 언약의 영'

앞에서 우리는 옛 언약의 율법이 지닌 세 가지 구원사적 한계들을 지적하고 새 언약의 영이 어떻게 그러한 한계들을 극복하는지를 살핀 적이 있다. 이제는 율법의 두 번째 한계, 즉 죄의 세력을 극복할 수 없는 무능성의

---

[55] J. M. G. Barclay, *Obeying the Truth*, 134.

한계가 어떻게 '새 언약의 영'을 통해 극복되는가를 보다 상세하게 살피고자 한다.

언약사적인 이런 반전(反轉)을 단적으로 잘 보여 주는 구절이 로마서 8:1-4이다: "율법이 육신으로 말미암아 연약하여 할 수 없는 그것을 하나님은 하시나니 곧 죄를 인하여 자기 아들을 죄 있는 육신의 모양으로 보내어 육신에 죄를 정하사 육신을 좇지 않고 그 영을 좇아 행하는 우리에게 율법의 요구를 이루어지게 하려 하심이니라"(3-4절). 이 구절의 요점을 간단히 요약한다면 세 가지다.

1. 율법은 육신의 세력으로 인해서 "연약한"($\eta\sigma\theta\acute{\epsilon}\nu\epsilon\iota$) 상태에 있었으며,
2. 따라서 율법은 그리스도 안에서 하나님께서 하신 일을 "할 수 없는" ($\dot{\alpha}\delta\acute{\upsilon}\nu\alpha\tau o\nu$) 무능의 상태에 있었다.
3. 하나님은 그의 아들을 보내어 육신에 죄를 정하심으로 성령을 좇아 행하는 신자에게 "율법의 요구"($\tau\grave{o}\ \delta\iota\kappa\alpha\acute{\iota}\omega\mu\alpha\ \tau o\hat{\upsilon}\ \nu\acute{o}\mu o\upsilon$)가 이루어지게 하셨다.

첫 번째 항은 육신의 세력이 사람들에게 마치 군주처럼 왕노릇하기 때문에(롬 5:21), 외적인 문자에 불과한 율법이 육의 세력을 극복하기에는 너무 연약한 상태에 있었다는 것을 시사해 준다. 두 번째 항에서는 율법의 이러한 연약성이 결국 율법의 '무능성' 개념으로 인도함을 시사한다: "율법이 할 수 없는 것"($\tau\grave{o}\ \dot{\alpha}\delta\acute{\upsilon}\nu\alpha\tau o\nu\ \tau o\hat{\upsilon}\ \nu\acute{o}\mu o\upsilon$). "아두나톤"($\dot{\alpha}\delta\acute{\upsilon}\nu\alpha\tau o\nu$)이란 형용사 술어는 능동태일 때 '할 수 없는'(unable)의 뜻을 가지게 되고 수동태일 때는 '불가능한'(impossible)의 뜻을 가질 수 있다. 후자를 뒷받침해 주는 많은 교부적 논의들이 있음에도 불구하고 전자의 뜻을 취하는

것이 좋다. 그것은 근접문맥 속에서 더 나은 의미를 지니게 되고 헬라어 성경의 기본적인 용법과도 일치한다.[56]

어떤 것을 할 수 없는 무능성인가? "율법이 할 수 없는 것"이란 표현은 보통 절대 주격(nominative absolute)으로 간주되는데, 이 경우에 율법의 무능성은 하나님이 하신 일, 즉 "육신에 죄를 정한 것"과 대칭적 위치에 놓이게 된다.[57] 하나님께서는 육신에 죄를 정하셨는데 말하자면 이것이 바로 율법이 할 수 없었던 일이었다. 바울은 여기서 그리스도의 희생적 죽음이 지닌 속죄 사역을 염두에 두고 있지 않다. 그리스도의 사역이 죄와 관련하여 속죄적 의미를 지닌 것은 사실이지만 속죄 사역이 "죄를 정죄한다"는 의미를 갖지 않기 때문이다.

죄를 '통치 세력과 능력'(ruling power)으로 이해한 것은 바울의 특징적 용법이다(롬 5:21, 7:14-17). "정죄한다"(κατέκρινε)는 동사는 신약에서 정죄 선언을 선포하는 행위뿐만 아니라 파멸에 처하는 행위도 가리킬 수 있다(cf. 고전 11:32; 벧후 2:6). 말하자면 심판 선언만 아니라 그 선언을 집행하는 행위를 지칭할 수도 있다. 육신이 죄의 세력에 포로가 된 상태에서 하나님은 죄를 정죄하는 선언을 하심으로써 죄의 세력을 결정적으로 파괴하셨다. 따라서 육신에 죄를 정죄하는 행위는 그리스도의 십자가 사건을 통해서 죄의 세력에 집행된 하나님의 법률적인 심판 행위를 지칭한다. 물론 선언적인 의미에서 율법도 죄를 정죄할 수 있다. 율법은 그런 정죄 기능을 갖는다. 하지만 율법은 죄에 대한 심판을 집행함으로써 그 세력을 파괴할 수는 없었다. 율법은 죄의 세력을 제거하기보다는 그것의 왕

---

56) C. E. B. Cranfield, *Romans I*, 378f.
57) J. Murray, *Romans*, 277; cf. Sanday and Headlam, *ad loc*.

적 통치를 확립해 주는 기회를 제공해 주었다(롬 7:7-14).

십자가 사건은 인류의 이러한 절망적 상황에 극적인 반전을 가져다주었다. 하나님께서 자기의 아들을 "죄 있는 육신의 모양으로" 보내어 육신에 죄를 정한 십자가 사건을 통해 죄의 세력을 파괴하는 결정적인 전환이 이루어졌다. '모양'(likeness)이란 말은 예수 그리스도의 인간성의 비실재성을 암시하는 말이 아니다. 아마도 바울은 "죄 있는 육신"이란 술어를 사용했기 때문에 '모양'이란 말을 쓸 필요를 느꼈던 것 같다. 예수의 무죄성을 강하게 붙들었던 초대교회의 정서로 볼 때(히 4:15), 예수께서 죄 있는 육신을 입고 보내심을 받았다는 말을 할 수는 없지 않는가? 하나님께서 아들을 세상에 보내실 때, 육신을 입은 참 인간으로 보내셨다. 다만 자신이 죄에 참여하지 않으면서도 참 인간이 되어 육(肉)의 질서 속에 들어온 것은 그 속에서 지배하고 있는 죄의 왕적인 세력을 무너뜨리고 파괴하시기 위해서였다.[58] 바울이 '모양'이란 술어를 사용한 것은 이러한 진리를 확보하기 위해서였을 것이다.

십자가에서 죄의 세력을 파괴한 결과는 어떤 것인가? 율법이 할 수 없었던 것을 그리스도 안에서 하나님은 하실 수 있다. 십자가 사건은 신자가 죄의 세력에서 해방된 사건이며(롬 8:2), 육신을 지배하던 죄의 세력을 파괴한 사건이다. 따라서 십자가의 구속을 신뢰하는 신자에게 하나님을 향하여 살 수 있는 새로운 삶의 길이 열리게 되었다. 예수 그리스도 안에서 죄의 세력이 지배하던 영역에서 생명의 성령이 지배하는 영역으로 옮겨가는 주권 변경(change of lordship)을 경험했기 때문이다. 성령은 십자가 사역에 기초하여 있고 거기서 출원되어 나오는 신적 능력이다. 따라서 신

---

[58] J. Murray, *Romans*, 280.

자가 죄의 세력에 대한 죽음을 경험했고(갈 5:24) 육신의 세력권에서 벗어나 성령이 지배하는 영역으로 옮겨가는 해방을 경험했다면(롬 8:2) 성령을 좇아 살 수 있는 새로운 삶의 길이 열린 것이다. 옛 시대에서는 율법이 육의 세력을 극복하기에는 연약했고 무능했다. 하지만 이제 죄의 세력에서 해방을 경험한 그리스도인은 성령의 능력 안에서 "율법의 요구"(τὸ δικαίωμα τοῦ νόμου)를 성취할 수 있다. 이 헬라어 표현은 율법의 의로운 요구들을 지칭한다(롬 8:4; cf. 눅 1:6). 옛 시대에서는 육신의 세력 때문에 율법은 제 기능을 발휘할 수 없었고 도리어 딜레마에 빠진 인류의 죄악된 상황을 더 악화시키는 역할을 했다. 하지만 율법의 의로운 요구들이 "성취될" 수 있는 것은 십자가 사건에 기초하여 활동하시는 성령 때문이다.

그렇다면 '새 언약의 영'의 우월성은 바로 죄의 세력을 극복할 수 있는 능력에 있다. 새 언약을 계승한 바울 복음의 정당성이 변호되는 것도 죄의 세력을 극복할 수 있는 능력에 자리를 잡고 있다. 만일 이러한 우리의 주장이 정당하다면 죄의 세력을 극복할 수 있는 새 언약의 영의 능력은 어떤 형태를 띤 능력일까? 김의원 교수는 예레미야와 에스겔 선지서에 나타난 언약사상 연구에서 이렇게 말한다.

> 옛 언약 형태에서 하나님은 법을 인간 중보자인 모세에게 말씀하시고 또 기록케 하셨다. 이에 반해 새 언약 구조에서는 하나님은 새로운 법에 대한 언급을 하시지 않을 것이며 백성들도 인간 중보자를 통해 귀로 직접 하나님의 말씀을 듣는 일은 없을 것이다. 여기서 새로워진 것은 하나님이 말씀하시고 인간은 듣는다는 전체 과정이 생략되었다는 점이다. 법은 더 이상 그 외적 형태로 나타나지 않고 내면화되어질 것이며, 하나님과 자기 백성 사이에 어떤 형태의 중재자를 필요로 하지 않을 것이다. 하나님은 자기 백성과 직접 접촉하셔서 자신의 뜻을 직접 자기 백성의 마음에 두실

것이다. 그 결과 새 언약에서는 인간의 순종이라는 "의심스러운 요소"가 완전히 제거되어 새 언약백성은 자발적으로 하나님께 올바로 순응하게 될 것이다.[59]

김의원 교수는 같은 논문의 다른 부분에서도 다소 급진적인 주장들을 하기도 한다.

> 하나님은 새 언약을 체결하면서 백성들 편에 어떤 합의나 긍정적인 응답이 없이 백성들과 함께 결속할 것이다. 새 언약의 시기에는 인간의 동의 없이도 하나님에 의하여 인간의 통제 중심인 마음을 새롭게 재구성하실 것이다. ……새 언약은 하나님 편에서 일방적인 행위로 그가 택한 백성들과 조화스럽고 합당한 관계를 수립할 것이다. 바로 이런 요소가 새 언약에서 새로운 것이다.[60]

김의원 교수가 파악한 새 언약의 일방적 측면은 결론 부분에서도 잘 나타난다.

> 옛 언약에서 하나님과 이스라엘은 상호 책무를 지닌 관계였으나 새 언약 관계에서는 여호와만이 '주되고 유일한 동인'(the prime and sole Mover)으로 일할 것이다.[61] 새 언약이 설립될 때에는 하나님은 인간의 동의나 능동적 참여 없이 주도적으로 언약을 제정할 것이다. 옛 언약 관

---

[59] 김의원, "선지서에 나타난 언약신학 연구", 신학지남 253호(1997, 겨울호), 75.
[60] Ibid., 77.
[61] F. H. Sailhammer, "The New Covenant in Jeremiah 31:31–34 and Its Place in the Covenant Treaty Tradition of Israel and the Ancient Near East," (Unpublished Ph.D Dissertation, Dropsie University, 1971), 331.

계에서는 하나님은 백성들을 관계유지를 위해 *책임 있는 파트너*로 여겼으나 새 언약 관계에서는 아예 이런 상호 *책무 관계가 없어질 것이다*.[62]

이와 같은 김 교수의 주장은 다음과 같이 요약할 수 있다: 1) 옛 언약 시대에는 '순종'이 중요한 요소였으나, 새 언약 시대에는 순종이라는 '의심스러운 요소'가 완전히 제거된다; 2) 옛 언약에서는 중보자를 통해 말씀을 듣는 과정이 필요했으나 새 언약에서는 그 과정 전체가 생략된다; 3) 옛 언약에서는 하나님과 이스라엘의 상호 책무 관계가 중요했으나 새 언약에서는 상호 책무 관계가 아예 없어진다; 4) 옛 언약에서는 이스라엘이 언약 관계 유지의 책임 있는 파트너로 여겨졌으나 새 언약에서는 여호와만이 '주되고 유일한 동인'으로 작용하여 인간의 어떤 동의나 능동적 참여를 필요치 않게 된다.

김 교수의 이러한 주장은 혹시 미래 완성된 천국에 가서야 성취될 수 있는 이상론이 아닐까 생각된다. 만일 새 언약의 이러한 성질들이 신약교회 가운데서 성취된다고 본다면, 범죄에 자주 빠지는 역사적 그리스도인들에 대한 바울의 준엄한 경고와 수많은 권면들은 무엇을 의미하는가? 바울은 과연 새 언약 시대의 도래를 선포하면서 순종이라는 "의심스러운 요소"를 완전히 제거하는가? 새 언약 사상을 계승한 바울의 복음이 과연 신자의 책임 있는 삶과 순종을 거부하고 하나님의 주권적이고 일방적인 사역만을 이야기하는가? 물론 바울은 옛 언약의 무능성의 한계가 새 언약의 성령을 통해 극복될 수 있다는 것을 강조한다. 하지만 신자의 삶을 통해 역사하는 새 언약의 영의 활동이 그의 책임 있는 순종을 무효화할 만큼 기계적이고

---

62) *Ibid.*, 84.

일방적으로 사역하는지 바울의 본문을 통해 살필 필요가 있다.

아마도 위에서 제기한 질문에 가장 직접적으로 관계되는 구절은 갈라디아서 5:16-24과 로마서 7:13-25일 것이다. 첫 번째 구절에서 하나님 자녀는 "성령의 인도하심을 받는" 자로 묘사된다(갈 5:18). 신자는 '성령의 인도하심을 받는' 하나님의 자녀이기 때문에(indicative, 갈 5:18; 롬 8:14) 이제 '성령을 좇아 행하라'는 권면을 받게 된다(imperative, 갈 5:16, 25). 성령을 좇아 행하라는 명령은 다른 곳에서 "영으로써 몸의 행실을 죽이라"(롬 8:13)는 명령으로 표현되기도 한다: "너희가 육신대로 살면 반드시 죽을 *것이로되* 영으로써 몸의 행실을 죽이면 *살리니*." 이 구절에서 '죽으리라' 또는 '살리라'는 강한 표현들이 사용된 것을 보면 새 언약 시대에도 신자의 '순종'이 얼마나 절대적으로 요청되고 있는가를 여실히 보여 준다. 새 언약의 영은 결코 신자의 책임 있는 반응과 순종을 무효화시키지 않고 도리어 그것을 가능케 하는 근거이다. 신자의 순종의 필요성은 옛 언약과 새 언약을 비교하는 로마서 7:6에 잘 나타나 있다: "이제는 우리가 얽매였던 것에 대하여 죽었으므로 율법에서 벗어났으니 이러므로 우리가 영의 새로운 것으로 섬길 것이요 의문의 묵은 것으로 (섬기지) 아니할지니라."

이 인용 구절에도 '의문'과 '영'의 구원사적 대조가 등장한다. 의문의 시대에서 영의 시대로 결정적인 시대 전환이 이루어졌기 때문에, 신자는 의문의 묵은 것으로 "섬기는"(δουλεύειν) 일을 버리고 영의 새로운 것으로 "섬겨야"(δουλεύειν) 한다. 이 헬라어 동사는 본래 '종노릇한다'는 의미를 갖는데, 바울은 이 동사를 통해 유대인이나 신자의 책임 있는 삶을 지시한다.

섬김의 관점에서 옛 시대와 새 시대는 차이가 없다: "율법이 짊어지우는 책임(이것이 바로 로마서 2장에서 말하는 의문이라는 용어의 의미이다)은 하나님의 영으로 말미암아 주어지는 책임과 반대된다."[63] 그리스도의 사역은 신자들을 책임이 전혀 없는 무죄 상태로 올려놓았다기보다는 옛 의문 아래서의 '섬김'에서 성령의 새 삶 아래서의 '섬김'으로 "섬김의 양태"(mode of service)를 바꾸어 놓았다. 요점은 섬김이 필요한 옛 언약 시대에서 섬김이 필요 없는 새 언약 시대로 바뀌어졌다는 것이 아니라, 율법을 섬기는 시대에서 성령을 섬기는 시대로 바뀌어졌다는 것이다. 섬김의 필요성, 다시 말해서 신자의 순종의 필요성은 옛 언약 시대나 새 언약 시대나 아무런 변화가 없는 것이다. 다만 성령의 인도와 능력을 통해 신자의 책임은 훨씬 의미 있는 것이 되었을 뿐이다.

신자의 책임의 관점에서 갈라디아서 5:16-25은 아주 중요하다. 이 구절은 그리스도인의 삶의 상황을 어떻게 묘사하는가? 그리스도인의 삶은 여기서 성령과 육체가 서로 거스르고 싸우는 내적 전투장으로 묘사된다: "육체의 소욕은 성령을 거스리고 성령의 소욕은 육체를 거스리나니 둘이 서로 대적함으로 너희의 원하는 것을 하지 못하게 하려 함이니라"(17절). 바울은 이 구절에서 육체의 소욕이 이긴다고 말하는가 아니면 성령의 소욕이 이긴다고 말하는가? 또는 이 두 세력이 서로 패배시키고 좌절시키는 막상막하의 이원론적인 세력들인가? 전통적으로 세 가지 해석들이 제시되어 왔다.

첫째로, 17절은 육과 영의 싸움에서 육(肉)이 성령의 소욕을 따르려는

---

63) S. Westerholm, "Letter and Spirit: The Foundations of Pauline Ethics," *NTS* 30, 239f.

신자의 소원을 좌절시키는 것을 보여 준다는 해석이다.[64] 이 견해를 뒷받침하는 근거로 흔히 로마서 7:14-25이 자주 인용된다. 하지만 본절과 로마서 7:14-25은 성격상 서로 다르며, 이 해석은 16절에 표현된 강한 확신의 논조를 제대로 설명해 주지 못한다. 만일 바울이 정상적인 기독교인의 삶을 육체가 늘 이기는 삶으로 묘사했다면, 율법에 대한 순종만이 육신의 세력에 대한 효과적 처방책이라고 간주했던 유대주의 논적들의 선동을 결코 잠재우지 못하고 도리어 그들의 반박을 야기시키고 말았을 것이다.

둘째로, 17절은 서로를 좌절시키는 두 이원론적 세력들간의 엎치락뒤치락하는 영과 육의 싸움을 표현해 준다는 견해이다.[65] 목적절 히나를 결과적인 의미로 해석하게 되면 육과 영이 서로 대적한 결과 갈라디아인들이 원하는 것을 행할 수 없게 되었다는 뜻을 갖게 되고, 목적적인 의미로 취하게 되면 영과 육의 싸움은 그들이 원하는 것을 행하지 못하게 하려는 목적을 갖는다는 뜻을 갖게 된다. 이 해석의 경우에 '너희의 원하는 것'은 육체의 소욕과 성령의 소욕 둘 다를 뜻할 수 있다. 하지만 어느 편도 이길 수 없는 두 이원론적 세력의 대립과 갈등이란 사상이 유대주의자들과의 논쟁에서 설득력을 가질 수 있었겠는가는 상당히 의문이다. 뿐만 아니라 16절의 확신의 논조와도 어울리지 않는다.

셋째로, 17절은 육체의 소욕을 좌절시키려는 목적을 지니거나 또는 그

---

[64] R. A. Cole, *Galatians*, 158; Lightfoot, *Galatians*, 207; Ridderbos, *Galatians*, 203-4; Borse, *Galater*, 195-6; Althaus, "'Das ihr nicht tut, was ihr wollt.' Zur Auslegung von Gal 5.17," *TLZ* 76 (1951), 15-18; Dunn, "Rom 7.14-25 in the Theology of Paul," *TZ* (1975), 257-73.

[65] Ellicott, *Galatians*, 115; Burton, *Galatians*, 300-302; Oepke, *Galater*, 174-5; Schlier, *Galater*, 249-50; Mussner, *Galater*, 377-8; Betz, *Galatians*, 279-81.

러한 결과로 나타나게 되는 영과 육의 갈등을 표현해 준다는 견해이다.[66] 이 해석의 장점은 16절의 확신의 논조와도 잘 들어맞고 또한 유대주의자들의 주장을 논박하고 성령의 충족성을 강조하려는 바울 자신의 의도와도 잘 어울린다는 것이다. 16절에서 바울은 확신을 가지고 갈라디아 독자들에게 "성령을 좇아 행하라 그리하면 육체의 욕심을 *이루지 아니하리라*" (οὐ μὴ τελέσητε)고 권면한다. 이 권면에 내포된 약속은 부정과거 가정법과 이중 부정어로 되어 있어서 미래에 대한 확실한 부정을 함축한다.[67] 그렇다면 17절을 16절의 확신의 논조에 비추어 해석한다면, 전자의 구절은 두 이원론적인 세력의 대립과 갈등 또는 "풀리지 않는 긴장의 '실제 상황'을 나타내기보다는 그리스도인의 삶에 존재하는 영육간의 '갈등 경향'을 나타내는"[68] 것으로 해석되는 것이 자연스럽다.

근접문맥에서 바울은 이미 성령께서 충분한 도덕적 방향과 육체를 극복할 능력을 제공해 준다고 피력한 바 있다(5:16, 18). 육체의 세력이 신자의 자유를 위협할 수는 있지만(5:13), 신자가 성령에 순종하기만 한다면 육체의 세력을 극복할 수 있다는 확신의 논조가 드러나 있다. 십자가 사건은 육체의 세력을 처리하였고(5:24) 신자는 믿음으로 그리스도의 십자가 사건에 참여함으로써 육의 세력보다 더 강한 성령의 지배 속에서 살아가게 되었다(5:18). 물론 바울은 그리스도인의 삶에 침투해 들어오는 육의 세력을 충분히 인식하고 있지만, 유대주의자들과의 논쟁에서 육의 세력을

---

[66] E. Schweizer, *TDNT* 6, 429; D. Wenham, "The Christian Life: A Life of Tension?" *Pauline Studies*, 80-94.

[67] *BDF*, section 365; cf. Burton, *Syntax of the Moods and Tenses in the New Testament* (Edinburgh, 1894), section 172; 이한수, 갈라디아서, 도서출판 횃불회, 507.

[68] 이한수, 갈라디아서, 516; cf. R. Jewett, *Paul's Anthropological Terms* (1971), 106; Wenham, "The Christian Life: A Life of Tension?" 83.

극복할 수 있는 성령의 충족성을 논증할 수 없다면 그것은 결코 갈라디아 교회의 위기를 효과적으로 수습할 수 있는 처방책이 되지 못했을 것이다.

정상적인 그리스도인의 삶의 상황을 "계속되는 실패와 좌절의 삶"(a life of continuing frustration and defeat)으로 묘사하는 근거 구절로 흔히 인용되는 곳은 로마서 7:14-25이다. 특이하고 난해하기로 유명한 이 구절은 수세기 동안 수없이 많은 해석들을 양산해 왔다.

유럽 대륙의 대부분의 학자들은 로마서 7:14-25이 율법 아래 있는 인류의 절망적인 죄악상을 기독교 관점에서 묘사하고 있으며 여기에 등장하는 '나(I)'는 율법의 통치 아래서 죄의 폭군적 세력의 포로가 된 절망적인 인류를 대변하는 수사적 장치에 불과하다고 본다(cf. Kümmel, Bultmann, Käsemann, Ridderbos 등).

영미 계통의 많은 학자들은 로마서 7:14-25이 은혜 아래 있는 그리스도인 실존의 또 다른 모습을 묘사하고 있으며 본문에 등장하는 '나'는 은혜 아래 있으면서도 자신의 처절한 죄악성을 절감하는 전형적인 그리스도인을 가리킨다고 본다(Murray, Dunn, Cranfield, Nygren 등). 특별히 던은 후자의 견해를 학문적으로 뒷받침하는 대표적인 학자인데 그는 정상적인 그리스도인의 삶을, "신자가 내면에서 서로 갈등하는 욕망들과 충동들 사이에서 둘로 찢겨져 있음을 발견하고 계속 좌절하는"[69] 삶으로 보고자 했다.

필자는 로마서 7장에 대한 글을 이미 쓴 바가 있기 때문에 여기서 다시 상술하지는 않고 전자의 견해를 약간 수정된 형태로 지지하고자 한다.

첫째로, 로마서 7:14-25은 우선 교리적 전제나 개인 경험에서 해석하

---

69) J. D. G. Dunn, "Rom 7.14-25 in the Theology of Paul," *TZ* 31 (1975), 257ff.

기보다는 로마서의 저술 목적과 유대주의자들과의 논쟁적 상황이라는 폭넓은 맥락에서 해석되어야 한다. 기독교인은 깊은 은혜를 체험할수록 죄에 대한 인식이 더 강렬해진다는 체험론적 전망에서 로마서 7장을 이해하게 되면 원치 않게 바울을 제2의 루터나 어거스틴으로 만들 수 있다. 로마서가 유대주의자들의 침투로 야기된 구체적인 교회 문제에 답변하기 위해 쓰여졌는지는 불분명하다. 하지만 바울이 이곳저곳에서 유대주의자들의 공격을 염두에 두고 율법 없는 자신의 복음을 변호하고 있는 것은 확실하다. 율법의 중심성을 여전히 강하게 붙들고 있는 유대주의적 논적들의 도전에 직면하여 바울은 그리스도의 구속의 충족성과 성령 사역의 효과적 능력을 변증하지 않으면 안 되었다.

이런 상황에서 바울은 7:6에서 신자가 율법의 얽매인 데서 해방되고 이제 성령 아래서 살게 되었다고 선언한다. 확신에 찬 이러한 선언은 8:1에 다시 한번 언급된다. 말하자면 7:14-25은 신자가 율법에서 해방받았음을 선언하는 7:6과 8:1 사이에 샌드위치처럼 끼어있는 구절이다. 바울이 이 본문에서 정상적인 그리스도인의 상황을 묘사한다면, 근접문맥 앞뒤에서 율법에서의 해방을 선언해 놓고 왜 중간 부분에서 율법 아래서 처절한 싸움을 벌이는 신자의 상황을 다시 그릴 필요가 있었을까?

화자(話者)는 율법에 대해서 죽었다거나 율법에서 해방받았다고 말하고는 자신은 여전히 율법 아래서 "육신에 속하여 죄 아래 팔렸다"(14절)고 말한다. "팔렸다"($\pi\epsilon\pi\rho\alpha\mu\acute{\epsilon}\nu$os)는 말은 "어떤 사람을 노예로 판다"(마 18:25; LXX 출 22:3)는 의미를 갖는다. 이 점에서 "죄 아래"($\acute{\upsilon}\pi\grave{o}\ \tau\grave{\eta}\nu\ \acute{\alpha}\mu\alpha\rho\tau\acute{\iota}\alpha\nu$)라는 말은 "죄의 통치"를 암시해 준다. 크랜필드는 본절의 '나'가 전형적인 그리스도인이라고 보면서도 "이런 표현들은 분명히 그리스도인 생활에 대해 철저히 그릇된 인상을 줄 수 있다"는 점을 마지못해 인정한다.[70] 어쨌든 신자가 죄 아래 노예처럼 팔렸다는 진술은 신자가 율법의 얽매인 데서 해방되었다거나(7:6) 죄의 세력에서 해방되었다는(6:22) 바울의 명백한 진술들과 명백하게 배치된다. 바울이 가까운 근접문맥에서 이런 논리적 모순을 범할 수 있겠는가?

로마서가 유대주의자들과 논쟁하는 상황에서 씌어졌다고 추정해보자. 만일 성령의 능력 아래 있는 기독교인이 여전히 율법 아래서 죄와 육신의 세력에 대해 절망적인 싸움을 벌이고 있다고 한다면 바울의 논적들의 공격을 피해갈 수 있겠는가? 바울은 앞에서 이미 살폈듯이 율법이 죄의 세력 문제를 해결할 수 있는 효과적인 처방책이 되지 못한다는 사실을 강하게 주장하였다. 그리고 죄의 세력 문제를 해결하는 데는 율법이 아니라 성령만이 유일한 치료책이라고 주장하였다(롬 8:1-4; 갈 5:16-25). 이러한 상황에서 유대주의적 논적들은 바울에게 물었을 것이다: "당신의 말이 맞는다면 성령 아래 있는 그리스도인의 상황은 어떻소?" 이런 질문에 직면하여 바울이 다음과 같은 답변을 했다고 상상해 보자: "성령 아래 있는 그리스도인의 상황 역시 여전히 율법 아래서 죄의 세력과 절망적인 고투를 벌이고 있소."

물론 로마서 7장이 전형적인 그리스도인의 삶의 상황을 가리킨다고 보는 신해석은 이러한 역사적 정황을 전혀 고려치 않는다. 신자 속에도 여전히 '내주하는 죄'(indwelling sin)가 있다고 하거나 은혜 체험을 하면 할

---

70) Cranfield, *Romans 1*, 357. 그는 다음과 같은 표현을 하는 것으로 보아 로마서 저술 목적이나 근접문맥을 고려하지 않고 어떤 교리적, 개인 체험적 전제를 더 따르고 있음을 보여 준다: "The more seriously a Christian strives to live from grace and to submit to the discipline of the gospel, the more sensitive he becomes to the fact of his continuing sinfulness……." (358). 이런 진술은 본문을 역사적으로 접근하기보다는 실존적이고 개인주의적 전망에서 접근하는 것을 의미한다.

수록 죄의식이 더 강렬해진다는 관점에서 로마서 7장을 해석한다면, 그것은 1세기 역사적 삶의 정황(*Sitz im Leben*)과 동떨어진 교리적 또는 개인 체험적 해석일 뿐이다. 이런 식의 해석은 1세기의 역사적 정황에서 본문을 해석하는 것이 아니라 20세기 '나의 정황'에서 본문을 읽어내는 해석에 불과하다. 이런 해석은 자칫하면 바울을 바울되게 하는 것이 아니라 제2의 루터나 어거스틴으로 만들 위험성이 있다.

로마서 7장과 8장은 이러한 20세기적 전망에서 나의 교리적 전제나 실존적 필요를 채우기 위해 씌어진 글이 아니라, 율법의 충족성을 주장하는 대다수의 불신 유대인들의 도전에 직면하여 죄의 세력을 극복할 수 없는 율법의 구원사적 한계를 지적하고 그리스도의 구속 사건의 충족성과 그것에 기초하여 역사하는 성령의 충족성을 논증하는 데 바울의 본래 목적이 있었다. 이런 목적을 성취하기 위해 바울은 7:6과 8:1에서 율법에서 해방을 받은 신자의 상황을 선포하였고, 중간에 샌드위치처럼 끼어있는 7:14-25에서는 사람이 율법 아래 있을 때 어떤 절망적인 상황에 봉착하게 되는가를 '부정을 통한 논증의 방식'(*argumentatio per negationem*)[71]을 빌려 설명하고(7:14-25) 결과적으로 인류가 왜 그리스도의 구속과 성령의 능력을 필요로 하는지를 논증하고자 했다.

둘째로, '나'로 불리는 사람은 감사를 외친 후에도(25절상) 자신은 여전히 두 마음 사이에서 고민하고 갈등하는 '곤고한' 인간이라고 고백한다. 바로 이 점 때문에 감사를 외치면서도 자신의 곤고한 상황을 고백하는 '나'는 그리스도인일 수밖에 없다고 보는 학자들이 있다.[72] 하지만 무엇

---

71) C. L. Mitten, "Romans-vii. Reconsidered-II," *ExpT* 65 (1953/54), 78-81; Ridderbos, *Paul*, 216; Kasemann, *Romans*, 192ff.

때문에 하는 감사인가? 마음과 육신 사이에서 찢겨져 고민하고 갈등하는 상황에 대한 감사인가? 감사란 본래 바울 서신에서 선행(先行)하는 하나님의 은총의 행위에 대한 신앙의 반응이다.[73] 로마서를 보면 바울은 언제나 그리스도께서 이루신 구속 사역에 대해 감사를 터뜨린다(1:8, 6:17-18 참조). 그는 25절에서도 "예수 그리스도로 말미암아" 감사한다는 사족을 달았다. 예수 그리스도께서 하신 일 때문에 감사한다면 그 감사의 내용은 7장 자체에서 찾아보기 어렵다. 고민하고 갈등하며 언제나 원치 않는 죄만 행하는 상황에 대해 감사할 수는 없지 않은가? 그렇다면 25절 상반절의 감사 내용은 8장 초반부에 언급된 예수 그리스도의 해방 사역을 미리 예시하면서(interjection) 터뜨린 것으로 이해할 수밖에 없다. 던이 주장하듯이 25절 상반절의 감사는 결코 앞으로 일어나게 될 미래의 일에 대한 감사일 수는 없다.

셋째로, 25절 상반절에서 '마음'은 하나님을 섬긴다고 하고 22절은 '속사람'이 하나님의 법을 즐거워한다고 한다. 이 때문에 본절의 '나'는 회심한 그리스도인일 수밖에 없다고 주장하는 학자들이 있다. 어떻게 신자가 아닌 사람이 마음으로 하나님을 섬기고 속사람으로 하나님의 법을 '즐거워할' 수 있느냐는 것이다. 이 해석은 일견 타당성이 있어 보인다. 불신자들이 하나님을 섬기고 그의 법을 기뻐한다는 것은 그들의 신분에 어울리지 않아 보이기 때문이다. 하지만 여기서 바울이 과거 바리새인 시절에 율

---

72) Dunn, "Rom 7.14-25," 257ff. 25절 이하의 내용이 외견상 문맥과 일치하지 않는 것처럼 보이기 때문에 그것을 아예 후기의 주석으로 보거나(G. Theissen), 25절 이하를 23절과 24절 사이에 위치시키고자 하는 학자들도 있다(Bultmann). 이 두 해석들은 본문상의 지지를 받지 못한다.

73) P. T. O'Brien, "Thanksgiving within the Structure of Pauline Theology," *Pauline Studies*, 59ff.

법 아래 있었던 자신의 경험을 기초 자료로 사용한다는 점을 유의해야 한다. 이미 로마서 2장에서 그는 불신 유대인들을 가리켜 "율법을 의지하며 하나님을 자랑하며 율법의 교훈을 받아 하나님의 뜻을 알고 지극히 선한 것을 좋게 여기는"(2:17f) 자들로 묘사한 바 있다. 율법 아래 있는 자가 일차적으로 유대인이라고 할 때, 불신 유대인이 율법의 가르침을 받아 하나님의 뜻을 인식하고 분별하며 또한 그것을 즐거워한다는 것은 자연스러운 일이다. 바울이 지적하는 그들의 문제점은 율법을 통해 하나님의 뜻을 알면서도 율법을 범한다는 데 있다(2:22-24). 그렇다면 바울과 같이 율법에 열성적이었던 전형적인 유대인이 마음으로 하나님을 섬기고 그의 법을 즐거워하지 않았을 것이라고 추정하는 것은 매우 위험한 발상이다.

'마음'과 '속사람'이란 인간론적인 술어들은 상호 교환적으로 사용되는 경우가 발견되며(고후 4:16; 롬 2:14ff), '마음'이란 술어 자체도 반드시 기독교인에게 배타적으로 사용되는 어휘가 아니다(롬 2:14f). 로마서 2:14-15은 불신자의 마음을 전혀 부정적으로 묘사하지 않고 도리어 그 도덕적 인식 능력을 긍정적으로 평가한다. 불신자들도 양심의 활동을 통해서 "그 마음에 새긴 율법의 행위"를 나타낸다(2:15). 물론 바울은 여기서 이방인들도 하나님의 뜻을 몰랐다고 핑계할 수 없다는 사실을 부각시키려고 그들의 마음을 호의적으로 묘사했다.[74] 바울이 7장에서 일차적으로 불신 유대인들을 염두에 두고 있다면, 2장과 7장의 유대인 묘사는 서로 훌륭하게 일치한다: 불신 유대인들도 사실 율법을 즐거워하며 그 속에 담긴 하나님의 뜻을 행하고 싶어하는 속마음을 가지고 있다. 하지만 현실적으로 그들은 그들이 원하는 선을 행하기는커녕 율법을 어기고 범죄만 하

---

74) Leenhardt, *Romans*, 193f; R. Scroggs, *The Last Adam*, 110f; Jeremias, *TDNT* 365; Behm, *TDNT* 2, 698; Ridderbos, *Paul*, 115f.

지 않았는가? 심지어 이방인들조차도 선악을 분별하는 양심의 기능이 있어서 "그 생각들이 서로 혹은 송사하며 혹은 변명하여 그 마음에 새긴 율법의 행위를 나타내지" 않는가? 그렇다면 오직 신자만이 하나님을 섬기고 그의 법을 즐거워할 수 있다는 전제는 잘못된 것이다.

넷째로, 만일 율법과 여전히 절망적인 대결을 벌이고 있는 7장의 '나'가 정상적인 신자의 상황을 그린다면, 그것은 바울이 다른 곳에서 그리스도인의 모습에 대해 그린 진술들과 일치하지 않는다. 그는 "어디에서도 그리스도인들에게 '강박관념에 그토록 사로잡힌 자기반성' (such obsessive self-scrutiny)을 요구하지 않으며 그들의 죄를 고백하도록 잘 권고하지도 않는다. 사실상 바울이 회개(悔改)에 대해 권면하는 일이 적음을 고려할 때, 그는 죄에 대한 의식에서 발생하는 참회를 그다지 크게 강조하지 않았다."[75] 더군다나 바울은 로마서 7장에서 묘사한 바와 같은 죄의식을 회심 이후 전 생애 동안에 가진 적이 있음을 시사하는 조그만 암시조차 주지 않는다. 도리어 그는 사도로서 자신의 도덕적 성실성에 대해 확신하고 있었다(고전 4:4). 정상적인 그리스도인이라면 7장에 묘사된 사람처럼 늘 심각한 죄의식에 차서 고민하고 갈등하는 모습으로 지내야 한다고 말한다면 그것은 바울을 오해한 것이 될 것이다.

다섯째로, 그리스도인의 삶을 묘사하는 8장 초두에 '그리스도'라든가 '성령'이란 술어가 여러 차례 나타나는 반면에, 7장에는 25절 상반절의 감탄사를 제외하고는 전혀 나타나지 않는다. 만일 7장이 정상적인 그리스도인의 생활을 묘사하는 것이라면 그렇게도 비기독교적으로 묘사할 수 있는

---

75) 이한수, 그리스도인과 성령, 총신대출판부, 205; cf. Sanders, *Paul and Palestinian Judaism*, 500f; J. Knox, *Chapters in a Life of Paul*, 141-59.

가? 7:14-25 자체의 묘사도 신자에 대한 정상적인 묘사라고 할 수 없다. 본문의 '나'는 자신을 죄 아래 노예처럼 팔렸으며(14절), 죽이는 죄의 권세에 사로잡힌 종처럼(23절) 묘사한다. 이런 노예 상태에서는 결국 마음과 육신의 싸움에서 승리는 항상 육신과 죄의 것이며, 자신은 아무리 선을 원해도 악만 행하는 전적인 무능성을 발견한다(15-20절).

이와는 반대로 신자의 삶에 대한 묘사는 어떠한가? 바울은 성령이 신자의 삶에 역사하여 죄로 인해 죽은 몸을 다시 살린다고 했고(8:10), 자신을 죽은 자 가운데서 다시 산 자처럼 하나님께 드리라고 권면한다(6:13). 신자는 율법 아래 있지 않고 은혜 아래 있기 때문에 죄가 신자들 위에 왕처럼 주인 행세를 할 수 없다고 했다(6:14). 그리고 성령을 좇아 행하기만 하면 육체의 소욕을 이루지 않을 수 있다는 확신을 피력하기도 한다(갈 5:16; 롬 8:4). 확신을 피력하는 이런 진술들은 자신을 죄 아래 팔린 곤고한 사람으로 묘사하고 사망의 몸에서 빠져나올 수 없는 자신의 절망적 상태를 한탄하는 7장의 진술들과 정면 배치된다. 그렇다면 7:14-25의 '나'는 정상적인 그리스도인의 실존을 지칭한다고 볼 수 없다.

결론적으로, 로마서 7:14-25은 갈라디아서 5:16-25과 다르다. 우리는 바울 사도가 7장에서 율법 아래에서 구속을 필요로 하는 아담의 후손들의 절망적인 죄악상을 기독교적인 관점에서 실존적으로 묘사했다는 결론에 도달할 수밖에 없다.

다만 이 결론을 최종적으로 확증하기 전에 한 가지 더 풀어야 할 문제가 있다. 그것은 14절 이후에 등장하는 돌연한 현재 시제의 변동이다. 7-13절과 14-25절은 내적인 연관이 있음이 분명하다. 예를 들면, 논의되는 기본적인 내용이 같다. 14절을 전후하여 모두 죄와 율법과 사망이란 삼각 관계를 논한다. 하지만 "우리가……알거니와"(οἴδαμεν γὰρ)란 현재 시제 동사로 시작하는 14절은 7-13절에서 논의된 내용을 다른 각도에서 발전시킨다. '우리가 안다'고 말함으로써 바울은 자신의 경험을 포함한 "공통의 현재적 경험"에 호소한다. 무슨 이유에서일까?

어떤 학자들은 현재 시제의 동사들을 과거 사건을 눈앞에 생생하게 묘사하기 위한 "문체상의 기법" 또는 "수사학적 장치"로 간주한다.[76] 던은 이런 주장에 반박한다. 그에 의하면 일련의 현재 시제들로 표현되는 '나'의 고뇌와 좌절이 너무나 현실적이고 실존적이어서 신자가 마치 율법 아래 살고 있는 것처럼 자신을 판단하는 '가설적인 상황'(hypothetical situation)을 상정하기 어렵다고 한다. 아마도 "우리가 안다"는 바울의 진술은 불신자들이 율법 아래서 경험하는 실패와 좌절의 삶을 그리스도인들도 부분적으로 경험한다는 사실을 시사할지도 모른다. 신자들도 성령을 좇아 살지 않을 때 육신과의 싸움에서 실패와 좌절을 맛보지 않는가? 바울이 그의 독자들에게 수많은 경고를 발했던 것은 육의 세력이 그리스도인의 삶 속에 뚫고 들어올 수 있다는 '역사적 현실성'을 웅변적으로 시사해 준다(갈 5:15, 16, 26).

신자들은 그리스도 안에서 펼쳐진 새로운 종말론적 현실 속에서 살고 있기는 하지만 아직 그들은 첫째 아담의 운명에서 궁극적인 해방을 경험한 것이 아니다. 그들도 악한 현 세대를 지배하고 있는 죄의 세력의 끊임없는 공격에 노출되어 있다. 불신자와 신자의 삶 사이에는 '불연속적인'(discontinuous) 측면도 있지만 모두 다 타락한 첫째 아담의 후손들이라는 점에서 '연속적인'(continuous) 측면도 존재한다. 그렇다면 14-25절

---

76) C. L. Mitten, "Romans-vii. Reconsidered-II," 100; K. Kertelge, *Rechtfertigungslehre*, 108.

의 현재 시제들은 일차적으로 율법 아래 있는 불신자들의 절망적 상황을 묘사하면서도 신자들도 성령을 따라 살지 않을 때 부분적으로 경험할 수 있는 '부정적 가능성' (negative possibility)[77]을 시사할 가능성이 있다.

바울은 때때로 신자의 삶과 불신자의 삶을 날카롭게 대조하여 그의 독자들에게 육신을 좇아 행하지 말라고 도전하는 경우가 있다(갈 5:19-23; 고전 6:9-11). 이 경우에 신자는 항상 성령을 좇아 완전한 삶을 살고 불신자는 언제나 육신을 좇아 산다는 점을 말하려는 것이 아니다. 비록 육신을 좇는 삶이 불신자의 전형적인 삶이라 할지라도 그것은 언제라도 신자의 삶 속에 뚫고 들어올 수 있다는 부정적 가능성을 경고하는 것이다. 이러한 권면 기법이 로마서 7:14-25의 현재 시제들 가운데 함축되어 있다면, 바울이 율법 아래 있는 인류의 죄악된 상황을 기독교적 관점에서 묘사하면서도 거기에 묘사되는 불신자의 상황이 성령을 좇아 살지 않는 신자들의 삶 속에서 부분적으로 실현될 수 있다는 '공통의 현재적 경험'에 호소할 수도 있지 않을까?

결론적으로, 바울은 죄의 세력을 극복할 수 없는 옛 언약의 연약성과 무능성의 한계를 인식하고 그것이 오직 그리스도의 십자가 사건을 통해서 새 언약의 영의 능력을 통해 극복될 수 있다는 사실을 강조한다. 그는 신자들이 처한 이러한 종말론적인 새로운 현실성에 대해 확신하면서도 그들이

---

[77] H. Kruse, "Die 'Dialektische Negation' als semitische Idiom," *VT* 4 (1954), 385-400. '부정적 가능성'이란 실제는 불신자들에게 해당되는 술어들을 가지고 간접적으로 신자들을 경고하는 방식을 가리킨다. 예를 들면, 바울이 로마인들에게 "너희는 육신에 속한 자가 아니라"(롬 8:9)는 점을 상기시켰다고 하자. 사실 "육신에 속한 자"란 일차적으로 불신자들의 정체성을 묘사하는 말이다. 하지만 바울이 이 술어를 기독교인들을 권면할 때 사용함으로써 그들이 육신을 좇아 행할 부정적 가능성을 상기시키고 경고하고자 하는 의미를 갖는다(예, 삼상 8:7; 렘 7:22ff; 마 10:20; 막 9:37; 고전 1:17 등).

아직 죄의 세력이 지배하는 악한 현세대 속에 살아가고 있으며 따라서 성령에 순종하지 않을 때 언제든지 죄의 세력이 그들의 삶 가운데 뚫고 들어올 수 있다는 또 다른 현실성을 인정한다.

비록 그가 새 언약의 우월성을 강하게 확신하고 있음이 사실이지만, 신자의 순종의 필요성을 결코 무효화시키지 않는다. 그리스도 안에서 옛 언약 시대에서 새 언약 시대로 시대 전환이 이루어졌다고 할지라도 의문의 묵은 것을 섬기는 데서 영의 새로움으로 섬기는 데로 바뀌어졌을 뿐 섬김의 필요성 자체가 무효화된 적이 없다.

말하자면 신자의 책임의 양태가 변하였을 뿐 책임의 필요성 자체는 결코 가감되지 않는다. 이것은 신자가 아직도 죄의 세력이 지배하는 옛 세상을 살아가기 때문에 더욱 그렇다. 신자의 책임의 실재가 범죄에 빠진 역사적 그리스도인들을 경고하는 맥락에서 "하나님 나라를 유업으로 얻는 일"(갈 5:21; 고전 6:9-10; 엡 5:5; cf. 마 7:20-21)과 연계되어 강조된다는 사실은 주목할 만하다. 바울에게 있어서 구원 얻은 신분과 윤리적 행위와 삶은 한 동전의 양면과 같다. 한쪽의 정당성은 다른 쪽의 정당성과 연계된다. 하나님 백성이면(신분) 하나님 백성답게 살아야 한다는(삶) 것이 그의 신학, 아니 신구약 전체의 신학의 요체이기 때문이다. 다만 옛 언약 시대보다 새 언약 시대를 사는 신자들은 성령의 인도와 능력 아래 산다는 보다 확실한 축복을 누린다는 점이 특권이라 할 수 있다.

4. 결론적 관찰

이제 우리의 관찰들을 결론지을 때가 되었다. '율법과 성령'의 대조는 불신 유대교에서 분리되어 기독교의 우월한 정체성을 확립하고자 했던 바울에게 있어서 중요한 구원사적 의의들을 갖는다. 때로 '그리스도냐 율법이냐' 또는 '율법이냐 복음이냐' 하는 양자택일적 도전은 이런 논쟁적 상황을 전제할 때만 제대로 이해될 수 있다. '의문'과 '영'의 대조도 일차적으로 개인적인 의미를 지닌다기보다는 불신 유대인 사회를 대항하여 기독교의 우월한 정체성을 확보하려는 구원사적 의의들을 지닌다. 바울은 이러한 정체성을 확보하기 위해 율법 중심적인 유대교를 비판하고 유대인들이 의지하던 율법의 구원사적 한계들을 드러내지 않을 수 없었다. 자연히 그는 자신의 복음을 율법 중심적인 유대교로부터 분리시키게 되었고 자신의 신학적 정체성의 뿌리와 기원을 아브라함 언약과 후기 선지서들에 나타난 새 언약 사상에서 찾게 되었다.

아브라함 언약은 유대 종교의 근거와 토대였기 때문에, 전자에서 자신의 복음의 우월한 정체성을 찾고자 했던 바울의 아브라함 언약 이해와 유대인들의 전통적인 아브라함 언약 이해 사이에 첨예한 대립이 생길 수밖에 없었다. 로마서 4, 9장과 갈라디아서 3-4장에 아브라함 이야기의 빈번한 등장은 그들 사이에 아브라함 언약에 대한 해석을 놓고 첨예한 대립이 있었다는 것을 시사해 준다. 불신 유대인들은 분명히 아브라함 언약을 율법 중심적으로 해석하였을 것이다. 예를 들면, 육신적 혈통, 조상의 하나님, 할례, 율법 등과 같은 혈통적이고 민족주의적인 요소들을 가지고 아브라함 후손의 정체성을 정의하고자 했다. 하지만 아브라함이 믿음으로 의롭다 함을 얻는 언약적 축복을 누렸을 때(창 15:6), 그는 무할례자의 신분(이방인)에 있었고 율법은 아직 주어지지 않았다. 따라서 바울은 아브라함의 후손이 되는 정체성은 육신의 혈통이나 할례 그리고 율법 같은 것에 의해 규정되는 것이 아니라 오직 초문화적이고 초인종적인 '믿음' (갈 3:8; 롬 4장)과 '성령' (갈 4:29)에 의해서 규정될 뿐이라고 한다. 이것은 아브라함 언약이 이방 세계를 포함하는 보편적인 언약이라는 것을 보여준다.

바울은 자신의 복음의 우월한 정체성을 확보하는 과정에서 아브라함 언약과 후기 선지자들의 '새 언약 사상'을 연계시킨다. 옛 언약과 새 언약을 대조, 비교하는 과정에서 바울은 율법의 세 가지 구원사적 한계들을 직시하고, 새 언약의 영이야말로 옛 언약의 율법이 내포한 구원사적 한계들을 극복할 수 있다고 피력한다. 성령이란 공통의 요소를 통해서 바울은 자연스럽게 아브라함 언약과 새 언약을 연결할 수 있었다. 새 언약의 영은 율법이 줄 수 없었던 종말론적인 인식의 새로움을 주고(고후 3:11-4:6), 죄의 세력에 대한 극복할 수 없었던 무능성을 극복하게 해준다(롬 8:3-4). 이로써 바울은 '새로운 인식'과 '새로운 순종', 다시 말해서 새 언약의 영이 지향하는 새 창조(new creation)를 자신의 복음의 현실성 속에 합법적으로 끌어들일 수 있었다. 새 언약의 영은 이 점에서 새 언약백성의 정체성과 신분을 결정하는 원리일 뿐만 아니라 새 언약백성의 삶을 규정하는 원리로 나타난다. 새 언약의 중심 내용이신 예수 그리스도께로 돌아감으로써 새로운 인식, 새로운 순종이 가능해진 새 피조물이 된다.

새로운 인식, 새로운 순종을 경험하는 새 피조물이 된다고 해서 바울은 옛 언약 시대와는 달리 신자의 순종의 필요성, 책임성의 실재를 무효화시키지는 않는다. 새 언약 시대가 그리스도 안에서 도래했다고는 하지만 아직도 그 궁극적이고 최종적인 완성의 때는 도래하지 않았다. 신자들은 '이미' (already)와 '아직 아니' (not yet)라는 종말론적인 두 시간 구조 속에 살고 있다. 따라서 바울의 새 언약 사상을 한 쪽으로 극단화시켜서는 안 된다. 이러한 종말론적인 구조 속에 나타난 그리스도인의 삶의 모습은 어떻게 나타나는가?

앞에서 관찰했듯이, 바울은 이 점에서 비관주의자(pessimist)도 아니고 영적인 열광주의자(spiritual enthusiast)도 아니다. 그는 신자의 마지막 구원이 죄를 근절시키려는 그의 불확실한 노력에 달려 있는 것처럼 신자의 삶을 불필요하게 긴장되고 위태로운 것으로 만들지 않는다. 또한 그는 신자의 구원이 마치 완전 상태에 도달할 수 있다거나 이미 도달한 것처럼 주장하는 기독교 신비주의자나 열광주의자도 아니다. 신자가 때로 죄에 빠질 수 있음에도 불구하고, 그리스도 안에서 이제 정죄함이 없을 뿐만 아니라(롬 8:1-2), 성령의 새로운 인도와 능력 아래서 살게 되었다(롬 6:14; 갈 5:18). 때문에 그는 그리스도 안에 거하고 일상적인 생활을 성령에 끊임없이 맡기고 그의 인도하심을 좇아 순종하며 살아가는 한 성령께서 죄와 육의 세력을 극복할 수 있는 능력을 주시는 새로운 종말론적 상황에서 살고 있는 것이다.

결론적으로 바울은 신자의 삶을 위협하는 죄의 세력의 현실성과 그 위험을 직시하면서도 그리스도 안에서 펼쳐진 새 언약의 우월성을 확신하는 '낙관론적 현실주의자'(optimistic realist)이다.[78]

---

78) 이한수, 그리스도인과 성령, 총신대학출판부, 227 참조.

제 3부

교의신학에서 본 시각

제 9 장

박형룡 신학의 재조명 :
구원론 체계 속에서 본 신약 윤리

　　박형룡 박사는 신학의 불모지와 같은 한국교회에서 정통신학의 수립에 지대한 공헌을 한 교의신학자요 저술가로 공인된 학자이다. 그의 신학에 대한 호, 불호를 떠나서 사람들은 그를 "거대한 산과도 같은 존재"[1]로 비유한다. 자유주의 신학과의 싸움에서 남긴 그의 변증신학의 업적에서 보나, 정통신학을 사랑하는 그의 열정에서 보나, 그가 남긴 교회사적 족적에서 보나 그를 그렇게 평가한 것은 정당한 일이다.

　　그는 특별히 합리주의와 자유주의의 심각한 도전에 직면하여 정통신학을 보수 전달하려는 데 평생을 바쳤다. 이렇게 자유주의 신학과 논쟁을 벌이던 시대적 정황에 처해 있다 보니 자연히 그의 신학은 논쟁적이고 전투적인 성격을 띠게 되었고, 따라서 그와 논쟁을 벌이던 측의 사람들로부터

---

1) 정동민, 박형룡의 신학 연구 (서울: 한국기독교역사연구소 1998), 5.

는 교조주의적 파벌주의자라는 비판을 받기도 하였다. 하지만 그가 정통 신학의 기초를 세운 보수교회의 대표적 학자라는 점에 있어서는 의심의 여지가 없다. 박형룡 박사의 신학적 특징은 "성경 영감론과 하나님의 절대 주권 사상이라는 두 기둥으로 하고 서 있는 신학"[2]에 있다고 할 수 있다. 칼빈주의 신학의 정신적 유산을 이어받아 하나님의 절대 주권 사상을 신학함의 원리로 삼으면서도 그의 신학은 사상적 균형성을 잃지 않는다. 그것은 거산(巨山)의 웅장함에 비견되면서도 섬세하며 성경적 메시지들에 기초한 신학적 균형성을 유지하려는 조화로움도 지닌다.

최근 박형룡 박사의 신학에 대한 재평가 작업이 다양한 사람들에 의해 이루어지고 있다.[3] 자유주의 진영에서는 그의 신학을 파벌주의적 교조주의 신학으로 평가하기도 하고 그의 신학에 동조하는 보수진영에서조차 벌코프(L. Berkohf)의 사변적 신학에 많이 의존하는 "조직적이고 사변적인"[4] 신학으로 평가하기도 한다. 이 짧은 논문에서 박형룡 박사의 방대한 작업을 공정하게 제대로 평가하는 일은 불가능하기 때문에, 필자는 구원론의 체계 속에서 바라본 그의 윤리신학에 초점을 맞추어 과연 그의 신학이 성경 교훈에 기초한 신학적 균형 감각을 지녔는가를 살피려 한다. 필자가 이렇게 박 박사의 윤리신학에 초점을 맞추려고 한 것은 한편으로 총체적인 도덕적 위기에 빠진 한국 사회의 개혁이라는 시대적 정황 때문이기

---

[2] 박아론, "총신의 신학에 대한 역사적 고찰과 미래적 전망", 1999년 5월 23일 양지 캠퍼스에서 열린 개교기념축제에서 발표한 논문, 2; 같은 논문, 신학지남 1999년 여름호, 9.
[3] 박 박사에 대한 다양한 학자들의 평가를 참조하려면 박 박사의 신학에 대한 논문으로 박사학위를 받은 정동민의 박형룡의 신학 연구를 참조하라.
[4] 김길성, "개혁주의 성령론 고찰", 신학지남 1998년 봄호, 253; 한철하, 성경과 신학 제8권 (1990), 10-11 참조. '화란계' 칼빈주의 신학이 이런 사변적 경향이 있다는 것은 이미 널리 알려진 사실이기도 하다.

도 하고, 다른 한편으로 박형룡주의 신학의 후예들로 자처하는 사람들의 대중적 신학 인식이 신학적 균형성을 상실하고 한쪽만 강조하여 일방적으로 체계화시키려는 경향마저 보이기 때문이다. 한국교회가 불행하게도 우리 사회가 빠져든 도덕적 위기를 극복하지 못하고 도리어 세속화 징후들이 나타나는 현실 속에서 박형룡 박사의 윤리신학을 재조명하여 현실 비평과 극복의 준거를 마련하려는 작업은 뜻 깊은 일이 아닐 수 없다.

1. 문제 제기

필자는 본 논문에서 박형룡 박사의 윤리신학의 정체성과 자리를 확인하는 것을 주된 목적으로 삼지만, 부차적으로 한국교회의 대중적 신앙 가운데 자리잡은 신학 인식들의 편향성과 오류들을 비평할 수 있는 준거를 마련하려는 목적도 가지고 있다. 이러한 비평적 준거를 마련하려면 어떤 신학적 오해들이 한국교회의 대중적 인식 속에 자리 잡고 있는지를 먼저 살필 필요가 있다.

오래 전부터 한국교회의 평신도들과 일반 목회자들의 의식 세계에는 "행위가 아니라 믿음으로 의롭다 함을 받는다"는 바울의 이신칭의(以信稱義) 구원론이 깊고도 강력한 영향을 남겼다. 유대주의자들과 논쟁을 주도한 바울의 이 전투적인 구원론은 그들의 대중적 인식 속에서 믿음의 유일 충족성만을 강조하고 행위 전반을 다 부정하는 교리처럼 간주되기 시작하였다. 이신칭의 구원론이 행위를 강하게 부정한다는 피상적인 인식 때문에 신자의 삶의 테두리 안에서조차 행위는 구원론에서 분리되어 떨어져 나오고 그것의 당위성 자체가 크게 약화되거나 무시되는 현상마저 낳고 말았다.

칭의 구원은 오직 믿음과만 배타적인 관계를 맺고 있는 것이 사실이다 (롬 3:20, 22). 하지만 이신칭의 구원론이 행위 전반을 다 부정하는 교리로 잘못 이해되다보니 믿음과 행위는 필연적으로 이원론적 대립에 빠져들게 되고 믿음만 있으면 다 된다는 '신앙제일주의'(fideism)를 낳게 만들었다. 이러한 '신앙제일주의'의 사고 체계 속에서 삶과 행위는 어쨌든 구원론과는 아무런 긍정적 관계를 맺지 못했고 자연히 축복론이나 상급론에 귀속되어버렸다. 여기서 기독교 윤리는 필연적으로 천국에서 상급을 많이 받느냐 적게 받느냐, 또는 축복을 받느냐 못 받느냐 하는 성격의 윤리로 전락하게 된다. 바로 이러한 편향된 인식 언저리에 이신칭의 구원론에 대한 대중적 오해가 자리 잡고 있다. 손봉호 교수도 "우리나라 기독교의 윤리적인 타락의 가장 기본적인 원인은 소위 은혜로만 구원을 받았다는 신학적 몰이해에 근거한다"고 지적한 바 있다.[5]

이러한 대중적 인식에 반기를 드는 움직임들이 최근에 일어나고 있다. "복음주의 신학과 사회윤리"란 주제로 개최된 한국 복음주의 신학회의 세미나가 대표적인 실례이다.[6] 당시 개회예배 설교를 했던 한철하 박사는 자신이 오랫동안 구원과 윤리 문제에 있어서 잘못된 방향에서 탐구를 했다고 고백하면서 "화란계의 '삶의 체계'로서의 칼빈주의 형성과는 대조적으로 칼빈과 웨슬리는 윤리문제를 구원론의 맥락에서 다루고 있습니다"[7]라고 술회하였다. 동일한 세미나에서 논문을 발표했던 손봉호 교수

---

[5] 손봉호, "이제 목회자 윤리를 혁신하자", 목회와 신학, 1993년 4월호, 30.
[6] 본 신학 세미나는 1989년 가을에 개최되었고, 그 때 발표된 논문들이 성경과 신학 제8권 (1990)에 수록되어 출간되었다.

역시 전통적 시각을 교정하는 발언을 하였다: "참된 믿음은 하늘에 계신 하나님의 뜻을 행함으로 나타나는 것이지 관념적으로만 믿는 것은 안전하지 않습니다"; 또는 "도덕적 책임의 문제는 믿음에 의한 구원문제에까지 확대될 수 있습니다."[8]

한국사회의 총체적인 도덕불감증 현상에 직면하여 이들의 우려와 비평이 타당하다면, 우리는 과연 기독교 윤리를 구원론적 체계 속에서 어떻게 그 긍정적 자리매김을 할 수 있을까? 박형룡 박사는 우리의 이런 질문에 어떤 신학적 답변을 주는가?

2. 구원론 체계 속에서 논의되는 윤리신학

기독교 윤리신학에 대한 박형룡 박사의 핵심 주장들은 그의 교의신학 저술들 가운데 구원론과 내세론에 담겨 있다. 윤리신학을 독립된 분과로 다루지 않고 그것을 구원론 체계 속에서 다루는 것은 개혁주의 신학의 오랜 전통이다. 행위가 구원을 가능케 하는 근거 내지 원인이기 때문이 아니라 그것의 필연적인 결과라는 인식이 아마도 그런 전통을 확립해 놓았을 것이다. 뿐만 아니라 교의신학에 개진된 모든 주장들은 하나님의 절대적 주권이라는 칼빈주의적 신학원리에 따라 전개되는 것이 박형룡 박사 신학의 또 다른 전형적 특징이다. 따라서 윤리신학을 구원론에서 분리시켜 이

---

7) 한철하, 성경과 신학 제8권 (1990), 10-11.
8) 손봉호, "복음주의 신학과 사회윤리", 성경과 신학 제8권 (1990), 40. 손봉호 교수는 제4회 로고스 학술제에서 "한국교회의 윤리적 과제"란 제목으로 강연을 하였는데 여기서도 비슷한 논조의 주장을 피력하였다(동 강연집, 7).

해한다든지 그것을 하나님의 주권 사상에서 고립시켜 이해하려는 시도는 그의 신학 중심에서 이탈한 것이라 할 수 있다.

윤리신학에 관한 그의 핵심 주장들은 구원론에서뿐만 아니라 특별히 "심판의 준칙, 근거, 과정"을 논하는 내세론 부분에서 등장한다. 여기에 실린 주장들은 그가 구원론 체계 속에서 윤리의 자리를 어떻게 이해하고 있는가를 엿보게 만들어 주는 핵심 주장인 것이 분명하다. 이 주장들에 근거해서 우리는 다음과 같은 질문들을 차례대로 살피려고 한다: 1) 믿음과 행위는 어떤 관계인가; 2) 행위 심판의 개념이 그리스도의 속죄와 어떤 연관이 있는가; 3) 선행이 상급과 미래 구원과 어떤 관련이 있는가 등이다. 이에 덧붙여 우리는 4) 이신칭의 구원론은 윤리와 어떤 관련이 있는가; 5) 하나님의 주권 사상이 신자의 책임의 실재와 어떤 관련이 있는가 등의 질문도 살펴볼 것이다.

2.1 믿음과 행위, 반립적 관계인가?

박형룡 박사는 처음부터 행위를 구원의 원인 내지 근거로 보려는 어떤 시도에 대해서도 단호하게 거부한다. 처음 구원 경험을 논하는 맥락에서, 그리고 유대주의자들과의 논쟁적 상황에서 칭의 구원론 자체가 애초부터 행위와 믿음의 반립적 관계를 전제하고 시작하기 때문에 박형룡 박사는 바울의 그러한 의도에 충실하고자 한다. 그는 일단 유대교를 행위구원의 종교로 인식하는 오랜 전통에 서 있었기 때문에, 이신칭의 구원론이 행위를 구원의 수단으로 내세우려는 유대주의적 신학을 거부하려는 논쟁적 상황과 연결되어 있음을 인식하고 있었다. 이 점에서 칭의 구원론은 자연히 행위를 구원의 조건으로 내세우는 유대교에 대항하고 믿음의 충족성을 내세울 훌륭한 논쟁의 무기로 인식된 것이다. 하지만 이러한 논쟁적 상황과 결부된 칭의 구원론은 행위를 부정하고 믿음만을 내세웠기 때문에 '행위'(行爲)에 대한 부정적인 인식이 은연중에 대중적 인식 속에 파고든 것이 아닌가 생각된다.

하지만 박형룡 박사는 행위를 칭의 구원론의 조건으로 보려는 시도에 대해서 단호하게 거부하면서도, 행위를 칭의 구원론의 열매나 결과로 보는 것마저 거부하지 않는다. 말하자면 바울이 칭의 구원론에서 행위와 믿음을 대립적 구도에서 바라보기는 했지만, 그것이 신자의 삶과 생활의 영역에서조차 행위 전반을 다 부정하는 교리적 준거로 오해되는 것에 대해서도 단호한 거부 입장을 밝힌다. 처음 구원 경험에서 믿음을 배제한 행위가 끼어드는 것을 거부하는 것은 당연하지만, 박형룡 박사는 구원받은 신자의 생활이라는 테두리 안에서 행위의 필요성을 강조한다(살전 1:3; 갈 5:6). 행위를 구원의 열매나 결과로 인식하려는 입장은 박형룡 박사의 다음 진술에서 분명하게 나타난다.

> 보편적으로 시인되기를 선행이 우리의 칭의에 필요하지 않음은 전자는 후자의 간접적 과실(間接的果實)이므로 그것의 근거일 수 없기 때문이다. 신앙은 죄인이 그리스도의 의를 받아 의지하는 행동이요, 선행을 포함하거나 선행의 뿌리인 때문에 (선행이) 칭의하는 것이 아니라고 하였다(구원론, 370).

상기 인용 진술에서뿐만 아니라 박형룡 박사의 다른 진술들을 살펴볼 때 그는 믿음과 행위의 관계를 다음 몇 가지 방식으로 표현한다:

첫째로, 선행은 칭의의 근거가 아니다. 오직 하나님의 은혜만이 칭의를 가능케 하고 신자의 믿음만이 칭의 경험을 가능케 한다. 바로 이 점에서 믿음을 전제하지 않은 어떤 인본주의적 행위도 칭의와 구원 경험에 끼어들 수 없다.

둘째로, 일단 구원의 테두리 속에서 신자의 선행은 긍정적으로 표현된다.

1. 상기 인용 진술에서 믿음은 "선행을 포함하거나 선행의 뿌리"이다. 성경 저자들은 믿음을 하나님, 그리스도, 그리고 그의 복음에 대한 전인적이며 전폭적인 헌신의 행위로 간주하기 때문에 '믿음'과 '순종'은 상호 교환될 수 있는 개념으로 자주 사용된다(cf. 롬 1:5, 11:20, 31). 이렇게 전폭적인 헌신과 순종 행위로서의 믿음이 '행위'를 산출한다는 의미에서 그것을 포함한다거나 그것의 뿌리라고 파악한 박형룡 박사의 관찰은 정확한 것이다. 그래서 바울은 신자들의 선행을 '믿음의 행위 또는 일'(살전 1:3)로 묘사하며 '사랑을 통해 일하는 믿음'(갈 5:6)이라는 표현을 사용하기까지 한다.

2. 신자의 선행은 또한 '그리스도를 믿는 신앙의 과실'(내세론, 338) 또는 '산 신앙의 표현과 결과'(구원론, 310)로 묘사된다. 말하자면 신자의 선행이란 믿음이 전제된 행위, 믿음이 역동적으로 작용하고 일하여 나타난 열매, 결과, 표현이라는 뜻이다. 바울을 비롯한 신약 저자들에게 있어서 불신자들이 행하는 '어둠의 일', '육신의 일' 등과는 대조적으로 그리스도를 믿는 신앙의 결과로 나타난 이러한 행위와 삶에 대해 매우 긍정적 가치를 부여한다.

3. 박형룡 박사는 또한 신자의 행위에 대해서 "행위가 신앙에게 형상

(form)을 준다"거나 "신앙의 '살아낸 실재' (lived out)"라는 표현을 사용하기도 한다(구원론, 312). 신앙은 내면적인 산 실재이기 때문에 그것의 생명력은 결국 행위라는 것으로 '형상화' 될 수밖에 없고, 이런 의미에서 전자를 후자의 '살아낸 실재'라고 표현한 것은 정당화될 수 있다.

아무튼 선행이 칭의의 근거가 아니라 그 "간접적 과실"이며 또한 선행을 "신앙의 과실"(果實)로 파악한 박형룡 박사의 평가는 정당한 것이다. 신앙이 그러면 어떻게 행위를 산출할 수 있는가? 그는 이렇게 주장한다:

> 신앙으로 말미암아 은혜로 칭의된 사람은 하나님이 이미 명령하신 선(善)을 행함으로 자기를 구원하신 하나님께 감사를 드리게 된다. 그의 속에 새 창조를 행하신 성령은 또한 산 신앙의 표현과 결과로 선을 행할 수 있게 하여 주신다. 이렇게 하나님의 은혜의 동력(動力)에 의해 행한 그의 선행은 장래 심판에 고찰을 받을 것이다(고전 3:15) (구원론, 310).

믿음이 선행을 산출하는 이유는, 첫째로, 하나님께서 은혜로 주신 칭의 구원에 감사하여 응답하는 신앙의 표현이기 때문이고, 둘째로, 하나님께서는 구원받은 자기 백성들에게 선을 행할 것을 명령하셨기 때문에 그들은 그 명령을 따라 순종할 의무가 있으며, 셋째로, 하나님께서는 선행을 할 의무만 부과하시지 않고 그것을 행할 능력을 부여하시기 위해 성령을 보내시어 칭의를 받은 자를 새 피조물이 되게 하셨으며, 넷째로, "산 신앙의 표현과 결과"란 표현에서 알 수 있듯이 살아있는 신앙이란 하나님과 그리스도에 대한 전폭적인 헌신과 순종의 성격이 있기 때문에 그것은 역동적으로 선행을 산출할 수밖에 없기 때문이다.

상기 인용문에 함축된 이 같은 이유들은 성경의 메시지에 대한 올바른 이해에 기초한 것이다. 앞에서 열거한 항목에 대해 상세하게 성경 본문에 근거하여 논증할 필요가 있겠지만, 필자는 이 방면에 이미 글을 쓴 바가 있기 때문에 여기서는 생략하고자 한다.[9] 박형룡 박사는 이 점에서 구원론의 범주 속에서 신자의 선행을 적극적으로 평가하는 칼빈과 개혁주의자들의 신학 노선을 따라가는 것이 분명하다.

구원 경험의 테두리 속에서 믿음과 행위의 적극적 관계에 대한 박형룡 박사의 평가는 야고보서의 관련 구절들을 논할 때도 분명하게 나타난다. 우리는 이신칭의 구원론이 신자의 삶과 행위의 정당성을 약화시키는 쪽으로 오해되는 경향이 대중적인 인식 속에 자리잡고 있다는 사실을 지적한 바 있다. 이러한 그릇된 편향성은 야고보서를 다룰 때도 첨예하게 나타난다.

전통적인 루터파 신학에 따르면, 이신칭의 원리는 바울 신학, 아니 신구약 전체의 신학을 이끌어 가는 중심 원리로 간주되었다. 바울의 이신칭의 복음을 복음의 중심 원리로 삼다보니 신약성경에서 행위를 조금만이라도 강조하는 부분이 발견되면 그것을 평가절하시키거나 무시하려는 반격의 태세를 취하곤 한다. 행위를 강조하는 야고보서를 "지푸라기 서신"으로 평가한 루터의 부정적 입장도 바로 이러한 배경하에서 이해되어야 한다.

불행하게도 오늘날 바울과 야고보의 내면적 조화를 말하기도 전에 이신칭의 복음의 규범적 해석 원리를 내세워 후자를 평가절하하려는 루터파적 경향성이 소위 전통적인 보수 장로교회 성도들 안에서도 발견된다. 마치 신앙과 행위를 분리시키는 것이 개혁주의의 근본정신인양 야고보서를

---

9) 이한수, 바울신학연구, 총신대학출판부 (1994), 265-281; "산상설교: 그 성격과 목적", 신학지남, 1998년 여름호, 56-86.

평가절하하는 데 노심초사이다. 바울 서신을 중심적 정경으로 삼고 야고보서를 정경에서 제외시키기라도 할 것처럼 말이다. 하지만 야고보서를 이런 식으로 평가절하시키려는 몰이해에 대해서 박형룡 박사는 반박한다.

> 야고보서가 다른 누구를 겨누었든지 간에 바울에 대항한 것이 아니다. 대개 바울이 만일 신앙과 신앙의 의를 행위에 대항하여 배치하였다면(롬 3:28) 그것은 율법의 행위에 대항한 것이요, 신앙에서의 또는 신앙으로부터의 행위에 대항한 것이 아니기 때문이다. 그리고 야고보는 여기에 추가하기를 참된 신앙과 선행 사이에 분열이 있지 않다고 하였다(구원론, 295).

> 바울은 과연 신앙의 의를 행위의 의에 대조하여 말하였으나 그는 오히려 행위의 필요성을 주장하였다. 그러나 그가 원한 행위는 율법의 행위가 아니라, 신앙의 의와 밀접한 친연(親緣)을 가진 것이며 그것에 포함된 것이었다. 바울은 "믿음의 역사와 사랑의 수고"에 향해 주목하였다(살전 1:3). 신앙과 율법의 행위 사이에는 이원론(二元論)이 있으나, 신앙과 행위 사이에는 그렇지 않다.

> 바울은 그리스도인이 성령으로 행하여 성령의 열매를 맺을 것을 권장하였다(갈 5:22-23). 신앙과 행위의 관계를 정확히 형용하기 곤란하나 우리는 행위가 신앙에게 형상을 준다고 말할 수 있다. 빨트는 행위를 신앙의 "살아낸 실재"(實在)라고 칭하였다. 그리스도에 의하면 나무는 그것의 열매에 의해 알려지고(마 12:33), 신앙은 그것의 행위에 의해 알려진다(구원론, 312).

바울에게는 칭의를 경험케 하는 수단이 믿음과만 연계되어 있고 야고보에게는 믿음과 행위 모두에게 연관되어 있기 때문에, 얼핏 바울과 야고

보 사이에 심각한 대립이 있는 것처럼 보인다. 하지만 박형룡 박사는 이런 식의 대립은 허용하지 않는다. 바울의 칭의 구원론은 신앙과 율법의 행위를 대립시켰을 뿐이지 신앙을 행위 자체에 대립시킨 것은 아니라는 말이다. 처음 구원 경험을 논할 때 행위가 구원을 위한 수단으로 끼어 들어오는 것을 허용하지 않을 뿐, 일단 구원받은 *신자의 삶의 테두리 안에* 들어오면 도리어 행위를 적극적으로 평가하기도 한다(살전 1:3). 신자의 삶과 행위는 은혜로 값없이 얻은 구원의 결과적 징표요, 산 신앙의 열매로 나타난 것이며, 또한 이러한 삶의 변화와 성화 생활은 선택과 창조, 구원의 근본 목적이기도 하다. 행위의 필요성을 강조한 박형룡 박사의 주장은 이 점에서 아주 정당하다.

2.2 칭의 구원, 어떻게 성화의 삶을 가능케 하는가?

필자는 선행이 칭의의 근거가 아니라 그 간접적 과실이라는 박형룡 박사의 진술에 주목한 바가 있다. 넓게 보면 이것은 칭의와 성화의 관계를 논하는 문제이다. 칭의 구원론이 처음에는 행위를 부정하다가 나중에 신자의 행위를 가능케 하는 근거로 언급되기 시작한다: 행위가 아니라 오직 믿음으로 의롭다 함을 받은 신자가 어떻게 윤리적 성화를 수행할 수 있게 되는가? 칭의 경험을 한 자가 어떻게 선행을 할 능력을 받게 되었는가?

칭의 구원론과 신자의 선행간의 관계에 대해 박형룡 박사는 앞선 인용에서 이렇게 진술한 바 있다: "신앙으로 말미암아 은혜로 칭의된 사람은 하나님이 이미 명령하신 선을 행함으로 자기를 구원하신 하나님께 감사를 드리게 된다." 이 진술은, 칭의는 오직 믿음만으로 되어지고, 선행은 은혜로 칭의 경험을 한 자가 하나님의 명령을 받아 실행할 의무의 문제라는 것이다. 하나님이 주신 구원의 은총에 감사하여 신자는 그 응답으로 선행을 할 의무가 있으며, 또한 하나님께서 그렇게 명령하셨기 때문에 순종해야 한다는 말은 정당한 관찰이다.

하지만 행위를 부정하고 믿음만을 치켜세운 이신칭의 구원론이 어떻게 선행을 산출할 수 있는가 하는 문제는 여전히 답변되어지지 않고 있다. 위에서 제기한 우리의 질문이 중요한 이유는 박형룡 박사를 비롯한 개혁주의 신학자들이 '칭의'(稱義)를 일차적으로 존재론적 변화로서가 아니라 법률적인 신분의 변화라는 맥락에서 이해하기 때문이다. "의롭다 하다"는 동사가 본래 구약에서 법률적 배경을 지닌 술어로서 어떤 사람을 죄 없다고 선언하는 재판자의 무죄 선언 행위를 지칭하는 말로 자주 쓰였고 신약에서조차 이런 법률적 배경은 여전히 남아있는 것이 사실이다.[10] 하지만 문제는 이렇다: 죄의 통치 아래 종노릇하는 인간의 절망적 딜레마 속에서 그를 마치 죄인이 아닌 것처럼(as if) 무죄 선언하여 법률적 신분만 바꾸어 놓는 칭의 구원론이 신자가 어떻게 선을 행할 수 있는 능력을 받게 되었는가를 적절히 설명할 수 있는가? 바로 이런 난점 때문에 슈바이처 같은 학자들은 칭의 구원론이야말로 결함 있는 교리에 불과하다는 극단적인 입장까지 피력한 상태이다: 이 법률적인 칭의 교리는,

> 전에 내면적으로 선행의 열매를 맺을 능력이 없던 사람이 어떻게 칭의 행위를 통하여 그런 열매를 맺을 능력을 받게 되었는지 보여 줄 수 없다.[11]

---

10) 칭의와 관련된 술어들이 법률적 배경을 지닌 술어들이라는 사실에 대해서는 이미 광범위한 연구서들이 나와 있다. Cf. A. Ziesler, *The Meaning of Righteousness in Paul* (Cambridge, 1972); P. Stuhlmacher, *Gerechtigkeit Gottes bei Paulus* (FRLANT 87: Göttingen, 1966); S. Kim, *The Origin of Paul's Gospel* (Grand Rapids: Eerdman, 1981) 등을 참조하라.

슈바이처는 이러한 문제 제기를 통해서 칭의의 법률적 성격만을 고집할 때 제기될 수밖에 없는 실천적 문제를 대두시켰다고 볼 수 있다. 박형룡 박사는 일차적으로 칭의 개념의 법률적 이해라는 개혁교회의 전통을 따라 설명한다.

> 칭의는 죄인에게 관계를 가지나 그의 내면 생활을 변화하지 않는다. 이것은 죄인의 상태에 영향을 주지 않고 그의 신분에 변화를 일으키는 점에서 구원의 서정의 다른 모든 중요한 부분들과 다르다. ……칭의의 결정(act)은 신자의 도덕적 상태를 변하지 않고 하나님 앞에 그의 법적 신분을 변하는 법정적 행위라는 것은 경이 반복 주장하는 바이다(구원론, 276).

칭의 선언은 이로써 하나님께서 그의 법정에서 그리스도의 대속의 공로에 근거하여 죄인에게 무죄 선언하고 의인처럼 여겨주시는 법률적 선언 행위로 간주된다. 여기서 자연히 추론되어 나오는 논리적 귀결은 칭의 선언은 직접적으로 "죄책의 제거"와만 관련이 있고 "죄의 오염"은 성화에서 처리된다는 것이다.

> 칭의는 죄인의 상태에 영향을 주는 일이 아니라, 그의 신분에 변경을 가져오는 처리(處理)이다. 칭의는 특별히 하나님께서 죄인의 죄를 사하시어 죄책을 제거하시고 그를 그의 자녀로 삼아 영원한 기업을 부여하시는 일이다. 다른 편에 성화는 죄인의 내면적 갱신의 한 부분으로서 죄의 더러움을 제거하고 죄인을 변화하여 하나님의 형상에 일치하게 한다(구원론, 279).

---

11) A. Schweitzer, *The Mysticism of Paul the Apostle* (1956), 295.

박형룡 박사의 주장대로 칭의가 죄인을 마치 의인인 것처럼 여겨주는 하나님의 법률적인 선언 행위라고 한다면, 어떻게 그런 법률적인 행위가 성화 또는 윤리적 행위를 가능케 하는 근거로 작용하는가? 그는 칭의가 죄인의 내면적 변화라든가 상태의 변화와는 직접적인 관련이 없고 단지 "죄의 형벌적 결과들"만을 제거하는 법률적 무죄 선언 행위를 가리킨다고 주장한다. 그럼에도 불구하고 그는 "값없는 칭의는 방종에 인도하므로 윤리적으로 파괴적이라고 말하는" 반론적 비판에 대해서 강하게 반박하면서 칭의와 성화의 불가분리적 관계에 대해서 피력하기도 한다.

> 값없는 칭의는 방종에 인도하므로 윤리적으로 파괴적이라고 말하는 때 많다. 이것은 유대인이 바울의 믿음으로 칭의한다는 전도에 대항하여 일으킨 이의였다. 그들은 이것이 도덕적 구속(道德的拘束)을 해이하게 만든다고 말하였다. ……그러나 칭의 교리를 정해하면 이것이 방종에 인도한다고 생각할 수 없다. 그리고 신자들의 생활은 이것이 사실이 아님을 명확히 보여 준다. 바울은 로마서 6:2-7에서 이 이의에 반답하였다. 우리의 칭의에서 그리스도와의 생적 영적 연합(生的靈的聯合)의 확고한 기초가 조성되는 바 그 연합은 우리의 성화를 확실케 한다. ……칭의는 우리가 원칙상 참으로 거룩하여질 수 있는 유일한 상태로 인도한다. ……칭의된 사람은 성화의 영을 받으니 그야말로 선행으로 풍부하여 하나님을 영화롭게 할 수 있는 유일한 사람이다(구원론, 314-15).

칭의가 "원칙상 참으로 거룩하여질 수 있는 유일한 상태로 인도한다"는 진술은 칭의와 성화의 어떤 관계를 지시하는가? 칭의와 성화의 불가분리적 관계를 논증하기 위해 박형룡 박사는 로마서 6:2-7을 논증 근거로 제시한다: "우리의 칭의에서 그리스도와의 생적 영적 연합의 확고한 기초가 조성되는 바 그 연합은 우리의 성화를 확실케 한다. [우리가 알거니와 우리 옛 사람이 예수와 함께 십자가에 못박힌 것은 죄의 몸이 멸하여 다시는 우리가 죄에게 종노릇하지 아니하려 함이니 이는 (예수 그리스도와 함께) 죽은 자가 죄에서 벗어나 의롭다 하심을 얻었음이니라(롬 6:6-7)]"(구원론, 315).

바울의 구원론적 술어들은 다양하지만 가장 대표적인 술어들이 칭의 구원론과 연합의 구원론이다. 박 박사가 "생적 영적 연합의 구원론"으로 지칭한 것은 죄의 종노릇하던 옛 사람에 대해 그리스도와 함께 죽고 그와 연합하여 부활의 새 생명으로 함께 산다는 로마서 6장의 구원론을 지칭한다. 로마서 앞부분에서 바울은 이신칭의 구원론을 진술하다가 6장에 와서 그리스도와 '함께 죽고 함께 산다'(dying and rising with Christ)는 소위 신비적 연합의 구원론을 피력한다. 바울이 자신의 윤리신학을 칭의 구원론에 잘 연결시키지 않고 신비적 연합의 구원론에 연결시킨다는 것은 이미 널리 알려진 사실이다: "그러므로 우리가 그의 죽으심과 합하여 세례를 받음으로 그와 함께 장사되었나니 이는 아버지의 영광으로 말미암아 그리스도를 죽은 자 가운데서 살리심과 같이 우리로 또한 *새 생명 가운데서 행하게 하려 함이니라*"(롬 6:4). 밑줄을 친 목적절은 그리스도와 함께 죽고 함께 산 연합의 구원 사건이 지향하는 윤리적 삶의 목적 내지 방향성을 말해주는 표현이다.

중요한 질문은 이것이다: 칭의와 성화의 불가분리적 관계를 논증하기 위해 박형룡 박사가 근거로 내세운 로마서 6:2-7은 칭의와 신비적 연합의 구원론의 관계를 어떻게 설명하는가? 7절의 표현에 따르면 그리스도와 함께 죽고 함께 산 경험을 한 신자는 "죄에서 벗어나 의롭다 함을 얻었다" (δεδικαίωται ἀπὸ τῆς ἁμαρτίας). 바울이 '의롭다 함을 받았다'는 법률적 칭의 술어를 사용하는 것을 보면 이것은 그의 신학 세계 속에서 칭의 구원론과 신비적 연합의 구원론이 서로 다른 것이 아니라 하나라는 것을 설명해 주는 확실한 증거이다. 그리스도와 함께 죽고 함께 산다는 것은 옛 사람의 죽음과 부활의 새 생명을 경험한 신자의 근본적 변화를 함축하는데, 이러한 근본적 변화는 "죄에서 벗어나 의롭다 함을 받은" 신자의 칭의 경험에서 일어난다. 이로써 바울은 신비적 연합이라는 구원 경험을 칭의 술어를 가지고 묘사한 셈이다.

개념 세계에서는 이런 술어들이 구분되겠지만 바울의 통전적 신학 세계 속에서는 구분되지 않는다. 구원 경험이란 하나의 실재(實在)이며, 바울의 다양한 구원론적 술어들은 신자의 구원 경험이 갖는 다양한 측면들을 부각시킬 뿐이다. 그가 다양한 구원론적 술어들을 사용한다고 해서 구원 경험이 여러 단계로 구획되어진 것처럼 말해서는 안 된다.[12] 그리스도와 함께 죽고 산 사람은 죄의 세력에서 해방되어 의롭다 함을 얻은 사람이다. 여기서 바울은 칭의 경험을 단순히 법률적 무죄 선언 행위로만 보지 않고 "죄의 통치에서 벗어나는"(ἀπὸ τῆς ἁμαρτίας) 해방의 경험으로(cf. 롬 8:1-2), 또는 그리스도와 함께 옛 사람에 대해 죽고 그와 함께 부활의 새 생명을 얻는 생명적 연합의 경험으로 묘사하기도 한다. 박형룡 박사의 "칭의에서 그리스도와의 생적 영적 연합의 확고한 기초가 조성되는 바 그 연합은 우리의 성화를 확실케 한다"는 지적은 아주 정당하다. 박 박사는 물론 칭의가 법률적 신분의 변화만을 가져온다고 이야기했음에도 불구하고,

---

[12] 이 부분에 대한 적절한 비평은 김길성, "개혁주의 성령론 고찰", 신학지남 254 (1998), 253-54를 참조하라. 구원의 단계(ordo salutis)에 대한 오해들은 또한 R. Gaffin 교수에 의해서도 잘 지적되고 있다(*The Centrality of the Resurrection: A Study in Paul's Soteriology*, Grand Rapids: Baker, 1978).

로마서 6장의 주석에서 칭의 구원론과 신비적 연합의 구원론을 연결지음으로써 전자가 새 생명 가운데서 행할 수 있게 된 새 피조물로서의 변화를 내포한다는 점을 인정한 셈이다. 칭의 경험을 새 창조 사건으로 간주하는 것은 그의 다음 설명에서도 나타난다.

> 신앙으로 말미암아 칭의된 사람은 하나님이 이미 명령하신 선(善)을 행함으로 자기를 구원하신 하나님께 감사를 드리게 된다. 그의 속에 (의롭다 함을 얻은 신자의 속에) 새 창조를 행하신 성령은 또한 산 신앙의 표현과 결과로 선을 행할 수 있게 하여 주신다. 이렇게 하나님의 은혜의 동력(動力)에 의해 행한 그의 선행은 장래 심판에 고찰을 받을 것이다(고전 3:15)(구원론, 310).

가까운 근접문맥에서 일련의 술어들을 혼용하기 때문에 논리적 연관관계가 불분명하기는 하지만, 박 박사는 칭의 경험을 한 신자가 성령을 통해 새 피조물이 되는 것과 동일시한다(cf. 고후 5:17, 21). 따라서 "은혜의 동력"에 의해 힘을 입은 신앙은 선행을 산출할 수 있게 된다. 겉보기에 행위를 부정하고 믿음만 치켜세우는 이신칭의 구원론이 윤리적 방임과 해이를 조장하는 것처럼 보이지만 그는 칭의 구원론에 대한 이런 식의 오해를 강력하게 비평한다: 칭의는 선행을 할 수 있는 가능 근거이며(롬 6:4-7) "선한 일에 열심하는 친 백성이 되게 하려는"(딛 2:14) 분명한 윤리적 목적성을 갖는다. 칭의 구원론이 이렇게 분명한 윤리적 지향성을 갖는다면 오늘날 그것이 도덕적 불감증과 해이를 부채질하는 방식으로 오해되는 현상은 반드시 교정되어야 마땅하다. 손봉호 교수는 "우리나라 기독교의 윤리적 타락의 가장 기본적인 원인은 소위 은혜로만 구원을 받았다"는 신학적 몰이해에 근거한다고 비판한 바 있다. 그의 비판은 물론 이신칭의 구원론 자체가 도덕적 해이를 야기시킨다는 말이 아니라 그에 대한 신학적 몰이해가 그렇다는 말일 것이다.

구원 경험은 하나의 사건이다. 바울은 다양한 구원론 술어들을 가지고 서로 다른 전망에서 단일한 구원 경험이 지닌 풍부한 의미들을 드러낼 뿐이기 때문에 그것을 너무 세분화시켜 여러 단계로 구분 짓는 것은 성경의 참 교훈을 왜곡시킬 수도 있다. 칭의는 본래 법률적인 신분의 변화를 이야기하는 법정적 술어이기 때문에, 칭의 경험을 통해 어떻게 새로운 삶이 가능하며 순종할 수 있는 새 피조물이 되었는지를 잘 설명할 수 없었을지 모른다. 하지만 이것은 우리의 개념 세계에서만 존재하는 문제이지 바울 자신의 통전적 신학 세계 내에서는 하나의 통합된 사건으로 이해될 뿐이다. 칭의가 새 피조물이 되는 사건으로 인식되는 것이 정당하다면, 의롭다 함을 얻은 신자는 이제 새로운 순종, 새로운 삶이 가능한 새 사람이 되는 것을 의미한다.

결론적으로 박형룡 박사는 기독교 윤리를 구원론에 정초시킨다는 사실을 알 수 있다. 기독교 윤리는 구원론에 뿌리를 두고 자라 나온 열매이며, 또한 구원론 자체가 지향하는 목적성 내지 방향성이다. 이러한 윤리적 방향성을 상실한 구원론은 결국 공허한 구원론이 될 수밖에 없다(롬 6:4-23; 딛 2:14)

2.3 그리스도의 속죄와 행위 심판, 어떤 관계인가?

신자의 구원이 그리스도의 속죄의 공로를 힙입은 은총의 선물이라면,

피할 수 없는 한 가지 질문에 부딪히게 된다: 구원은 믿음으로 받는 은총의 선물인데, 왜 마지막 심판에 가서 신자는 행위로 심판을 받는가? 신자의 선행이 칭의 구원론의 간접적 과실로 생겨난 것임을 인정한다고 할지라도 왜 그것이 행위 심판의 대상이 되는가? 성도들의 선행이 어떤 의미에서 신적 심판의 대상이 되는가?

2.3.1 구원 목적의 실현 확인

박형룡 박사는 하나님의 구원 작정이 신자들의 구원을 가능하게 만들었다면 그것이 역사적인 신자들의 삶 속에서 실효적으로 실현되었는지를 심판을 통해 확인하는 것은 당연한 일이라고 평가한다. 그는 이렇게 말한다.

> 원리가 있으면 그것의 실행에 따라 성공이 반드시 있고 비밀한 선사(善事)가 이룬 후에는 그것의 공인(公認)이 없을 수 없고 신앙의 결과로 선행이 따라오지 않을 수 없다. 구원의 원리의 발동이며 하나님과 사람 사이의 비밀한 처사(處事)며 신앙을 주중(主重)하여 행하는 칭의가 있은 후에 그 성공의 변명이며 비사(秘事)의 공인이며 선행의 고찰인 대심판은 반드시 있을 것이다(구원론, 310).

이 진술의 핵심은 '공인', '원리의 발동', '성공의 변명' 등과 같은 술어들 속에서 발견된다. 하나님께서 사람들을 죄 가운데서 구원하시고 새 피조물로 만드시겠다는 구원 작정이 수립되었기 때문에, 그것이 성공했는지를 심판을 통해 공인하고 확인하기 위해 성도들의 선행에 대한 심판이 있다는 말이다.

사실 신, 구약 저자들에게 있어서 선택, 창조, 구원의 목적은 흔히 윤리적 삶과 행위와 관련하여 진술될 때가 많다. 선택과 구원의 근본 동기는 하나님의 '사랑'(신 7:6-8; 롬 8:33-38; 엡 1:3-4)과 '은혜'(엡 2:8-10)에 있지만, 하나님께서 그러한 구원 행위들을 통해 형성하려는 하나님 백성은 선한 행위와 성화의 삶을 살아갈 수 있는 존재를 지향한다. 이것은 성경의 다음 구절들을 통해 확인할 수 있다.

선택의 목적

"내가 그로(아브라함) 그 자식과 권속에게 명하여 여호와의 도를 지켜 의와 공도를 행하게 하려고 그를 택하였나니 이는 나 여호와가 아브라함에게 대하여 말한 일을 이루려 함이니라"(창 18:19).

"너희가 나를 택한 것이 아니요 내가 너희를 택하여 세웠나니 이는 너희로 가서 과실을 맺게 하고 또 너희 과실이 항상 있게 하여……"(요 15:16).

창조의 목적

"우리는 그의 만드신 바라 그리스도 예수 안에서 선한 일을 위하여 지으심을 받은 자니 이 일은 하나님이 전에 예비하사 우리로 그 가운데서 행하게 하려 하심이니라"(엡 2:10).

구원의 목적

"그가 우리를 대신하여 자신을 주심은 모든 불법에서 우리를 구속하시고 우리를 깨끗하게 하사 선한 일에 열심하는 친백성이 되게 하려 하심이니라"(딛 2:14).

"그러므로 우리가 그의 죽으심과 합하여 세례를 받음으로 그와 함께 장사되었나니 이는 아버지의 영광으로 말미암아 그리스도를 죽은 자 가운데서 살리심과 같이 우리로 또한 새 생명 가운데서 행하게 하려 함이니라"(롬 6:4).

선택, 창조, 구원의 목적이 이렇게 '하나님의 뜻에 대한 순종', '열매를 맺는 삶', '선한 일을 행함'과 연결되어 있으며 또한 이와 관련한 하나님의 작정 또는 결정이 실효적으로 실현되었다면, 참 하나님 백성은 하나님의 뜻에 순종할 줄 알고 열매를 맺으며 선한 일에 힘쓰는 자들로서의 정체성을 지닌 사람이라고 할 수 있다. 박형룡 박사가 주장한 대로 하나님께서 최후 심판을 통해서 자신의 구원 작정이 실효적으로 실현되었는가를 확인하고 공인하며 변명하는 것은 당연한 일이다. 더욱이, 선택과 창조, 구원의 목적이 효과적으로 역사적인 신자들의 삶 속에서 실현되었다면, 하나님께서 그들의 변화된 삶과 행위를 통해 전자의 실현 여부를 확인하고 공인하시려는 것도 당연한 것이다. 따라서 우리는 하나님의 구원 행위가 지향하는 이러한 윤리적 방향성을 공허하게 만드는 일을 해서는 안 된다. 이것은 일차적으로 하나님 자신의 의도와 관련된 일이라 할 수 있다.

2.3.2 용서받은 죄의 선언과 공포

신자들이 비록 구속의 은혜를 입어 변화된 거룩한 삶의 열매를 나타내기 시작하였다 할지라도 그들은 아직 최종적인 구원의 완성에 도달한 것이 아니며 아직도 죄의 세력의 영향권 속에 놓여 있다. 죄의 세력은 때때로 구원을 경험한 신자들의 삶 속에 뚫고 들어오고 심각한 죄에 빠뜨리게 할 수도 있다(갈 5:14-19; 고전 5:1-5, 6:8-9 등). 신자들이 선악간에 몸으로 행한 행위들이 여전히 최종적인 심판의 대상이 된다고 한다면(롬 14:10-12; 고후 5:10) 그 심판은 신자가 그리스도 안에서 이미 경험한 그리스도의 긍휼의 속죄와 어떤 관련을 맺는가? 박형룡 박사의 입장은 이 점에서 아주 분명하다.

이 최종적인 선포에는 "무슨 무익한 말"(마 12:36)이든지 다 포함될 뿐만 아니라, 신자들의 선행(善行)과 또 거기 따라오는 상(賞)도 포함될 것이다. 우리는 신앙으로 칭의되고 행위에 의하여 심판을 받을 것이나, 형벌은 모두 그리스도 안에서 가리워졌고 그의 의는 우리를 칭의한다(구원론, 299).

신자와 불신자가 겪게 될 심판은 서로 엄연한 차이가 있다. 신자는 긍휼이 있는 심판을 받는 반면에, 불신자는 긍휼이 없는 심판을 받게 된다. 다시 말해서 신자는 그리스도의 공로를 힘입어 "신앙으로 칭의"되었기 때문에 "형벌은 모두 그리스도 안에서 가리워진" 반면에, 불신자는 그가 행한 행위대로 긍휼이 없는 심판을 받게 될 것이다. 물론 박형룡 박사가 말한 대로 믿음으로 의롭다 함을 받은 신자들도 "행위에 의하여 심판을 받을 것"이지만, 정죄의 형벌이 없는 '행위 심판'(judgement by works), 다시 말해서 신자의 책임의 실재를 확인하고 그의 받을 상벌을 결정하는 심판이 될 것이다.

사실 신자들이 나타낸 선행이란 것도 엄격하게 말해서 성령의 능력 아래서 행해진 하나님 자신의 행위의 결과이기 때문에 '은혜성'을 지닌다고 할 수 있다. 이런 이유 때문에 칼빈은 "선행의 가치는 전적으로 하나님의 은혜에서 온다"고 말한다.[13] 이렇게 은총의 선물로 나타난 성도들의 선행이기는 하지만 마지막 심판 날에 하나님께서는 관대하게도 그것에 대해 상까지 주시겠다고 하셨다. "우리로서는 이렇게 위대한 약속에 감격해서 선을 행하다가 낙심하지 않도록(갈 6:9; 살후 3:13 참조) 용기를 내며, 하나님의 큰 친절을 충심으로 감사하게 받아들일 의무가 있다"(기독교강요

---

13) 칼빈, 기독교강요 中, 328ff.

中, 329).

신자들은 이렇게 불신자들과 달리 긍휼이 있는 심판을 받게 되기 때문에 그들이 세상에 사는 동안 부지불식간에 지은 죄들은 이미 그리스도 안에서 가리워졌다. 그들이 그리스도의 십자가의 구속을 믿을 때 그의 의가 그들을 칭의하고 그들의 죄는 용서를 받았다. 때문에 최후 심판은 이 사실을 최종적으로 선포하는 자리가 될 것이 분명하다.

> 복음 신자들의 죄들은 용서받은 죄이므로 심판 때에(용서받은 죄의) 공포되지 않으리라고 변론되나 성경은 우리로 하여금 그것들이 공포될 것(물론 용서받은 죄로)을 기대하게 된다(구원론, 328f).

이 진술에서 신자의 행위에 대한 심판은 "용서받은 죄의 공포"라는 관점에서 이해되고 있다. 그리스도의 대속적인 속죄 사역으로 신자는 자신의 죄에 대해 이미 다 용서를 받았다. 따라서 신자의 행위에 대한 신적 심판이 있다면 그것은 이미 용서를 받은 죄를 공포함으로 심판대 앞에서 수치를 불러일으키기보다는 "죄의 통회로부터 가장 유쾌한 형(型)의 영적 기쁨을 초래할"(구원론, 329) 것이다. 이것은 심판의 자리가 신자의 죄가 용서받았다는 것을 확인하는 자리이기 때문에 죄의 선포라는 점에서 형벌이기는 하나 도리어 유쾌한 형벌, 기쁨과 영적 환희를 불러일으키는 형벌 면제의 선포의 장이 될 것을 시사하는 말이다.

2.3.3 신자들의 책임을 고무하는 근거

앞서 진술한 것이 하나님의 구원 의도의 실현과 관련된 것이라면, 우리는 이제 신자의 책임을 고무하는 심판의 측면을 살필 차례이다. 이미 지적한 대로 신자는 그리스도의 속죄의 공로를 힘입어 긍휼을 전제한 심판을 받는 것이 분명하지만, 다른 한편 박형룡 박사는 심판의 자리가 그의 죄악된 말과 행실을 고발하여 책망과 노여움을 불러일으키는 자리도 될 것을 시사한다. 그리스도의 속죄의 공로를 힘입은 신자들이 하나님의 심판대 앞에서 그들의 악행에 대해 고발당하고 책망당하는 범위와 정도에 대해서는 분명하지 않다. 어떤 의미에서 최후 심판은 신자들의 삶의 책임을 고무하는 근거가 되는가? 다음 진술을 주목해 보자.

> 최종 대심판의 신념은 모든 신자들의 생활에 엄숙성을 초래한다. 이 신념에 입각하여 보면 우리가 하는 일들은 사소하고 중요하지 아니한 것이 아니라 하나님의 심판을 받을 것이다(고전 3:13; 고후 5:10). 무심히 부주의하여 발한 무익한 말들노 심판 날에 심문을 받을 것이나(마 12:36)(구원론, 311).

이 진술은 은혜로 구원을 받은 신자라도 선악(善惡)간에 생각하고 행위를 할 수 있기 때문에 행위의 정당성을 규명하고 책임을 묻는 하나님의 심판을 피할 수 없다는 사실을 분명하게 지시해 준다. 박형룡 박사는 바로 이러한 심판의 엄숙성이 회개를 야기시키는 동인이 된다고도 말한다.

그렇다면 최후 심판이 신자의 책임의 실재를 추궁하는 자리가 된다면 책임 추궁의 정도는 어떻게 나타나는가? 범죄에 빠진 역사적 그리스도인들에 대해서 성경은 수많은 경고성 진술들을 발하고 있는데, 이러한 경고 구절들이 함축하는 의미는 무엇인가? 박형룡 박사는 범죄에 빠진 역사적 기독교인들의 삶을 꾸짖는 문맥에서 '하나님 나라에 들어가지 못한다'고 경고하는 성경 저자들의 구절들을 잘 알고 있으며 그러한 경고들을 적극적으로 활용한다. 그는 튀빙겐의 루터파 신학자 코벨레(A. Keberle)의 글을 인용하면서 신자의 악행에 대한 심판은 하나님의 책망과 노여움을 공포하는 자리도 된다고 말할 뿐만 아니라, 고의적으로 악행을 지속하는 자들은 하나님 나라에 들어가지 못한다는 경고도 잊지 않는다.

> 누구든지 지상 교회에서 악을 섬기기를 계속하는 자는 그 나라를 사승(嗣承)하지 못할 것이다. 따라서 여러 날 끝에 심판은 현실적으로 죄인과 의인의 사역(事役)들 위에 행하여질 것이니 그러므로 하나님을 노엽게 할까 하는 공포는 신자의 생활에라도 거룩한 공포와 시험의 극복에 조력(助力)으로 반드시 수반하여야 할 것이다. 진실하지 않은 생활, 자갈 물리지 않은 혀나 몸, 불결한 정욕들, 성령을 소유한 신앙이 능히 억제하거나 치워 놓았을 수 있는 앙심 깊은 적개(敵愾)는 우리와 함께 가서 하나님 앞에서 우리를 고발할 것이다(A. Kerberle, *The Quest for Holiness*, pp. 165, 166) (구원론, 330).

물론 역사적인 기독교인들의 악행을 문제 삼아 천국에 들어가지 못한다고 경고하는 이런 진술은 구원의 은혜를 경험한 참 신자도 올바로 살지 못하면 타락하여 구원을 상실할 수도 있다는 의미로 해석되어서는 안 된다. 하나님의 주권적인 선택을 믿는 박형룡 박사가 그러한 가능성을 염두에 두고 상기 진술을 했을 리는 없기 때문이다. 성경에 많이 등장하는 이런 진술들은(고전 6:8-10; 갈 5:21f; 엡 5:4-5) 구원의 은혜를 경험한 하나님의 자녀라면 변화된 순종의 삶, 성화의 삶으로 자신의 참된 정체성을 나타내라는 경고성의 진술들로 이해되어야 한다. 하나님은 자신의 참 백성을 버리시는 일이 없으며(롬 11:1-2) 예수께서는 하나님께서 주신 자들은 하나도 잃어버리지 않고 마지막 날에 다 살리실 것이다(요

6:35-40).

문제는 어떤 사람이 알곡인지 쭉정이인지를 인식하는 것에 걸려 있다. 사람은 하나님께서 자기 백성을 아시는 것만큼 절대적인 지식을 갖고 있지 않다. 더욱이 범죄에 빠진 역사적 그리스도인들을 대상으로 목양하는 상황에서 목회자들은 알곡과 가라지를 그들의 신앙 고백과 삶의 열매를 통해 추론하는 길밖에 없다(요일 3:10, 23). 왜냐하면 선택의 사실은 그리스도 안에서, 진실한 믿음과 견인의 삶을 통해서만 자명하게 나타나기 때문이다. 이러한 삶의 징표들이 나타나지 않고 고의적인 악의 행습을 지속하는 그리스도인이 있다면, 박형룡 박사는 성경 저자들처럼 그런 사람이 하나님 나라에 들어가지 못한다고 경고하기를 주저하지 않는다. 이것은 그들이 처음부터 중생한 참 하나님 백성이 아닐 수 있다는 함축을 지닌 경고인 셈이다. 칼빈도 비슷한 주장을 한다.

> 이미 바울의 말에서 인용한 것과 같이, 누가 하나님의 백성인가를 아는 것은 하나님만이 가지신 특권이다(딤후 2:19). ……완전히 멸망해서 아무 소망이 없던 것처럼 보이던 사람들이 하나님의 선하심에 의해 부름을 받아 바른 길로 돌아오며, 누구보다도 든든히 서 있는 듯하던 사람들이 넘어진다. 그러므로 (어거스틴이 말한 바와 같이) 하나님의 은밀한 섭리에 따라 "밖에도 양이 많고 안에도 이리가 많다." ……그러나 다른 한편으로 주께서는 누가 그의 자녀로 간주될 것인지를 아는 것이 다소 가치가 있다는 것을 미리 아셨기 때문에, 이 점에 있어서는 자신을 우리의 능력에 적응시켜 주셨다. 그리고 믿음의 확신이 필요하지 않기 때문에 주님은 그 대신 사랑의 판단으로 대치하셨으며, 그것으로 우리는 믿음의 고백과 삶의 모범과 성례에 참여함으로써 우리와 더불어 같은 하나님과 우리와 함께하시는 그리스도를 고백하는 자들을 교회의 회원으로 인정하게 되

는 것이다.[14]

칼빈에게 있어서 선택의 목적은 성화에 있으며 "하나님께서 선택자들과 맺은 언약은 거룩함을 나타내야 할 의무를 내포한다."[15] 이런 이유 때문에 그는 신자들도 두려움 속에서 살아야 하며 자신에게 주어진 은혜에 합당하게 살지도 않는데도 하나님의 집에서 쫓겨나는 일은 없다고 상상하지 말 것을 경고하는 일을 서슴지 않는다. 왜냐하면 택함을 받은 참 하나님의 자녀는 부주의한 삶에 안주하지 않고 도리어 하나님의 약속에 매달리고 거룩한 삶을 나타내는 일에 매진하는 자들임이 분명하기 때문이다.[16]

박형룡 박사도 칼빈과 마찬가지로 "고의적으로 죄의 행습을 계속하는 자들은 하나님 나라를 기업으로 받지 못하리라"(구원론, 371)고 경고하는 일을 주저하지 않는다. 이러한 경고는 선택자도 잘못 살면 타락할 수도 있다는 뜻에서 한 경고가 아니라 습관적으로 행하는 부도덕한 생활이 신자들이 경험한 "은혜의 상태와 조응하지 않기" 때문에 한 경고이다. 결론적으로 역사적인 기독교인들의 습관적인 악행을 문제삼아 천국에 들어가지 못할 것이라고 경고하는 성경의 구절들은 선택의 사실을 '인식하는' 문제에 있어서 하나님 편의 절대적인 지식과 사람 편의 추론적인 지식 사이에 모종의 간격이 있다는 사실을 시사하는 것이다. 참 하나님 백성은 변화된 거룩한 삶으로 자신의 정체성을 나타내는 사람이다.

---

14) Calvin, *Institutes* IV, 1, 8; 한글판 기독교강요 下, 21.
15) R. S. Wallace, *Calvin's Doctrine of the Christian Life* (Eerdmann : Grand Rapids, Michigan, 1961), 199, citing Calvin, *Commentary on Psalms* 15:1, C.O. 31:143.
16) J. Calvin, *Sermon on Deut.* 7:7-10, C.O. 26:524; cf. Wallace, *op.cit.*, 199.

2.4 성도들의 선행, "그들의 구원과 상을 위한 근거로 된다?"

대중화된 신학적 사고에 따르면, 이신칭의 구원론이 유대주의자들과의 논쟁적 싸움에서 행위를 부정하고 믿음만 치켜세우다 보니 마치 그것이 행위 전반을 다 부정하는 것처럼 몰이해되어졌고, 따라서 윤리적 삶과 행위는 구원론에서 떨어져 나와 상급론이나 축복론에만 귀속되어버리고 말았다. 이러한 대중적 인식에서 윤리는 구원론과 어떤 적극적 관련성도 맺기 어렵다. 행위를 구원론과 연계시켜 그것의 보다 적극적 의미를 찾을라 치면 사람들마다 의아해하고 당혹감을 감추지 못한다. 행위가 구원론과 아무런 긍정적 연관성을 맺지 못하다 보니, 그것은 기껏해야 상급을 많이 받느냐 적게 받느냐, 또는 축복을 받느냐 못 받느냐 하는 맥락에서 아주 소극적인 의미밖에 얻지 못했다.

박형룡 박사는 신자들의 선행을 최후 심판에서 있을 상벌의 결정에 연결시킨 바가 있다는 사실은 이미 앞에서 살핀 바와 같다. 하지만 우리가 여기서 주목해야 할 것은 과연 그가 신자들의 선행을 마지막에 완성될 영생과 천국의 소유와 연결시키는가 하는 질문에 있다. 중요한 것은 이것이다: 신앙의 열매로서 뿐만 아니라 칭의의 과실로서 나타난 성도들의 선행이 상급에만 연결되는가, 아니면 보다 폭넓게 미래 구원 자체와도 연결되는가? 박형룡 박사는 "심판의 준칙, 근거, 과정"을 논하는 내세론 부분에서 후자와의 관계를 적극적으로 논하는 한 중요한 진술을 남겨 놓았다.

> 마태 25장에서 버림받은 자들은 하나님의 수난하는 자녀들에게 자선과 인애를 행하지 않음으로 정죄되고 의인들은 그것들을 행함으로 영생에 들어가게 되었다. 여기서 간단히 고찰해야 될 것은 죄인들은 엄밀히 자기

들의 행위를 근거로 정죄되나 성도들은 그리스도의 공로로 인하여 구원을 얻으며 상을 받는다는 것이다. *성도들의 선행은 그들의 그리스도를 믿는 신앙의 과실이기 때문에, 그리스도의 공로의 전가를 받아 그들의 구원과 상을 위한 근거로 된다.* ……심판에서 하나님의 목적은 복음을 받은 사람들 안에 그리스도의 공로를 힘입을 만한 신앙이 있다는 것을 증거하여 보이시는 것이다. 그러나 그들의 비밀한 신앙을 다른 사람들이 투시하기 불능한 즉 판결은 반드시 모든 사람들이 인식할 수 있고 신앙의 상당한 시취물(試取物)인 어떤 외면적 가견적 행위(外面的可見的行爲)에 의해 규정되어야 할 것이다. 그런데 여기서 각종 선행이 거론된 것이 아니라, 오직 한 종류가 시취물로 선발(選拔)되었으니 즉 위에 말한 것과 같은 사랑의 사역들이다(내세론, 338).

마태복음 25장에 나오는 "양과 염소의 비유"를 인용하면서 그는 불신자들이든지 신자들이든지 간에 자선과 인애를 "행하는" 문제가 그들의 정죄 또는 영생을 결정한다고 주장한다. 마태복음 자체가 그렇게 진술했기 때문에 달리 표현할 방도가 없었을지도 모른다. 오해를 불식시키기 위해 마태복음 25장에 언급된 '행위'의 성격에 대해 근접문맥을 통해 먼저 분명하게 규정할 필요가 있다: 박형룡 박사가 말하는 "자선과 인애"의 행위들은 우선 1) 일반 불신자들의 행위가 아니라 '성도들의 선행'이며, 2) "그리스도를 믿는 신앙의 과실" 또는 "그리스도의 공로의 전가를 받아" 나타난 선행을 가리킨다. 또한 3) 마태복음 25장의 양과 염소의 비유에서는 수많은 행위들 가운데 한 종류의 대표적 시취물로서 "자선과 인애", 즉 사랑이 선발되어 언급되었다. 박형룡 박사는 성도들의 대표적 선행으로서 "자선과 인애", 즉 사랑의 행위가 "그들의 구원과 상을 위한 근거로 된다"고 말한다.

사실 마태복음뿐만 아니라 신약성경을 살펴보면 예수의 제자들의 삶과 행위를 천국에 들어가는 일이나 영생을 소유하는 일에 직, 간접으로 연결 짓는 구절들이 많이 눈에 띈다.

"나더러 주여 주여 하는 자마다 천국에 다 들어갈 것이 아니요 다만 하늘에 계신 내 아버지의 뜻대로 행하는 자라야 들어가리라"(마 7:21).

"선생님이여 내가 무슨 선한 일을 하여야 영생을 얻으리이까 예수께서 가라사대 어찌하여 선한 일을 내게 묻느냐 선한 이는 오직 한 분이시니라 네가 생명에 들어가려면 계명들을 지키라"(마 19:16-17).

"선생님 내가 무엇을 하여야 영생을 얻으리이까 예수께서 이르시되 율법에 무엇이라 기록되었으며 네가 어떻게 읽느냐 대답하여 가로되 네 마음을 다하며 목숨을 다하며 힘을 다하며 뜻을 다하여 주 너의 하나님을 사랑하고 또한 네 이웃을 네 몸과 같이 사랑하라 하였나이다 예수께서 이르시되 네 대답이 옳도다 이를 행하라 그러면 살리라 하시니"(눅 10:25-28).

"그러므로 내가 너희에게 이르노니 하나님의 나라를 너희는 빼앗기고 그 나라의 열매 맺는 백성이 받으리라"(마 21:43).

"그러나 이제는 너희가 죄에게서 해방되고 하나님께 종이 되어 거룩함에 이르는 열매를 얻었으니 이 마지막은 영생이라"(롬 6:22).

"자기의 육체를 위하여 심는 자는 육체로부터 썩어진 것을 거두고 성령을 위하여 심는 자는 성령으로부터 영생을 거두리라"(갈 6:8).

"너희는 성령을 좇아 행하라 그리하면 육체의 욕심을 이루지 아니하리라……육체의 일은 현저하니 곧 음행과 더러운 것과 호색과……투기와 술 취함과 방탕함과 또 그와 같은 것들이라 전에 너희에게 경계한 것같이 경계하노니 이런 일을 하는 자들은 하나님의 나라를 유업으로 받지 못할 것이요"(갈 5:16, 19-21; 고전 6:8-9; 엡 5:4-5 등).

마지막에 인용된 갈라디아서 5:21의 경고는 박형룡 박사의 내세론과 (330쪽) 구원론에서(371) 인용한 바 있는 표현들이다. 역사적인 기독교인들의 삶과 행위를 미래 구원과 연결시켜 언급하는 성경 저자들의 진술들은 크게 두 가지 형태를 띤다.

하나는 악한 행습에 젖어있는 신자들에게 "하나님 나라를 유업으로 받지 못한다"거나 "육체를 따라 살면 반드시 죽을 것이라"(갈 5:19-21; 고전 6:8-11; 엡 5:4-5; 롬 8:12-13; 갈 6:8 등)고 경고하는 부정적 경고 진술들의 형태이고, 다른 하나는 신자들의 삶의 의미를 영생이나 하나님 나라와 적극적으로 연관시켜 해설하는 긍정적 진술들의 형태이다(마 7:21, 19:17, 눅 10:25-28; 마 21:43, 25:1-46; 롬 6:15-23, 8:12-13; 갈 6:8; 요일 3:14-15 등).

신자들은 행위와 관계없이 오직 믿음으로 값없이 의롭다 함을 얻고 하나님의 자녀가 된 것이 분명함에도 불구하고, 이런 구절들은 어떤 의미에서 신자들의 삶을 미래 천국이나 영생에 연결시켜 교훈하는가? 박형룡 박사가 말한 대로 신자들의 선행이 "그들의 구원과 상을 위한 근거로 된다"고 말할 수 있는가?

전통신학에서 성도의 선행이 "상급의 근거"가 된다는 것은 많이 들어온 표현이어서 놀라운 일이 아니며, 필자도 이에 대해 상술하지는 않을 것이다.[17] 하지만 성도들의 선행이 "구원과 상을 위한 근거로 된다"는 박 박사

---

17) Cf. Sung Soo Kwon, ['Your Reward in Heaven is Great' : A Study on Gradation of Reward

의 진술은 전통신학의 전망에서 볼 때 파격적인 진술이기 때문에 조심스러운 설명이 필요하다. 상당히 논리적인 박 박사이기 때문에 이런 진술을 아무 생각 없이 표현했을 리는 없다. 그는 '근거'(根據)라는 말을 다른 두 문맥 속에서 사용한다. 하나는 선행이 칭의의 근거가 될 수 없다고 부정하는 진술에서 사용하고, 다른 하나는 성도들의 선행이 "그들의 구원과 상을 위한 근거로 된다"는 긍정적 진술에서 사용한다. 다음 두 진술들을 비교해 보라.

> 보편적으로 시인되기를 선행이 우리의 칭의에 필요하지 않음은 전자는 후자의 간접적 과실(間接的果實)이므로 그것의 근거일 수 없기 때문이다(구원론, 370).

> 성도들의 선행은 그들의 그리스도를 믿는 신앙의 과실(果實)이기 때문에 그리스도의 공로의 전가를 받아 그들의 구원과 상을 위한 근거로 된다(내세론, 338).

쉽게 설명하면 선행(good works)은 칭의의 근거가 되지 못하고 칭의의 결과로 나타날 뿐인 반면에, '성도들의 선행'은 "그리스도를 믿는 신앙의 과실"이며 그리스도 안에서 은총의 구속을 받아 나타난 칭의의 "간접적 과실"이다. 박형룡 박사는 바로 이렇게 과실로서 나타난 성도들의 선행이 "그들의 구원과 상을 위한 근거로 된다"고 피력한다. '-로 된다'는 빈사 표현은 선행이 칭의의 근거가 되지는 못하지만 신자들이 은혜로 구원을 얻은 후에 구속의 은총의 간접적 과실로서 나타난 선행은 이제 그들의 구원의 근거로 작용한다는 뉘앙스를 풍긴다.

---

in Matthew], Ph.D Thesis, Westminster 1989.

박 박사가 이런 파격적 진술을 사용한 데는 몇 가지 논리적 발전 단계가 함축되어 있는 것으로 보인다: 1) 신의 형상을 회복하고 새 피조물이 되고 변화된 거룩한 삶을 나타내는 것은 하나님의 선택, 창조, 구원의 본래 목적에 속한다; 2) 타락한 인간은 이러한 하나님의 근본 목적을 스스로의 힘으로 성취할 수 없다; 3) 타락한 인간은 그리스도의 십자가 공로를 힘입을 때만 1)번의 목적을 실현할 수 있다; 4) 은혜로 구원을 경험한 사람은 불순종의 자녀에서 순종의 자녀로 근본적 변화를 겪기 때문에, 참 하나님의 자녀는 선택, 창조, 구원의 목적을 실현한 자로서 하나님의 뜻에 순종하고 열매를 맺으며 선한 일에 힘쓰는 자들이다; 5) 구속의 은혜로 나타난 성도들의 선행은 "그들의 구원과 상을 위한 근거로 된다."

마지막 5)번의 진술은 예수 그리스도 안에서 변화된 거룩한 삶의 질을 나타내는 자들만이 참 하나님 자녀 된 정체성을 가진 자들이기 때문에[18] 이런 자들만이 천국과 영생을 소유한다는 의미에서 주장된 진술로 보인다. 하나님께서는 "선한 일에 열심하는 친백성"(딛 2:14)이 되게 하려는 목적으로 사람들을 구원하셨기 때문에, 선한 일을 할 줄 아는 사람이 된다는 것은 하나님의 본래 구원 목적이 실현되어 새 사람 또는 새 피조물이 되었다는 것을 의미하고 구원받은 징표로서 바로 이러한 삶의 변화를 나타내는 사람이 천국에 들어가 영생을 소유할 수 있다고 할 수 있다(마 21:43; cf. 롬 6:23). 바로 이러한 논리적 추론이 박형룡 박사의 의도를 반

---

18) 이 점에 대해서는 서철원, 복음과 율법의 관계 (서울: 엠마오, 1993)를 참조하라: "그러므로 하나님의 법을 지키지 않는 자는 하나님의 자녀가 아니라고 할 것이다. 가령 두 말을 거리낌 없이 계속하는 자는 그리스도인이 아니고 하나님께 속하지 않고 세상 권세자에게 속한 자라고 할 것이다"(113, 121쪽). 그는 때로 조건절 형태를 사용하면서까지 이 점을 강조한다: "그들이 언약을 잘 지키면 하나님의 거룩한 백성이 됨을 약속하셨다"(96쪽); "하나님과 그의 법에 순종하면 의에 이르고 자유에 이른다(롬 6:16-18)"(109쪽).

영한다는 것은 다음과 같이 해설할 수 있다.

첫째로, 이미 앞서 밝힌 대로 성도들의 선행은 산 믿음의 열매이며 구원의 은혜를 입었음을 보여 주는 징표로 간주된다. 박 박사는 이를 다음과 같이 표현한다.

> 보편적으로 시인되기를 선행이 우리의 칭의에 필요하지 않음은 전자는 후자의 간접적 과실(間接的果實)이므로 그것의 근거일 수 없기 때문이다. 신앙은 죄인이 그리스도의 의를 받아 의지하는 행동이요, 선행을 포함하거나 선행의 뿌리인 때문에 칭의하는 것이 아니라고 하였다. 그러나 또한 시인되기를 산 신앙 곧 사랑으로 역사하며 마음을 깨끗게 하는 신앙만이 영혼을 그리스도에게 연합시키고 우리의 하나님과 화목을 확보한다. 부도덕한 생활은 은혜의 상태와 조응하지 않는다(구원론, 370).

성도들의 선행은 그들이 구원을 얻는 전제 조건이나 근거일 수 없다. 이것은 그들의 구원이 하나님의 은혜와 사랑의 행위에 의해서 가능해졌고(요 3:16; 롬 5:10; 엡 2:8-10) 또한 하나님의 구원 행위를 신뢰하는 믿음을 통해 경험되기 때문에 그렇다. 그들의 선행은 오히려 칭의의 "간접적 과실"이며 구원을 얻었음을 보여 주는 징표로 간주되어야 한다. 하나님께서는 선한 삶을 위해 성도들을 택하시고(요 15:16; 창 18:19), 창조하시고(엡 2:10), 구원하셨기 때문에(딛 2:14), 이러한 하나님의 구원 의도와 목적이 실효적으로 실현되었다면 구원을 얻은 사람은 죄를 지었을 때 회개하고(요일 1:9, 3:6, 9) 선한 일을 힘쓰는 삶으로 특징지어지는 존재일 것이 분명하다(요일 2:29, 3:10, 14). 그렇다면 신자라는 사람이 부도덕하고 악한 일을 습관적으로 행한다는 것은 박 박사가 진술한 대로 "은혜의 상태와 조응하지 않는다"고 할 수 있다. 악행을 습관적으로 행하는 사람은 이런 이유 때문에 중생한 사람이라고 볼 수 없고 따라서 천국에 들어갈 사람으로 볼 수도 없다.

둘째로, 성도들의 선행은 따라서 박형룡 박사에게 있어서 참 교회와 거짓 교회, 참 하나님의 자녀와 거짓 하나님의 자녀, 또는 알곡과 가라지를 구분하는 정체성의 표지로 간주된다.

> 우리는 신앙으로 칭의되고 행위에 의하여 심판을 받을 것이나, 형벌은 모두 그리스도 안에서 가리워졌고 그의 의는 우리를 칭의한다. 그 때까지 우리는 다른 사람의 마음을 알 수 없으므로 거짓 교회에서 참 교회를, 유형 교회에서 무형 교회를, 가라지에서 알곡을 정확히 구별하여 판정할 수 없는 것이다(마 13:24-30) (구원론, 299).

상기 인용된 논리를 역으로 추론하면 성도들의 선행은 구원을 얻은 징표로 간주되는 것이 분명하고, 따라서 참 교회, 참 하나님 백성은 열매를 맺는 사람들 또는 하나님의 뜻을 행하고 순종하는 사람들로 여겨지고 있음이 분명하다. 이것은 참 교회와 참 하나님 백성을 '알곡과 가라지'의 비유적 대조 속에서 정의하는 데에도 분명하게 함축되어 있다. 신앙으로 칭의된 사람은 모든 죄의 형벌에서 면제를 받은 사람일 뿐만 아니라 그리스도의 구속의 은혜를 힘입어 선한 열매를 맺을 수 있게 된 새로운 피조물이다. 하나님의 선택과 창조, 구원 행위들은 모두 하나님의 형상을 회복한 하나님의 자녀(롬 8:29)가 되는 일을 지향하기 때문에 결국 하나님의 형상을 회복한 새 피조물이 되었다는 것은 불순종의 자녀에서 순종의 자녀로 변화되는 것(롬 6:16-22; 엡 2:1-11), 어둠의 일과 육신의 일을 벗어버리고 성령의 열매를 맺는 사람으로 변화되는 것(마 7:20, 21:43; 갈 5:22-23; 요 15:16), 또는 하나님의 뜻을 행할 줄 아는 자로 변화되는 것을 뜻하게 된다(막 3:35; 롬 8:13-14). 구원은 온전한 새 사람 또는 새 피조물로 회복하는 것을 목적으로 하기 때문에 하나님의 구원 의도가 실효적으로 성취되었다면, 그는 "선한 일에 열심하는 친백성"(딛 2:14)으로 특징지어지는 자들일 것이 분명하다. 따라서 성도들의 선행을 참 교회와 거짓 교회를 구분하는 교회론적 표지로 간주하는 박형룡 박사의 주장은 성경적이며 정당한 것이다(요일 3:10, 14 참조).

그렇다면 박형룡 박사가 성도들의 선행이 "그들의 구원과 상을 위한 근거로 된다"고 말한 것은 위에서 제시한 기본적 관찰들에 비추어 해석되어야 한다. 물론 '근거'라는 생소한 술어를 사용했기 때문에 전통적인 구원론에 길들여 있는 사람들은 그의 이러한 진술의 의미에 대해서 알레르기 반응을 보일 수도 있고 적극적인 논의 자체를 꺼려할 수도 있다. 만일 '근거로 된다'는 박형룡 박사의 술어를 사용하지 않고 싶다면, 성도들의 선행과 성화의 삶은 "구원의 본질적 요소"에 속한다고 표현한 핫지 박사의 표현을 원용하면 어떨까? 하나님의 선택, 창조, 구원의 목적은 거룩한 삶과 행위를 지향하고 있기 때문에, 하나님의 구원 목적이 신자의 삶 속에서 실효적으로 성취되었다면 구속의 은총을 경험한 사람은 변화된 삶의 회복 과정을 나타낼 수밖에 없고, 또 하나님은 이러한 성화의 과정, 변화된 삶의 회복 과정을 통해 천국에 들어가고 영생을 소유하도록 조치하셨다: "그러나 이제는 너희가 죄에게서 해방되고 하나님께 종이 되어 거룩함에 이르는 열매를 얻었으니 이 마지막은 영생이라"(롬 6:22). 웨스트민스터 신앙고백서(Westminster Confession of Faith)는 신자들의 선행(善行)의 의의를 말하는 부분에서 방금 전에 인용한 로마서 6:22의 구절을 중요하게 인용하는데, 웨스트민스터 신앙고백서를 해설하는 자신의 책에서 핫지(A. A. Hodge)는 로마서의 이 구절을 이렇게 해설한다.

> 선행은 구원을 얻기 위해서 필요하다. 선행이 의롭다 하심을 받기 위한 전제조건이 된다거나, 신자가 전진하는 도중에서 하나님의 호의를 받을 공로가 된다는 뜻이 아니라, 선행은 구원의 본질적 요소이기 때문이다.[19]

변화된 성화의 삶, 하나님의 뜻에 대한 순종, 열매를 맺는 삶은 하나님의 구원 의도와 목적에 내포되어 있는 근본 요소이다. 구원은 행위와 관계없이 오직 은혜로만 얻지만, 신자가 은혜로 얻은 구원은 반드시 하나님의 형상의 회복, 다시 말해서 새로운 인식과 새로운 순종이 가능해진 새 피조물이 되는 것을 의미하고 성화의 삶 또는 변화된 삶의 회복 과정은 은혜로 얻은 구원의 실재를 나타내 보이는 증거인 셈이다.

핫지 박사는 이런 의미에서 성도들의 선행이 "구원을 얻기 위해서 필요하다"든가 "선행은 구원의 본질적 요소"라고 말한다. 박형룡 박사가 성도들의 선행은 "그들의 구원의 근거로 된다"고 말한 것은 아마도 핫지 박사가 말한 이런 의미에서 한 진술로 보여진다. 마지막 심판 때에 하나님께서 "그리스도의 공로를 힘입을 만한 신앙" 또는 "은혜로 경험한 구속의 은혜"가 있다는 것을 밝히실 터인데, 박 박사는 그것들의 실재를 나타내주는 증거는 "모든 사람들이 인식할 수 있고 신앙의 상당한 시취물인 어떤 외면적 가견적 행위"(내세론, 338)라고 주장한다. 이것은 성도들의 선행을 "구원

---

[19] A. A. Hodge, 웨스트민스터 신앙고백 해설 (김종흡 역: 크리스챤 다이제스트, 1998), 290.

의 본질적 요소"로 파악했던 핫지의 견해와 다른 것이 아닌 것으로 보인다.

믿음의 열매 또는 칭의 구원의 증거로서 나타나는 성도들의 선행을 미래 구원 또는 영생과 적극적으로 연결시키는 사람은 다름 아닌 칼빈 자신이다. 그는 성도들의 선행을 그들의 소명과 선택을 인식할 수 있는 증거로 간주하면서 핫지나 박형룡 박사와 비슷한 주장을 했다. 칼빈의 다음 진술을 주목하라.

> 자신의 긍휼로 영생을 유업으로 얻도록 작정하신 사람들을 주께서는 그의 평상적인 섭리 방식을 따라, 즉 선행을 수단으로(by means of good works) 영생을 얻도록 인도하셨다. 섭리의 순서에서 선행하는 것은 뒤따르는 것의 원인이라고 부르신다. 그래서 간혹 영생이 행위에서 나온다고 하지만 그것은 영생이 행위의 결과라는 뜻이 아니다. 하나님께서는 그가 선택하신 사람들을 마침내 영화롭게 하시기 위해서 의롭다 하시기 때문에(롬 8:30), 선행하는 은혜를 뒤따르는 은혜의 원인으로 만드신다.[20]

칼빈의 이 진술은 세 가지 차원에서 영생을 신자의 선행과 연결시킨다. 첫째는 신자들이 하나님의 주권적 은혜에 근거해서 영생을 얻도록 작정된 사람들이라는 것이고, 둘째는 성도들의 선행은 앞서서 주어진 칭의의 은

---

[20] J. Calvin, *Institutes of the Christian Religion*, Vol. II (The Westminster Press: Philadelphia), III. 14.20-21, 787: "Those whom the Lord has destined by his mercy for the inheritance of eternal life he leads into possession of it, according to his ordinary dispensation, by means of good works." 칼빈의 이 진술을 주목하고 그 의의를 세미나에서 발표한 사람은 한철하 박사이다. 그는 자신이 오랫동안 구원과 윤리 문제에 있어서 잘못된 방향에서 탐구했다고 술회하면서 "화란계의 '삶의 체계'로서의 칼빈주의 형성과는 대조적으로 칼빈과 웨슬리는 윤리문제를 구원론의 맥락에서 다루고 있다"고 지적한다(성경과 신학, 제8권 <1990>에 발표된 그의 논문 참조).

혜의 결과로 나타난 것이며, 셋째는 성도들이 하나님의 통상적인 섭리 방식에 따라 '선행을 수단으로' 영생에 이르도록 하셨다는 것이다. 상기 인용문은 구원을 야기시키는 '원인들'(causes)에 대해 설명하는 과정에서 나오는데, 흥미로운 것은 구원을 가능케 하는 여러 원인들 가운데서 칼빈은 성도들의 선행을 '종속적인 원인'(inferior cause)으로 간주하기를 주저하지 않는다. '종속적인 원인'이란 표현을 사용한 것은 칼빈이 구원을 야기시키는 여러 중심 원인들 가운데 성도들의 선행을 가장 낮은 서열의 원인으로 간주하고 있음을 시사한다.

> 우리의 구원을 위한 동력인(動力因)은 아버지 하나님의 사랑이며, 질료인(質料因)은 아들 하나님의 순종이며, 형상인(形相因)은 성령의 조명인 믿음이며, 목적인(目的因)은 하나님의 크신 사랑을 영화롭게 하는 것이다. 이 네 가지 원인은 주께서 행위를 종속적인 원인으로 삼으시는 것을 막지 않는다. 그러나 어떻게 그럴 수 있는가? 자신의 긍휼로 영생을 유업으로 얻도록 작정하신 사람들을 주께서는 그의 평상적인 섭리 방식을 따라, 즉 선행을 수단으로(by means of good works) 영생을 얻도록 인도하셨다(*Institutes* III, 14.21).

하나님 편에서 구원을 가능케 하는 원인은 하나님의 사랑과 그리스도의 순종이며, 인간 편에서 구원 경험을 가능케 하는 원인은 사람의 믿음이다. 하지만 그리스도의 구속의 은혜를 믿는 신앙의 과실로 나타나는 성도들의 선행은 영생을 얻도록 하는 '수단'(means) 또는 '종속적인 원인'이 된다. 칼빈이 '원인' 또는 '수단'이란 표현을 사용한 것은 성도들의 선행이 영생을 얻을 만한 공로나 조건이 되기 때문이 아니라 하나님의 구원 목적이 그들의 삶 가운데서 실효적으로 성취되고 있다는 증거 또는 근거가 되기 때문이다.

칼빈은 바울과 마찬가지로 처음 회심 단계에서 칭의의 수단으로서 어떤 선행도 거부한다. 예수 그리스도를 믿는 신앙 이외에 자신의 선행을 공적 삼아 의롭다 함을 얻을 사람은 없다. 하지만 일단 믿음으로 구원의 반열에 들어온 이후에 신자들이 거룩하고 선한 삶, 즉 하나님의 뜻을 순종하는 삶을 사는 것은 그들이 구원을 얻은 근본 목적에 속해 있으며(롬 6:4; 딛 2:14), 하나님이 선택하시고 예정하신 근본 의도에 속해 있다. 하나님은 자신의 뜻에 순종할 줄 아는 자녀를 갖기 위해 그들을 구원하신 것이다. 이런 의미에서 구원은 처음부터 분명한 윤리적 방향성과 목적성을 갖고 있으며, 하나님은 마지막 심판에서 자신의 의도와 목적이 실현되었는가를 확인하기 위해 성도들의 선행과 성화의 삶의 실재를 물으실 것이다.

폭넓은 관점에서 볼 때 칼빈과 핫지의 진술들은 박형룡 박사의 것과 맥을 같이하고 있으며 이것은 개혁주의 구원론 신학의 근간을 이룬다. 이것은 로마 가톨릭 교회가 말하는 '선행의 공로성'을 말하는 것이 아니다.[21] 사람이 구원을 얻는 것은 전적인 하나님의 은혜에 기초하며, 신자들의 선행도 그의 구속의 은혜의 결과로 나타난 것이기 때문에 하나님 자신의 은혜의 작품이라고 말할 수 있다. 이런 의미에서 신자들의 선행이 미래 구원을 얻기 위한 '공로'가 된다거나 '조건'[22]이 된다고 말하는 것은 어불성설

---

21) 이에 대해서는 칼빈뿐만 아니라 박형룡 박사도 단호하게 비판한다: 박형룡, 구원론, 370ff; 칼빈, 기독교강요 中, 334ff을 참조하라.
22) 최근의 학자들 가운데 신자의 선행을 미래 구원을 얻는 '조건'(condition)으로 간주하려는 시도들이 있다. '조건'이란 개념은 선행을 하면 그것을 조건으로 영생과 천국을 소유하게 한다는 개념을 포함하고 있다. 하지만 이러한 사고방식은 신자들이 이미 경험한 현재적 구원의 '은혜성'을 해치는 것이다. 신자들이 믿음으로 경험한 현재적 구원은 그들이 장차 경험하게 될 완성될 구원과 내면적 연속성이 있으며 동일한 구원의 실재이다. 다만 차이가 있다면 구원이 완성 과정에 있다는 사실뿐이다.

이다. '거룩함에 이르는 삶'은 단지 신자가 이미 경험한 구원의 실효적 열매이며 신자가 영생으로 나아가는 길 위에 서 있음을 보여 줄 뿐이다.

서철원 교수 역시 자신의 학위 논문에서 그리스도의 구속의 공로를 힘입어 나타난 신자들의 선행을 영생을 얻는 문제와 직결시키는 일을 한다. 그의 다음 진술을 주목해 보라.

> 이러한 성령을 힘입어 우리는 몸의 행실들을 죽여야 한다. 여기서 주목해야 할 것은 성령의 내주는 그리스도의 의를 통해서 가능해진다는 사실이다. 우리 안에 거하시는 성령은 우리로 하여금 선행(善行)을 하도록 도우신다. 왜냐하면 우리는 바로 이 목적을 위해 예수 그리스도 안에서 지음을 받았기 때문이다. 간단히 말해서, 그리스도의 사역을 통해 우리 안에 내주하시게 된 성령의 변화 사역의 주된 목적은 하나님의 뜻을 행하게 하는 것이다. 오직 *하나님의 뜻을 행하는 자만이 영생을 수여받는다*(요일 2:17). 우리를 향한 하나님의 뜻은 그를 영원토록 섬기고 영화롭게 하는 것이다.[23]

서 교수의 이러한 입장은 크게 칼빈, 핫지, 박형룡 박사로 이어지는 칼빈주의 개혁신학의 중심과 궤를 같이한다. 십자가 구속의 결과로 나타난

---

[23] Chul Won Suh, *The Creation—Mediatorship of Jesus Christ. A Study in the Relation of the Incarnation and the Creation*(Ph.D Dissertation, Amsterdam 1982), 93. 그는 같은 논문에서 신자들이 하나님의 뜻을 행하고 그를 섬기며 영화롭게 하는 삶에 대한 보상으로 영생이 주어진다고 말한다: "이 섬김은 그의 생명을 구성한다. 이러한 전망에서 고려할 때 인간의 구원은 하나님을 섬기고 그를 영화롭게 하는 삶에 대한 보상(reward)으로서 하나님의 영광에 최종적으로 참여하는 것으로 인식되어야 한다. 이 영광은 창조 때에 약속된 것이기 때문에 그를 섬기는 삶에 대한 보상으로서만 그에게 주어질 것이다; 이 영광은 이러한 과제(task)를 행하는 것과 관계없이 그에게 자동적으로 주어질 수 없다"(303쪽).

성도들의 선행은 하나님의 선택, 창조, 구원의 목적이 그들의 삶 속에서 실현된 증거이며 그들의 구원의 본질적 요소를 구성하기 때문에 하나님께서 그들이 이러한 변화된 삶의 과정을 통해 영생을 얻도록 조치하셨다는 것은 당연한 일이다. 한국교회는 신약의 이러한 심오한 교훈을 깨닫지 못하고 성도들의 선행을 천국이나 영생의 축복과 연관시키려 하기만 하면 '행위 구원론'을 가르치는 것이 아닌가 하고 알레르기 반응을 보이려 한다. 이것은 성경의 교훈에 대한 무지를 드러내는 일이 될 것이다.

하나님은 온전한 마음으로 자신을 섬기고 사랑하는 자녀들을 통해 영광 받기를 원하셨으며 이를 위해 자신의 아들을 세상에 보내어 타락한 자들을 구속하고 그들을 순종의 자녀들로 변화시키셨다. 이것이 구원의 본질적 성격이며 하나님의 근본 목적이다. 참 하나님의 자녀들은 따라서 그의 거룩한 뜻에 순종할 줄 아며, 거룩의 열매를 맺으며, "선한 일에 열심히 하는 친백성"이다(딛 2:14). 서철원의 말을 빌린다면, "그리스도인들은 거룩한 백성이 되도록 작정된 자들이다. 이 거룩을 이루고 지킴은 하나님의 법을 지키는 데 있다."[24] 구원의 은혜를 경험한 결과로 그들은 "거룩함에 이르고 그 결국은 영생이다(롬 6:21-22).[25]

여기서 주목해야 할 것은 하이델베르크 요리문답이 성화와 율법을 긴밀하게 연결시키고 있다는 사실이다(주일, 33). 말하자면, 신자들의 선행(善行)은 하나님의 영광을 위하여 믿음의 열매로 나타나는 결과로서 율법이 가르치는 본질적인 교훈에 속한다는 것이다(구원론, 377). 박형룡에 따르면, "바울은 유대인이 율법을 추상화(抽象化)하여 구원에 들어가는 문으로

---

24) 서철원, 복음과 율법의 관계, 121.
25) *Ibid.*, 109.

삼는 데 대전(對戰)하였"지만, "바울은 율법 자체에 반대하지 않았고 [그리스도의 법을 성취]하는 것을 권장하였다(갈 6:2)." "바울은 구원의 방도로서의 율법 아래는 있지 않으나 신자의 지로자로서의 그리스도의 율법 아래 있는 것"(구원론, 379)에 대해 강조하고 있음을 주목해야 한다. 따라서 "십계명(十誡命)을 근본원리(根本原理)로 한 하나님의 율법은 은혜로 얻은 그의 백성이 마땅히 살아야 할 감사 생활의 규칙이다"(구원론, 380).

이것은 바울이 은혜로 구원을 경험한 신자의 삶의 테두리 안에서 성화의 삶을 위한 규칙으로서 율법을 긍정적으로 이해하고 있고 이 점에서 율법의 근본 정신이 복음의 정신과 일치하고 있음을 시사하는 것이 아닐 수 없다. 바울 사도는 신자가 (행위가 아니라) 은혜로 말미암아 구원을 얻었다고 말하는 동시에 "그리스도 예수 안에서 선한 일을 위하여 지으심을 받은 자"(엡 2:8-10)라고 말함으로써 율법을 준행하고 계명을 지킴으로써 거룩한 삶을 사는 것을 '최종 목표'로 진술하고 있다. "하나님의 자녀들은 지금 그들의 생활의 규칙으로 된 하나님의 거룩한 율법에 복종하기로 준비되어 있"는 자들이기 때문에 이런 "선행들은 우리가 [그 가운데서 행]하여야 할 목표를 구성한다(G. C. Berkouwer, *Faith and Sanctification*, Ch. VIII)"(구원론, 384).

율법은 '하나님을 사랑하고 이웃을 사랑하는' 근본 정신을 포함하고 있고, 십자가의 구속의 은혜로 형성된 하나님의 자녀들은 이 율법의 정신을 매일의 삶 속에서 실현하고 성취할 수 있게 된 사람들이다. 형제를 사랑한다는 것은 이제 그들이 "사망에서 옮겨 생명에 들어간"(요일 3:14) 사실을 나타내는 징표 구실을 하며 이로써 레위기 18:5과 에스겔 18:5-9과 같은 구약의 약속들이 그리스도인의 삶 속에서 성취되고 있음을 보여 주는 것이다(cf. 눅 10: 25-28; 마 19:16-17, 21:43 등). 그러므로 신자가 형제를 미워하고 악한 행습을 습관적으로 지속하는 것은 그가 경험한 "은혜의 상태에 조응하지 못한다." 그가 참 하나님의 자녀라면 자신의 죄에 대한 진실한 회개가 있어야 하고, 하나님의 거룩성을 닮은 삶의 회복 과정을 나타내야 한다. 천국은 이런 사람들이 들어가는 나라이다.

이러한 사실은 몇 가지 다른 방식으로 설명할 수도 있다. 구원이란 은총의 '선물'이면서도(엡 2:8) 두렵고 떨림으로 성취해내야 할 '과제'이기도 하다(빌 2:12). 이 두 차원은 때로 '직설법'(indicative)과 '명령법'(imperative)의 관계로 설명되기도 한다. 한국교회의 대중적 신학 인식 속에서 구원을 은총의 선물로만 일방적으로 간주하다보니 그것이 처음부터 신자들의 책임 있는 순종과 삶을 통해 성취되어야 할 과제로 주어졌다는 사실을 소홀히 하는 경향이 있다. 말하자면 구원이란 처음부터 "과제를 떠맡은 선물"로 주어졌다는 말이다.[26] 신약성경에서 구원은 과거에 경험한 실재이면서도 마지막 날에 완성되어야 할 미래의 실재이기도 하다. 이런 의미에서 구원은 완성 과정에 있는 실재이다. 하지만 하나님께서 구원이 성취되어 가는 이 과정을 연약한 인간에게만 남겨놓지 않으시고 자신의 성실성에 붙들어 놓으셨다: 하나님께서 신자 가운데서 구원을 시작하셨기 때문에 그는 마지막 날에 그것을 신실하게 완성시킬 것이다(살전 5:23-24; 살후 3:3; 요 6:37-40). 이 과정에서 하나님은 신자의 견인하는 삶을 수단으로 삼아 그의 삶 속에서 시작한 구원을 완성하여 그들로 영생을 소유하게 하실 것이다.

---

26) 이와 관련하여 김길성, "개혁주의 성령론 고찰", 신학지남 254 (1998), 143f를 참조하라. 그는 칼빈이 "죽고 사는 삶"(mortification and vivification)을 넓은 의미의 '중생' 개념에 포함시킨 사실을 지적한다.

필자는 방금 전에 구원이 처음부터 "과제를 떠맡은 선물"로 주어졌으며 "직설법이 명령법을 필연적으로 내포한다"는 주장을 하였다. 이것은 또한 언약신학적 구조 속에서 이해될 수도 있다: 사람은 오직 은혜로 언약백성이 되고(신분) 그들의 언약백성 된 신분은 그들의 책임 있는 순종의 삶으로 유지된다.[27] 여기서 '신분'(status)과 '행위'(behaviour)는 동전의 양면과 같이 서로 필연적인 관계를 지닌다. 말하자면, 하나님의 거룩한 백성이면(신분) 그의 백성답게 살아야 한다(행위). 신분은 행위를 통해 자명해지고, 행위는 신분을 나타내 보여 준다. 박형룡 박사는 비록 신자의 윤리적 삶의 실재와 당위성을 최근의 신약신학적 술어들을 가지고 설명하지는 않았지만, 그의 진술들은 언약신학의 체계에 내재한 '은혜성'과 '요구성' 사이의 균형성을 잘 유지하고 있는 것이 분명하다.

결론적으로 박 박사는 성도들의 선행을 산 신앙의 열매이며 구속의 은총을 경험한 결과로 간주할 뿐만 아니라 그것을 또한 천국/영생의 길에 서 있음을 보여 주는 '구원의 본질적 요소'로 간주하고 있는 것이 분명하다. 그의 이러한 구원론 신학은 칼빈과 핫지의 신학과 본질적으로 같은 궤를 형성하고 있다고 사료된다.

2.5 신의 선택과 신자의 책임, 순환론적 접근이 가능한가

앞에서 제기된 문제들은 자연히 신적 주권(主權)과 신자의 책임(責任)

---

27) Cf. 서철원, 복음과 율법의 관계 (도서출판 엠마오 1993), 95-97: "율법이 구원의 길이 아니라 언약백성들이 준해서 살므로 거룩한 피에 기초해서 세워진 언약의 거룩을 유지하는 규범이다. 새 언약백성들이 율법을 규범으로 해서 살 때만이 그리스도의 피로 세워진 언약의 거룩이 유지되고 보존된다."

의 관계 문제로 인도하지 않을 수 없다. 문제의 관건은 하나님의 절대 주권을 양보하지 않으면서도 역사적인 그리스도인들이 갖는 책임의 실재를 확증하는 데 걸려 있다. 대중적인 신학 인식 가운데서 하나님의 절대 주권이라는 칼빈주의의 당연한 원리가 너무 기계적이고 사변적인 원리로 오해되는 경향마저 있다. 하나님의 절대 주권 또는 단독 사역이란 개념들을 일방적으로 치켜세우다 보니 성경 속에 담겨 있는 간절한 호소, 권면, 설득, 명령, 강한 경고들의 실재가 빛을 바래기가 일쑤이다. 결국 그것들 배후에 놓여 있는 신자들의 현실적인 문제들을 의미 있게 다루기가 어려워지고 그들의 책임의 실재를 크게 약화시키는 쪽으로 나아가게 만든다.

신약이나 바울 서신에 담긴 메시지들은 역사적 그리스도인들에게 하나님을 향하여 살도록 교훈하고 권면하며 때로 명령도 하고 경고하기도 하는 인격적인 메시지이다. 하나님의 절대 주권에 대한 강조는 결코 양보할 수 없는 개혁주의 신학의 원칙이며 성경의 교훈에 근거한 메시지인 것이 사실이다. 하지만 그러한 하나님의 주권 교리를 신자의 책임을 마비시키거나 약화시키는 방식으로 삼는 것 역시 성경적인 사고방식이 아니다. 성경 저자들, 특히 바울은 신자들이 범죄에 빠질 때는 "하나님 나라를 유업으로 얻지 못한다"(고전 6:9-11; 갈 5:19-21; 엡 5:4-5; 마 7:21; 롬 8:12-13; 갈 6:8 등)고 경고하기도 하지만, 그들이 핍박 속에서도 복음을 굳게 믿으면 하나님의 택하신 자들로 치켜세우면서 그들에게 궁극적인 구원을 확신시킨다(살전 1:3-4; 롬 8:31-39 등).

바울 사도는 이런 면에서 신적 주권과 신자의 책임 사이의 관계를 이중적인 접근, 다시 말해서 "존재론적 접근"(ontological approach)과 "유추론적 접근"(inferential approach)에 따라 이해하는 것이 분명하다.

"존재론적 접근"이란 시간 세계 속에서 살아가는 신자의 책임 있는 삶의 실재를 하나님의 영원하고 주권적인 선택의 관점에서 접근하는 것을 말한다. 다시 말해서 신의 주권적 행위의 관점에서 신자의 삶의 상황을 해석하는 것이다: 사람이 복음을 믿고 자신의 믿음을 끝까지 지키고 살아가는 것은 그가 영원 전에 선택받은 존재이기 때문이다. 택함을 받은 신자는 자신의 구원을 상실할 수 없으며 하나님께서 마지막 날에 반드시 살리실 것이다(요 6:35-46). 이러한 존재론적 접근은 구원이 어떤 규범적 원리 하에서 이루어지는가를 보여 줄 뿐만 아니라 하나님이 주시기로 작정하신 구원의 확실성을 확증해주는 역할을 한다. 박형룡 박사는 자신의 교의신학에서 구원론의 규범성을 강조하기 위해 자주 이러한 존재론적 접근을 취한다.

이와는 대조적으로 '유추론적 접근'이란 신자의 책임 있는 삶의 실재를 통해 그가 구원을 받은 사람이며 택함을 받은 자라는 사실을 추론하는 접근 방식을 말한다. "그의 열매로 그들을 알리라"(마 7:20)는 예수의 말씀은 바로 이러한 유추론적 접근 방식의 성격을 잘 드러내준다. 어떤 나무인가 하는 존재의 문제는 그 열매를 통해서 확인할 수 있듯이, 어떤 사람이 택함을 받은 참 하나님 백성인가는 그의 삶의 결과를 통해서 확인할 수 있다.

성경의 저자들은 구원의 규범적 원리를 설명할 때나 고난 중에 있는 신자들에게 구원의 확실성을 확증해줄 때 존재론적 접근을 할 때가 많다. 하지만 참 신자와 거짓 신자, 참 교회와 거짓 교회를 분간하는 일이 범죄에 빠진 역사적 신자들의 현실 속에서는 쉬운 일이 아니기 때문에, 그들은 그들의 선행과 순종의 삶을 가지고 그들의 신분과 생활을 역으로 추론할 때도 있다. 말하자면, 성경은 존재로부터 삶과 행위의 당위성으로 나아가는 논리를 피력하기도 하지만, 삶과 행위를 통해 존재와 신분을 추론하는 "실천적 유추" 또는 "순환론적 접근"(circular approach)을 자주 하기도 한다.[28] 종교개혁자 칼빈이 과연 이러한 실천적 유추 개념을 받아들였는가에 대해서는 개혁신학자들 가운데서 논란이 일고 있다.[29]

니젤과 같은 칼빈 연구 학자들은 칼빈이 '실천적 유추', 즉 선한 삶을 통해 선택의 사실을 유추하는 이론을 받아들였다는 것을 부정한다.[30] 그러나 벌카우어와 벌코프 같은 다른 많은 학자들은, 비록 우리가 선행을 '이차적인 위안'(secundarium admoniculum) 또는 '하나님이 우리 안에 거하시고 다스리신다는 증거들'로서 인정하고 있음을 보여 주었다.[31]

칼빈이 '실천적 유추'를 받아들였다는 사실은 그의 저술 기독교강요 여러 부분에서 나타난다. 선행과 선택의 관계를 언급하는 한 구절에서 그는 이렇게 말한다.

> 그들의(성도들의) 선행은 오직 하나님의 선을 인식시키는 하나님의 선물이며, 자기들이 선택된 것을 알게 하는 부르심의 표징이라고 여길 뿐이다.[32]

---

[28] G. C. Berkouwer, *Divine Election*, 293.
[29] 이한수, 바울신학연구 (총신대학출판부, 1993), 230.
[30] Cf. W. Niesel, *The Theology of Calvin*, 169-181.
[31] H. Berkhof, *The Doctrine of the Holy Spirit*, John Knox Press, Atlanta, 1982, 82f; cf. G. C. Berkouwer, *Divine Election*, 288ff; K. Barth, *Church Dogmatics* II/2, 335-36.
[32] Calvin, *Institutes* III, 14.20: "We now see that the saints have not a confidence in works that either attributes anything to their merit, since they regard them solely as gifts of God from which they may recognize his goodness and as signs of the calling by which they realize their election, ……."

칼빈의 윤리 교훈에 관한 한 유명한 저술에서 월레스 역시 성도들의 성화 생활이 그들의 선택에서 기인하고 있으며 선택의 목적이 성화 생활에 있기 때문에 성화 생활을 통해 선택의 사실을 추론하는 것이 칼빈 사상의 핵심에 놓여 있다고 말한다.

> 칼빈에 있어서, 우리를 선택하신 전체 목적은 사실 우리의 성화에 있다. 하나님께서 선택자들과 맺은 언약은 거룩함에 이르러야 할 의무를 내포한 것이다. 하나님은 선택과 성화를 함께 묶어 놓았으며, 사람은 하나님께서 함께 묶어놓은 것을 분리시켜서는 안 된다. 우리는 삶의 거룩성을 선택의 은혜로부터 분리시켜서는 안 된다. 우리가 "성도로 불린다"는 사실은 선택으로부터 기인되며 선택의 목적은 거룩함에 있다. 그러므로 선택을 받았다는 것은 우리에게 방종이나 부주의한 삶을 살 수 있는 어떤 변명거리도 주지 않는다. 칼빈은 심지어 선택자들에게 두려움 속에서 행할 것을 경고할 뿐만 아니라, 만일 은혜에 합당하지 않은 자들로 드러날 경우 하나님께서 그들을 그의 집에서 쫓아내지 않을 것이라고 상상하지 말 것을 경고하는 데 주저하지 않는다. ……우리가 버림을 받은 자가 아니라면 우리의 성화는 반드시 하나님이 우리를 선택하신 사실로부터 따라와야 한다.[33]

만일 이러한 관찰이 맞는다면, 실천적 유추의 개념이 칼빈주의적 사고방식과 모순된 것이 아니라고 할 수 있다. 박형룡 박사는 "선택의 작정이 하나님의 주권적 열의에 기인하였다는 관념은 이 작정이 선견된 신앙이나 선행 같은 사람 안의 무엇에 의해서 결정되지 않았다는 것을 가장 근본적

---

[33] R. S. Wallace, *Calvin's Doctrine of the Christian Life* (Eerdmans: Grand Rapids, Michigan, 1961), 199.

인 요소로 포함한다"³⁴⁾고 주장한다. 사실 신앙이나 선행이 신적 선택의 조건이 된다는 개념은 성경에서 낯선 개념이다. 하지만 칼빈에게서 발견되고 벌코프나 벌카우어에 의해서 인정되는 실천적 유추의 개념을 박형룡 박사는 자신의 신론에서 직접적으로 언급하지는 않는다. 예정과 선택 그리고 그것과 균형을 이루는 유기 개념들을 하나님의 절대적 주권이란 사상에서 필연적으로 추론되어 나오는 개념들로 추론한다는 점에서 존재론적 접근 방식이 그의 신론적 논의를 압도하는 것이 사실이다. 하지만 이미 구원론과 내세론에서 관찰하였듯이 우리는 성도들의 선행이 참 신자와 거짓 신자, 알곡과 가라지를 구분 짓는 교회론적 표지들로 역추론된다는 사실을 지적한 바 있다. 이것은 박형룡 박사의 교의신학을 주도하는 존재론적 접근 방식 속에 신천적 유추가 들어설 수 있는 자리가 있음을 보여 주는 것이 아니겠는가? 신자의 신분과 정체성에 대해 논리적이고 존재론적인 접근 방식만 취하게 되면 예정과 선택 교리는 자칫 도덕적 해이와 방종을 가져올 수도 있다. 선택 교리가 성경적 교리인 것은 사실이지만, 삶과 유리된 채로 사변적으로만 접근된 선택 교리는 성도들의 도덕적 생활을 고무하기보다는 자칫 그들의 책임을 마비시키는 수면제 역할을 할 수도 있다.

성경 저자들에게 있어서 하나님의 선택은 항상 신자의 견인생활과 상관된 개념이다. 물론 신자의 순종 때문에 하나님이 그를 선택하셨다는 개념은 그들에게 분명 낯선 개념이지만, 신자의 책임 있는 삶과 순종 행위들은 신적 선택이 현현된 것으로 추론되기도 한다(살전 1:3-4 참조). 베드로는 심지어 선행의 삶으로 견인함으로 그들의 부르심과 택하심을 확증하라고 권면하기조차 한다(벧후 1:5-11).

---

34) 박형룡, 교의신학 신론, 287.

필자는 이미 앞에서 하나님의 선택과 신자의 삶의 관계를 조망하는 두 접근들, 즉 '존재론적 접근'과 '유추론적 접근'에 대해 설명한 바 있다. 비슷하지만 약간 다른 방식으로 이 두 접근들을 설명할 수도 있다. 신약의 교훈, 특별히 바울의 메시지를 보면 선택 교리와 관련하여 두 가지 다른 전망을 가지고 신자의 삶의 상황을 이해한다.

첫째는 "추론적이고 회상적인 전망"이다. 선택자의 신분은 책임을 다하는 신자들의 역사적 사실들로부터 추론되고 또 그것들과 관련하여 회상되어진다(cf. 살전 1:3-4; 롬 8:28-34). 말하자면 신자의 선한 생활과 책임 있는 행위는 영원한 신적 선택의 결과로 신앙적 관점에서 회상적으로 이해된다. 바울이 이러한 추론적이고 회상적인 전망을 취한 것은 신자의 책임 있는 생활을 무효화시키기 위한 목적을 지니지 않는다. 특이한 사실은 신의 선택 사실은 항상 역사적인 신자의 책임 있는 견인생활을 내포하는 방식으로 나타난다는 사실이다.[35]

둘째는 "선언적이고 해석적인 전망"이다. 영원한 하나님의 선택 사실은 역사적 그리스도인의 존재와 삶을 '해석해 주고' 그것들을 의미 있고 확실한 것으로 만들어 준다. 예정론적인 언어들이 환란과 핍박 속에서 복음에 굳게 서 있는 역사적 기독교들을 확신시켜 주는 문맥에서 자주 등장한다는 사실에 주목할 필요가 있다. 하지만 중요한 것은 이 해석적 과정이 신자의 책임에 대한 우리의 신앙을 폐지시키거나 무효화시키는 방향으로 작용하지 않는다는 사실이다. 이 궁극적 확신은 순전히 논리적 관점에서 추론된 절대적 확신을 지칭하지 않기 때문이다.

얼핏 보기에 위의 두 전망들은 서로 다른 것처럼 보이지만 실상 후자는

---

[35] D. M. Mackay, "The Sovereignty of God in the Natural World," *SJT* 21 (1968), 13-26, 특히 23f.

전자에 근거한다. 믿음, 선행, 견인생활 등과 같은 역사적 사실들에 근거해서 바울은 신자의 선택 사실을 추론하기도 하고, 역으로 영원의 사실에 비추어 신자들의 삶을 해석하기도 하고 그들에게 궁극적인 구원을 확신시켜 주기도 한다. 이것은 아마도 "절대적인 논리적 확실성과 실제의 실천적 확신"[36] 사이에 거리가 존재함을 시사하는 것일 것이다. 아무튼 실천적인 관점에서 박형룡 박사는 그러한 거리를 선행의 의미와 기능을 논하는 내세론 부분에서 인정하는 것이 분명하다.

> 심판에서 하나님의 목적은 복음을 받은 사람들 안에 그리스도의 공로를 힘입을 만한 신앙이 있다는 것을 증거하여 보이시는 것이다. 그러나 그들의 비밀한 신앙을 다른 사람들이 투시하기 불능한 즉 판결은 반드시 모든 사람들이 인식할 수 있고 신앙의 상당한 시취물(試取物)인 어떤 외면적 가견적 행위(外面的加見的行爲)에 의해 규정되어야 할 것이다(내세론, 338).

비슷한 주장이 "칭의와 최종 심판의 관계"를 말하는 구원론 부분에서도 발견된다.

> 그 때까지 우리는 다른 사람의 마음을 알 수 없으므로 거짓 교회에서 참 교회를, 유형 교회에서 무형 교회를, 가라지에서 알곡을 정확히 구별하여 판정할 수 없는 것이다(마 13:24-30)(구원론, 299).

박형룡 박사의 논리는 여기서 존재론적 접근이 아니라 실천적 유추 또

---

36) 이한수, 바울신학연구 (서울: 총신대학출판부, 1985), 232.

는 순환론적 접근에 가깝다. 신앙은 내면적인 것이기 때문에 사람들의 비밀한 신앙의 내면 세계를 꿰뚫고 들어가 그의 진정한 정체성을 확인하기 어렵다. 하지만 진정한 신앙은 선한 행위를 통해 나타나게끔 되어 있기 때문에 그가 구원 얻을 만한 참된 신앙을 가졌는지, 또는 하나님의 택하심을 받은 그의 참 백성인지를 규정하기 위해서 모든 사람들이 인식할 수 있는 "신앙의 상당한 시취물" 또는 "어떤 외면적 가견적 행위"를 필요로 할 수밖에 없다.

박형룡 박사가 여기서 강조하는 실천적 유추의 접근 방식이 최근의 전통신학을 압도하는 존재론적 접근 방식으로 인해 점차 설 자리를 빼앗기고 있다. 논리적인 관점에서 존재론적 접근 방식은 물론 필요하다. 그것으로 인해 사람들은 어떤 규범과 원리에 의해 구원을 받게 되며 하나님 백성이 되는가를 확신할 수 있기 때문이다. 규범적이고 논리적 투명성이 여기서 확보될 수 있다. 믿게 되면 구원 얻는 새 피조물 된 것을 확신할 수 있고 더 나아가 자신이 선택된 사람인 것을 확신할 수 있다. 구원을 얻었으니 선한 삶과 행위가 나타날 것으로 기대할 수도 있다.

하지만 한국교회 내에서는 믿고 구원을 얻어 하나님의 택자가 되었으면 다 됐다는 안일한 논리가 팽배해 있다. 심지어 택함을 받은 사람은 아무리 큰 죄를 지어도 천국은 간다는 그릇된 논리를 펴는 사람들도 있다. 박형룡 박사는 성경의 교훈을 따라 "누구든지 지상 교회에서 악을 섬기기를 계속하는 자는 그 나라에 사승(嗣承)하지 못할 것이라"(구원론, 330)고 경고하는 일을 서슴지 않는다. 칼빈이 말한 대로, 선택의 목적은 성화에 있기 때문에 악을 습관적으로 자행한다는 것은 그가 참 선택자가 아닐 수 있음을 드러낼 뿐이다.

따라서 범죄하는 역사적인 신자들이 많은 현실 속에서 성경 저자들은 유추론적 접근 방식을 자주 원용한다. 그들은 신자들이 회개하지도 않고 범죄를 지속할 때 그들을 향하여 "하나님 나라를 유업으로 얻지 못하리라"고 하든가 또는 "육신을 따라 살면 반드시 죽으리라"(롬 8:13)는 경고들을 발하기도 한다. 성경에는 범죄하는 신자들의 귓전을 때리는 수많은 경고들이 존재한다. 이런 경고들은 택함을 받은 자라면 자신의 참된 정체성을 거룩한 삶으로 나타내라는 뜻을 갖는 것이 분명하다. 성경 저자들은 선택자는 범죄를 계속해도 결코 안전할 것이라고 교훈하는 일이 없다. 도리어 하나님의 선택의 사실은 신자들의 거룩한 삶의 실재, 예를 들면, "믿음의 역사와 사랑의 수고와 소망의 인내"를 통해 자명해질 뿐이다(살전 1:3-4). 더욱이, 선택의 사실은 도리어 환란과 핍박 속에서 책임을 다하는 신자들을 권면하고 그들에게 구원의 확신을 불어넣어 주는 문맥에서 자주 등장한다.

여기서 성경 저자들이 호소하는 권면 방식과 존재론적 접근 방식과 분석 논리에 익숙해져 있는 서구 교의신학자들의 접근 방식을 구분할 필요가 있다. 박형룡 박사의 진술에는 후자의 접근 방식이 그의 교의신학적 논의들을 주도하는 것이 사실이지만, 성경의 메시지에 충실하려는 성실성 때문에 전자의 접근 방식을 취하는 때도 많다. 단적인 예로, 양과 염소의 비유를 논하는 자리에서 성도들의 선행을 참 신자와 거짓 신자, 알곡과 가라지를 구분하는 교회론적 표지로 간주하는 실천적 유추 방식을 채택하기도 한다. 박형룡 박사는 이 점에서 성경의 다양한 권면 방식들과 메시지들에 대해 신학적 균형성을 유지하고 있는 것이 분명하다.

그렇다면 하나님의 주권과 신자의 책임 사이의 관계를 어떻게 표현하는 것이 좋은가? 하나님의 주권적인 "단독 사역"만을 치켜세우다가 신자의 책임을 약화시키는 후기 칼빈주의자들의 폐쇄적인 논리가 성경 메시지를 이해할 수 있는 바른 패러다임이 아니라면 그것을 올바로 이해할 수 있는 성경적 패러다임은 어떤 것인가? 필자는 다음과 같은 진술로 결론을 삼고자 한다:

하나님과 인간 사이에 게재된 존재론적인 거리는 오히려 우리의 믿음을 통한 접근만을 요청한다. 왜냐하면 책임 있는 믿음의 삶만이 시간—영원의 간격이 다리 놓일 수 있는 유일한 입지점이기 때문이다. 이것은 신의 주권과 그의 임의적인 자유를 강조함으로써 문제와 더불어 살아가는 맹목적인 신앙주의의 옹호를 뜻하지 않는다. 필자가 '믿음의 접근'을 주장하는 것은 사실 우리가 파악할 수 없는, 알려져 있지 않은 많은 하나님의 측면들이 존재하기 때문이다. 이런 이유 때문에 신적 주권을 인정한다고 해서 우리가 이론적으로 반드시 신자의 책임의 실재를 의문시할 수밖에 없는 위치에 서야 하는 것은 아니다. 그러므로 우리는 마브로드가 소위 '인식론적인 딜레마' (epistemic dilemma)[37]라고 부른 이론적 진퇴양난에 직면하지 않는다. 믿음의 접근은 신의 주권과 인간의 책임이라는 두 실재들에 대한 우리의 믿음이 논리적으로 모순에 빠진 것처럼 가정하고 개인적인 고뇌 속에서 그 긴장과 씨름하도록 우리를 강요하지 않는다. 선택의 사실은 오직 믿음으로 살 때만 자명하며, 믿음으로 산 후에 그것은 결정적인 요소가 되어 그 전망으로부터 신자는 자신의 모든 삶과 존재를 은총의 선물로 이해해야 하고 자신의 구원의 확실성을 합법적으로 끌어낼 수 있다.[38]

---

[37] G. I. Mavrodes, *Belief in God. A Study in the Epistemology of Religion* (University Press of America, Washington 1970), 97ff.

3. 결론적 관찰과 미래의 과제

박형룡 박사는 구원과 윤리의 상관성을 이해할 때 박윤선 박사보다 더 진일보한 모습을 보인다. 그는 이신칭의 구원론의 원리를 성경해석의 중심 원리로 삼아 삶과 행위를 강조하는 신약의 구절들을 그 관점에서 일방적으로 해석하려 했던 박윤선 박사보다 성도의 선행과 윤리를 구원론 체계 속에서 밝히려 하였고, 언약신학 체계 속에 내재한 '은혜성'과 '요구성' 간의 균형성을 적절하게 유지하고 있다.

그는 행위로 말미암지 않고 오직 믿음으로 경험되는 칭의론을 확고하게 붙들면서도, 칼빈과 마찬가지로 칭의 구원이 신자들의 선행을 산출한다는 사실도 동시에 강하게 붙든다(기독교강요 中, 338-345, 357-59). 그는 심지어 다른 개혁신학자들과 마찬가지로 구속의 은혜를 힘입어 나타난 신자들의 선행을 영생과 연결시키기도 한다. 이 점에서 박형룡 박사는 신자들의 윤리 또는 성화 생활이 그들의 구원의 본질적 요소이며 복음 메시지의 핵심에 속한다는 사실을 드러내는 데 기여하였다.

십자가의 구속은 행위와 관계없이 오직 은혜로 신자들을 하나님의 자녀로 변화시켰을 뿐만 아니라, 이제 그리스도 안에서 비로소 하나님의 뜻에 순종하고 거룩에 이르는 열매를 나타내며 선한 일에 힘쓰는 존재들로 변화시켰다. 하나님께서는 바로 변화된 삶을 나타내는 이들을 통해 영광을 받으시며 영생의 나라에 들어가도록 인도하신다. 이 점에서 십자가 구속은 윤리적 삶을 지향한다.

불행하게도 대중화된 전통 신학은 박형룡 박사 신학 속에 존재하는 이

---

38) 이한수, 바울신학연구, 263-4 참조.

러한 균형성을 깨트려버리고 한쪽 방향으로 일방적으로 나아가는 경향을 보이고 있다. 그것은 성도들의 선행을 구원론 체계 속에서 파악하거나 심지어 성경의 교훈을 따라 윤리적 삶을 구원의 본질적 요소로 이해하고자 했던 박형룡 박사의 주장에 귀를 기울이려고 하지 않는다. 결국 윤리가 구원론과의 연결고리를 상실하고 떨어져 나오다 보니 기독교 교리 속에 정당한 자리를 찾지 못하고 곧장 상업주의적 윤리로 퇴락하게 된다. 선한 삶을 살아야 할 필요성을 축복론에 국한시키든가 아니면 상급론 차원에서만 이해하게 되면 기독교 윤리가 신자의 정체성과 구원 목적에 관련된 근본 요청이라는 사실을 소홀하게 만들 수 있다.

물론 신자가 축복을 많이 받고 더 큰 상급을 받기 위해서 선한 삶을 살아야 하는 것은 반드시 잘못된 것은 아니며 성경에는 삶의 자극제로 이러한 동기들이 존재하는 것도 사실이다. 하지만 신자의 삶의 필요성과 정당성을 이런 동기들에만 제한시키는 것은, 선한 삶과 성화의 삶이 신자 자신이 경험한 구원의 본질적 요소이며 하나님께서 선택하시고 창조하시며 구원하시는 근본 목적과 의도에 속하기 때문에 신자의 근본 정체성에 걸린 문제라는 측면을 못 보게 만들 수 있다.

이 점에서 박형룡 박사의 진술들은 균형의 양쪽 진술들을 다 포함하고 있기 때문에, 오늘날 우리의 신학 작업 속에서 그 균형성을 어떻게 정립시킬 수 있는가가 미래의 과제로 남겨져 있다. 말하자면 성경신학과 교의신학에서 해석의 중요한 패러다임으로 사용되는 '언약적 전망'(covenant perspective)과 '선택적 전망'(election perspective)이 어떻게 상호보완적으로 조화될 수 있는가를 분명히 해설하는 것이 중요한 미래의 과제가 될 것이다.[39]

성경의 메시지를 하나님의 절대 주권과 선택 전망에서 너무 과도하게 신학을 체계화시키면 하나님의 행위(action)와 인간의 반응(response) 사이의 인격적이고 생동감 넘치는 성경적 메시지의 중요한 측면을 약화시키기 쉽다. 반면에 언약적 전망만을 일방적으로 사용하게 되면 역사는 인간들의 위태로운 책임에 달려있기나 한 것처럼 하나님의 주권적 섭리 사역을 약화시키기가 쉽다.

중요한 것은 성경은 이들 두 전망을 동시에 붙들고 있다는 사실이다. 언약적 전망에서 보면 신자가 은혜로 언약 관계에 들어서고 책임 있는 순종으로 그 언약 관계를 유지하게 된다. 물론 때로 인간의 약함 때문에 범죄하게 되면 언약적 체계 속에 용서의 길이 열려져 있다. 하지만 만일 그가 고의적으로 불순종하여 언약을 파기하는 행위를 하게 되면 그는 언약 밖으로 쫓겨나게 되고 하나님의 언약백성이 누리는 언약적 축복을 상실하게 된다.[40] 사실 교의신학적 저술들 속에서 이런 언약신학적 해석방식이 잘 원용되지 않는 것은 유감이다. 도리어 전통 교의신학 저술들을 주도하는 신학 원리는 예정과 선택 교리가 아닌가 한다. 이들 두 전망을 잘 조화시키는 인물이 바울이다.

바울 서신들을 보면, 언약 패러다임이 그의 권면 이곳저곳에서 자주 등

---

[39] 필자는 수년 전 미국 웨스트민스터 신학교에서 1년간의 안식년을 보낼 수 있었고 그 곳에서 개혁신학자로 널리 알려진 Richard Gaffin 교수의 히브리서 강해를 들을 수 있었다. 이 강의에서 그는 성경의 올바른 이해를 위한 해석 패러다임으로서 covenant perspective와 election perspective를 구분할 것을 제의한 바 있는데, 그의 통찰을 여기에 적용한 것이다.
[40] 신구약 해석에 있어서 이러한 언약적 해석 패러다임을 도입하는 교의신학자로는 서철원의 복음과 율법의 관계, 95-97을 참조하라: 언약적 패턴은 구약과 마찬가지로 "신약 시대에도 동일하다. 새 언약백성에게도 율법은 하나님께서 주신 생활의 법칙이요 규범이다. 율법이 구원의 길이 아니라 언약백성들이 준행해서 살므로 거룩한 피에 기초해서 세워진 언약의 거룩을 유지하는 *규범*이다."

장한다(cf. 롬 6:15-23). 주목해야 할 것은 사실 선택 개념은 언약 체제를 뒷받침하는 중요한 술어라는 사실이다. 이것은 언약 전망과 선택 전망을 이원적으로 서로 분리시킬 수 없다는 것을 말하는 것이다.

하나님께서 이스라엘을 만민 중에서 선택하시고 그들과 주도적으로 언약을 맺으셨다. 물론 하나님께서 그들을 선택하시고 언약을 맺으신 것은 하나님의 거룩한 백성처럼 그의 명령과 율례와 법도를 따라 살아가도록 하는 분명한 윤리적 방향성을 갖고 있다(신 7:1-11 참조). 이스라엘 백성들은 은혜로 언약백성이 되었으면서도 결국 순종치 않음으로써 언약은 파기되고 하나님의 심판을 자초하고 말았다. 반역과 불순종의 이스라엘 역사 속에서 과연 하나님의 언약적 성실성은 폐기되었는가?

이것이 로마서 9-11장에서 바울이 고민하는 구원사적 질문이었다. 왜냐하면 대부분의 이스라엘 백성이 바울의 이신칭의 복음을 받아들이지 않고 불순종에 빠져 있었기 때문이다. 겉보기에 이스라엘에 대한 언약적 성실성은 폐기된 것처럼 보였다. 하지만 바울은 선택론을 가지고 참 하나님 백성의 정체성을 규정한다. 육적인 이스라엘이라고 해서 다 이스라엘이 아니며, 아브라함의 육적인 후손이라고 해서 다 약속의 자녀가 아니라는 것이다. 이스라엘은 그들의 조상들로 인해 택하심을 받았지만(민족적 선택, 롬 11:28), 하나님은 불순종하는 대다수의 이스라엘 백성들을 버리시고 오직 "은혜로 택함을 받은 남은 자"만(좁은 의미의 선택, 롬 11:4-7) 참 하나님의 백성으로 삼으셨다.[41]

여기서 선택의 사실은 불신앙에 빠진 대다수의 이스라엘 백성을 심판하는 준엄한 역사 현실 가운데서 현현된다는 점을 주목할 필요가 있다. 주

---

41) 여기서 선택의 개념이 "민족적 선택"과 "구원론적 선택"으로 이원화되는 것을 알 수 있는데 이것은 바울에 의해서 인정되고 있다(롬 11:4-7, 11:28).

권적 선택 교리를 옹호한다고 해서 성경 저자들은 신자들의 책임의 실재를 결코 무효화시키지 않는다.

하나님의 언약적 축복은 결국 육적인 아브라함의 후손들에게 예외 없이 다 주어진 것이 아니라 "은혜로 택함을 받은 남은 자"에게 주어져 왔으며 그들은 책임 있는 순종의 삶으로 특징지어지는 사람들이다. 이러한 구원사적 원리는 신구약 전체에 걸쳐 변함 없이 적용되어져 왔다. 교회에 들어온 역사적 그리스도인들이라고 해서 다 참 하나님 백성이 된 것은 아니다. 택함을 받은 참 하나님 백성은 예수 그리스도에 대한 참된 믿음의 고백(orthodoxy)과 참된 사랑의 실천(orthopraxy)으로 특징지어지는 사람들이다(요일 3:10, 14, 23). 순종을 했다고 선택받는 것은 아닐지라도 적어도 믿음의 고백과 사랑의 실천은 선택의 사실을 나타내는 증거이다.

바울을 비롯한 성경 저자들의 논리는 존재론적 접근만이 아니라 실천적 유추의 접근을 자주 사용한다. 바울의 이러한 접근 방식에서 나타나는 언약신학적 전망과 선택신학적 전망을 성서신학뿐만 아니라 교의신학의 논의들 속에서 어떻게 조화롭게 정립해갈 수 있는가가 우리가 짊어져야 할 미래의 과제가 아닐 수 없다. 이러한 과제를 성공적으로 드러낼 때만이 성경의 풍요하고 생동감 넘치는 메시지들이 풍성하게 살아날 수 있지 않을까?

생명의말씀사

사 | 명 | 선 | 언 | 문

> 너희가 흠이 없고 순전하여……세상에서 그들 가운데 빛들로
> 나타내며 생명의 말씀을 밝혀 (빌 2:15-16)

1. 생명을 담겠습니다.
만드는 책에 주님 주신 생명을 담겠습니다.
그 책으로 복음을 선포하겠습니다.

2. 말씀을 밝히겠습니다.
생명의 근본은 말씀입니다.
말씀을 밝혀 성도와 교회의 성장을 돕겠습니다.

3. 빛이 되겠습니다.
시대와 영혼의 어두움을 밝혀 주님 앞으로 이끄는
빛이 되는 책을 만들겠습니다.

4. 순전히 행하겠습니다.
책을 만들고 전하는 일과 경영하는 일에 부끄러움이 없는
정직함으로 행하겠습니다.

5. 끝까지 전파하겠습니다.
모든 사람에게, 땅 끝까지, 주님 오시는 그날까지
복음을 전하는 사명을 다하겠습니다.

생명의말씀사 서점안내

광화문점 110-061 종로구 신문로1가 58-1 구세군 회관 2층
TEL.(02) 737-2288 / FAX.(02) 737-4623

강 남 점 137-909 서초구 잠원동 75-19 반포쇼핑타운 3동 2층 전관
TEL.(02) 595-1211 / FAX.(02) 595-3549

구 로 점 152-880 구로구 구로 3동 1123-1 3층
TEL.(02) 858-8744 / FAX.(02) 838-0653

노 원 점 139-200 노원구 상계동 749-4 삼봉빌딩 지하1층
TEL.(02) 938-7979 / FAX.(02) 3391-6169

분 당 점 463-824 경기도 성남시 분당구 서현동 273-1 대현빌딩 3층
TEL.(031) 707-5566 / FAX.(031) 707-4999

신 촌 점 121-806 마포구 노고산동 107-1 동인빌딩 8층
TEL.(02) 702-1411 / FAX.(02) 702-1131

일 산 점 411-370 경기도 고양시 일산구 주엽동 83번지 레이크타운 지하 1층
TEL.(031) 916-8787 / FAX.(031) 916-8788

의정부점 484-010 경기도 의정부시 금오동 470-4 성산타워 3층
TEL.(031) 845-0600 / FAX.(031) 852-6930

인터넷서점

http://www.lifebook.co.kr